协和医学院系列规划教材
医院领导力及管理系列教材

医院财务管理

（供卫生管理、医疗管理专业使用）

主　编　向炎珍
副主编　贺颖奇　陈　隽
编　者（以姓氏笔画为序）

王　成（首都医科大学附属北京安贞医院）
王爱青（北京协和医院）
田立启（青岛大学附属医院）
田志伟（华中科技大学同济医学院附属同济医院）
向炎珍（北京协和医院）
李　春（北京大学第三医院）
张玉琳（北京国家会计学院）
陈　政（北京协和医院）
陈　隽（北京协和医院）
陈志武（北京国家会计学院）
周　君（北京协和医院）
贲　慧（江苏省人民医院/南京医科大学第一附属医院）
贺颖奇（北京国家会计学院）
唐蔚蔚（北京协和医院）
薛　源（福建省立医院）

中国协和医科大学出版社

北　京

内容简介

本教材是“医院领导力及管理系列教材”之一，内容共分为四篇：医院财务管理基础，医院国有资产管理与投资活动管理，医院融资活动与负债、净资产管理，以及医院运营活动财务管理。本教材体现财务管理的专业性；理论与实务紧密结合，理论部分由国家会计学院资深教授把关指导，实务部分由全国最佳实践医院的总会计师牵头撰写；教材内容紧密结合目前公立医院高质量发展过程中财务管理的功能与职责，以及深化医改后医院面临的新局面、新业务和新要求；教材引入国内外最新、最先进的管理理念与管理工具，如财务管理数字化转型、战略管理、平衡计分卡等。本教材主要供卫生管理、医疗管理专业教学使用，也可供临床及相关专业人员参考使用。

图书在版编目（CIP）数据

医院财务管理 / 向炎珍主编. —北京：中国协和医科大学出版社，2022.7（2024.5重印）
（医院领导力及管理系列教材）
ISBN 978-7-5679-1924-2

Ⅰ. ①医…　Ⅱ. ①向…　Ⅲ. ①医院－财务管理－教材　Ⅳ. ①R197.322

中国版本图书馆CIP数据核字（2022）第112520号

医院领导力及管理系列教材

医院财务管理

主　　编： 向炎珍
责任编辑： 李亚楠
封面设计： 许晓晨
责任校对： 张　麓
责任印制： 张　岱

出版发行： 中国协和医科大学出版社
（北京市东城区东单三条9号　邮编100730　电话010-65260431）
网　　址： www.pumcp.com
经　　销： 新华书店总店北京发行所
印　　刷： 小森印刷（北京）有限公司

开　　本： 787mm×1092mm　1/16
印　　张： 24.25
字　　数： 450千字
版　　次： 2022年7月第1版
印　　次： 2024年5月第2次印刷
定　　价： 105.00元

ISBN 978-7-5679-1924-2

医院领导力及管理系列教材

建设指导委员会

Introduction

出版说明

随着我国医药卫生体制改革的深入，卫生事业对医院的要求在不断提高。医疗管理工作是医院建立正常医疗秩序、提高医疗服务质量的重要保证。医院的管理系统非常复杂，发展极其迅速，且面临不断深化的改革要求，这对医疗管理人才提出了更高的要求。目前，我国医院的管理干部，大部分为医务人员转型而来，虽具有精深的专业知识，但仍缺乏系统、全面的管理知识。随着公立医院整体进入转型发展期，我国亟须培养高素质的职业化卫生管理及医疗管理人才队伍。

教材作为承载知识的重要载体，对于培养高素质人才发挥着重要作用。党的十八大以来，党中央高度重视和关心教材建设。在我国高等教育体系中，教材建设是提高高校教学水平、丰富教学内容以及促进教学方法改革的基础性工作；是发展高等教育，培养综合型人才、创新型人才的基础。

为适应卫生管理及医疗管理的新要求，培养适应新时代卫生管理及医疗管理的相关人才，中国协和医科大学出版社深入贯彻《关于推动公立医院高质量发展的意见》《关于建立现代医院管理制度的指导意见》及《关于加强公立医院运营管理的指导意见》等文件精神，在中国医学科学院北京协和医学院的支持下，开创性地组织了本套医院领导力及管理系列教材的编写工作。编委会集结了二百余名业内知名专家、学者、教授及一线教学老师，在鲜可借鉴同专业方向教材编写经验的情况下，对医疗管理理论、方法、人才培养机制等进行探索研究，悉心编撰。

本套教材涵盖卫生管理、医疗管理专业课程共计17门，定位清晰、特色鲜明，具有如下特点：

一、建设成体系的卫生管理、医疗管理专业教材，引领学科发展步伐

本套教材作为成体系的卫生管理、医疗管理专业教材，充分研究论证相关专业方向人才素质要求、学科体系构成、课程体系设计和教材体系规划，代表了卫生管理、医疗管理学科的发展方向。

二、引入国际最新理念和方法，与时俱进

教材紧密结合卫生管理及医疗管理专业培养目标、高等医学教育教学改革的需要和卫生管理及医疗管理专业人才的需求，引入国际最新医院管理理念及方法，内容与时俱进、开拓创新。

三、融入经典管理案例，突出实践性教学

教材内容对接医疗管理职业标准和岗位要求，将国际最新案例融入其中，重视培养学生理论联系实际、实践操作和独立思考的能力。

四、纸数融合，使学习更便捷更轻松

教材采用纸数融合形式出版，即在纸质教材内容之上，配套数字化资源，通过图片、动画、视频、课件等多种媒体形式将内容进行呈现，以优化教学内容，丰富教学资源。读者可以直接扫描书中二维码，阅读与教材内容相关联的课程资源，从而丰富学习体验，使学习更加便捷。

希望本套教材的出版，能够推进高质量卫生管理及医疗管理专业人才的培养，促进我国卫生管理、医疗管理学科或领域的教材建设与教育发展，为引领我国医疗卫生机构管理走向科学化、规范化、标准化与现代化作出积极贡献。

Preface
前　言

2017年《国务院办公厅关于建立现代医院管理制度的指导意见》指出，公立医院要依法依规进行经营管理和提供医疗服务，要实现公立医院治理体系和管理能力的现代化；2021年国务院办公厅发布了《关于推动公立医院高质量发展的意见》，随后国家卫生健康委员会为推动公立医院高质量发展，与国家中医药管理局联合印发《公立医院高质量发展促进行动（2021—2025年）》，明确了“十四五”时期公立医院高质量发展的8项具体行动，将健全运营管理体系、加强全面预算管理、完善内部控制制度、深化医疗服务价格改革等举措作为促进公立医院高质量发展的新效能和激活公立医院高质量发展的新动力。公立医院要实现高质量发展就需要在运行模式、管理模式等方面实行转型，而财务管理在医院转型过程中发挥着保障支持和战略支撑的作用，公立医院运行模式和组织转型都需要财务管理的保障，以实现资源的有效配置和使用，促进公立医院高质量发展战略目标的实现。在此背景下，医院财务管理在公立医院管理中的地位和作用越来越重要，因此与北京国家会计学院的教授和国内顶尖公立医院的总会计师们合作，共同编写这本《医院财务管理》教材，希望能让具有医学背景、有志于医院管理的医学生了解医院财务管理基本理论、内容、政策体系和实务，也希望能为正在从事运营管理的医院管理者提供一些可供参考的管理理念、可使用的管理工具以及必须遵循的政策体系。本教材的主要内容和特点如下。

一、内容完整、主线清晰、结构科学

本教材在结构设计上紧扣医院财务管理的核心内容（医院

资源在资金形态上的获取和在使用过程中的管理），将主要内容按照医院财务管理基础，医院国有资产管理与投资活动管理，医院融资活动与负债、净资产管理以及医院运营活动管理共四篇展开，完整阐述了医院财务管理所涉及的内容，包括财务管理基础、财务管理目标方法、财务报告解读和财务分析，医院投资活动与资产管理以及医院融资活动与负债、净资产管理，医院各项运营活动的财务管理等，让读者对医院财务管理有一个全面系统的了解。

二、专注于医院特别是公立医院的财务管理，突出医院特别是公立医院的特色，体现专注性、实战性

本教材根据公立医院的组织形态、运行总体目标、医疗、教学、科研、预防等业务特点来阐述医院的财务管理，共分为十五章，涵盖了医院财务管理方方面面，特别是第四篇医院运营活动管理，是医院财务管理的实务部分，详细阐述了医院财务管理各项实务的理论、制度体系、管理方法与策略，不仅能让学生系统学习医院财务管理的知识体系，也为公立医院运营管理者提供管理的经验、方法与政策依据，对医院运营管理工作有很强的指导意义。

三、内容体现关联性和创新性

教材中各相关章节使用的财务数据保持一致性、关联性，使读者通过阅读财务报表和财务分析相关章节就能了解全貌；同时在教材中紧密结合目前公立医院高质量发展过程中财务管理的功能与职责，以及深化医改后医院面临的新局面、新业务和新要求，引入了最先进的财务管理工具和方法，如战略管理、平衡计分卡、业务财务一体化、财务管理数字化转型，病种分值付费（DIP）/疾病诊断相关分组（DRG）成本核算等。

在教材编写过程中，我们将理论与实务紧密结合，每一个章节都请理论方面的专家与实务方面的骨干配对组成小组，理论方面邀请北京国家会计学院资深教授进行撰写、指导、把关，实务部分由全国最佳实践医院的总会计师牵头、相关骨干参与撰写。所以，本教材不仅适用于医院管理类学生使用，对医院管理者特

别是大型综合医院的经济运营管理者而言也必将有所助益。

本书编写过程中参阅了大量专著、教材、相关文献以及网络上的相关资料，吸收了诸多专家学者的观点和研究成果，在此一并表示由衷的感谢！尽管我们竭尽全力想为读者呈现一本医院财务管理的精品教材，但书中难免存在疏漏与不足之处，敬请广大读者及各位同仁批评斧正，以便再版时进一步完善。

编　者

2022年5月

Contents

目 录

第一篇 医院财务管理基础

第二篇 医院国有资产管理与投资活动管理

第三篇　医院融资活动与负债、净资产管理

第四篇　医院运营活动管理

第一篇

医院财务管理基础

Part 1

第一章　医院财务管理理论

学习目标

1. 掌握　公立医院实现财务管理目标的路径。
2. 熟悉　公立医院财务管理的内外部环境和财务监督体系。
3. 了解　医院财务管理的概念。

第一节　医院财务管理概述

一、医院财务管理的概念

财务管理是伴随企业生存与发展而产生，是企业对投资、筹资、资金运用以及利润分配等经济活动的管理。根据企业发展所处的发展阶段、资本结构、运营目标的不同，财务管理的目标和策略也不同。但不论是哪些策略，财务管理在企业整体管理中都发挥着重要作用。因此，财务管理是企业管理活动的一个分支活动。企业管理作为实践活动，是许多功能性活动的组合，包括战略、营销、生产、运营、会计、财务等等，而财务管理是企业管理的一个功能性领域，有关财务管理的理论和方法体系自然而然地应被视为企业管理学科体系的一部分。同时，财务管理的主要原理和体系框架又出自微观经济学，特别是财务经济学（financial economics，又称“金融经济学”）。上述特点使得财务管理课程既是实践性很强的课程，又是理论体系相当完整且具有严谨学科背景的课程。

医院作为一个独立的经济实体，由于其组织形态的特殊性，特别是公立医院所具有的公益性特性，在很长一段时期内，医院只重视医疗业务管理，而在一定程度上忽视了财务管理。随着医药卫生体制改革的深化，公立医院逐步从粗放型、规模扩张型向精细化、内涵型发展模式转变。为实现这种转变，以筹资活动、投资活动和医疗业务活动为载体，以资金管理活动为主线，财务管理的重要性日益凸显。随着公立医院步入高质量发展时代，健全运营管理体系、加强全面预算管理、完善绩效评价机制等经济管理活动已成为公立医院高质量发展的新效能，而这些方面正是医院财务管理的重点内容。这些经济管理活动，归根到底表现为资金资源的取得、配置、耗用与管理，在抽象形式上统一表达为价值管理。与企业财务管理相比较，公立医院财务管理的内涵、目标、方法和策略存在较大差异。

就经济管理活动而言，医院是经济活动的主体。医院在为社会提供服务（即为社会创造价值）的同时，也消耗社会资源。为了取得必要的资源，医院需要从资金形态上取得相应数量的资源，再向其他类型的资源转化。财务管理就是要在资金形态基础上，获取资源并对这些资源加以运用以达到医院整体目标的医院管理的分支功能。

据此，医院财务管理的定义：对医院资源在资金形态上的获取和在使用过程中加以管理从而履行医院有关责任并达到医院价值管理目标的理论、方法和组织体系。

根据医疗机构的特性，医院财务管理过程主要涉及组织医院各项经济活动、处理医院各种经济关系、实施医院各项经济管理策略等各项经济管理活动。

二、医院经济活动

医院是为病患提供检查、治疗、手术等诊疗活动的场所。在为患者提供服务的过程中，离不开医院经济活动。医院提供门诊、住院服务，需配置门诊部、住院部、医技检查部等空间资源；开展影像检查服务需购置超声、CT、核磁等大型医用设备资源；开展血样、尿样等检验服务需购买主试剂、化学试剂、质控品等消耗品；为患者做手术需购置麻醉机、手术机器人、腔镜等设备，支架、人工关节、人工晶状体等高值耗材；在为患者提供检查检验、诊断、手术、治疗、药事服务的过程中，医院向患者收取一定的诊疗费用。有些集医疗、教学、科研、预防等功能于一体的大型综合医院，在提供医疗服务的同时，还要开展医学生培养、临床科研、疾病预防和应对突发公共卫生事件等活动，这些活动都会涉及购买货物、服务等价值交换，这些活动都是医院的经济活动。通常医院经济活动分为以下几种。

（一）医院筹资引起的经济活动

筹资是医院最重要的经济活动之一。公立医院由于其主办方是政府且必须坚持其公益性，政策允许的公立医院的筹资渠道主要有两个，即政府的财政投入和通过提供医疗服务所获得的价格补偿，个别地方的公立医院有政府发行的医疗卫生专项债。营利性医院与企业的筹资活动基本相同，为了拓展医疗活动或是为了扩大规模，可以从多种渠道采用不同的方式开展筹资活动，如吸收投资人资本投入、向银行贷款、发行债券或股票等，这些筹资渠道都会形成医院的资金流入；而医院偿还贷款、支付银行利息或债券利息等则会形成医院的资金流出。这种因筹资行为而导致的医院资金流入、流出的活动即为医院筹资引起的经济活动。

（二）医院投资引起的经济活动

医院投资是指医院将取得的自有资金投入医、教、研、防等业务活动之外的经济活动。投资通常可分为对内投资和对外投资两大类，其中，购置大型医疗设备、新建房屋设施等属于对内投资；而把资金用于购买国债、与其他组织开展合作进行药物研发或器械生产、收购医院等，属于对外投资。无论是对内投资还是对外投资，医院都会发生资金流动。这种因投资活动而产生的资金活动即为医院投资而引起的经济活动。

（三）医院开展医疗业务引起的经济活动

医院开展医疗业务过程中会频繁发生资金活动。首先，医院每天接诊患者，为患者提供诊断、检查检验、住院、手术等服务，还要供应药品、耗材等，这些都会产生一定费用。这些费用中有一部分由患者自费承担及支付，其余由医疗保险基金（简称“医保”）负担的部分则按照医院与医保部门签订的协议由医保进行结算，医院因此会产生资金的流入。采购药品耗材、支付外包劳务等运行费用，以及支付员工工资等都会产生资金流出。这种因开展医疗业务而产生的资金活动即为医院开展医疗业务而引起的经济活动。

（四）医院开展科研教学活动引起的经济活动

很多大型医院除了提供医疗服务活动外，还要开展临床科研和医学教育工作。医院开展科研业务会有科研经费到账、拨付，医院需购置科研用材料、试剂，支付科研人员薪酬等；医院承担教学工作会有上级部门的拨款，医院需发放学生津贴、支付教师报酬、购置教学用的模拟设施设备等，这些科研教学业务产生的资金活动即为医院开展科研教学活动引起的经济活动。通常科研教育经费要求专款专用。

（五）医院完成重大项目引起的经济活动

医院承担国家重大科技攻关项目、重大公共卫生事件及重大疾病防治等项目，或受政府部门委托承建并托管一些国家重大基础设施等，这些重大事项通常以项目的形式进行立项、建设、安排并使用资金、对项目进行验收和绩效评价等，在重大项目执行过程中也会产生资金流入、流出的经济活动。

三、医院资金活动

医院在不同的环节开展经济活动均会产生资金的流动，医院的资金流动大致可以分为资金流入、资金流出和资金结存三种形态。

（一）医院资金流入

医院的资金流入主要来源于以下几个方面：一是因筹资活动带来的资金流入，如财政补偿款入账、银行贷款到账、股东投资到账，采用授权支付方式时医疗卫生专项债资金额度到账，各种应收、预收款项到账等；二是在提供医疗业务过程中患者交纳预交金、患者支付的自付费用、医保机构支付结算款、商业保险机构支付的结算款等；三是科研教学经费的到账，以及其他交易行为引起的资金流入。

（二）医院资金流出

医院资金流出主要用于以下几个方面：一是因购买药品耗材等医疗用品，或为科研教学活动购买实验材料而支付给供应商的结算款，支付科研协作单位测试加工费等；二是发生水、电、暖气、燃气等费用需支付的资金；三是购买保安、保洁、物业等外包服务的人员支出；四是为大型设备购买维保、购买配件备件等支出；五是支付员工的工资、津补贴、社会保障费等；六是新建、改建、修缮房屋及其配套设施等建设性支出；七是进行信息化建设，购置软硬件所发生的费用；八是购置大型设备等发生的资本性支出；其他如员工进修培训、参加学术会议等支出。

（三）医院资金结存

医院资金结存是指医院资金流入减去资金流出后的净额。资金流是财务管理的核心，所以资金结存状况直接反映医院的可支配资金情况及财务状况。

四、医院经济关系

处理好各种经济关系是医院财务管理的重要内容，为此有必要明确医院主要的经济关系及其特点，从而确定医院开展财务管理的目标和策略。营利性医院的经济关系与企业类同，这里主要分析公立医院的经济关系。

公立医院的经济关系是指公立医院在组织其财经活动的过程中与各相关利益方发生的关系。公立医院的经济关系主要包括以下几方面。

（一）医院与政府之间的经济关系

我国公立医院为政府出资主办，与政府间的经济关系是出资人与被投资人之间的关系，是委托人与被委托人之间的关系。政府是公立医院资产的产权所有者，公立医院是国有资产的使用者与管理者。政府对公立医院的预算执行情况、各项经济活动有监管权，公立医院应接受财政、审计、行业主管部门的监管。政府各相关部门是政策制定者，公立医院是政策执行者。

（二）医院与医保部门之间的经济关系

医保部门是政府职能部门之一。医保部门不仅代表政府管理医保基金，同时又代表患者向医院购买医疗服务，所以医院与医保部门之间的关系需从两个层面进行理解和掌握：一是从行政管理的角度，医保部门代表政府行使医保基金的管理职能，制定、出台与医保基金使用相关的报销目录、报销范围、报销比例、适应证、禁忌证、最高限额和起付线等政策，医院必须严格执行；医保部门制定医疗服务项目的收费标准以及价格动态调整的机制，医院必须严格执行；医保部门对药品、医用耗材进行集中招标采购，医院需按集中招标采购确定的目录、供应商、品规和价格进行采购；医保部门主导医保基金支付方式和付费标准的改革，医院必须严格执行；医保部门对医保基金使用情况进行监督检查（如飞行检查），医院有义务接受并配合检查。二是医院作为医疗服务的提供方与医保部门作为医疗服务的购买方之间的契约关系。医院为医保患者提供医疗卫生服务后，医保部门与医院结算应由医保基金报销部分的费用，采用什么方式（按项目付费、按人头付费、按床日付费或是按疾病诊断相关组付费）以及付费标准由医保部门综合平衡确定，医疗机构按规定执行。医保部门购买医疗服务的具体工作由医保经办机构即医疗保险事务管理中心具体负责。各地医疗保险事务管理中心与医院签订服务协议，约定双方的权益。医保服务协议的条款包括：就医管理、诊疗项目管理、药品管理、医疗信息管理、预算管理、药品耗材集中采购管理、费用给付、违约责任等，这些条款对医院、执业医生、护士、药师的诊疗行为提出要求，医院应认真解读并严格遵守这些条款。

（三）医院与患者之间的经济关系

在美国等西方国家，医院、医生分属不同的主体，患者、医生、医院之间是三方关系。在我国，医生在其注册的执业地点进行执业，其法律关系主要由医院代表和主张，患者与医院间产生法律关系，与医生之间不产生法律关系。一旦患者预约某位医生的门诊服务或者办理了入院手续，医院与患者就形成了一种契约关系，双方就是一种服务提供方与服务消费方的关系。既然是契约关系，双方就有了法定的权利和义务。《中华人民共和国基本医疗卫生与健康促进法》（以下简称《基本医疗卫生与健康促进法》）第三十二条规定，公民接受医疗卫生服务，对病情、诊疗方案、医疗风险、医疗费用等事项依法享有知情同意的权利，不得实施过度医疗。同理，契约相对方——患者也有相应的责任和义务，如真实客观地回答医生的问诊、遵守医疗规则和流程、支付医疗费用等。当然，医疗服务与一般消费性服务有较大差异：首先，生命科学的复杂性使得治疗手段和方法可能落后于疾病，如有些疾病至今尚未找到治愈方法；其次，每个个体都是独一无二的，同一种疾病采用同样治疗方法，但针对不同的个体所产生的治疗效果可能存在较大差异。所以不能简单地以购买服务的契约关系来定义医院与患者之间的关系。

（四）医院与药品、耗材、试剂、设备等供应商之间的经济关系

医院与药品、耗材等供应商是按照市场规则进行交易的双方，双方的关系是一种对价交易关系。供应商按照市场规则为医院提供货物，医院按照合同约定支付货款。但由于药品、耗材、试剂、医用设备等均与疾病的诊断和治疗相关，所以双方除了买卖关系外，还有其特殊性：医用设备、药品、耗材等对产品质量的要求特别高，供应商必须具备权威部门（如国家药品监督管理局）签发的相关资质证件，如上市的药品要取得证明其性能安全性、有效性及质量可控性的“药准字”注册证，进口药品要有进口药品注册证。药品企业和医院双方要对药品、试剂的批号和有效期进行严格追踪管理。医用器械供应商必须“三证”（医疗器械生产企业许可证、医疗器械经营许可证、准字号的医疗器械注册证）齐全、内容吻合且在有效期内，供应商和医院双方要对耗材的批号和有效期进行追踪管理，特别是对植入人体的耗材要实行从出厂到供应商，到医院，再到用于患者的全过程、全生命周期的跟踪。一旦某批次耗材出现不良事件需召回时，医院应找到使用该批次耗材的每一个患者。因此，医院与药品、耗材、试剂、设备等供应商之间的联系会更加紧密、更加持久，共同为患者提供质量高、性能好的医疗用品。

（五）医院与员工之间的经济关系

根据医院的组织形态不同，医院与员工的关系也不同。营利性医院可以将部分股权让渡于核心员工，如首都医科大学三博脑科医院的部分骨干员工，既为医院工作，又是医院的股东。对公立医院而言，医院与员工之间的关系则是一种劳动契约关系，医院为员工开展工作实现其自身价值提供平台，并为员工的工作支付劳务报酬；员工为医院工作，是医院为患者提供医疗服务最核心的资源。

参与医疗、教学、科研、预防等业务，并能为医院创造价值的生产要素包括医疗场所、医疗设备以及医护人员的技术劳动等。在这些要素中，医护人员提供技术劳动是最核心的资源。人力资源是推动整个社会经济增长所有要素中最重要的。对医院而言，医院的口碑声誉、解决疑难杂症的能力、发展的可持续性主要取决于医护人员的能力与水平，所以如何处理好医院与员工间的关系，激发员工的积极性、主动性、创造性是医院财务管理的重点之一。

为正确理解医院与员工间的关系，必须把握作为创造价值最核心要素的人力资源的特殊属性。根据著名经济学家周其仁先生在《真实世界的经济学》中所阐述的观点，人力资源有三个特殊属性：人力资本每一个要素都天然归属自然人；人力资本的产权

权利一旦受损，其资产可以立刻贬值或荡然无存；人力资本总是自发地寻求实现自我的市场。人力资源的这三个特性决定了尽管员工与医院之间有劳动合同关系，但医院无法完全拥有对人力资源的所有权和控制权。

由于人力资源具备特殊属性，为管理好医院与员工的关系，医院既不能仅采用简单的考勤打卡的方式，也不能采取放任自由的方式，而应该用科学的方法将医院与员工之间营造以下三种关系。

1. 医院和员工作为契约双方认真履行各自权利和义务的关系　既然医院与员工之间是一种劳动合同关系，双方就必然要承担约定的权利和义务，医院聘任员工在一定的岗位上工作，约定其岗位职责，并对其履职情况进行考核和评价，根据考核结果决定薪资报酬、职业晋升、续聘、解聘等等；员工接受医院分配的工作岗位，并在自己的岗位上认真履职，完成好各项工作。

2. 医院和员工在共同的愿景、价值观和文化的引领下建立起合作的关系　现代外科之父裘法祖先生引用《裴子言医·序》曾说："才不近仙者不可为医，德不近佛者不可为医。"对医院的经营者、管理者和医护人员而言都是如此。医院的所有者、管理者、医护人员都应该身怀仁爱之心，坚持"敬佑生命、救死扶伤、甘于奉献、大爱无疆"的职业信仰，恪守希波克拉底誓言，用仁心仁术为患者解除病痛。在共同的愿景导引下，医院为员工搭建平台、提供支持，员工本着一切为了患者的理念服务好患者，共同为人类的健康作出贡献，最终体现医院的价值，实现员工的人生追求和理想。

3. 用科学有效的机制建构医院和员工激励与被激励的关系　我国著名经济学家张五常先生在《卖橘者言》中指出，知识、劳力等人力资源是主动性资源，只能由其天然的所有人控制这种资产的启动、开发和利用。人力资源这种主动性的特性，决定了医院在处理与员工间的关系时，必须建立科学有效的激励机制来调动员工的积极性、主动性，发挥员工内在的潜能。如果员工的积极性、主动性不能调动起来，人力资源的价值就无法发挥出来，甚至消失殆尽。有效并持久发挥人力资源效能要靠科学的激励机制。激励机制包括精神激励、薪酬激励、荣誉激励、工作激励、事业激励等。

知识拓展 / 人力资本理论与激励理论

"人力资本"论的思想渊源可追溯到1776年出版亚当·斯密所著的《国富论》，书中"论资财的划分"把"社会上一切人民学到的有用的才能"视为"固定资本”。20世纪初美国经济学家欧文·费雪（Irving Fisher，1867—1947年）在《资本的性质和收入》(1906年）一书中也认为凡是可以带收入的物品或活动都是资本。其价值大小等于由物品或活动的未来预期收益的折现值。这就意味着人的活动能力只要能带来收入就可成为资本。第二次世界大战后，西奥多·W·舒尔茨（Theodore W. Schultz，1902—1997年）承袭前人思路，在长期从事农业经济研究中，特别是从落后的农业国家农民收入低下而工业发达国家农民收入较高的实证研究中发现，劳动者的收入高低与劳动者的智力、技能很有关系。舒尔茨当选1960年年度美国经济学会会长时，他发表了《人力资本投资》的就职演说，从而宣告了现代人力资本理论的诞生。1961年又以同名著作出版，系统地论述了“人力资本”理论的内容，并因此在1979年获诺贝尔经济学奖，从而成为西方人力资本论的奠基人和最主要的代表人物之一。

激励是运用科学灵活的管理方式，准确识别员工需求、充分调动员工积极性、发挥员工创造性潜能的有效手段。激励本质就是在内部与外部的双重刺激下，人类所表现出的基本心理过程。一般情况下，可以将激励理论划分为三大类型：内容型激励理论主要以马斯洛的需求层次理论为代表；过程型激励理论是以目标为导向，认为只有设定合理的、阶段性的目标，人们才能发挥创造性的潜能；行动型激励理论是指根据人们行为正确性来实施惩奖。

（六）医院与物价管理部门之间的经济关系

根据《中华人民共和国价格法》，与国民经济发展和人民生活关系重大的重要的公益性服务价格属于政府定价的范畴，公立医院开展的医疗服务项目及价格都属于政府部门行政审批的事项。所以，医院与价格管理部门之间的关系是申报与审批、监管与被监管、检查与被检查的关系。

为了理顺医疗服务项目价格关系，让医疗服务价格更多体现医护人员的劳动价值和技术含金量，2021年8月，国家医保局等8个部门联合发布了《深化医疗服务价格改革试点方案》，提出在未来的3~5年，将探索建立医疗服务价格分类管理、医院参与、科学确定、动态调整的医疗服务价格机制，探索将医疗服务分为通用和复杂两种类型、采用不同的定价机制，对于难度大、风险高，对医务人员个人能力、医疗机构技术支撑体系要求高的项目，则采用政府“定规则、当裁判”，引入医院参与的机制。该项改革方案的出台将直接影响医院与物价主管部门的关系，公立医院将由现在的被动执行政府指导价格转变为参与高难度高技术含量项目的定价，这一机制的建立将调动医院在规范诊疗行为、控制成本和费用等方面主动作为的积极性。

（七）医院与税务部门之间的经济关系

医院与税务部门之间的关系主要体现在两方面。一是医院作为纳税义务人、医院的经济活动作为纳税对象所产生的医院与税务部门之间的关系：首先，医院要主动进行税务登记；其次，要根据税收政策区分经济活动是否属于征税对象，如果属于征税对象则应及时、准确进行纳税申报，准时足额缴纳税款；再次，要做好税收筹划、控制纳税成本。如税务政策规定，非营利性医疗机构从事非医疗服务取得的收入，如培训收入、对外投资收入等应按规定征收各项税收，但如果将这部分收入直接用于改善医疗卫生服务条件，则经税务部门审核批准可抵扣其应纳税所得额，为此，医院应主动向税务部门申请，获得税务部门批准后才能抵扣，否则将会有涉税风险；最后，税务机关有权对医院进行税收检查，医院有义务接受检查并予以配合。二是医院与税务部门之间，医院员工作为纳税主体、医院作为代扣代缴义务人所产生的关系。医院发放员工工资薪酬时应从员工的应付工资中预扣应缴的个人所得税，并由医院财务部门直接汇缴给税务机关，这种做法容易产生纳税主体的错位，所以在处理这层经济关系时，一定要明确个人所得税的纳税主体是取得收入的自然人，自然人是纳税义务人，应履行纳税义务人的义务。医院财务部门只是依法履行代扣代缴、代收代缴税款的义务。代扣代缴义务人不能替代纳税义务人的责任。

第二节　医院财务管理目标

一、医院财务管理目标的概念

医院财务管理目标是在一定政治、经济、社会环境下，医院开展财务管理活动最终应达到效果的一种界定，是用以评价医院所开展的经济活动是否科学、合理的标准。医院财务管理目标决定了医院财务管理的方向、方法、路径和策略以及组织体系。医院财务管理目标与医院在行业中的地位、发展愿景以及所处社会、政治、经济环境密切相关，并随环境的变化而变化。

二、医院财务管理目标的内涵

医院财务管理目标与医院生存及战略发展的目标是一致的，医院财务管理目标应服务于医院生存与战略发展的目标。医院生存与战略发展的目标是维护人民健康，救死扶伤，治病救人。所以，从根本上讲，医院财务管理目标就不能追求利润最大化和股东财富最大化，也不能追求以资本市场价值为形式的“价值最大化”，无论出资办医方是政府还是资本都应如此，这是医院财务管理目标与企业财务管理目标根本的区别。从财务管理的职能看，公立医院财务管理依然可以理解为价值管理过程，但这里的价值是社会价值和经济价值的统一。因此，医院财务管理目标是医院财务管理活动的指南针，有其特有的内涵，归纳起来主要为以下几个方面。

（一）医院长期存续与稳步发展

医院是一个独立的经济实体，要存续和发展必须保证其财务状况良好，员工收入有保障并得到有效激励，设备房屋等得到及时维修和更新，人才得到培养，学科能力得到提升。医院要达到上述目标，其成本必须能得到合理的补偿，新的诊断方法和治疗技术的运用得到必要的资源支持。《2018年度全国三级公立医院绩效考核国家监测分析有关情况的通报》中的数据显示，全国公立医院平均资产负债率高于40%，约1/3的医院负债率大于50%。数据表明，公立医院经济运行存在较大压力，如何实现医院社会价值和经济价值协调统一，是医院财务管理工作面临的重要挑战之一。

（二）患者利益得到保护

医院服务的对象为患者，诊疗活动是一种没有选择余地的刚性需求，伴随疾病疑难程度的增高、治疗技术的进步，治疗的费用在逐年增长，即使在医保基金负担的范围逐渐扩大、报销比例逐渐提高的条件下，一些重大疾病的医疗费用也可能会让患者无力负担。为了缓解患者过重的负担，国家出台多项政策。对医院而言也应将降低患者就医负担、保护患者权益不受侵害作为财务管理的目标之一。医院要主动作为、多措并举维护患者利益：不仅要关注收费环节是否存在多收费、乱收费、重复收费等问题，还要关注医疗业务内涵的经济行为，关注医疗行为本身是否规范合理，是否存在大处方、重复检查等过度医疗的行为。如何实现患者价值与医院价值协调统一，是医院财务管理工作面临的重要挑战之一。

（三）医保基金安全得到维护

尽管医院与医保之间的关系是医疗服务的提供方与购买方的关系，但是鉴于医保基金的安全关系到每一个参保人的利益，公立医院的公益性决定其应将维护医保基金安全作为医院财务管理的目标之一。为此，在医院财务管理过程中不仅要确保按照医保基金使用监督条例的要求规范使用医保基金，不能侵占医保基金，还应该规范医疗行为，用科学的治疗方法、适宜的医疗技术、最经济的时间消耗和费用消耗为患者提供高质量、安全可靠的医疗服务，提高医保基金使用效率，维护医保基金安全。因此，如何实现医院价值与医保基金安全之间的合理统筹，是医院财务管理工作面临的重要挑战之一。

（四）财政补助得到合理保障

取消药品和耗材加成后，公立医院补偿渠道从原来的三个变为了两个，即财政补偿和价格补偿。在目前医疗服务价格普遍偏低、比价关系未理顺、医疗服务成本不能完全从价格得到补偿的大背景下，财政补偿尤为重要。但我国的经济发展已经进入新常态，各种减税降费措施都会影响财政收入，各项财政支出的压力越来越大，所以在考虑财政对公立医院的补偿力度时也应考虑财政承受力。因此，如何实现争取财政补贴与国家财政能力限制两者的平衡，是医院财务管理工作面临的重要挑战之一。

（五）员工积极性得到有效激励

医院员工的合理激励，是保证医院高质量发展的关键因素之一。如何处理好医院员工激励、员工积极性与医院社会公益目标的关系，是医院财务管理工作面临的重要挑战之一。关于这一点，在阐述医院与员工之间的经济关系时进行了详细讲解，在此不再赘述。

三、医院财务管理目标与利益冲突，以及多边利益协同

如上所述，在医院财务管理过程中，利益相关方（医院、患者、医保基金、政府）在一定程度上存在利益冲突，即医院要发展可能会加重患者负担、增加医保基金支出，需要更多财政投入等；而减少财政投入，降低患者、医保与医院间的结算标准则可能会影响医院的存续与发展、影响医院员工积极性的发挥。因为医院收入来源（或成本补偿）、资金流入主要有三个渠道：各级财政对医疗机构的财政补偿、医保部门支付医保基金应负担的医疗费用、患者负担自费的医疗费用；其主要支出、资金流出也可以分为三个方面：药品耗材、运维保障等运行支出，人员支出和购置医疗设备等资本性支出。收入与支出、资金流入与流出是一对矛盾，在医疗机构收入一定的情况下，当取消药品和耗材加成后，其成本是没有压缩弹性的，水电气暖等运维性费用节约的空间有限。虽然人员支出有一定的支出弹性空间，但是，有些医院为购置新设备促进学科发展而压低员工薪酬水平，后果则是医护人员积极性受挫，甚至大量优秀员工辞职。为了解决这个困境，部分医院鼓励科室、医护人员更努力提升收入，则可能会出现大处方、重复检查等过度医疗的现象，进而损害患者的利益，增加医保基金的负担。如何同时应对医院可持续生存与发展、病患权益得到保护、医保基金安全得到维护、财

政补助可承受、医护人员积极性得到激励五个方面的挑战，首先需要在财务管理目标方面做好统筹管理，从以下几个方面协同多方利益。

（一）按事权划分财政补贴的边界，保证公立医院维持公益性所必需的财政投入

医疗是主要的民生工程之一，医疗支出在世界各国（美国除外）的公共财政中都占有很高的比重。公立医院既是一个独立的经济实体又担负民生事业的责任，既要维持良性运行又要坚持公益性，这容易造成政府与公立医院在财政补偿事项上边界不清。所以应按事权明确政府与公立医院的责任边界，事权为政府的应由财政补贴，事权为医院的应由医院负担。在医疗改革文件中已经明确规定了应由政府投入的六个方面：公立医院基本建设和设备购置、重点学科发展、人才培养、符合国家规定的离退休人员费用和政策性亏损补贴，但这六项投入的表述过于笼统，政府应结合事权进一步明确，其后建立相对应确定的渠道予以落实，确保财政投入的稳定性。

（二）提升公立医院内部管理水平，建立公平有效的绩效考核和分配机制

医院要实现财务管理的目标，增加内生动力最关键。当前，公立医院收支规模不断扩大，医教研防等业务活动愈加复杂，亟待在坚持公益性的前提下，加快补齐内部运营管理短板，向精细化管理要效益。同时，还应建立公平有效的绩效考核和分配机制，调动医护人员的主动性、积极性、创造性，提升人力资源的效率，为医院创造更多价值。

（三）改革医保支付方式，建立中国特色的医保基金结算模式

医保部门与医院以往主要采用按项目付费的结算方式，这种方式不利于激发医院节约成本的内驱力。近年来，医保部门加大了支付方式改革，探索多种付费方式，如总额预付制、按疾病诊断相关组（DRG）付费、基于按病种付费用大数据技术进行分类组合后进行的分值付费（DIP）、按床日付费、按人头付费等。这些付费方式共同的特点是，医保部门按确定的付费额作为与医院结算的标准，医院主动控费则能将节约的部分留给医院，增加医院的效益。因此，医疗保障支付方式改革需要不断深化，以建立服务国情的医保基金结算模式。

（四）加大商业健康保险的力度，拓展医院筹资渠道

商业健康保险是以被保险人的身体健康为保险标的，保障被保险人在疾病或意外事故所致伤害时产生的直接费用或间接损失可获得补偿，包括医疗意外保险、疾病保险、医疗保险、收入保障保险和长期看护保险等。商业健康保险是对基本医疗保险最有力的补充。在美国医疗保险以商业保险为主导，在其他很多国家商业健康保险系统

也十分发达，是对基本医疗保险的一个重要补充。在我国商业健康保险还处于起步阶段，商业健康保险赔付的医疗费用还很少，这种局面与我国人口规模、人民对健康的需求是不匹配的，商业健康保险还有着很大的发展空间。政府、参保人个人、商业保险公司、医疗机构等应多方发力，共同促进商业健康保险的发展。

第三节　医院财务管理环境

医院财务管理环境是指对医院财务活动或财务管理产生作用和影响的各种内外部条件或因素。医院财务管理作为价值管理职能，是对各项经济活动及其经济关系进行管理，而各种经济活动与经济关系是受各种环境影响和制约的，必须分析影响医院经济活动和经济关系的内外部环境，其中内部环境与各医疗机构自身在行业中的定位、学科发展与医疗技术水平、医院管理水平等相关等，而外部环境包括政治环境、法律环境、市场环境。同时，在信息技术（云计算、大数据、互联网、物联网）迅速发展的今天，数字化已经成为医院管理与技术服务不可缺少的重要支撑。因此，信息（化）环境作为一种独立的环境因素，对医院财务管理工作产生重要影响。

一、医院财务管理的政治环境

尽管财务管理属于经济学的范畴，但经济是政治的基础，政治是经济的集中反映，从事财务管理工作必须站在政治高度，不断提高政治判断力、政治领悟力、政治执行力，看任何问题、做任何决策、抓任何工作都要常怀“国之大者”。当前把握好医院财务管理的政治环境：首先，要坚持党的领导，坚持党委领导下的院长负责制；其次，要树立以人民为中心的发展理念，最终构建人民健康水平提升、医学科技创新能力全面提升的新局面；再次，要把握公立医院已经进入了高质量发展新阶段，要将高质量发展作为医院财务管理的目标和战略发展总体目标，在财务管理中要做到将问题导向与结果导向相结合、业务管理与经济管理相结合、规范管理与提质增效相结合、改革创新与长效机制相结合。

二、医院财务管理的法律环境

医院财务管理的法律环境是指影响医院财务活动的有关法律法规和规章制度。随着习近平法治思想的普及和我国法制体系的不断健全，医院财务管理的法律环境也日臻完善。医院财务管理的法律环境可以分为两大类：一类是医院作为法人层面和医疗业务层面应遵循的法律法规，一类是医院经济活动应遵循的法律法规。

（一）医院或医疗行为层面必须遵循的法律法规

医疗卫生与健康事业应当坚持以人民为中心，为人民健康服务，医院和医护人员的行为也必须合规合法。依据《中华人民共和国民法典》《中华人民共和国基本医疗卫生与健康促进法》《医疗机构管理条例》的有关规定，医疗机构以救死扶伤，防病治病，为公民的健康服务为宗旨，医院提供疾病诊治，特别是急危重症和疑难病症的诊疗，突发事件医疗处置和救援以及健康教育等医疗卫生服务，并开展医学教育、医疗卫生人员培训、医学科学研究和对基层医疗卫生机构的业务指导等工作。医院及医务人员应严格按照《中华人民共和国医师法》《中华人民共和国药品管理法》《中华人民共和国传染病防治法》《中华人民共和国社会保险法》《护士条例》等法律法规之规定，遵守有关临床诊疗技术规范和各项操作规范以及医学伦理规范，使用适宜技术和药物，合理诊疗，开展执业活动。

医院应特别掌握的是自2021年5月1日起施行《医疗保障基金使用监督管理条例》（以下简称《条例》），《条例》按照医疗保障行政部门、医疗保障经办机构、定点医药机构和参保人员等不同主体，分别对其在基金使用中应该做什么、不得做什么作出了具体的规定，并对同一行为建立双向约束机制，医院、医生、护士和药师必须严格按照《条例》进行执业。

（二）医院经济活动层面应遵守的财经法律法规

医院作为一个组织、医护人员作为特殊职业者除了应遵循医疗行为层面的法律法规外，医院经济活动还应遵循财政财经法律法规。这些法律法规主要包括《中华人民共和国预算法》《中华人民共和国预算法实施条例》《行政事业性国有资产管理条例》《中华人民共和国政府采购法实施条例》《中华人民共和国招标投标法》《中华人民共和国招标投标法实施条例》《中华人民共和国价格法》《中华人民共和国税收征收管理法》，以及政府会计制度和政府会计的一系列准则等等。这些法律法规制度，不仅涉及医院的预决算管理、国有资产管理、采购管理、招投标管理等各个领域，还规范了医院的财务核算、税收申报等行为。这要求医院管理者必须熟悉这些法律法规制度，在合规合法的前提下履职履责，做好财务管理，实现财务管理的目标。

三、医院财务管理的市场环境

医院财务管理的市场环境是指影响医院财务管理的各种市场因素，如医疗服务的对象、医疗服务的内容、医疗服务的定价与成本补偿机制等等。由于医疗服务的特殊性，医院市场环境有如下几方面的特点：一是医疗服务是主要由政府（或医保基金）购买的准公共产品，我国的医保覆盖面已经达到了95%，2019年全国职工医保实际住院费用基金支付比例已经达到了75%，居民医保实际住院费用基金支付比例也达到了60%。准公共产品有着非竞争性、市场与政府共同承担、容易被浪费的特性。二是尽管医疗服务有公共产品的属性，但具有收费标准，是对价交换。然而对价交换不等于等价交换，对价交换的内容、价格由国家予以明确规定，价格政策的合理性直接关系到医院的成本能否得到补偿。三是在医院提供医疗服务的全过程要消耗各种资源，如消耗药品耗材、设备房屋的折旧，以及医护人员提供的诊断、治疗、手术、药品审核与配置、挂号、结算、病案管理等服务消耗的人力资源，医院需按市场定价获取这些资源。医院面临复杂的市场环境对其财务管理是一个挑战。

四、医院财务管理的内部环境

医院财务管理的内部环境主要侧重三个方面：医院在医疗服务体系中的定位、内部管理水平和信息化能力水平。医院的组织形态决定医院财务管理的目标，进而影响医院的财务管理的手段、方法和决策。医院可按大类分为营利性医院和非营利性医院，本节主要分析非营利性医院财务管理的内部环境。

（一）医院在国家医疗服务体系中的定位

在国务院办公厅发布的《关于推动公立医院高质量发展的意见》（国办发〔2021〕18号）中，对如何构建公立医院高质量发展新体系进行了明确的规定，将全国的医疗服务体系分为三个层次：一是医学中心，包括国家医学中心、临床医学研究中心、区域级医学中心和中医药传承创新中心。医学中心的主要职能除了诊治疑难杂症外，还包括集中力量开展疑难危重症诊断治疗技术的攻关，开展前沿医学科技创新研究和成果转化；注重高层次医学人才的培育培养；加强对其他医疗机构的指导，促进优质医院资源的下沉。二是城市医疗集团，是指按照网格化布局管理，组建由三级公立医院或代表辖区医疗水平的医院牵头，其他若干家医院、基层医疗卫生机构、公共卫生机构等为成员的紧密型城市医疗集团，其主要职能是统筹负责网格内居民预防、治疗、康复、健康促进一体化、连续性医疗服务。三是县域医共体，即按照县乡一体化、乡村一体化原则，建立的以县级医院为龙头的紧密型县域医共体。其主要职能是解决县域内居民看病的问题，做到大病不出县。同时，加强县级医院对乡镇卫生院、村卫生室的统筹管理，发挥县级医院对家庭医生的技术支撑作用。综上所述，不同类型的医疗机构其主要职能是不同的，各医院应首先明确自己在国家医疗服务体系中的定位，再根据定位确定自身战略定位、学科发展方向、资源配置领域，从而确定自身的财务管理目标和策略。

（二）医院内部管理水平

国务院办公厅《关于推动公立医院高质量发展的意见》将提升医院管理水平作为公立医院高质量发展的新效能，足以证明医院内部管理水平的重要性。医院的内部管理涉及面广，包括医疗质量与安全管理、就医流程管理、人员管理、预算管理、成本管理、内控建设、绩效评价与管理等涉及医院治理能力与水平的方方面面。特别是自2019年国家卫生健康委员会开启“经济管理年”活动以来，将经济管理的重点转向关注医疗、教学、科研等业务活动内涵经济行为（即该项活动可以获取收入或耗费人财物等资源）的事项，聚焦关键业务环节，将财务管理从结果审批管理转向流程管控。将内控管理和风险监控措施嵌入关键业务控制点，不仅规范业务管理，还满足风险防控精准化要求。但各个医院的管理水平参差不齐，财务管理需根据各医院的实际管理情况和治理能力水平确定相应的方法和策略。

（三）医院业务与管理的信息化能力水平

虽然医疗是一个非数字原生态的传统行业，但在数字经济时代，医疗、教学、科研等业务活动越来越依赖信息化、数字化和智能化。财务管理服务并服从于业务活动，是对业务活动所产生的经济活动和经济关系的管理，因而医院业务活动的信息化水平，如数据的可信度和一致化程度、各业务系统间协同互联与数据共享的程度、业务与财务一体化程度、业务管理与经济管理相融合的程度、数据参与并辅助决策的程度等等，都会影响医院财务管理的水平。

第四节　医院财务管理监管

公立医院财务监管体系分为外部监管体系和内部监管体系两个层面。

一、外部监管体系

外部监管体系包括巡视、国家审计机关审计、委托社会审计组织开展的审计等。

（一）巡视

巡视是党章规定的一项重要制度，是加强党的建设的重要举措，是加强党内监督的重要形式。巡视主要是政治巡视，但被巡视单位的经济活动和财务收支是被巡视的主要内容之一，包括与之相关的“三重一大”决策制度的执行情况，“八项规定”的执行情况，各项经济活动是否合法合规等。

（二）国家审计

国家审计是指由国家审计机关所实施的审计。根据《中华人民共和国审计法》规定，我国的审计机关依照法律规定独立行使审计监督权，不受其他行政机关、社会团体和个人的干涉。各级审计机关除了对行政事业单位（含公立医院）预算执行和财政财务经济活动进行审计外，还开展各项专业审计。特别是自2018年3月成立中央审计委员会后，加强了党中央对审计工作的领导，构建了集中统一、全面覆盖、权威高效的审计监督体系，加大了审计执法力度，更好地发挥了审计监督的作用。各级审计机关对公立医院审计的主要内容包括贯彻落实国家有关重大政策措施情况的审计，预算执行、决算和其他财政财务收支审计，专项审计和专项审计调查等。

（三）社会审计

社会审计组织是指根据国家法律或条例规定，经政府有关主管部门审核批准，注册登记的会计师事务所和审计事务所。社会审计是社会审计组织受托对公立医院开展的预算执行情况和年度财务收支审计、领导干部任期内经济责任审计、领导干部离任经济责任审计以及其他专题专项审计等。

（四）医保飞行检查

医保飞行检查是医保部门跟踪检查医院医保政策执行情况的一种检查形式，是指由医保管理部门主导的、事先不通知被检查医院实施的现场检查。医保检查重点关注医院是否存在以下行为：①虚构医药服务，伪造医疗文书和票据，骗取医疗保障基金。②为参保人员提供虚假发票。③将应由个人负担的医疗费用记入医疗保障基金支付范围。④为不属于医疗保障范围的人员办理医疗保障待遇。⑤为非定点医疗机构提供刷卡记账服务。⑥挂名住院。⑦串换药品、耗材、物品、诊疗项目等骗取医疗保障基金支出。⑧定点医疗机构及其工作人员的其他欺诈骗保行为。

为了发挥巡视和外部监管的作用、维护外部监管制度严肃性和权威性、强化医院领导的整改责任，国家要求被巡视、审计和检查的医院对监管过程中发现的问题必须做到认真整改，即凡是能立行立改的要做到即知即改；凡不能立行立改的则要制定切实可行整改方案尽快整改，做到“件件有着落、事事有回音”，充分发挥外部监管的治根治本作用。

二、内部监管体系

除外部监管外，医院内部的监管也十分重要。医院财务内部监管体系主要由内部控制机制、财会监督、内部审计监督、纪检监察组成。

（一）内部控制机制

医疗机构内部控制是医院对经济活动及相关业务活动的运营风险进行有效防范和管控的一系列方法和手段的总称，该部分的内容会在第十四章医院内容控制管理进行专门的阐述，在此不再赘述。

（二）财会监督

财会监督是指医院内部的财务部门、会计人员依据经授权的特殊职责和职权，对医院各项经济活动和开支进行检查和督促。主要包括：对原始凭单的审核与监督，确保原始单据的真实、合法、合规、准确、完整；对会计处理和账簿的检查监督，即对会计处理的正确性、会计账簿的安全完整性进行监督，确保会计账簿真实完整地反映医院的所有经济活动，不存在“账外账”或“小金库”等；对资产、账款等的监督，确保账实相符；对招标文件、合同等内容的监督，确保医院的合法权益不受侵害；对财务收支活动的监督，确保收支活动本身的真实合理性，确保审批手续齐全、流程规范，确保财务支出范围和标准符合国家规定；财务报告监督，即对财务部门编制的财务报告的质量进行监督，确保财务报告所披露信息的真实性、准确性、可靠性、相关性和可比性。

（三）内部审计监督

内部审计监督是相对外部审计（如国家审计、社会审计）而言的，是由医院内审部门在医院主要负责人的领导下，运用系统规范的审计方法、按照规范的审计程序对医院各项财务管理活动的合规合法性、内部控制的健全有效性进行检查和评价。内部审计的目标是帮助医院完善治理、增加价值，从而实现财务管理目标和医院战略发展目标相统一。医院内部审计包括财务收支的合规合法性，医疗收费的合规合法性，医用设备使用的效率效益情况，药品耗材采购、使用、管理的规范性，合同签订流程的合规性和合同条款的合理性，基建工程的全过程跟踪审计等主要内容。

（四）纪检监察

纪检监察是党的纪律检查机关和政府的监察部门行使的职能。公立医院设有纪检监察部门，其主要工作职责：负责党员和党员领导干部执行党的路线方针政策的监督检查；制定党风廉政建设和反腐败工作的规章制度并监督执行；负责党风廉政建设和反腐败工作的宣传教育；对“三重一大”制度执行过程中存在的突出问题进行监督检查并督促整改；受理群众对党员和党员领导干部违规违纪问题的举报；查处违规违法案件等。纪检监察的部分职能涵盖了财会监督的内容。

除上述监督形式外，一些医院还应接受并配合财政监督检查、物价监督检查、税收征管执法检查等专项检查工作。总之，由于公立医院特殊事业单位定位，其经济活动受到多方面监管，且随着预决算公开越来越规范，财务监督的方向越来越趋于社会化。

本章小结

本章介绍的医院财务管理是对医院资源在资金形态上的获取和在使用过程中加以管理从而履行医院有关责任并达到医院价值管理目标的理论、方法和组织体系。根据医院的特性，对医院财务管理过程中所涉及的各项经济活动的组织、各种经济关系的处理、各项经济管理策略的实施等进行了分析。

本章对医院财务管理的目标以及如何实现财务管理目标进行了详细阐述，同时还分析了影响医院财务管理的内外部环境以及财务监管的各种形式。

（向炎珍）

第二章　医院财务报告

学习目标

1. 掌握　医院财务报告的概念、编制要求。
2. 熟悉　资产负债表、收入费用表的内容与基本结构。
3. 了解　医院财务报告的作用；预算会计与财务会计的关系。

第一节　医院财务报告概述

一、医院财务报告的概念与作用

（一）医院财务报告的概念

医院财务报告是指反映医院一定时期的财务状况和业务开展成果的总括性书面文件，包括报表会计及财务分析，其中报表是医院财务报告的核心内容。

根据日常会计核算资料，按照规定的格式与口径，对分散的财务信息进行归集、加工、汇总，从而形成系统、全面地反映医院一定时期的财务状况和业务开展成果的总括性书面文件，是会计工作的一项重要内容，也是会计核算工作的最后一个重要步骤。

（二）医院财务报告的作用

医院财务报告使用者包括各级政府及其有关部门，如各级财政部门、国家卫生健康委员会、医保部门等；债权人，如供应商、患者等；医院自身，如医院决策层、管理层、职工等；其他利益相关者，如客户等。医院财务报告的具体作用有以下几个方面。

1. 有助于使用者对医院医务活动进行监督和管理　各级政府及其有关部门根据医院提供的财务报告，可以实时监督医院管理层与治理层履行公共受托责任的效率和效果，及时发现问题与趋势，对医院管理理念、管理行为进行规范、引导。

2. 有助于使用者对医院过去、现在、未来的经济情况作出评价或者预测　医院财务报告反映了医院客观、真实、全面、准确的经济运营成果，可以提供对使用者决策产生影响的有用信息。

3. 有利于使用者提高决策科学性　医院财务报告可以为政府管理部门制定宏观政策、为内部管理者规划工作等提供可靠的数据基础，帮助使用者修正及改善其预测、决策流程，从而提高决策科学性，减少盲目性。

二、医院财务报告的组成、分类

（一）医院财务报告的组成

医院财务报告包括报表及财务分析，其中报表包括主表、附表、附注，具体内容见表2-1。

1. 报表

（1）主表：主要报表。是指可以提供比较全面、完整的会计信息，能基本满足各种信息需要者的不同要求的会计报表。按照政府会计制度要求，分为预算会计报表与财务报表两大类。

（2）附表：是对主表中的某一项或几项指标或内容提供更为详细情况说明的补充性报表。

（3）附注：是对在主表、附表中列示的项目所作的进一步说明，以及对未能在主表、附表中列示项目的补充。

表2-1　报表

类别		编号	报表名称	编制期
主表	预算会计报表	会政预01表	预算收入支出表	月度、年度
		会政预02表	预算结转结余变动表	月度、年度
		会政预03表	财政拨款预算收入支出表	月度、年度
	财务报表	会政财01表	资产负债表	月度、年度
		会政财02表	收入费用表	月度、年度
		会政财03表	净资产变动表	年度
		会政财04表	现金流量表	年度
附表	财务报表	会政财02表附表01	医疗活动收入费用明细表	月度、年度
		—	附注	年度

2. 财务分析　每张报表能够反映医院管理的不同维度，但是通过每一张报表都无

法实现系统、综合地反映医院业务链条，以及业务链条所揭示的财务能力；无法反映医院在一定时期内发展变化趋势、面临的风险与机遇，以及医院资源配置与业务发展趋势的协调性。

财务分析是财务管理的重要方法之一，能够发现医院经营活动中存在的主要问题及主要问题的主要方面，有针对性提出建议，协助决策层作出科学决策，监督各职能部门履职情况及医院工作计划执行情况，建立完善业绩评价体系，协调财务关系与资源配置，推动医院战略目标的实现。

具体应用详见第三章医院财务分析。

（二）报表的分类

1. 按照报表反映的经济内容分类

（1）反映医院财务（预算）状况及其变动情况：资产负债表、净资产变动表、预算结转结余变动表。

（2）反映医院财务（预算）收支及财务成果：收入费用表、医疗活动收入费用明细表、预算收入支出表、财政拨款预算收入支出表。

2. 按照报表报送对象分类 分为对外报送报表与内部管理报表。本教材只针对表2-1所列医院对外报送的会计报表进行介绍。

3. 按照报表编制期分类

（1）中期报表：以短于一个完整会计年度的报告期间为基础编制的报表，包括月报、季报、半年报等。

（2）年度报表：又称“年度会计报表”，应当附有完整、详细的财务分析。

三、医院财务报告的编制要求

医院财务报告以文字和数字反映经济现象。使用者依赖财务报告获取其所需的诸多财务信息。

（一）合法性、真实性要求

1. 合法性 医院发生的经济业务必须符合国家的相关法律法规。

2. 真实性 医院必须根据实际发生的经济业务和交易事项进行会计核算，填制会计凭证，登记会计账簿，编制财务报告。

单位负责人对医院财务报告的合法性、真实性负法律责任。

（二）完整性、准确性要求

1. 完整性 医院财务报告应当提供使用者理解医院经济业务所必需的全部信息，

全面反映医院财务状况和财务成果。

2. **准确性**　医院财务报告应当根据登记完整、核对无误的账簿记录和其他有关资料编制，做到数字真实、计算准确。

（三）及时性、可比性要求

1. **及时性**　医院应当按照国家规定的期限对外报送医院财务报告。如果发现对外报送的医院财务报告存在错误，应当及时办理更正手续。除更正本单位留存的医院财务报告外，应同时通知接受医院财务报告的单位更正。错误较多的，应当重新编报。

2. **可比性**　不得违反制度规定随意改变会计报表的编制基础、编制依据、编制原则和方法，不得随意改变制度规定的会计报表有关数据的会计口径。

第二节　资产负债表

一、概述

（一）概念

资产负债表是表示医院在某一特定日期财务状况的主要会计报表。反映医院在某一特定日期拥有或控制的经济资源、承担的现时义务和净资产的构成情况。

（二）资产负债表与其他各财务报表间的关联点

资产负债表与其他各财务报表（含主表、附表）都具有直接或间接的关联（图2-1），即包含其他各财务报表的最终结果。

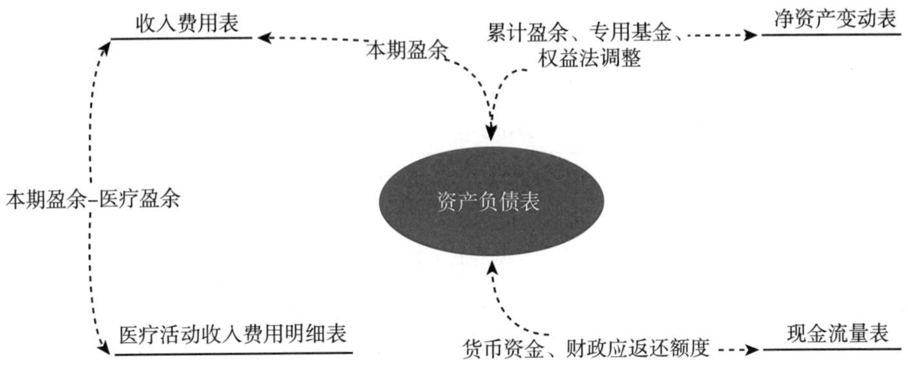

图2-1　资产负债表与其他各财务报表间的关联点

资产负债表与其他各财务报表的具体关联关系，详见其他各财务报表解读。

二、报表解读

以甲医院20X1年报表为例对资产负债表（表2-2）进行解读。

表2-2　资产负债表

会政财01表

编制单位：甲医院　　20X1年12月31日　　单位：元

资产	期末余额	年初余额	负债和净资产	期末余额	年初余额
流动资产：			流动负债：		
货币资金	244,423,505.00	204,863,105.34	短期借款	—	—
短期投资	1,180,000.00	—	应交增值税	2,958,731.45	1,674,889.00
财政应返还额度	2,675,789.86	—	其他应交税费	2,214,466.48	1,421,424.54
应收票据	—	100,000.00	应缴财政款	—	—
应收账款净额	119,136,904.86	—	应付职工薪酬	19,327,451.00	18,273,521.25
预付账款	—	—	应付票据	—	—
应收股利	—	—	应付账款	116,567,727.90	87,211,537.02
应收利息	—	80,000.00		—	—
其他应收款净额	8,696,041.66	6,086,942.60		—	—
存货	12,626,601.70	15,262,660.37	预收账款	120,182,667.00	83,182,667.00
待摊费用	—	35,600.00	其他应付款	9,905,690.40	5,605,690.40
一年内到期的非流动资产	—	—	预提费用	4,955,000.00	4,955,000.00
其他流动资产	—	—	一年内到期的非流动负债	—	—
流动资产合计	388,738,843.08	315,645,250.20	其他流动负债	—	—
非流动资产：			**流动负债合计**	276,111,734.23	202,324,729.21
长期股权投资	1,680,000.00	1,680,000.00	非流动负债：		
长期债券投资	—	1,000,000.00	长期借款	—	—
固定资产原值	2,244,851,786.96	2,262,224,856.67	长期应付款	—	—
减：固定资产累计折旧	1,121,986,303.90	1,101,898,307.39	预计负债	—	—
固定资产净值	1,122,865,483.06	1,160,326,549.28	其他非流动负债	—	—
工程物资	—	90,000.00	**非流动负债合计**	—	—
在建工程	28,493,953.00	8,319,399.53	受托代理负债	430,115.00	430,115.00

续　表

资产	期末余额	年初余额	负债和净资产	期末余额	年初余额
无形资产原值	14,046,450.00	13,911,694.00	**负债合计**	276,541,849.23	202,754,844.21
减：无形资产累计摊销	5,286,403.60	4,826,863.16			
无形资产净值	8,760,046.40	9,084,830.84			
研发支出	—	—			
公共基础设施原值	—	—			
减：公共基础设施累计折旧（摊销）	—	—			
公共基础设施净值	—	—	净资产：		
政府储备物资	—	—	累计盈余	1,251,531,084.81	1,280,445,246.37
文物文化资产	—	—	其中：财政项目盈余	45,199,521.64	74,896,431.78
保障性住房原值	—	—	医疗盈余	16,029,827.97	—
减：保障性住房累计折旧	—	—	科教盈余	32,426,312.39	47,673,391.78
保障性住房净值	—	—	新旧转换盈余	1,157,875,422.81	1,157,875,422.81
长期待摊费用	350,000.00	525,000.00	专用基金	22,705,406.50	13,901,054.27
待处理财产损益	—	—	权益法调整	114,000.00	—
其他非流动资产	—	—	无偿调拨净资产*	—	—
非流动资产合计	1,162,149,482.46	1,181,025,779.65	本期盈余*	—	—
受托代理资产	4,015.00	430,115.00	**净资产合计**	1,274,350,491.31	1,294,346,300.64
资产总计	1,550,892,340.54	1,497,101,144.85	**负债和净资产总计**	1,550,892,340.54	1,497,101,144.85

注："*"标识项目为月报项目，年报中不需列示。

（一）从报表结构看资产负债表

1. 从"表首标题"获取的信息

（1）报表名称：资产负债表。本表虽然名称是资产负债表，实质上反映了政府会计主体资产、负债和净资产三者间的平衡关系。

（2）报表编号：会政财01表。政府会计制度的第1张财务报表主表。

（3）编制单位：甲医院。编制报表的政府会计主体，即报表反映的是谁的财务状况。

（4）编制日期：20X1年12月31日。资产负债表日或财务报表涵盖的会计期间。根据填报时间的不同，资产负债表分为月报和年报。

（5）金额单位：元。报表列报时选择的数据显示最小人民币单位，通常为元，也可以为万元。记账本位币是人民币。

（6）本表为甲医院个别财务报表，即只反映甲医院个体情况。如果财务报表是合并财务报表的，应当予以标明。

2. 从“报表主体”获取的信息

（1）资产负债表采用了左右结构的账户式结构。左侧“资产总计”金额等于右侧“负债和净资产总计”金额。

资产、负债和净资产三者间的关系：资产=负债+净资产。表示医院在某一特定日期的资产负债表中，全部资产有多少是通过债务（负债，需要偿还。筹资渠道）实现的，有多少是通过自己创造的价值或所有者投资（净资产，不需要偿还。融资渠道）实现的。

（2）资产负债表中各项目应按“期末余额”“年初余额”两栏分别填列。

两栏间的关系：某项目期末余额=某项目年初余额+某项目年初至期末间增加额-某项目年初至期末间减少额。

（3）医院资产负债表的特殊性：在政府会计制度统一规定的基础上，为反映医院经济业务特殊性，“累计盈余”项目下增加了“其中：财政项目盈余”“医疗盈余”“科教盈余”“新旧转换盈余”4个细分项目。

“医疗盈余”项目，反映医院开展医疗活动等产生的累计盈余；“财政项目盈余”项目反映了政府对医院的财政项目补偿的累计盈余情况；“科教盈余”反映了医院开展科研教学活动的累计盈余情况；“新旧转换盈余”项目反映在施行政府会计制度前，因医院与其他行政事业单位采用不同的会计制度形成的制度差异。“新旧转换盈余”只在“累计盈余”下设置。

（二）从报表项目看资产负债表

1. 流动资产与流动负债 流动资产是指医院在一年内或超过一年的营业周期的，通过医疗服务等业务活动形成的可变现资产，是医院偿还流动负债的安全保障。

流动负债是指医院预期在一年内或超过一年的一个营业周期内需要清偿的债务。流动负债通常需要用现金偿还，对医院财务风险影响较大。

由于流动负债的偿还期限短，医院应当关注流动资产与流动负债的平衡，加强对流动负债的管理的同时保证日常业务活动的资金需要。

2. 非流动资产与非流动负债、净资产 非流动资产是指医院超过一年才能变现、耗用的资产，是医院事业发展的重要物质基础。

非流动负债是指偿还期限在一年以上的负债。

净资产是指医院全部资产减去负债以后的净额，是医院正常开展业务活动、维持事业发展的重要保障与资金来源。

3. 受托代理资产与受托代理负债　受托代理资产是指医院接受委托方委托管理的各项资产，包括受托指定转赠的物资、受托存储保管的保管物资和罚没物资等。医院作为受托方对受托代理的资产不拥有控制权，因此其并不符合政府会计基本准则所规定的资产定义与确认标准，不属于医院的资产。医院收到的受托代理资产为现金和银行存款的，需要在货币资金中单独核算、专款专用。受托代理资产（含货币资金中单独核算的现金、银行存款）与受托代理负债同增同减，余额应保持一致。

4. 应收账款与预收账款　应收账款中的应收在院患者款反映了医院为在院患者提供的医疗服务产生的债权。预收账款中的预收住院患者医疗款是医院为开展医疗业务活动而预先收取的住院患者的预交金产生的债务。实际工作中应当关注二者间的平衡。

5. 存货与应付账款　医院存货包括药品、卫生材料、其他材料等。随着医改的深入推进，医院药品、可收费卫生耗材已全面施行零差价政策，即进价与售价相等。实际工作中存货通常采用后付制，形成医院应付账款，应当关注二者间的平衡。医院存货越多，管理成本越大。

6. 固定资产原值与净值　固定资产净值与固定资产原值的比率是固定资产净值率，反映了医院全部固定资产平均新旧程度。

7. 待处理财产损益　待处理财产损益反映医院在资产清查过程中查明的各种资产盘盈、盘亏和报废、毁损的价值。包括账款核对时发现的库存现金短缺或溢余，资产清查过程中发现的存货、固定资产、无形资产等各种资产盘盈、盘亏或报废、毁损，即账面与实物的差异。实际工作中应当关注成因，防范舞弊风险。

第三节　收入费用表与医疗活动收入费用明细表

一、概述

收入费用表反映医院在一定会计期间收入、费用及当期盈余汇总情况，即综合反映某个月、季、会计年度的医院运行情况与业务活动成果。

医疗活动收入费用明细表（以下简称“明细表”）是为满足医疗行业管理者的需求而增加的，对收入费用表进行细分的附表，是医院特有的财务报表。

二、报表解读

以甲医院20X1年报表为例对收入费用表（表2-3）、医疗活动收入费用明细表（表2-4）进行解读。

表2-3　收入费用表

会政财02表

编制单位：甲医院　　20X1年12月　　单位：元

项目	本月数	本年累计数
一、本期收入	146,318,373.34	1,228,934,604.97
（一）财政拨款收入	3,456,000.00	69,642,000.00
其中：政府性基金收入	—	—
其中：财政基本拨款收入	3,456,000.00	39,642,000.00
财政项目拨款收入	—	30,000,000.00
（二）事业收入	140,040,478.17	1,149,926,941.97
其中：医疗收入	138,710,478.17	1,143,095,456.97
科教收入	1,330,000.00	6,831,485.00
（三）上级补助收入	76,200.00	76,200.00
（四）附属单位上缴收入	—	—
（五）经营收入	—	—
（六）非同级财政拨款收入	—	—
（七）投资收益	2,060,700.00	2,060,700.00
（八）捐赠收入	—	850,000.00
（九）利息收入	276,453.00	3,078,342.00
（十）租金收入	—	—
（十一）其他收入	408,542.17	3,300,421.00
二、本期费用	168,273,534.27	1,257,038,294.17
（一）业务活动费用	153,319,214.82	1,072,839,000.96
其中：财政基本拨款经费	2,486,700.00	29,840,400.00
财政项目拨款经费	3,070,708.57	59,696,910.14
科教经费	2,349,693.40	19,474,779.49
其他经费	145,412,112.85	963,826,911.33

续　表

项目	本月数	本年累计数
（二）单位管理费用	14,531,505.90	183,016,000.73
其中：财政基本拨款经费	969,300.00	11,631,600.00
财政项目拨款经费	—	—
科教经费	247,590.00	2,603,784.90
其他经费	13,314,615.90	168,780,615.83
（三）经营费用	—	—
（四）资产处置费用	71,900.00	719,565.00
（五）上缴上级费用	—	—
（六）对附属单位补助费用	—	—
（七）所得税费用	—	—
（八）其他费用	350,913.55	463,727.48
三、本期盈余	−21,955,160.93	−28,103,689.20
其中：财政项目盈余	−3,070,708.57	−29,696,910.14
医疗盈余	−17,617,168.96	16,840,300.33
科教盈余	−1,267,283.40	−15,247,079.39

表2-4　医疗活动收入费用明细表

会政财02表附表01

编制单位：甲医院　　　　20X1年12月　　　　单位：元

项目	本月数	本年累计数	项目	本月数	本年累计数
医疗活动收入合计	144,988,373.34	1,192,103,119.97	医疗活动费用合计	162,605,542.30	1,175,262,819.64
财政基本拨款收入	3,456,000.00	39,642,000.00	业务活动费用	147,898,812.85	993,667,311.33
医疗收入	138,710,478.17	1,143,095,456.97	人员经费	32,218,648.60	331,424,115.14
门急诊收入	79,064,972.56	651,564,410.47	其中：工资福利费用	27,573,106.60	285,735,827.94
挂号收入	—	—	对个人和家庭的补助费用	4,645,542.00	45,688,287.20
诊察收入	5,400,300.00	29,006,210.00	商品和服务费用	111,807,883.55	641,541,346.15
检查收入	9,088,969.07	72,711,752.58	固定资产折旧费	1,770,373.60	18,232,885.44
化验收入	11,506,024.10	78,240,963.86	无形资产摊销费	33,675.00	400,732.50

续　表

项目	本月数	本年累计数	项目	本月数	本年累计数
治疗收入	9,372,675.00	88,103,145.00	计提专用基金	2,068,232.10	2,068,232.10
手术收入	4,450,400.00	39,564,056.00	单位管理费用	14,283,915.90	180,412,215.83
卫生材料收入	7,253,261.00	56,575,435.80	人员经费	11,200,574.07	115,175,756.32
药品收入	23,183,317.60	263,809,877.95	其中：工资福利费用	9,955,671.62	85,705,062.82
其他门急诊收入	8,810,025.79	23,552,969.29	对个人和家庭的补助费用	1,244,902.45	29,470,693.51
住院收入	59,697,187.61	491,395,941.50	商品和服务费用	2,857,217.50	63,832,787.91
床位收入	2,375,300.00	20,051,000.00	固定资产折旧费	221,141.00	1,345,864.97
诊察收入	1,546,800.00	14,295,500.00	无形资产摊销费	4,983.33	57,806.63
检查收入	5,024,679.00	50,990,000.00	经营费用	—	—
化验收入	8,254,981.00	56,677,280.00	资产处置费用	71,900.00	719,565.00
治疗收入	8,200,740.00	58,750,000.00	上缴上级费用	—	—
手术收入	5,985,042.00	52,902,200.00	对附属单位补助费用	—	—
护理收入	740,230.00	8,640,000.00	所得税费用	—	—
卫生材料收入	17,310,618.80	149,977,806.04	其他费用	350,913.55	463,727.48
药品收入	3,665,000.00	56,256,850.00			
其他住院收入	6,593,796.81	22,855,305.46			
结算差额	-51,682.00	135,105.00			
上级补助收入	76,200.00	76,200.00			
附属单位上缴收入	—	—			
经营收入	—	—			
非同级财政拨款收入	—	—			
投资收益	2,060,700.00	2,060,700.00			
捐赠收入	—	850,000.00			
利息收入	276,453.00	3,078,342.00			
租金收入	—	—			
其他收入	408,542.17	3,300,421.00			

（一）从报表结构看收入费用表与明细表

收入费用表与明细表的报表结构都是由表首标题和报表主体构成，从报表主体可以看到以下几项。

1. 结构

（1）收入费用表报表主体：采用纵列式结构，依据盈余的计算过程排列。按照本期收入、本期费用及本期盈余分别列示。

（2）明细表报表主体：采用左右结构，按照医疗活动收入、医疗活动费用分别列示。

2. 栏目　两个表中每个项目都是按照“本月数”和“本年累计数”两栏分别填列每月发生额、截止报表编制月的当年累计发生额。根据填报时间的不同，分为月报表和年报表。表2-3、表2-4为月报表。在年报表中，表中栏目调整为“本年数”“上年数”两栏。

3. 含义　本期盈余的“本月数”“本年累计数”“本年数”“上年数”项目金额为正数的，表示医院当期开展各项经济活动取得的收入大于这些活动产生的费用，实现了盈余；为负数的，表示医院当期开展各项经济活动取得的收入小于这些活动产生的费用，医院发生了亏损。

从表2-3可以看出甲医院本期盈余的“本月数”为–0.22亿元，“本年累计数”为–0.28亿元，医院12月和20X1年都发生了亏损。

（二）从报表项目看收入费用表与明细表

1. 医院收入费用表与明细表的特殊性

（1）细化财务报表主表：政府会计制度规定依据不同经济业务活动类型，收入费用表本期收入细分为十一项、本期费用细分为八项、本期盈余一项。医院的收入费用表在制度规定基础上进行了进一步细化，具体包括：在“财政拨款收入”下增加了“其中：财政基本拨款收入”“财政项目拨款收入”；在“事业收入”下增加了“其中：医疗收入”“科教收入”共4个收入细分项目；在“（一）业务活动费用”项目下增加“其中：财政基本拨款经费”“财政项目拨款经费”“科教经费”“其他经费”项目；在“（二）单位管理费用”项目下增加“其中：财政基本拨款经费”“财政项目拨款经费”；在“三、本期盈余”项目下增加“其中：财政项目盈余”“医疗盈余”“科教盈余”项目，共3个盈余细分项目。

（2）新增财务报表附表：医疗活动为医院的主要专业业务活动，是报表使用者最关注的医院财务信息。为体现医院与其他行业相比的特殊性，列示医院医疗活动的开展情况，医院增加了会政财02表附表01“医疗活动收入费用明细表”，对收入费用表进行补充说明。

2. 报表项目解读 通过细分后的收入费用表与明细表，报表使用者可以清晰、直观地了解医院收入的主要来源和构成，不同经费性质的费用耗费情况。有助于医院统筹安排，加强医院运营精细化管理，推动医院内涵建设。

（1）本期收入：收入是医院开展医疗服务及其他活动依法取得的非偿还性资金。包括医疗收入、财政拨款形成的收入、申请科教项目获得的收入、其他收入等。

（2）本期费用：费用是医院开展医疗服务活动及其他活动过程中发生的资产、资金的耗费和损失。医院业务部门（直接开展医疗活动的临床科室、医疗技术科室，如内科、外科、妇科、放射科、检验科等，以及为直接开展医疗活动的科室提供辅助服务的医疗辅助科室，如病案室、收费处等）开展专业医疗业务活动及其辅助活动发生的各项费用计入“业务活动费用”；后勤、管理部门发生的各项费用以及由医院统一负担的费用（如离退休人员的费用）计入“单位管理费用”；上述日常业务活动之外的其他活动发生的费用计入经营费用、资产处置费用、上缴上级费用、对附属单位补助费用、所得税费用、其他费用。

（3）本期盈余：根据收入费用表与明细表中的数据，按以下公式可以计算出本期各项盈余。

本期盈余=本期财政项目盈余+本期医疗盈余+本期科教盈余。

本期财政项目盈余=本期财政项目拨款相关收入－本期财政项目拨款相关费用。

本期医疗盈余=本期医疗活动产生的、除财政项目拨款以外的各项收入－本期医疗活动产生的、除财政项目拨款以外的各项费用。

本期科教盈余=本期科研教学活动产生的、除财政项目拨款以外的各项收入－本期科研教学活动产生的、除财政项目拨款以外的各项费用。

3. 实际工作中人为操控收入、费用的问题 为实现管理目标，实际工作中有些医院管理者会通过人为手段操控收入、费用，对于此类问题必须坚决杜绝、制止。

（三）资产负债表与收入费用表间的勾稽关系

在图2-1中列示了收入费用表与资产负债表间的勾稽关系体现在“本期盈余”项目，即资产负债表月报表中本期盈余“期末余额”，应当与收入费用表月报计算出的本期盈余“本年累计数”金额应当保持一致。由此可以看出，收入费用表反映了某一会计期间本期盈余的产生过程，资产负债表记录了某一会计时点本期盈余的结果。

表2-2资产负债表是20X1年的年报，因此在本表中，本期盈余已经按照政府会计制度规定，经过年终的盈余结转分配转入到了累计盈余等项目中，年报中本期盈余项目为0。

第四节　净资产变动表

一、概述

净资产变动表是指反映医院在某一会计年度内净资产项目变动情况的报表，是某一会计年度内构成净资产的各项目增减变动情况的重要结构信息。解读本表可以让报表使用者了解净资产变动的原因与幅度。

二、报表解读

以甲医院20X1年报表为例对净资产变动表（表2-5）进行解读。

（一）从报表结构看净资产变动表

医院的净资产变动表由表首标题和报表主体构成。从表首可知，净资产变动表为年度报表，反映医院某一会计年度净资产变动情况。报表主体采用矩阵式结构，列示净资产构成情况，同时列示了导致净资产变动的各项原因，按照本年末净资产总额的计算过程分步排列。净资产变动表应当按照“本年数”“上年数”同时列报，便于报表使用者对比分析。

（二）从报表项目看净资产变动表

1. 以前年度盈余调整　日常工作中难以避免会存在因经办人员疏忽造成收入、费用多记或少记，或由于审批流程未完成、盘盈的非流动资产无法在当年进行处理。如果这些事项是在以前年度发生、需要在本年进行调整的，应当通过“以前年度盈余调整”项目进行反映。

2. 无偿调拨净资产　公立医院的所有资产都属于国有资产，国家拥有所有权，医院拥有使用权。因此医院应当按照政府及其管理部门的要求，接受资产无偿调入本单位或将本单位非现金资产无偿调出给其他单位。由此引起的医院净资产变动金额需要在月度报表中列示，年度报表中转入累计盈余后不单独列示。

3. 归集调整预算结转结余　根据财政拨款的相关管理规定，财政拨款在规定期限内未能完成使用的，医院需要上缴财政部门或调出给其他单位使用。科教项目等专项资金在课题结题或项目因故取消后的剩余资金也需按规定缴回。本项目用于反映医院本年财政拨款资金调入、上缴或调出，以及科教项目等专项资金缴回的情况。

表2-5 净资产变动表

会政财03表

编制单位：甲医院　　　　20X1年　　　　单位：元

项目	本年数				上年数			
	累计盈余	专用基金	权益法调整	净资产合计	累计盈余	专用基金	权益法调整	净资产合计
一、上年年末余额	1,280,445,246.37	13,901,054.27	—	1,294,346,300.64	1,340,443,444.34	12,540,000.00	—	1,352,983,444.34
二、以前年度盈余调整（减少以“—”号填列）	-804,352.23	—	—	-804,352.23	—	—	—	—
三、本年年初余额	1,279,640,894.14	13,901,054.27	—	1,293,541,948.41	1,340 443,444.34	12,540,000.00	—	1,352,983,444.34
四、本年变动金额（减少以“—”号填列）	-28,109,809.33	8,804,352.23	114,000.00	-19,191,457.10	-59,998,197.97	1,361,054.27	—	-58,637,143.70
（一）本年盈余	-28,103,689.20	—	—	-28,103,689.20	-59,998,197.97	—	—	-59,998,197.97
（二）无偿调拨净资产	6,730,000.00	—	—	6,730,000.00	—	—	—	—
（三）归集调整预算结转结余	—	—	—	—	—	—	—	—
（四）提取或设置专用基金	-6,736,120.13	8,804,352.23	—	2,068,232.10	—	1,361,054.27	—	1,361,054.27
其中：从财务会计相关收入中提取	—	2,068,232.10	—	2,068,232.10	—	1,361,054.27	—	1,361,054.27
从本期盈余中提取	-6,736,120.13	6,736,120.13	—	—	—	—	—	—
设置的专用基金	—	—	—	—	—	—	—	—
（五）使用专用基金	—	—	—	—	—	—	—	—
（六）权益法调整	—	—	114,000.00	114,000.00	—	—	—	—
五、本年年末余额	1,251,531,084.81	22,705,406.50	114,000.00	1,274,350,491.31	1,280,445,246.37	13,901,054.27	—	1,294,346,300.64

注：“—”标识单元格不需填列。

4. 提取或设置专用基金　医院按照规定提取或设置的具有专门用途的净资产。

从财务会计相关收入中提取的专用基金是指医院根据医疗收入发生额的一定比率预留的医疗风险基金，主要用于医疗赔偿等。

从本期盈余中提取的专用基金是指医院在本年为盈余的情况下，按照国家规定在对盈余进行分配时先按比例留存职工福利基金，用于职工的集体福利支出。

5. 使用专用基金　使用上述医疗风险基金、职工福利基金发生的净资产减少。

6. 权益法调整　医院持有长期股权投资且采用权益法核算时，按照被投资单位除净损益和利润分配以外的所有者权益变动份额调整长期股权投资账面余额而计入净资产的金额。

（三）财务报表间的勾稽关系

净资产变动表包含“本年数”“上年数”两栏，反映了医院包括本年在内的近三年净资产报表项目变动过程，从而直观地获得医院净资产的增减变动趋势。

1. 资产负债表与净资产变动表　在图2-1中列示了净资产变动表与资产负债表间的勾稽关系体现在净资产的各报表项目。

（1）月报：资产负债表月报中，累计盈余项目期末余额与年初余额间的差额等于净资产变动表中以前年度盈余调整项目的本年数；专用基金期末余额与年初余额间的差额，等于净资产变动表中提取或设置专用基金项目与使用专用基金项目的合计数；无偿调拨净资产项目期末余额等于净资产变动表无偿调拨净资产项目金额；本期盈余项目期末余额与净资产变动表本年数本年盈余项目应当保持一致。

（2）年报：资产负债表年报中净资产各项目，年初余额与净资产变动表本年数的本年年初余额各项金额应保持一致。期末余额与净资产变动表本年数的本年年末余额各项金额应保持一致。

2. 收入费用表与净资产变动表　通过资产负债表与收入费用表、资产负债表与净资产变动表间的勾稽关系可以知道，收入费用表本期盈余数与净资产负债表本年盈余数二者应保持一致。

第五节　现金流量表

一、概述

现金流是医院正常运转的血液。现金流是否畅通直接关系着医院各项经济业务活动的顺畅。

现金流量表（表2-6）反映医院在某一会计年度内日常活动、投资活动、筹资活动现金流入和流出的信息。现金流量表是财务报表体系中唯一需要按照收付实现制原则编制的报表，即在医院收到现金、支付现金时才进行确认。

现金流量表所指的现金，不是狭义的库存现金和银行存款，而是指广义的医院所拥有的、可随时用于支付的款项，包括：①库存现金。②可以随时用于支付的银行存款。定期存款不能随时支取用于支付，不应计入现金流量表。③其他货币资金。当前支付方式非常广泛、多样，医院还会通过微信、支付宝等方式收到的资金，这些资金医院也可以用于支付。未转入到医院银行账户前的这些资金形式即为其他货币资金。④零余额账户用款额度。财政拨款的一种管理形式，详见第四章医院国有资产管理。⑤通过财政直接支付方式支付的款项。财政拨款的一种管理形式，详见第八章医院预算管理。⑥财政应返还额度。财政拨款的一种管理形式，年度终了，财政部门将医院本年度未使用完的财政直接支付预算指标收回。下年度恢复财政直接支付额度后，医院使用以前年度的财政直接支付预算指标发生的支付。

表2-6　现金流量表

会政财04表

编制医院：甲医院　　20X1年12月　　单位：元

项　目	本年金额	上年金额
一、日常活动产生的现金流量：		
财政基本支出拨款收到的现金	39,642,000.00	30,246,000.00
财政非资本性项目拨款收到的现金	—	4,000,000.00
事业活动收到的除财政拨款以外的现金	1,028,099,768.90	840,675,443.74
收到的其他与日常活动有关的现金	7,304,963.00	4,593,454.00
日常活动的现金流入小计	1,075,046,731.90	879,514,897.74
购买商品、接受劳务支付的现金	573,415,583.65	589,643,813.48
支付给职工以及为职工支付的现金	445,545,941.71	325,585,412.00
支付的各项税费	1,421,424.54	1,556,757.86
支付的其他与日常活动有关的现金	1,183,292.48	459,377.48
日常活动的现金流出小计	1,021,566,242.38	917,245,360.82
日常活动产生的现金流量净额	53,480,489.52	–37,730,463.08
二、投资活动产生的现金流量：		
收回投资收到的现金	1,000,000.00	—
取得投资收益收到的现金	2,140,700.00	—

续 表

项 目	本年金额	上年金额
处置固定资产、无形资产、公共基础设施等收回的现金净额	—	—
收到的其他与投资活动有关的现金	—	—
投资活动的现金流入小计	3,140,700.00	—
购建固定资产、无形资产、公共基础设施等支付的现金	44,385,000.00	35,415,027.58
对外投资支付的现金	—	—
上缴处置固定资产、无形资产、公共基础设施等净收入支付的现金	—	—
支付的其他与投资活动有关的现金	—	—
投资活动的现金流出小计	44,385,000.00	35,415,027.58
投资活动产生的现金流量净额	–41,244,300.00	–35,415,027.58
三、筹资活动产生的现金流量：		
财政资本性项目拨款收到的现金	—	—
取得借款收到的现金	—	—
收到的其他与筹资活动有关的现金	—	—
筹资活动的现金流入小计	30,000,000.00	15,020,000.00
偿还借款支付的现金	—	—
偿还利息支付的现金	—	—
支付的其他与筹资活动有关的现金	—	—
筹资活动的现金流出小计	—	—
筹资活动产生的现金流量净额	30,000,000.00	15,020,000.00
四、汇率变动对现金的影响额	—	—
五、现金净增加额	42,236,189.52	–58,125,490.65

二、报表解读

（一）从报表结构看现金流量表

医院的现金流量表由表首标题和报表主体构成。表体按日常活动产生的现金流量、投资活动产生的现金流量及筹资活动产生的现金流量三部分分别列示医院现金流量情况，并充分考虑汇率变动对现金的影响额。

本表为年度报表，以“本年金额”栏反映各项目的本年实际发生数，“上年金额”

栏反映各项目的上年实际发生数，同时列示便于报表使用者对比分析。

（二）从报表项目看甲医院现金流量表

1. 日常活动产生的现金流量净额 日常活动反映了医院以医疗活动为主的各项经济业务活动。

2. 投资活动产生的现金流量净额 投资活动反映了医院购买、建造固定资产、无形资产和其他长期资产，以及获得投资收益的相关经济业务活动。详见第五章医院投资活动管理。

3. 筹资活动产生的现金流量净额 医院筹资活动主要包括财政或其他投资者投入资本性资金。详见第六章医院融资活动与负债管理。从表2-6可见，甲医院本年和上年均为财政资本性项目拨款。财政拨款是政府补偿的重要途径。

（三）资产负债表与现金流量表的勾稽关系

在图2-1中列示了资产负债表与现金流量表间的勾稽关系体现在现金流量表的现金净增加额报表项目与资产负债表的“货币资金”“财政应返还额度”两个报表项目。现金流量表反映了某一会计期间现金流动的过程，资产负债表记录了某一会计时点现金流动所带来的结果。

第六节 附 注

一、概念

附注是对在财务报表中列示的项目所作的进一步说明，以及对未能在财务报表中列示项目的补充。

附注是财务报表的重要组成部分。凡对报表使用者的决策有重要影响的会计信息，不论制度是否有明确规定，医院均应当充分披露。但是医院也不应以附注披露代替正常的确认和计量，也不能通过充分披露相关会计政策而纠正不恰当的确认和计量。

二、附注的主要内容

（一）医院的基本情况

医院应当简要披露其基本情况，包括医院主要职能、主要业务活动、所在地、预算管理关系等。

（二）会计报表编制基础

现金流量表以收付实现制为编制基础，其他各财务报表以权责发生制为编制基础。

（三）遵循政府会计准则、制度的声明

医院编制的财务报表遵循政府会计准则及制度，真实、完整反映医院的财务状况、收入费用、净资产变动和现金流量等有关信息。

（四）重要会计政策和会计估计

医院应当采用与其业务特点相适应的具体会计政策，并充分披露报告期内采用的重要会计政策和会计估计。主要包括以下内容。

1. 会计期间。

2. 记账本位币，外币折算汇率。

3. 坏账准备的计提方法。

4. 存货类别、发出存货的计价方法、存货的盘存制度，以及低值易耗品和包装物的摊销方法。

5. 长期股权投资的核算方法。

6. 固定资产分类、折旧方法、折旧年限和年折旧率；融资租入固定资产的计价和折旧方法。

7. 无形资产的计价方法；使用寿命有限的无形资产，其使用寿命的估计情况；使用寿命不确定的无形资产，其使用寿命不确定的判断依据；医院内部研究开发项目划分研究阶段和开发阶段的具体标准。

8. 公共基础设施的分类、折旧（摊销）方法、折旧（摊销）年限，以及其确定依据。

9. 政府储备物资分类，以及确定其发出成本所采用的方法。

10. 保障性住房的分类、折旧方法、折旧年限。

11. 其他重要的会计政策和会计估计。

12. 本期发生重要会计政策和会计估计变更的，变更的内容和原因、受其重要影响的报表项目名称和金额、相关审批程序，以及会计估计变更开始适用的时点。其他重要事项说明，具体如下。

（1）资产负债表日存在的重要或有事项说明。没有重要或有事项的，也应说明。

（2）以名义金额计量的资产名称、数量等情况，以及以名义金额计量理由的说明。

（3）通过债务资金形成的固定资产、公共基础设施、保障性住房等资产的账面价值、使用情况、收益情况及与此相关的债务偿还情况等的说明。

（4）重要资产置换、无偿调入（出）、捐入（出）、报废、重大毁损等情况的说明。

（5）医院将内部独立核算单位的会计信息纳入本医院财务报表情况的说明。

（6）政府会计具体准则中要求附注披露的其他内容。

（7）有助于理解和分析医院财务报表需要说明的其他事项。

第七节　预算会计报表

一、政府决算报告概述

政府会计由预算会计和财务会计构成，实行“双功能、双基础、双报告”的核算模式。这种核算模式下，政府预算会计和财务会计是“适度分离并相互衔接”的关系。

“适度分离”指预算会计和财务会计功能不同、核算基础不同、生成报告不同，见图2-2。

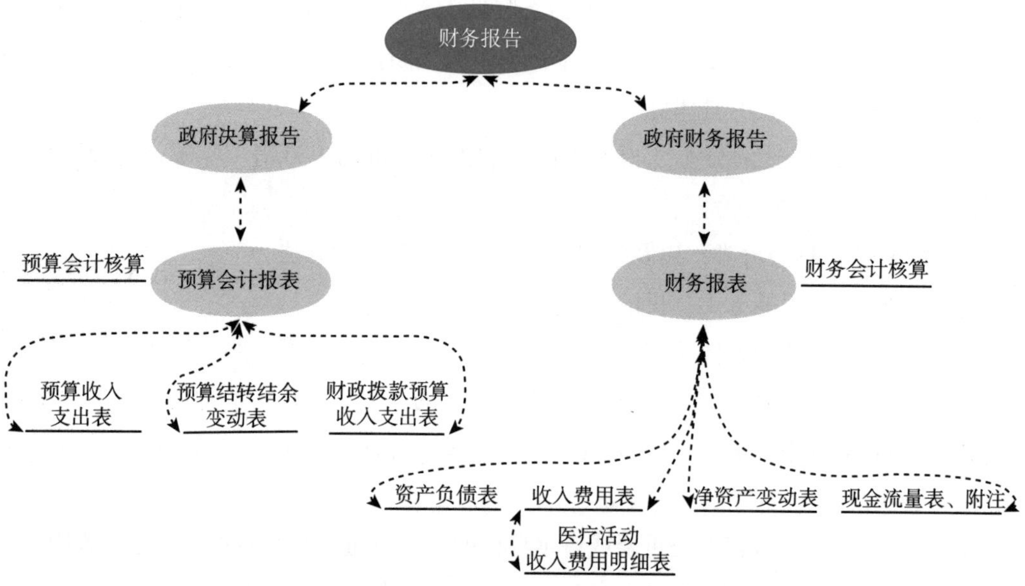

图2-2　政府会计“适度分离”

政府决算报告是综合反映政府会计主体年度预算收支执行结果的文件。政府决算报告的目标是向决算报告使用者提供与政府预算执行情况有关的信息，综合反映政府会计主体预算收支的年度执行结果，服务于决算报告使用者进行监督和管理，并为编制后续年度预算提供参考依据。

政府决算报告包括决算报表和其他应当在决算报告中反映的相关信息和资料。每个政府会计主体编制的预算会计报表，是政府决算报告中决算报表的主要信息来源。预算会计报表应当是政府会计主体，如医院，通过预算会计核算直接形成的报表，即其形成基础与过程是日常的会计核算。

“相互衔接”指预算会计和财务会计是在同一套账（而非两套账）中，对政府会计主体纳入部门预算管理的现金收支业务或事项实现两个功能的会计核算，即对预算会计和财务会计进行平行记账，见图2-3。某医院的A经济业务在医院统一的会计账簿中通过预算会计与财务会计同时进行会计处理（即记录于同一张会计凭证），通过这一笔会计记录，反映出A经济业务从预算会计功能反映的预算执行信息与从财务会计功能反映的财务信息，最终汇总到决算报告与财务报告中。实现了对A经济业务的预算会计要素和财务会计要素相互协调，决算报告和财务报告相互补充的目标。

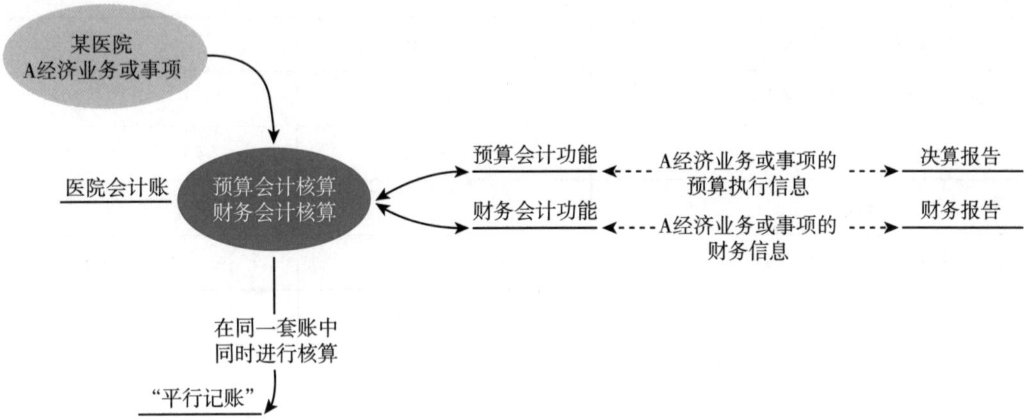

图2-3　政府会计“相互衔接”

二、预算会计报表

预算收入支出表是反映医院在某一会计年度各项预算收入、预算支出和预算收支差额情况的会计报表。

预算结转结余变动表是反映医院在某一会计年度内预算结转结余变动情况的报表。

财政拨款预算收入支出表是反映医院本年财政拨款预算资金收入、支出及相关变动具体情况的报表。

（一）预算收入支出表（表2-7）

表2-7　预算收入支出表

会政预01表

编制单位：甲医院　　20X1年　　单位：元

项目	本年数	上年数
一、本年预算收入	1,107,107,431.90	894,534,897.74
（一）财政拨款预算收入	69,642,000.00	49,266,000.00
其中：政府性基金收入	—	—
其中：财政基本拨款预算收入	39,642,000.00	30,246,000.00
财政项目拨款预算收入	30,000,000.00	19,020,000.00
（二）事业预算收入	1,028,099,768.90	840,675,443.74
其中：医疗预算收入	1,017,826,768.90	835,101,243.75
科教预算收入	10,273,000.00	5,574,200.00
（三）上级补助预算收入	76,200.00	—
（四）附属单位上缴预算收入	—	—
（五）经营预算收入	—	—
（六）债务预算收入	—	—
（七）非同级财政拨款预算收入	—	500,000.00
（八）投资预算收益	2,060,700.00	—
（九）其他预算收入	7,228,763.00	4,093,454.00
其中：利息预算收入	3,078,342.00	2,600,154.00
捐赠预算收入	850,000.00	—
租金预算收入	—	—
二、本年预算支出	1,075,793,888.26	911,540,609.52
（一）行政支出	—	—
（二）事业支出	1,028,804,171.24	874,109,446.61
其中：财政基本拨款支出	39,642,000.00	30,246,000.00

续　表

项目	本年数	上年数
财政项目拨款支出	59,696,910.14	29,966,260.18
科教资金支出	21,568,316.97	17,359,281.76
其他资金支出	907,896,944.13	796,537,904.67
（三）经营支出	—	—
（四）上缴上级支出	—	—
（五）对附属单位补助支出	—	—
（六）投资支出	44,385,000.00	35,415,027.58
（七）债务还本支出	—	—
（八）其他支出	2,604,717.02	2,016,135.34
其中：利息支出	—	—
捐赠支出	—	—
三、本年预算收支差额	31,313,543.64	-17,005,711.78
其中：财政项目拨款收支差额	-29,696,910.14	-10,946,260.18
医疗收支差额	72,305,770.75	5,725,630.16
科教收支差额	-11,295,316.97	-11,785,081.76

1. 从报表结构看预算收入支出表　预算收入支出表主体采用纵列式结构，依据预算收支差额的计算过程排列。按本期预算收入、本期预算支出及本期预算收支差额分别列示。预算收入支出表由“本年数”和“上年数”两栏组成。

2. 本年预算收支差额的计算　本年预算收支差额由三部分构成，分别是财政项目拨款收支差额、医疗收支差额、科教收支差额。

“财政项目拨款收支差额”项目，反映医院本期财政项目拨款预算收入扣除财政项目拨款支出后的差额，即表中“财政项目拨款预算收入”扣减“财政项目拨款支出”后的差额。

“医疗收支差额”项目，反映医院本期医疗活动相关的预算收入扣除相关预算支出后的差额，即表中“财政基本拨款预算收入”“医疗预算收入”“上级补助预算收入”“附属单位上缴预算收入”“经营预算收入”“债务预算收入”“非同级财政拨款预算收入”“投资预算收益”“其他预算收入”项目金额的合计数减去“财政基本拨款支出”“其他资金支出”“经营支出”“上缴上级支出”“对附属单位补助支出”“投资支出”“债务还本支出”“其他支出”项目金额合计数后的差额。

“科教收支差额”项目，反映医院本期开展科研教学活动相关预算收入扣除相关预算支出后的差额，即表中“科教预算收入”减去“科教资金支出”后的差额。

3. 医院预算收入支出表的特殊性 为了体现经济业务的特殊性，医院预算收入支出表在政府会计制度统一规定的基础上新增了共11个报表项目。

预算收入增加“其中：财政基本拨款预算收入”“财政项目拨款预算收入”“其中：医疗预算收入”“科教预算收入”4个报表项目。

预算支出增加“其中：财政基本拨款支出”“财政项目拨款支出”“科教资金支出”“其他资金支出”4个报表项目。

预算收支差额增加“其中：财政项目拨款收支差额”“医疗收支差额”“科教收支差额”3个报表项目。

（二）预算结转结余变动表

预算结转结余变动表（表2-8）采用纵列式结构，按年初预算结转结余、年初余额调整、本年变动金额、年末预算结转结余等项目分层次排列。预算结转结余变动表分为“本年数”和“上年数”填列。

其中年末预算结转结余的计算过程如下：年末预算结转结余=年初预算结转结余+年初余额调整+本年变动金额。

表2-8 预算结转结余变动表

会政预02表

编制单位：甲医院 20X1年 单位：元

项目	本年数	上年数
一、年初预算结转结余	59,258,940.09	76,264,651.87
（一）财政拨款结转结余	31,121,121.00	42,067,381.18
（二）其他资金结转结余	28,137,819.09	34,197,270.69
二、年初余额调整（减少以“—”号填列）	–804,352.23	—
（一）财政拨款结转结余	—	—
（二）其他资金结转结余	–804,352.23	—
三、本年变动金额（减少以“—”号填列）	31,313,543.64	–17,005,711.78
（一）财政拨款结转结余	–29,696,910.14	–10,946,260.18
1.本年收支差额	–29,696,910.14	–10,946,260.18

续 表

项目	本年数	上年数
2. 归集调入	—	—
3. 归集上缴或调出	—	—
（二）其他资金结转结余	61,010,453.78	−6,059,451.60
1. 本年收支差额	61,010,453.78	−6,059,451.60
2. 缴回资金	—	—
3. 使用专用结余	—	—
4. 支付所得税	—	—
四、年末预算结转结余	89,768,131.50	59,258,940.09
（一）财政拨款结转结余	1,424,210.86	31,121,121.00
1. 财政拨款结转	1,424,210.86	31,121,121.00
2. 财政拨款结余	—	—
（二）其他资金结转结余	88,343,920.64	28,137,819.09
1. 非财政拨款结转	3,692,736.00	14,988,052.97
2. 非财政拨款结余	66,067,691.64	1,302,393.25
3. 专用结余	18,583,493.00	11,847,372.87
4. 经营结余（如有余额，以“—”号填列）	—	—

（三）财政拨款预算收入支出表

财政拨款预算收入支出表（表2-9）采用矩阵式结构，按年初财政拨款结转结余、本年归集调入、本年财政拨款收入、本年财政拨款支出、年末财政拨款结转结余等情况分项列示，按一般公共预算财政拨款、政府性基金预算等财政拨款的功能分类分层次排列。本表全面、详细反映了政府会计主体某一会计年度财政拨款所发生的各种变动。

（四）预算会计报表间的勾稽关系

预算会计报表间并不是相互独立的，而是在报表项目间相互关联（图2-4）。

表2-9 财政拨款预算收入支出表

会政预03表

编制单位：甲医院　　　　20X1年　　　　单位：元

项目	年初财政拨款结转结余		调整年初财政拨款结转结余		本年归集调入	本年归集上缴或调出	单位内部调剂		本年财政拨款收入	本年财政拨款支出	年末财政拨款结转结余	
	结转	结余					结转	结余			结转	结余
一、一般公共预算财政拨款	31,121,121.00	—	—	—	—	—	—	—	69,642,000.00	99,338,910.14	1,424,210.86	—
（一）基本支出	—	—	—	—	—	—	—	—	39,642,000.00	39,642,000.00	—	—
1. 人员经费	—	—	—	—	—	—	—	—	30,000,000.00	30,000,000.00	—	—
2. 日常公用经费	—	—	—	—	—	—	—	—	9,642,000.00	9,642,000.00	—	—
（二）项目支出	31,121,121.00	—	—	—	—	—	—	—	30,000,000.00	59,696,910.14	1,424,210.86	—
1. A基建工程项目	31,116,000.00	—	—	—	—	—	—	—	26,500,000.00	56,791,789.14	824,210.86	—
2. B设备购置项目	—	—	—	—	—	—	—	—	3,000,000.00	2,400,000.00	600,000.00	—
3. C其他专项项目	—	—	—	—	—	—	—	—	500,000.00	500,000.00	—	—
4. X社会公益研究项目	5,121.00	—	—	—	—	—	—	—	—	5,121.00	—	—
二、政府性基金预算	—	—	—	—	—	—	—	—	—	—	—	—
总计	31,121,121.00	—	—	—	—	—	—	—	69,642,000.00	99,338,910.14	1,424,210.86	—

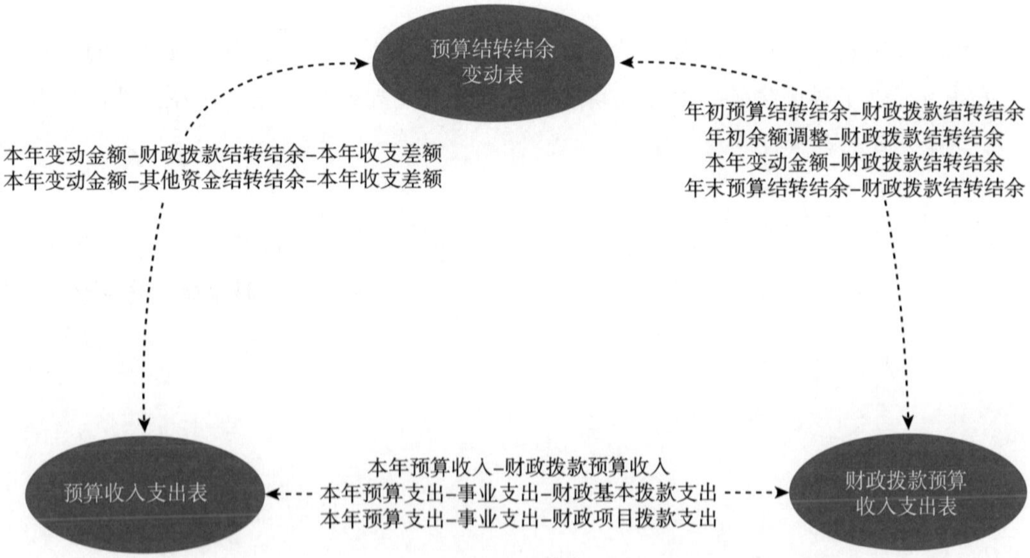

图2-4　预算会计报表间的关联

1. 预算收入支出表与预算结转结余变动表间的勾稽关系　预算收入支出表的本年预算收支差额-财政拨款项目收支差额项目“本年数”“上年数”金额分别与预算结转结余变动表的财政拨款结转结余-本年收支差额“本年数”“上年数”金额一致。

预算收入支出表的本年预算收支差额-医疗收支差额及本年预算收支差额-科教项目差额项目“本年数”合计、“上年数”合计金额，分别与预算结转结余变动表的其他资金结转结余-本年收支差额“本年数”“上年数”金额一致。

2. 预算收入支出表与财政拨款预算收入支出表的勾稽关系　预算收入支出表的本年预算收支差额-财政拨款项目收支差额项目“本年数”金额，与财政拨款预算收入支出表的本年财政拨款收入-项目支出扣减本年财政拨款支出-项目支出后的差额一致。

3. 预算结转结余变动表与财政拨款预算收入支出表的勾稽关系　财政拨款预算收入支出表只反映了医院财政拨款的预算执行情况，其核算范围与预算结转结余变动表中与财政拨款相关报表项目完全重合，因此两表间相关信息应当保持一致。

本章小结

本章介绍了医院财务报告的基础知识，以及本章与教材后续章节的关联。医院财务报告是医院财务管理工作的书面总结，是一个管理体系，财务报告使用者通过系统阅读、使用医院财务报告，关注报表与报表间、报表内部项目间的勾稽关系，可以了解医院管理中的优缺点，可以找到管理的切入点与途径，进而提高使用者决策的科学性、准确性。

（陈　隽　赵冰洁　杨军辉）

第三章　医院财务分析

学习目标

1. 掌握　财务分析的概念与作用；财务分析的方法。
2. 了解　外送财务报表分析和内部财务报表分析的内容。
3. 熟悉　医院的各项财务分析指标。

第一节　医院财务分析概述

一、医院财务分析的概念与作用

（一）医院财务分析的概念

财务分析源于企业的财务报表分析，是反映企业财务状况和经营效益的一种重要方法。狭义的财务分析是基于财务或会计部门所提供的财务报表进行分析，而广义的财务分析更注重于财务会计和管理会计的综合运用，是属于经营分析的范畴。本教材中介绍的财务分析指的是广义的财务分析。

在医疗行业，医院财务分析是医院财务管理的重要方法之一，是指以医院的经营管理规划、财务报表、业务统计资料以及其他资料为依据，采用科学的方法，对医院的财务状况、运营成果、财务风险等财务总体情况和未来发展趋势进行总结和评价。例如对医院的预算管理情况、业务收支状况、资产情况、成本管理情况进行描述，结合财务指标与非财务指标，发现医院经营活动中存在的主要问题，有针对性提出建议，协助医院内外部利益相关者作出科学决策，推动医院战略目标的实现。

1. 医院财务分析的使用主体　医院财务分析的使用主体包括外部主体和内部主体两大类。外部主体主要包括各级政府及其有关部门，如各级财政部门、国家卫生健康委员会、医保部门等，债权人，如供应商、患者等；内部主体如医院决策高层、管理中层、职工等。

2. 医院财务分析的目标 不同的使用主体有着不同的分析目标，通过财务分析分别作出判断决策。外部主体主要关注了解目前医院的财务状况和偿债能力以及经营的合规合法性，资源分配的合理性；内部主体主要关注判断医院的经营状况和战略方向等情况，更注重医院自身的发展前景。

（二）医院进行财务分析的作用

1. 对医院的综合能力进行评估 各级主管部门通过财务分析的结果可以对辖区内各级公立医院的综合/专科能力进行评价。通过纵向、横向的比较，对人才梯队、医院运营、资源配置、科研水平等进行综合分析，了解各级医院的管理能力、影响力和竞争力，从而为医疗区域规划、政策方针制定、医疗资源倾斜等方面提供参考。

2. 有助于反映医院的运营状况 医院的生存发展取决于医院运营的状况，财务分析的使用主体可以通过分析了解医院的收支情况和成本管理情况，有针对性地将运营管理嵌入业务流程各环节，强化业务管理与运营管理相融合，实现物流、资金流、业务流和信息流的统一，有限的卫生资源能够得到充分的利用，从而提高医院运营的整体水平。

3. 可以揭示医院的运营风险 与企业的财务分析一样，医院的资产负债率、流动比率、速动比率等财务风险指标揭示了医院在经营管理的过程中的安全性和稳定性。良好的财务风险指标结果说明医院经营稳定，具有较强的筹资能力，债权人风险小；反之说明医院的经营能力存在隐患。定期对这些财务指标进行分析，有利于及时调整经营管理策略，采取措施进行纠正，防止和减少风险损失。

4. 有利于评估医院的管理效率 管理者可以通过财务分析，了解医院自身的优势劣势，扬长避短，提高管理决策的针对性，帮助医院将人、财、物等核心要素进行精益管理和有效分配，提升医疗服务的计划、组织和实施的有效性，提升经营战略管理的效率和效果。

案例讨论

【案例】“黑天鹅”事件对某公立医院的冲击：SL医院是某省大型三级综合医院，2020年医院虽然采取各项措施进行分类管控，力图进一步提高经济运行精细化管理水平，但受到新冠疫情的影响与冲击，大部分财务指标均出现了一定的下滑。表3-1列示了SL医院受新冠疫情影响的情况。

表3-1　SL医院2020年与2019年服务量及收入对比情况

指标	2020年	2019年	变动绝对值	变动相对值
门诊人次	150万人次	193万人次	-43万人次	-22.28%
出院人数	8.3万人次	9.5万人次	-1.2万人次	-12.63%
病床周转次数	34次	39次	-5次	-12.82%
出院者平均住院日	8.3天	8.2天	0.10天	1.22%
住院手术量	3.2万人次	4万人次	-0.8万人次	-20.00%
门诊收入	7.70亿元	8.70亿元	-1.00亿元	-11.49%
住院收入	17.50亿元	18.50亿元	-1.00亿元	-5.41%

【讨论】从表3-1可以看到，财务分析数据涵盖业务数据、财务数据，可以通过财务分析、透过数据发现问题本质，探究如何加强运营精细化管理水平，为医院的经营决策提供助力。

二、医院财务分析的方法

财务分析有多种方法，无论采取何种方法在进行财务分析时都应注意以下几个方面：①计算口径一致。在进行财务分析时，应注意指标的内涵和涵盖的范围保持一致，如表3-1中“门急诊人次”指标，对比时两年均应涵盖门诊就诊人次与急诊就诊人次，才能保证对比结果的可靠性。②计算方法一致。对比指标的计算方法应保持一致，这是保证财务分析质量的前提。如表3-1中“病床周转次数”指标能够反映医院收容患者的病情轻重以及医疗技术、诊断治疗质量和医院管理水平，计算公式：病床周转次数=出院人数÷平均开放床位数。在进行比较分析时，对比指标计算时应当都按照同一计算公式计算，以保证对比结论的准确性。③计算时长一致。对比指标选取的时间长短应保持一致。无论是环比方法下的本期和往期数据比还是定比方法下的基期和报告期数据比，选取时间段时应保持统一时长。如表3-1对2020年的年度数据与2019年的年度数据进行了对比，保证了相关内容的可比性。

（一）比较分析法

比较分析法是将两期或两期以上时间段的财务指标或非财务指标进行对比，通过计算其增减变动的数额或幅度，揭示指标变动的方向或发现异常的数值。比较分析法在财务分析中的主要作用：通过比较发现数据间的差异，可以进一步分析产生差异的原因，为医院经营管理决策指明方向。

（二）比率分析法

比率分析法是将影响运营状况的两个因素相关联，通过计算比率反映二者之间的联系，用于分析经济活动变动程度的一种方法。比率分析法是在财务分析中运用最为广泛的一种方法。以风险管理指标为例，常见的比率指标计算公式：

$$资产负债率=\frac{负债总额}{资产总额}\times 100\%（用于分析长期偿债风险）$$

$$流动比率=\frac{流动资产}{流动负债}\times 100\%（用于分析短期偿债风险）$$

比率分析方法还有一个重要功能就是可以在分析不同医院运营结果时去除医院规模等差异对分析结果产生的影响，实现不同医院间的效益和风险对比。如从地域维度可以对我国北方与南方三级综合医院的资产负债率进行对比，从医院类型维度可以对综合医院与专科医院的流动比率进行对比，从医院等级维度可以对三级与二级综合医院进行各种比率指标的对比等。

（三）因素分析法

因素分析法又称“连环替代法”，是分析不同因素对分析对象影响程度的一种方法。在分析时，先假定某个因素不发生变化，再依次把其他几个因素进行可变因素替换，从而显示出每个因素对总体差异的影响，计算过程如下。

1. 判断某一分析对象的影响因素。

2. 判断这几个影响因素间的关系，例如通过相乘除还是相加减的关系影响分析对象的结果。

3. 以固定的顺序逐一将各个因素以变量进行替代，用于测算各个因素对于分析对象的影响程度。

例3-1：某医院2020年、2019年门诊人次及每门诊人次费用的资料如表3-2所示，要求分析2020年受新冠肺炎疫情影响门诊人次和门诊次均费用发生变化，对门诊收入的影响程度。

表3-2　某医院2020年与2019年门诊服务量及收入对比情况

年度	门诊人次/万人次	门诊次均费用/元	门诊收入/万元
2020	70	150	10,500
2019	80	140	11,200

门诊收入=门诊人次×门诊次均费用。

2019年门诊收入：80×140=11,200（万元）。

2020年门诊收入：70×150=10,500（万元）。

2020年比2019年门诊收入减少11,200−10,500=700（万元）原因：①2019年门诊收入：80×140=11,200（万元）。②用2020年门诊人次替代：70×140=9,800（万元）。③用2020年门诊次均费用替代：70×150=10,500（万元）。

门诊人次变动引起的收入变动：9,800−11,200=−1,400（万元）。

门诊次均费用引起的收入变动：10,500−9,800=700（万元）。

通过以上计算可得门诊人次变动影响更大。

（四）趋势分析法

医院的经济活动复杂多变，往往单期的数据无法准确地看清医院的财务状况和发展趋势，因此应该将多期的数据按一定的时间节点进行排序，通过计算变动的差异情况分析变化的趋势。趋势分析法能够将连续数期财务报表上的某一相同指标数据进行比较，揭示一段期间内医院的财务状况并对未来的经济活动的变化趋势进行分析。在实务中往往绘制成统计图表加以直观展示。趋势分析法主要有以下两种。

1. 定比分析法　是以某一固定期间为基期，其余期间与之对比的一种计算方法。计算公式：

$$定比变动率=\frac{某分析期间数值}{固定期间数值}\times 100\%$$

在定比分析法中，因为固定期间的数值是参照数值，所以固定基期的选择尤为重要，应该选择经营比较正常稳定的期间作为基期数据，否则分析结果不具有典型性。

2. 环比分析法　是以分析期的前一期间的数值作为基期数据，分析两个相邻期间的变化情况的一种计算方法。计算公式：

$$环比变动率=\frac{某分析期间数值-前一期间数值}{前一期间数值}\times 100\%$$

（五）结构分析法

结构分析法首先对某一分析对象各组成部分所占总体的比重进行计算。在计算出各结构占比后，进而分析某分析对象各组成部分的内部分布和性质，以考察分析对象结构的合理性。结构分析法在财务分析中的表现形式，就是计算结构占比指标。计算公式：

$$结构占比=\frac{某一组成部分数值}{总体数值}\times 100\%$$

（六）本量利分析法

本量利分析法又称“盈亏平衡分析法”，是指对所付出的成本、工作量和收入三者之间相互依存关系进行分析的一种分析方法。计算过程如下。

1. 设置盈亏方程式

$$P=(p-b)x-a$$

式中P为收支结余；p为单价；b为单位变动成本；a为固定成本；x为工作量；s为收入。

2. 确定盈亏平衡点 盈亏平衡分析又称为“保本分析”，即收支结余P为0时医院可以保本，此时的工作量为保本工作量。

3. 确定盈亏平衡时的收入 当盈亏平衡时，盈亏方程式可以转化为$a=(p-b)x$；那么，使得盈亏平衡的工作量$x=\frac{a}{p-b}$；在此情况下的收入$s=bx+a$。

三、医院财务分析的局限性

（一）财务分析整体局限性

医院的财务分析建立在历史数据基础上，是对医院过去经营情况的一种总结，严重依赖于历史数据使得分析结果反映的信息往往是滞后的，无法进行动态预测。同时，虽然财务数据是业务的反映，但其发生数值的时点和金额往往需要财务人员职业判断，受财务人员素质以及主观人为倾向性的影响。此外，某些会计政策的变更会影响医院财务信息的可比性，进一步导致财务分析的可靠性下降。

（二）财务分析方法的局限性

对于本教材所涉及的几种方法，都存在一定的局限性。比较分析法在实际操作时，由于受可比性的限制，只能选取相同或类似的项目进行比较才有实际意义。而比率分析法虽然建立了两种不同因素的关系，但往往因为限于单指标进行分析，没有形成系列的分析系统，不能够全面反映分析对象的财务状况。因素分析法则假定条件过于苛刻，需要假设替代的固定顺序和某个因素不变，理想化的分析方式在实际工作中的运用值得商榷。

（三）财务分析指标的局限性

在分析者理解不同时，某些财务分析指标的计算方式可产生偏差。如对于平均值计算有着不同的理解，计算的结果就不一致，导致可比性下降。而且，财务分析的每一个指标往往只能反映医院经营状况的一个方面，在辨别指标结果的优劣时，如果不进行多指标综合分析，过于片面地理解会造成分析结果的偏差。这些情况都会降低财务分析指标的可用性，不利于评价比较。

因此，为了更好地服务于医院管理决策，在进行财务分析时应该遵循一定的流程，做好财务数据的质量控制工作，保证分析质量。在验证获得可靠的数据后，同时结合一些非财务指标进行衡量，搭建起系统的指标体系，注重多种财务分析方法综合运用，才能为医院的经济运营提供助力。

第二节　医院财务报表分析

一、概述

医院财务报表分为两类：一类是按照《政府会计制度》要求编制的对外报送报表，如资产负债表、收入费用表、医疗活动收入费用明细表等；另一类是根据内部管理需要自行设计的报表，如往来款项明细表、卫生材料明细表、本量利分析表等。按照财务分析报送对象的不同，财务报表分析可分为外送财务报表分析、内部财务报表分析。外送财务报表分析侧重对医院预算的完成情况、收支情况、资产状况等进行整体分析，内部财务报表分析侧重对医院的某个薄弱环节或者经济活动、财务收支中的特定问题进行具体分析，重点突出，针对性强。二者体现了财务报表分析的不同维度与深度。

当今社会已进入大数据时代，信息技术快速迭代使得传统的财务工作方法已不能满足管理层对信息的及时性、有效性等要求。要做好财务报表分析，除了要掌握财务分析的指标公式外，还要不断提升自身的工作技能，了解并熟练掌握前沿的财务分析和可视化工具，才能充分发挥财务分析的价值。

二、财务报表分析的内容

（一）外送财务报表分析

外送财务报表包含资产负债表、收支费用表等，报表分析相应围绕报表展开，主要是对预算、收支、资产等进行的整体性分析。

1. 预算管理分析　预算管理分析主要用于反映医院预算执行结果，是对医院预算执行、成本控制以及业务工作等的综合评价，评价结果可作为医院管理层考核的重要依据。通过比较预算执行结果与预算标准之间的差异，揭示预算执行中存在的问题，保证医院工作按照既定的目标进行。预算管理分析可分为业务预算分析、收支预算分析以及预算绩效分析。

（1）医院业务预算分析：业务预算是全面预算编制的起点，通常医院的业务分为门诊、住院，业务预算分析也应从这方面着手。以下以门诊量为例进行分析。

$$预算门诊量执行率=\frac{本期实际门诊量}{本期预算门诊量}\times 100\%$$

预算门诊量执行率反映医院门诊量预算的编制水平和执行能力，该项指标越接近100%，说明预算编制科学合理。该指标过高可能指向预算编制不科学，过低则可能表明医院经营管理不佳，过高或过低都应该引起足够的重视。

（2）医院收支预算分析：收支预算分析分为收入和支出两部分，医院业务按照职能性质可分为医、教、研、防四大类，每大类又可按经费来源分为财政、科教、其他等多种小类。这里以医疗活动中的其他经费为例进行分析。

1）$预算门诊收入执行率=\frac{本期实际门诊收入}{本期预算门诊收入}\times 100\%$

门诊收入受门诊量和次均门诊费用两个因素的影响，与业务预算一致，该指标的理想值是100%。若该指标偏离100%，则应该使用因素分析法寻找出偏离原因。

例3-2：甲医院20X1年预算门诊量10,000人次，预算门诊收入735万元；实际门诊量9,800人次，实际门诊收入588万元。请计算该医院预算门诊量执行率、预算门诊收入执行率，并使用因素分析法对预算门诊收入执行率进行分析。

预算门诊量执行率=9,800÷10,000×100%=98%

预算门诊收入执行率=588÷735×100%=80%

预算次均门诊费用=7,350,000÷10,000=735（元）

实际次均门诊费用=5,880,000÷9,800=600（元）

门诊收入=门诊量×次均门诊费用，使用连环替代法进行分析。

门诊量发生变化：门诊收入=9,800×735=7,203,000（元），门诊量下降使门诊收入减少了14.70万元。

次均门诊费用变化：门诊收入=9,800×600=5,880,000（元），次均门诊费用下降使门诊收入减少了132.30万元。

2）$预算门诊成本执行率=\frac{本期实际门诊成本}{本期预算门诊成本}\times 100\%$

与门诊收入预算一致，门诊成本受门诊量和次均门诊成本两个因素的影响。沿用例3-2，甲医院20X1年预算门诊成本845万元，实际门诊成本980万元。请计算该医院预算门诊成本执行率，并使用因素分析法对预算门诊成本执行率进行分析。

预算门诊成本执行率=980÷845×100%=115.98%

预算次均门诊成本=8,450,000÷10,000=845（元）

实际次均门诊成本=9,800,000÷9,800=1,000（元）

门诊成本=门诊量×次均门诊成本，使用连环替代法进行分析。

门诊量发生变化：门诊成本=9,800×845=8,281,000（元），门诊量下降使门诊成本减少了16.90万元。

次均门诊成本变化：门诊成本=9,800×1,000=9,800,000（元），次均门诊成本增长使门诊成本增加了151.90万元。

影响门诊量、次均费用和次均成本的因素很多，在分析时应详细说明预算差异产生的原因，同时还要注意分析的层级，既要有医院整体分析，也要有科室等维度的明细分析。

（3）医院预算绩效分析：主要是对医院支出的绩效评价，包括基本支出和项目支出，以项目支出为重点。绩效分析内容包括预期产出和预期效果两部分，预期产出指医院提供服务的数量目标、质量目标、成本目标以及服务对象满意度目标，预期效果指产生的经济效益、社会效益以及可持续影响。预算绩效分析除了评价预期产出、效果与实际产出、效果之间的差异外，还要注意评价绩效目标设定的科学性、可衡量性、个性化以及与预算支出的明确对应关系。如果需要进一步印证初步结论的可靠性，需要从报表的各具体项目以及相应的财务信息及其他的信息进行综合分析。

2. 医院收支分析　医院收入是指医院在开展医疗活动及其他活动过程中依法取得的，能够导致本期净资产增加的经济利益的流入，包括财政拨款收入、事业收入、经营收入、其他收入等。医院支出指医院为开展医疗活动及其他活动过程中发生的，能够导致本期净资产减少的经济利益或服务潜力的流出，包括业务活动费用、单位管理费用、资产处置费用、其他费用等。

（1）医院收入分析

1）财政拨款收入：对于财政拨款收入一般采用比较分析法、趋势分析法和结构分析法，反映财政部门对医院补偿的变化趋势以及补偿的变化方向。分析指标如下：

$$\text{财政拨款收入占总支出的比例}=\frac{\text{财政拨款收入}}{\text{业务活动费用}+\text{单位管理费用}+\text{资产处置费用}+\cdots+\text{其他费用}}\times 100\%$$

，本指标反映了医院支出中财政拨款的补偿程度。

$$\text{在职在编职工人均财政基本拨款收入}=\frac{\text{财政基本拨款收入（在职在编职工）}}{\text{年均在职在编职工人数}}\times 100\%$$

，本指标反映了财政对医院在职人员支出的补偿程度。

$$\text{离休职工人均财政基本拨款收入}=\frac{\text{财政基本拨款收入（离休职工）}}{\text{年均离休人数}}\times 100\%$$

，本指标反映了财政对医院离休人员支出的补偿程度。

$$退休职工人均财政基本拨款收入=\frac{财政基本拨款收入（退休职工）}{年均退休人数}\times 100\%$$，本指标反映了财政对医院退休人员支出的补偿程度。

2）事业收入：事业收入由医疗收入和科教收入构成，可采用比较分析、趋势分析、结构分析、因素分析等方法，反映事业收入的变化趋势。收入分析要注意分析的维度和深度，维度包括门诊和住院、患者结构和地域等，深度包括全院、科室、个人、患者等。以医疗收入为例，可采用以下分析指标：

$$医务性收入占比=\frac{医务性收入}{医疗收入}\times 100\%$$

$$药品收入占比=\frac{药品收入}{医疗收入}\times 100\%$$

$$卫生材料收入占比=\frac{卫生材料收入}{医疗收入}\times 100\%$$

$$次均门诊费用=\frac{门诊收入}{门急诊人次}\times 100\%$$

$$次均住院费用=\frac{住院收入}{出院人次}$$

$$每床日住院费用=\frac{住院收入}{实际占用床日数}$$

$$每百元医疗收入对应的医疗支出=\frac{医疗活动费用中的业务活动费用及单位管理费用}{医疗收入}\times 100$$

$$百元医疗收入消耗的卫生材料=\frac{卫生材料收入}{医疗收入}\times 100$$

例3-3：甲医院医疗活动收入费用明细表如表3-3。

表3-3　医疗活动收入费用明细表　　单位：元

项目	20X1年	20X0年	项目	20X1年	20X0年
医疗活动收入合计	1,192,103,119.97	852,415,168.79	医疗活动费用合计	1,175,262,819.64	887,797,338.36
财政基本拨款收入	39,642,000.00	30,246,000.00	业务活动费用	993,667,311.33	736,251,857.89
医疗收入	1,143,095,456.97	815,995,714.79	人员经费	331,424,115.14	225,764,946.64
门急诊收入	651,564,410.47	481,437,471.73	商品和服务费用	641,541,346.15	500,248,603.92

续　表

项目	20X1年	20X0年	项目	20X1年	20X0年
挂号收入	—	—	固定资产折旧费	18,232,885.44	8,595,520.56
诊察收入	29,006,210.00	17,304,400.00	无形资产摊销费	400,732.50	281,732.50
检查收入	72,711,752.58	58,509,782.00	计提专用基金	2,068,232.10	1,361,054.27
化验收入	78,240,963.86	47,505,100.00	单位管理费用	180,412,215.83	151,086,103.00
治疗收入	88,103,145.00	41,672,201.00	人员经费	115,175,756.32	100,642,570.82
手术收入	39,564,056.00	16,886,519.00	商品和服务费用	63,832,787.91	47,809,360.84
卫生材料收入	56,575,435.80	34,581,976.00	固定资产折旧费	1,345,864.97	2,607,966.38
药品收入	263,809,877.95	225,739,599.60	无形资产摊销费	57,806.63	26,204.96
其他门急诊收入	23,552,969.29	39,237,894.13	经营费用	—	—
住院收入	491,395,941.50	334,558,243.07	资产处置费用	719,565.00	95,650.00
床位收入	20,051,000.00	16,033,150.00	上缴上级费用	—	—
诊察收入	14,295,500.00	12,792,500.00	对附属单位补助费用	—	—
检查收入	50,990,000.00	30,743,500.00	所得税费用	—	—
化验收入	56,677,280.00	37,390,547.00	其他费用	463,727.48	363,727.48
治疗收入	58,750,000.00	31,187,492.00			
手术收入	52,902,200.00	34,386,430.00			
护理收入	8,640,000.00	6,160,004.00			
卫生材料收入	149,977,806.04	106,486,573.24			
药品收入	56,256,850.00	50,066,952.00			
其他住院收入	22,855,305.46	9,311,094.83			
结算差额	135,105.00	—			
上级补助收入	76,200.00	—			
非同级财政拨款收入	—	500,000.00			
投资收益	2,060,700.00	—			
捐赠收入	850,000.00	1,580,000.00			
利息收入	3,078,342.00	2,600,154.00			
其他收入	3,300,421.00	1,493,300.00			

本例中，医务性收入占比20X1年为31.31%，20X0年为27.57%。

（1,143,095,456.97–72,711,752.58–78,240,963.86–56,575,435.80–263,809,877.95–50,990,000.00–56,677,280.00–149,977,806.04–56,256,850.00）÷1,143,095,456.97×100%=31.31%

药品收入占比20X1年为28.00%，20X0年为33.80%。

（263,809,877.95+56,256,850.00）÷1,143,095,456.97×100%=28.00%

卫生材料收入占比20X1年为18.07%，20X0年为17.29%。

（56,575,435.80+149,977,806.04）÷1,143,095,456.97×100%=18.07%

每百元医疗收入对应的医疗支出20X1年为102.71元，20X0年为108.74元。

（993,667,311.33+180,412,215.83）÷1,143,095,456.97×100=102.71（元）

该医院20X1年较20X0年医务性收入占医疗收入的比重提高了3.74%，药品收入占医疗收入的比重降低了5.8%，卫生材料收入占医疗收入的比重提高0.78%。该医院20X1年通过收入结构调整改善了医院的收支情况，每百元医疗收入对应的医疗支出降低了5.55%。

3）其他收入：对于除财政拨款收入及事业收入外的上级补助收入、附属单位上缴收入、经营收入、捐赠收入、其他收入等，主要采用比较分析法、结构分析法和个别分析法。对于有相应支出的收入如食堂收入，还可以将收入与支出结合在一起进行分析。

（2）医院支出分析：收入费用表中医院支出按照业务活动费用、单位管理费用、经营费用、其他费用等八大类列示，为便于分析，将其重新归类为财政项目支出、科教项目支出、医疗支出、其他支出四大类。

1）财政项目支出：财政拨款支出包含财政基本支出和财政项目支出两部分。财政基本支出与财政基本拨款收入持平，其分析思路可参照财政基本拨款收入指标，本节中将其并入医疗支出一并分析。财政项目支出指医院运用财政项目拨款收入形成的项目支出，可按功能分类等进行比较分析、结构分析。

$$财政项目支出进度=\frac{财政项目支出}{财政项目拨款收入+年初财政拨款结转}\times 100\%$$

2）科教项目支出：科教项目支出指医院运用科教收入开展科研活动、教学活动等形成的支出，可按科研项目、教学类别等进行比较分析、结构分析。

3）医疗支出：医疗支出包含运用财政基本拨款收入和自有经费开展医疗服务活动及辅助业务活动形成的费用，包含业务活动费用和单位管理费用两大类。按成本项目可划分为人员经费、药品费、卫生材料费、固定资产折旧费、无形资产摊销费、提取的医疗风险基金和其他费用七大类。医疗支出分析可采用趋势分析、结构分析、因素分析等方法，反映医疗支出的变化趋势。要注意分析的维度和深度，维度包括全院和科室，深度包括门诊和住院、成本项目等。可采用以下分析指标：

$$人员经费支出占比=\frac{人员经费}{业务活动费用+单位管理费用}\times100\%$$

$$管理费用率=\frac{单位管理费用}{业务活动费用+单位管理费用}\times100\%$$

$$药耗占比=\frac{药品费+卫生材料费}{业务活动费用+单位管理费用}\times100\%$$

$$医疗盈余率=\frac{医疗盈余}{医疗收入+财政基本拨款收入+其他收入等}\times100\%$$

例3-4：沿用例3-3。

人员经费支出占比20X1年为38.04%，20X0年为36.79%。

（331,424,115.14+115,175,756.32）÷（993,667,311.33+180,412,215.83）×100%=38.04%

管理费用率20X1年为15.37%，20X0年为17.03%。

180,412,215.83÷（993,667,311.33+180,412,215.83）×100%=15.37%

医疗盈余率20X1年为1.41%，20X0年为–4.21%。

（1,143,095,456.97+39,642,000.00+2,060,700.00+850,000.00+3,078,342.00+3,300,421.00–993,667,311.33–180,412,215.83–719,565.00–463,727.48）÷（1,143,095,456.97+39,642,000.00+2,060,700.00+850,000.00+3,078,342.00+3,300,421.00）×100% = 1.41%

该医院20X1年通过成本控制改善了医院的收支情况，医疗收支结余扭亏为盈，管理费用率降低了1.66个百分点，员工收入也有所提高。

例3-5：某医院检验科收支情况如表3-4。

表3-4　检验科收支情况　　单位：万元

年度	化验收入	总支出	试剂支出
20X0年	8,120	4,970	3,410
20X1年	9,080	5,900	4,085
增减幅度	11.82%	18.71%	19.79%

本例中，该医院检验科支出增幅高于收入增幅，应针对检验科的成本管控工作进行分析。从试剂支出情况分析，检验科20X0年3,410万元占总支出68.61%，20X1年4,085万元占总支出69.24%，占比呈上涨趋势且均超过总支出的50%，是检验科主要支出，应当重点关注。从收支配比情况分析，检验科20X0年百元化验收入消耗试剂42元，20X1年为45元，增长7.14%，亦呈上涨趋势。该医院应当进一步从采购成本、不必要

的消耗等因素进行分析，加强试剂成本管理，才能提高检验科及医院的经济效益。

4）其他支出：其他支出包括培训支出、食堂支出、捐赠支出等，对于其他支出，应采用结构分析法、比较分析法和个别分析法。对于有相应支出的收入如食堂收入，还可以将收入与支出结合在一起进行分析。

3. 医院资产分析 资产是医院开展医疗活动、辅助活动的前提，资产的使用效率和效益是制约医院发展的关键要素。

（1）资产效率分析：资产效率是指在医院经济利益流动过程、社会效益创造过程中资产运用的有效性和充分性，反映了医院的资产管理能力。常见资产效率指标：

$$总资产周转率=\frac{医院总收入}{平均资产总额}\times 100\%$$

$$总资产周转天数=\frac{365}{总资产周转率}$$

（2）资产利用效果分析：资产利用效果是指资产在医院经济利益流动过程、社会效益创造过程中产生的效益。常见资产利用效果指标：

$$总资产报酬率=\frac{本期盈余}{平均资产总额}\times 100\%$$

$$资产现金回收率=\frac{日常活动产生的现金流量净额}{平均资产总额}\times 100\%$$

（3）流动资产分析：医院流动资产具体包括货币资金、应收账款、财政应返还额度、存货等。医院流动资产是医院开展医疗服务等活动的必备条件，其规模大小及构成，在一定程度上体现医院的财务状况，反映医院的短期偿债能力。流动资产常见分析指标：

$$流动资产周转率=\frac{医疗收入}{平均流动资产总额}\times 100\%$$

$$存货周转率=\frac{业务活动费用}{平均存货总额}\times 100\%$$

$$存货周转期=\frac{365}{存货周转率}$$

$$现金周转期=存货周转期+应收账款周转期-应付账款周转期$$

（4）固定资产分析：医院固定资产包括房屋及建筑物、一般设备、专用设备、计算机设备、家具等。常见的固定资产分析指标：

$$固定资产成新率=\frac{固定资产净值}{固定资产原值}$$

$$病床周转次数=\frac{出院人数}{平均开放床位}\times 100\%$$

$$病床使用率=\frac{实际占用床日数}{实际开放床日数}\times 100\%$$

（5）应收账款分析：应收账款是指医院在开展医疗服务等活动所形成的应收而尚未收到的各种款项，包括应收在院患者医疗款、应收医保款、其他应收款等。应采用账龄分析、结构分析等方法进行应收账款分析，加强应收账款管理。常见的应收账款分析指标：

$$应收账款周转率=\frac{医疗收入}{平均应收账款余额}\times 100\%$$

$$应收账款周转期=\frac{365}{应收账款周转率}$$

$$坏账损失率=\frac{坏账准备借方发生额}{平均应收账款余额}\times 100\%$$

例3-6：沿用例3-3。甲医院20X1年医院总收入1,228,934,604.97元，20X0年医院总收入875,816,468.79元。甲医院20X1年本期盈余–28,103,689.20元，20X0年医院本期盈余–59,998,197.97元。甲医院资产负债表如表3-5。

表3-5　资产负债表　　单位：元

资产	20X1年平均	20X0年平均	负债和净资产	20X1年平均	20X0年平均
流动资产			流动负债		
货币资金	224,643,305.17	230,799,940.17	应交增值税	2,316,810.23	2,015,283.50
短期投资	590,000.00	110,000.00	其他应交税费	1,817,945.50	1,489,091.19
财政应返还额度	1,230,094.93	2,631,110.49	应付职工薪酬	18,800,486.13	17,862,468.53
应收票据	100,000.00	100,000.00	应付票据	—	460,000.00
应收账款净额	104,176,923.37	87,320,324.66	应付账款	101,889,632.46	83,829,849.39
预付账款	—	744,000.00	预收账款	101,682,667.00	73,033,452.53
应收利息	80,000.00	60,000.00	其他应付款	7,755,690.40	6,399,643.18
其他应收款净额	7,391,492.13	5,876,290.25	预提费用	4,955,000.00	2,896,602.49
存货	13,944,631.04	17,599,088.81			

续 表

资产	20X1年平均	20X0年平均	负债和净资产	20X1年平均	20X0年平均
待摊费用	35,600.00	35,600.00			
流动资产合计	352,192,046.64	345,276,354.38	流动负债合计	239,218,231.72	187,756,390.81
非流动资产			非流动负债		
长期股权投资	1,680,000.00	1,680,000.00	预计负债	—	27,600.00
长期债券投资	1,000,000.00	1,000,000.00	非流动负债合计	—	27,600.00
固定资产原值	2,253,538,321.81	2,244,517,342.88	受托代理负债	430,115.00	412,910.40
减：固定资产累计折旧	1,111,942,305.65	1,095,960,133.54	负债合计	239,648,346.72	188,196,901.21
固定资产净值	1,141,596,016.16	1,148,557,209.34			
工程物资	90,000.00	597,000.00	净资产		
在建工程	17,861,676.27	4,074,724.12	累计盈余	1,265,988,165.59	1,310,444,345.35
无形资产原值	13,979,072.00	12,911,694.00	其中：财政项目盈余	60,047,976.71	75,806,533.15
减：无形资产累计摊销	5,056,633.38	4,663,431.58	医疗盈余	8,014,913.97	9,126,057.42
无形资产净值	8,922,438.62	8,248,262.42	科教盈余	40,049,852.09	54,508,275.89
长期待摊费用	437,500.00	525,000.00	新旧转换盈余	1,157,875,422.81	1,171,003,478.89
待处理财产损益	—	1,473,108.44	专用基金	18,303,230.39	13,220,527.14
非流动资产合计	1,171,587,631.05	1,166,155,304.32	权益法调整	57,000.00	—
受托代理资产	217,065.00	430,115.00	净资产合计	1,284,348,395.97	1,323,664,872.49
资产总计	1,523,996,742.69	1,511,861,773.70	负债和净资产总计	1,523,996,742.69	1,511,861,773.70

本例中，总资产周转率20X1年为1,228,934,604.97÷1,523,996,742.69×100%=80.64%，20X0年为57.93%。

总资产报酬率20X1年为–28,103,689.20÷1,523,996,742.69×100%=–1.84%，20X0年为–3.97%。

流动资产周转率20X1年为1,143,095,456.97÷352,192,046.64×100%=324.57%，20X0年为236.33%。

存货周转率20X1年为993,667,311.33÷13,944,631.04×100%=7,125.81%，20X0年为4,183.47%。

存货周转期20X1年为365÷7,125.81%=5.12天，20X0年为8.72天。

固定资产成新率20X1年为1,141,596,016.16÷2,253,538,321.81×100%=50.66%，

20X0年为51.17%。

甲医院20X1年固定资产成新率与上年基本持平，各项资产指标均有所改善，反映医院资产管理质量和利用效率的良性循环。

4．现金流量分析　现金流量分析作为医院现金流量管理的重要手段，能够提供医院在一定时期内现金的来龙去脉及现金余额变动的信息，有助于评价医院的财务弹性和资金流动性，有助于预测医院未来的现金流量。

（1）日常活动现金流量分析：日常活动现金流量包含医院为患者提供医疗服务收到的现金与支付药品、器械、职工薪酬等付出的现金，前者大于后者是医院正常运转的前提。

$$现金流动负债比=\frac{日常活动产生的现金流量净额}{平均流动负债总额}$$

收入现金比=日常活动的现金流入/（财政基本拨款收入+事业收入+上级补助收入+附属单位上缴收入+经营收入+非同级财政拨款收入+捐赠收入+利息收入+租金收入+其他收入）

$$日常活动现金流量占比=\frac{日常活动产生的现金流量净额}{现金净增加额}\times 100\%$$

（2）投资活动现金流量分析：投资活动现金流量包含收回投资、处置固定资产无形资产等收到的现金与购建固定资产无形资产等付出的现金。

$$投资活动现金流量占比=\frac{投资活动产生的现金流量净额}{现金净增加额}\times 100\%$$

（3）筹资活动现金流量分析：筹资活动现金流量包含银行贷款等收到的现金与偿还贷款、融资等付出的现金。

$$筹资活动现金流量占比=\frac{筹资活动产生的现金流量净额}{现金净增加额}\times 100\%$$

例3-7：甲医院现金流量表及收入情况如表3-6、表3-7。

表3-6　现金流量表　　单位：元

项目	20X1年	20X0年
一、日常活动产生的现金流量		
财政基本支出拨款收到的现金	39,642,000.00	30,246,000.00
财政非资本性项目拨款收到的现金		4,000,000.00

续　表

项目	20X1年	20X0年
事业活动收到的除财政拨款以外的现金	1,028,099,768.90	840,675,443.74
收到的其他与日常活动有关的现金	7,304,963.00	4,593,454.00
日常活动的现金流入小计	1,075,046,731.90	879,514,897.74
购买商品、接受劳务支付的现金	573,415,583.65	589,643,813.48
支付给职工以及为职工支付的现金	445,545,941.71	325,585,412.00
支付的各项税费	1,421,424.54	1,556,757.86
支付的其他与日常活动有关的现金	1,183,292.48	459,377.48
日常活动的现金流出小计	1,021,566,242.38	917,245,360.82
日常活动产生的现金流量净额	53,480,489.52	−37,730,463.08
二、投资活动产生的现金流量		
收回投资收到的现金	1,000,000.00	—
取得投资收益收到的现金	2,140,700.00	—
投资活动的现金流入小计	3,140,700.00	0.00
购建固定资产、无形资产、公共基础设施等支付的现金	44,385,000.00	35,415,027.58
投资活动的现金流出小计	44,385,000.00	35,415,027.58
投资活动产生的现金流量净额	−41,244,300.00	−35,415,027.58
三、筹资活动产生的现金流量		
财政资本性项目拨款收到的现金	30,000,000.00	15,020,000.00
筹资活动的现金流入小计	30,000,000.00	15,020,000.00
偿还借款支付的现金	—	—
偿还利息支付的现金	—	—
支付的其他与筹资活动有关的现金	—	—
筹资活动的现金流出小计	—	—
筹资活动产生的现金流量净额	30,000,000.00	15,020,000.00
四、汇率变动对现金的影响额	0.00	0.00
五、现金净增加额	42,236,189.52	−58,125,490.65

表3-7　收入明细表　　单位：元

项目	20X1年	20X0年
本期收入	1,228,934,604.97	875,816,468.79
（一）财政拨款收入	69,642,000.00	49,266,000.00
其中：政府性基金收入	—	—
其中：财政基本拨款收入	39,642,000.00	30,246,000.00
财政项目拨款收入	30,000,000.00	19,020,000.00
（二）事业收入	1,149,926,941.97	820,377,014.79
其中：医疗收入	1,143,095,456.97	815,995,714.79
科教收入	6,831,485.00	4,381,300.00
（三）上级补助收入	76,200.00	—
（四）附属单位上缴收入	—	—
（五）经营收入	—	—
（六）非同级财政拨款收入	—	500,000.00
（七）投资收益	2,060,700.00	—
（八）捐赠收入	850,000.00	1,580,000.00
（九）利息收入	3,078,342.00	2,600,154.00
（十）租金收入	—	—
（十一）其他收入	3,300,421.00	1,493,300.00

本例中，现金流动负债比20X1年为53,480,489.52÷239,218,231.72=0.22，20X0年为–0.20，20X1年甲医院偿还短期债务能力提高。

收入现金比20X1年为1,075,046,731.90÷（39,642,000.00+1,149,926,941.97+76,200.00+850,000.00+3,078,342.00+3,300,421.00）=0.9，20X0年为1.03，20X1年该比率同比20X0年下降且低于1，说明当期有部分收入没有收现，应注意应收账款管理。

日常活动现金流量占比=53,480,489.52÷42,236,189.52×100%=126.62%，20X0年为64.91%。

投资活动现金流量占比=–41,244,300.00÷42,236,189.52×100%=–97.65%，20X0年为60.93%。

筹资活动现金流量占比=30,000,000.00÷42,236,189.52×100%=71.03%，20X0年为–25.84%。

甲医院20X1年与20X0年日常活动、投资活动、筹资活动变动较大，应注意现金流量管理，做好现金规划，降低流动性风险。

5. 经营风险分析 医院经营风险分析是指在识别和预测医院经营风险发生的可能性基础上，对经营风险发生的可能性进行评估。医院经营风险主要由债务风险、收不抵支风险、投资风险。经营风险分析主要从偿债能力、盈利能力进行分析。

$$资产负债率=\frac{负债总额}{资产总额}\times 100\%$$

$$流动比率=\frac{流动资产}{流动负债}$$

$$净资产结余率=\frac{本期盈余}{平均净资产}\times 100\%$$

$$百元固定资产产值=\frac{医疗收入}{平均固定资产原值}\times 100$$

例3-8：沿用前例。甲医院20X1年本期盈余–28,103,689.20元，20X0年医院本期盈余–59,998,197.97元。

本例中，资产负债率20X1年为239,648,346.72÷1,523,996,742.69×100%=15.72%，20X0年为12.45%。

流动比率20X1年为352,192,046.64÷239,218,231.72=1.47，20X0年为1.84。

净资产结余率20X1年为–28,103,689.20÷1,284,348,395.97×100%=–2.19%，20X0年为–4.53%。

百元固定资产产值20X1年为1,143,095,456.97÷2,253,538,321.81×100=50.72，20X0年为36.36。

注意：资产负债率及流动比率为时点指标，应使用期初数或期末数计算，本例为简化起见，计算过程采用平均数。

甲医院20X1年经济效益、效率提升，资产负债率、流动比率表现均比上年差，应注意负债管理，尤其是短期负债管理，保证债权人权益。

（二）内部财务报表分析

内部财务报表是依据管理需求自行制订的各类报表，如成本性态表、固定资产效益表等，内部财务报表能提供更为翔实的数据，是管理层、临床科室进行决策的重要依据，也是业财融合的重要抓手。

1. 医院经济活动分析 医院经济活动分析需要建立一套科学的相互关联的指标分析体系，可以借助平衡记分卡等工具从各个维度评价医院经济活动，以避免财务指标滞后性带来的影响。具体而言，医院经济活动分析是对本节上述各方面分析角度的总结，从全局出发，对医院整体经营管理状况、资源配置与使用情况的综合评估。除财务指标外，医院经济活动分析还应加入非财务指标如医疗质量指标、科研能力指标、患者满意度指标等，采用波士顿矩阵、SWOT等分析方法展开分析。

例3-9：某医院胃肠外科申请增加床位，该科室的业务增长率及相对占有率均属于第一阶梯，属于明星业务科室，医院应予以大力发展，如图3-1所示。

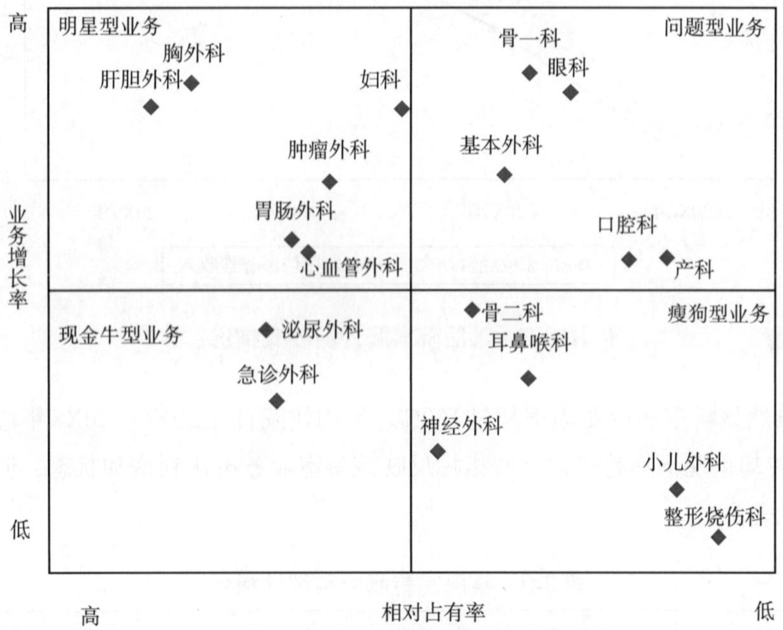

图3-1　某医院临床科室波士顿矩阵

该科室20X6—20X9年期间，每床位医务性收入、例数及手术量均呈增长趋势，但增速减缓；20X9年DRG权重略有下降，且20X9年购置了新设备，经营性结余下降25.36%，见图3-2、图3-3。

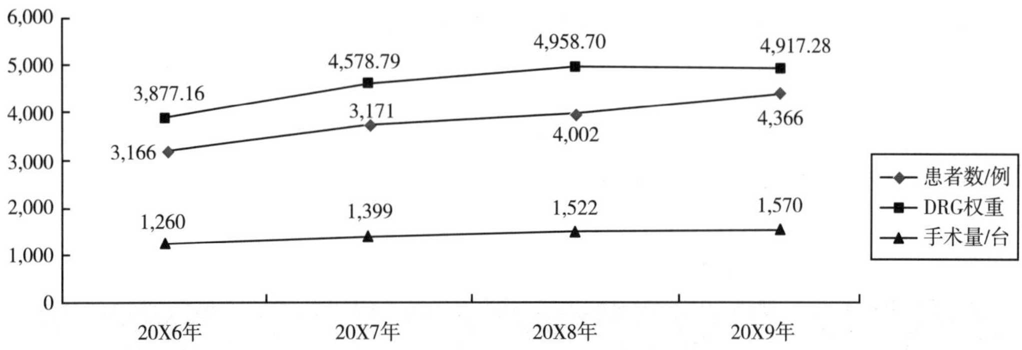

图3-2　某医院胃肠外科工作量情况

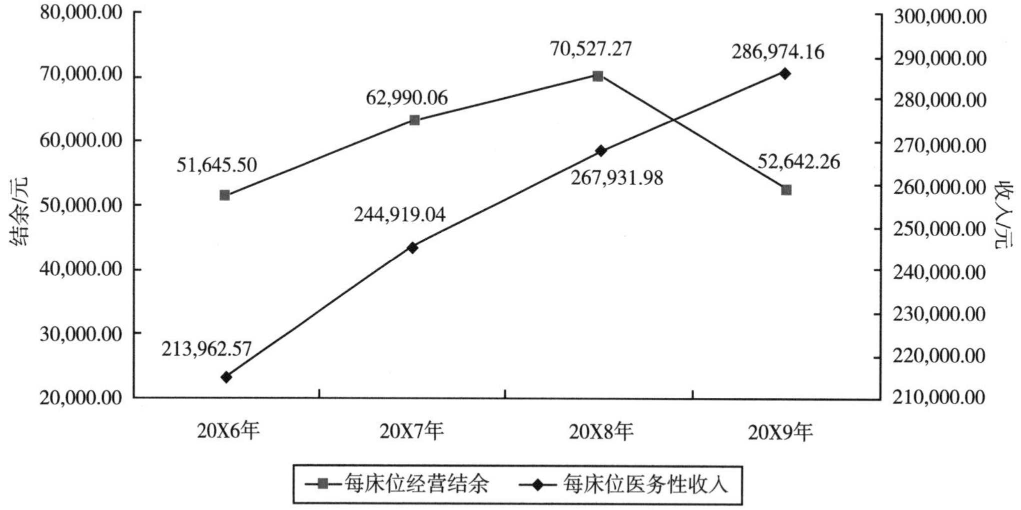

图3-3　某医院胃肠外科收支情况

同时虽然该科室病床使用率超过100%，平均住院日在20X6—20X8年均下降，而20X9年周转却呈现下降趋势，这些指标反映该科室业务虽达到饱和状态，但质量仍有待提高，见表3-8。

表3-8　某医院胃肠外科统计指标

年度	病床周转次数/次	病床使用率/%	平均住院日/天
20X6年	55.24	116.19	9.94
20X7年	60.29	100.90	7.33
20X8年	63.01	101.27	6.83
20X9年	55.80	100.92	7.56

20X9年某医院每张床位每年的成本是26.39万元，若胃肠外科增加一个床位，其每年增加的经营结余为2.31万元，远低于该科室的平均水平。综上，某医院决定驳回胃肠外科增加床位的申请，同时指示该科室应加强成本控制，提高资产利用效率，不要只追求收入的数量，而应该关注收入的质量。

知识拓展／波士顿矩阵

波士顿矩阵由美国著名管理学家、波士顿咨询公司创始人布鲁斯·亨德森首创，通过产品的市场占有率和产品市场增长率，把现有产品划分为问题型、明星型、现金牛型、瘦狗型四种类型。

问题型产品：处在这个领域中的产品，市场增长率高但占有的市场份额很小，往往是企业的新业务新产品，利润高风险较大。它是处于高增长率、低市场占有率象限内的产品群，市场机会大、前景好。对问题产品应具体问题具体分析，选择性投资。

明星型产品：处在这个领域中的产品，市场快速增长并且市场份额占有支配地位，但是否产生正现金流量存在不确定性。该领域应加大投资、扩大规模获取市场机会，加强竞争地位。

现金牛型产品：处在这个领域中的产品，市场增长率低但市场占有率高，能够产生大量的现金，是成熟市场中的领导者，它是企业现金的来源，应维持现存市场增长率。

瘦狗型产品：处在这个领域中的产品，既不能产生大量的现金，也不需要投入大量现金，这类产品往往是微利甚至是亏损的。对该领域产品应稳步撤退或淘汰，将剩余资源转向其他产品。

运用到医院业务中，可以选用不同的指标来构建波士顿矩阵，根据业务所处的象限选用相应的管理策略。

2. 投资活动分析　投资活动可分为对内投资、对外投资，不管是哪种投资，都需要投入大量的资金，投资活动具有不确定性、长期性和不可逆转性，一旦投资失误，就很可能引起重大损失。

投资活动分为投资前的可行性分析、投资后的效益分析等。对于医院，一般而言，投资活动主要是指医疗设备的购置。医疗设备约占医院固定资产的九成，是医院经济利益的直接产出媒介。提高医疗设备的效率和效益，对于医院的高质量发展至关重要。医院应从医疗设备的分布、类型等方面进行全面摸底，统筹安排医院资产。常见的医疗设备分析指标有投资回收期、内含报酬率、闲置率、使用率、设备完好率、维保费率、诊断符合率等。

例3-10：A公立医院于2019年末购入一台2,119万元磁共振成像（MRI）设备，该医院原有4台MRI设备，新购入后共有5台。因购置新设备需提供新场地、新员工（4人）。购入后工作量等情况如表3-9。

表3-9　MRI设备工作量与收支情况表

项目	2019年	2020年	新增MRI设备
年总医疗收入/万元	4,931	5,204	324
年总成本/万元	1,059	1,802	527
其中：固定成本/万元	450	1,022	367
变动成本/万元	609	780	160
年总工作量/例	64,405	72,156	7,845
设备数/台	4	5	1
次均收费水平/元	766	721	413

本例中，运用本量利分析方法进行分析，结果见表3-10。

表3-10　MRI本量利分析表

项目	2019年	2020年	新增MRI设备
次均收费水平/元	766	721	413
变动成本/元	6,090,000	7,800,000	1,600,000
年总工作量/例	64,405	72,156	7,845
次均变动成本/元	94.56	108.10	203.95
次均边际贡献/元	671.44	612.90	209.05
固定成本/元	4,500,000	10,220,000	3,670,000
盈亏平衡工作量/例	6,702	16,675	17,556

新设备提高了科室的盈亏平衡点，结合投资收益率分析，该新增设备从经济角度分析并不可行。如表3-11所示。

表3-11　投资收益表　　单位：万元

项目	2019年	2020年	新增MRI设备
年总医疗收入	4,931	5,204	324
固定成本	450	1,022	367
变动成本	609	780	160
年收支结余	3,872	3,402	−203
设备原值	2,807	4,926	2,119
投资收益率	137.94%	69.06%	−9.58%

3. 医疗服务项目、病种/DRG分析　医疗服务项目是指各地医疗服务价格主管部门和卫生健康行政部门、中医药主管部门印发的医疗服务收费项目，不包括药品和可以单独收费的卫生材料。病种是指按照临床路径病种、按病种付费病种等划分，以各病种为管理对象；DRG是指按疾病诊断相关分组（diagnosis related groups）划分，以各DRG为管理对象。以DRG为例，DRG作为一种医疗服务管理工具，能从医疗服务能力、服务效率、质量安全三大方面提供相对科学、有效的评价指标。

医疗服务项目、病种/DRG分析侧重从经济学角度去进行新技术、新项目开展分析、盈亏分析等。

4. 外包/自营分析　医院在运转过程中，除了提供药品、耗材、医疗服务项目等医疗服务内容外，还需要保洁、停车、食堂等后勤服务，这些服务可以医院自行提供，也可以通过政府服务采购外包给第三方公司。在考虑自营或者外包时，需要考虑外包服务的质量、供应商的可靠性以及成本。

例3-11：A医院食堂年收入665万元，支出1,114万元，其中人员支出、资产折旧等固定支出530万元，客餐费、水电等变动支出584万元，年亏损449万元。A医院决策层经研究决定将食堂外包，经招投标后，某餐饮公司以600万元中标，该餐饮公司每年支付医院600万元承包费，可免费使用原食堂资产，水电自理，原食堂员工调配至其他岗位。

本例中，固定支出不会因外包而减少，属于沉没成本，与决策无关。

外包对医院收入的影响=600－665=－65（万元）。

外包对医院变动成本的影响=0－584=－584（万元）。

外包对医院结余的影响=－65－（－584）=519（万元）。

本例中外包提高了医院结余，应继续执行外包策略。

5. 医院能源利用效果分析　医院能耗是指医院在开展医疗服务等活动中消耗的水费、电费、燃气费等能源消耗。近年来，我国倡导的绿色中国发展理念，给医院节能降耗提出了挑战。医院应该采用趋势分析法、比较分析法、结构分析法和标杆分析法等挖掘节能降耗控制点，创造高品质的室内外环境。

$$\text{万元收入能耗比}=\frac{\text{总能耗}}{\text{总收入}}\times 10{,}000$$

6. 人力资源管理情况分析　医院人员划分为医生、护士、管理、后勤等类别，各类别人员各司其职、相互配合，是医院稳定运行的基础。人力资源是医院核心竞争力的体现，人力成本占医疗成本的比重不断提升，如何进行人力资源管理，合理配置人力资源是医院管理的重点。常见的人力资源管理效果分析指标：

$$\text{床护比}=\text{实际开放床位}:\text{护士人数}$$

$$医护比=医生人数:护士人数$$

$$每职工平均门急诊人次=\frac{门急诊人次}{年均在职职工人数}$$

$$每职工平均住院日=\frac{实际占用床日数}{年均在职职工人数}$$

$$每职工平均医疗收入=\frac{医疗收入}{年均在职职工人数}$$

7. 药品管理情况分析 从药品使用角度来看，对于药品管理的关注点往往落在用药安全、用药规范上，较少从经济管理角度看待药品管理。药品种类繁多，临床科室对于不同药品的需求差异较大，这给合理备药带来了挑战。医院可以利用ABC分类管理法（见第四章第三节）对药品进行分类管理、控制，通过经济订货批量、定期盘点等方式，减少药品存储成本。

8. 耗材管理情况分析 医用耗材具有安全性要求高、种类多、型号多样等特点，近年来高值医用耗材用量、金额急剧增加，在医疗成本中的比重不断增长。随着DRG收付费方式的改革，大部分医用耗材将不能直接收费，耗材将直接成为医院的成本。医院应加强耗材管理，改变以往粗放式的管理方式。

本章小结

本章从医院财务分析的概念入手，对财务分析的主体和目标进行阐述，由案例引导出财务分析的作用、方法及局限性。

本章按照外送报表和内部管理报表两个维度，通过示例从预算管理、收支、资产、成本、现金流等方面分析，展示了如何进行财务分析指标的选择和运用。

（薛　源　潘　娟）

第二篇

医院国有资产管理与投资活动管理

Part 2

第四章 医院国有资产管理

学习目标

1. 掌握 医院国有资产的概念、作用和分类。

2. 熟悉 医院各类国有资产全生命周期管理的内容和流程。

3. 了解 我国政府出台的有关医院国有资产管理政策、法规和文件；医院国有资产管理在我国医疗卫生健康事业发展中的重要地位。

第一节 医院国有资产管理概述

一、医院国有资产管理的概念与作用

（一）医院国有资产的概念

国有资产是公立医院履行职能，保障我国医疗服务体系运转以及提供医疗卫生公共服务的物质基础，是国家财政管理的重要支柱。近年来，在各级政府和医院的共同努力下，公立医院的国有资产管理工作取得明显成效，明确了“国家统一所有，政府分级监管，单位占有、使用和支配”的国有资产管理体制，并逐步规范了国有资产的配置、使用、处置等管理。

医院国有资产是指其拥有和使用的各种经济资源的总称，可以用货币计量，并可作为生产资料通过医护人员的知识价值和技术劳动转化成为用来满足人民健康需求的医疗服务。根据医院公益性属性，公立医院的国有资产具有以下三个典型的特点。

（1）非营利性：医院国有资产存在的价值在于为社会提供最大化的整体社会效益。开展公益性医疗服务并不能产生“利润”等直接的经济效益，但能够产生“提高人民

健康水平”“提高人民平均寿命”等社会效益。公立医院虽然在提供医疗服务过程中会收取一定的费用，但这些费用并不是为了利润，而是在财政补偿、医疗服务价格补偿不足的情况下，用于自身发展的内部积累，促进医学技术水平的不断提升，实现医院可持续发展。

（2）非增值性：非经营性资产的价值旨在提供公共服务，与从事商业活动的资产不一样，属于无法增值的资产。比如医院住院大楼，只能用于为患者提供公益性的医疗服务，这栋大楼无法像投资房地产一样产生经济附加值。

（3）无偿性：我国医院国有资产配置的资金来源，主要是通过医院自身发展的内部积累和部分财政拨款两个路径实现的。因此，对医院来说，国有资产是属于无偿占有和使用的。

（二）医院国有资产管理的作用

建立健全公立医院的国有资产管理体制，完善国有资产管理规范，在推动公立医院高质量发展进程中具有举足轻重的作用，对于我国卫生健康事业的发展具有重要的战略意义。

1．加强医院国有资产管理，有利于国有资产保值和增值，更好地保障我国人民的健康需求以及公立医院可持续发展。

2．对国有资产配置管理，有利于优化我国医疗卫生行业的资产配置结构，促进提升医院资产配置的精细化水平和合理化程度。

3．国有资产的全生命周期管理，有利于理顺医院国有资产从取得、消耗、补偿到处置的闭环流程，促进提升国有资产运营效率和效益。

案例讨论

【案例】大型医疗设备是医院国有资产管理的重要对象，具有使用技术复杂、资金投入量大、运行成本高、对医疗费用影响大等特点。医院应当重视大型设备的管理工作，有效开展医院大型医疗设备的成本效益分析，这将对大型医疗设备的合理配置、合理使用、提高效率、降低就医负担等方面产生积极而深远的影响。以J医院胸部CT设备为例，解读公立医院大型医疗设备管理，见表4-1。

表4-1　胸部CT设备使用效益分析

<table>
<tr><td colspan="2">胸部CT平扫单价/元</td><td>①</td><td>294</td></tr>
<tr><td rowspan="3">单位变动成本/元</td><td>卫生材料费</td><td rowspan="3">②</td><td>20</td></tr>
<tr><td>其他运行费用（水电气等）</td><td>10</td></tr>
<tr><td>合计</td><td>30</td></tr>
<tr><td colspan="2">单位边际贡献/元</td><td>③=①-②</td><td>264</td></tr>
<tr><td rowspan="6">每月固定成本/万元</td><td>固定资产折旧费</td><td rowspan="6">④</td><td>18</td></tr>
<tr><td>房屋建筑物折旧</td><td>2</td></tr>
<tr><td>维修维护费</td><td>5</td></tr>
<tr><td>物业管理费</td><td>2</td></tr>
<tr><td>人员经费</td><td>30</td></tr>
<tr><td>合计</td><td>57</td></tr>
<tr><td colspan="2">每月保本工作量/人次</td><td>⑤=④/③</td><td>2160</td></tr>
</table>

【讨论】如表4-1数据可见，胸部CT设备日常运营固定成本57万元/月，用来执行的胸部CT平扫项目单位边际贡献为264元，可计算出，该设备的月度保本工作量为2,160人次。当前，大型医疗设备检查价格总体呈下降趋势，医院要提高大型设备经济效益和社会效益，必须采取提高工作量或者节能降耗等管理措施。

二、医院国有资产的分类

按存在形态分类，医院国有资产可分为流动资产、固定资产、无形资产及其他资产。

1. **流动资产**　指可以在一年内变现或者耗用的资产，主要包括货币资金、应收及预付款项、库存物品等。

2. **固定资产**　指使用年限在一年以上、单位价值在规定限额以上、并在使用过程中基本保持原有物质形态的资产，如房屋及建筑物、专业设备、一般设备、其他固定资产等。

3. **无形资产**　指医院占有使用的没有实物形态的可辨认非货币性资产，包括专利权、著作权、商誉、专有技术、医院购入的不构成相关硬件不可缺少组成部分的应用软件及其他财产权利。

4. **其他资产**　包括受托代理资产、待处理财产等。

第二节　医院国有资产管理政策体系

一、医院国有资产管理现状

（一）公立医院国有资产管理取得成果

长期以来，各级财政部门、卫生部门一直探索公立医院国有资产管理的改革，并取得一系列改革成果。

1. 推动了国有资产与预算管理融合化　开展以预算为导向的国有资产管理，有效提高了医院专项预算编制的合理性和预算执行的准确性，解决了资产预算管理与资产存量、增量情况相脱钩的现象。

2. 促进了国有资产管理绩效信息化　通过建立国有资产管理信息平台，完善医院国有资产管理数据中心，使各级管理部门可随时动态地了解相关数据，及时地发现问题、解决问题。

3. 保护了国有资产的安全完整性　通过医院国有资产的清查和报告工作，摸清公立医院资产家底，更加全面地掌握公立医院资产的收益状况，为深化医院国有资产管理打下基础。

（二）医院国有资产管理存在问题

1. 国有资产管理体制有待完善　部分医院国有资产管理组织机构不够健全，多个归口部门之间存在职责分配不清、管理交叉现象，导致国有资产管理流程难以有效规范。

2. 国有资产制度体系不健全　缺乏结合医院实际制定的管理制度，部分医院未建立国有资产使用绩效考评体系。

3. 国有资产基础性工作不规范　主要表现在以下方面。

（1）资产配置方面：资产管理与预算管理脱节，资产购置前未进行充分的可行性论证与经济效益分析，导致资源浪费。

（2）资产使用方面：资产登记不规范，存在资产未登记入账、多计或少计资产价值、已使用在建工程长期未转入固定资产等情况。

（3）资产处置方面：存在未履行审批程序擅自处置资产、化整为零规避审批、待报废资产长期积压不处置、已处置资产未及时进行账务核销、收入未上缴国库等情况。

4. 国有资产管理认识不足　当前，公立医院国有资产仍存在全生命周期管理意识不足，缺乏有效的事前、事中、事后全流程风险管控，缺乏熟悉政策的资产管理队伍等问题，影响了医院国有资产管理职能的发挥。

5. 国有资产管理信息化水平不高　资产管理信息系统不完善或未能与业务系统互联互通，缺乏整体规划的信息软件支撑。同时，由于国有资产系统维护不及时、资产数据不准确，影响医院成本管理、预算管理、绩效考核管理等管理会计工具的作用发挥。

二、医院国有资产管理政策

党中央、国务院历来高度重视国有资产管理立法工作，发布了一系列指导意见和管理条例。根据《行政事业性国有资产管理条例》（国令第738号）要求，总结归纳公立医院国有资产管理要点。

（一）管理思路

1. 明确管理职责，推进公立医院国有资产管理公开透明、规范有效。

2. 以改革为引领、以创新为支撑，建立公立医院国有资产信息管理系统，健全医院资产共享共用机制。

3. 体现改革成果，将实践成熟的国有资产管理制度予以确立，提高医院国有资产利用效率，促进医院国有资产保值增值。

（二）管理范围

医院通过以下方式取得或者形成的资产：①使用财政资金形成的资产。②接受调拨或者划转、置换形成的资产。③接受捐赠并确认为国有的资产。④其他国有资产。

（三）管理要求

1. 明确医院国有资产应当用于保障事业发展、提供公共服务。

2. 应当结合医院资产存量、资产配置标准、绩效目标、财政承受能力配置资产。

3. 明确调剂作为优先配置方式。

4. 规范医院资产使用管理，明确岗位责任，合理使用、管理资产，充分发挥资产效能。

5. 鼓励在安全使用前提下，推进大型医用设备等资产的共享共用。

（四）预算绩效管理

1. 医院购置、建设、租用资产应当提出资产配置需求，编制资产配置相关支出预算，并严格按照预算管理规定和财政部门批复的预算配置资产。

2．医院国有资产的处置收入，应当按照政府非税收入和国库集中收缴制度的有关规定管理；使用形成的收入，由本级人民政府财政部门规定具体管理办法。

3．医院应当在决算中全面、真实、准确地反映其国有资产收入、支出以及国有资产存量情况。

4．医院应当按照国家规定建立国有资产绩效管理制度，建立健全绩效评价指标和标准，有序开展国有资产绩效管理工作。

（五）基础管理

完善资产台账、会计核算、资产盘点、资产评估、资产清查、权属登记、资产信息化等基础管理。

（六）国有资产报告

1．细化报告内容　包括资产负债总量，相关管理制度建立和实施，资产配置、使用、处置和效益，推进管理体制机制改革等情况，以及按照国家有关规定向社会公开管理情况。

2．完善报告程序　医院应当每年编制国有资产管理情况报告，逐级报送相关部门。

加强公立医院国有资产的管理，有利于促进国有资产管理的法治化、规范化、科学化，对于构建安全规范、节约高效、公开透明、权责一致的国有资产管理机制，提高国有资产治理水平和治理能力具有积极作用。

第三节　医院国有资产管理实务

一、医院流动资产管理

（一）货币资金管理

1．货币资金的概念　医院货币资金是指医院拥有的，以货币形式存在的资产。包括库存现金、银行存款、零余额账户用款额度和其他货币资金。

2．货币资金管理的目的　货币资金体现医院直接支付能力与医院资金活力。加强货币资金管理，平衡好货币资金流动性与收益性，对保证货币资金的安全性、完整性，提高资金使用效率和效益具有重要意义。

3. 货币资金管理的内容

（1）库存现金管理：库存现金是指存于医院内部用于日常零星开支的货币资金。在医院的实际业务中，库存现金的使用范围日益缩小，主要集中在门诊及住院退费、备用金及特殊应急情况的使用。

根据《现金管理暂行条例》规定，库存现金管理包括以下内容：①严格按照《现金管理暂行条例》规定的现金使用范围办理现金支取业务，不得白条抵库，不得坐支现金，不得挪用现金，不得私立“小金库”，违反国家财经纪律。②严格遵守库存现金限额管理，根据日常零星现金开支需要核定现金库存最高数额。原则上现金收入应于当日送存开户银行，做到日清日结。③退款业务坚持按来源方式退回，如以微信收取的医疗费用在发生退费时原则上退回相应的微信账户，防止套现行为发生。④因突发公共卫生事件、抢险救灾等特殊情况必须使用现金时，由医院财务负责人同意并签章，出具现金支票，经开户银行审核后，予以支付现金。⑤完善库存现金内部控制，实现现金收支、记账等不相容岗位相互分离。⑥加强库存资金的核查控制，建立库存现金、备用金、周转金抽查制度。⑦备用金应指定专人负责管理，按照规定用途使用，不得转借他人或挪作他用。⑧加强现金安全管理，防止货币资金失窃。

（2）银行存款管理：银行存款是指医院存放在银行或其他金融机构的货币资金。医院的货币资金，除保留库存限额内的少量现金及微信或支付宝等支付平台必要留存资金外，其余必须存入医院银行账户。①银行账户管理：医院财务部门统一管理银行账户，严格按照规定的审批权限和程序负责办理银行账户的开立、变更和撤销手续。医院开立银行账户，须经主管部门审核签署意见、报财政部门批准。②银行结算业务管理：财务部门应指定专人负责办理银行存款的收付结算业务，逐步顺序记载银行存款的收支结余额，并及时正确地登记银行日记账，定期与总账、银行对账单核对。办理银行结算业务的出纳不得兼任稽核、会计档案保管、会计记账和银行对账工作，并定期进行轮岗。此外，医院应加强银行结算凭证领、用、销、存管理。③银行存款对账管理：建立银行存款对账机制，由出纳人员和编制收付款凭证以外的财会人员，按月编制银行余额调节表。定期检查大额未达账项和长期未达账项，审查未达原因，并按规定进行核销处理。

（3）零余额账户用款额度管理：零余额账户用款额度是指实行国库集中支付的医院，根据财政部门批复的用款计划收到的零余额账户用款额度。财政授权的转账业务必须通过医院零余额账户办理。

医院零余额账户具有与银行存款账户相同的支付结算功能，可办理转账、汇兑和提取现金等支付结算业务。零余额账户的变更、合并与撤销，须经同级财政部门批准，并按照财政国库管理制度规定的程序和要求办理。医院应设置独立科目对其收支业务进行管理，全面、定期、及时进行零余额账户对账。

（4）其他货币资金管理：其他货币资金是指医院为满足业务需要，除库存现金、银行存款之外的微信或支付宝平台余额、外埠存款、银行本票存款、银行汇票存款等。医院应加强对其他货币资金的管理，及时办理结算和对账。随着微信、支付宝等第三方支付方式在医院的兴起，医院可独立设置微信、支付宝等明细科目，用于细化不同来源的其他货币资金管理。

4．货币资金管理工具

（1）最佳现金持有量：最佳现金持有量指除满足日常运营管理需要，既提高现金流转速度，又避免过多占用，并使持有现金的总成本最低的现金持有量。确定最佳现金持有量通常可采用以下两种模式。

1）成本分析模式：通过分析持有现金相关成本，确定总成本最低的现金持有量。医院持有现金的成本包括机会成本、管理成本和短缺成本。这三类成本与现金持有量的关系如表4-2。

表4-2　现金持有量相关成本分析

成本项目	机会成本	管理成本	短缺成本
定义内涵	因持有现金而丧失的再投资收益	因持有现金而发生的管理费用	因缺乏必要的现金而使医院为此付出的代价
与现金持有量关系	正向变动	属于固定成本，一定范围内无明显变动关系	反向变动
决策原则	使上述三项成本之和最小的现金持有量		

2）现金周转模式：按现金周转期来确定最佳现金持有量。现金周转期是指现金从投入生产经营开始，到最终转化为现金的过程。

现金周转期=存货周转期+应收账款周转期－应付账款周转期

最佳现金持有量=（年度现金需求总额/360）× 现金周转期

（2）现金流量表：用于反映医院在会计期间内现金和现金等价物的流入和流出，有助于了解和评价医院货币资金获取能力、支付能力、偿债能力和周转能力，是预测医院未来现金流量的重要工具。

（3）银行余额调节表：是货币资金对账记录的主要工具，编制目的在于检查医院账目与银行账目的差异，及时发现未达款项或者人为差错，查明原因并处理，保证银行存款账户余额准确，降低舞弊风险，保证医院货币资金安全。

案例讨论

【案例】X医院是省级三甲医院，20XX年9月30日单位银行存款账面余额为2,264,916.12元，银行对账单余额为2,608,778.57元，医院银行存款账面余额和银行对账单存在差异343,862.45元。为了及时发现未达款项，尽快找出差异，医院会计每月制作银行存款余额调节表（表4-3），快速定位，找出差异原因，保证银行存款账户余额准确。

表4-3　银行存款余额调节表

银行账号：X医院　　　　自20XX年9月1日至9月30日　　　　单位：元

银行对账单余额					调整后	银行存款面余额					调整后
余额		2,608,778.57			2,616,467.88	余额		2,264,916.12		存款余额	2,616,467.88
20XX年		凭证号	摘要	加：单位已收银行未收的款项	减：单位已付银行未付的款项	20XX年		凭证号	摘要	加：银行已收单位未收的款项	减：银行已付单位未付的款项
月	日					月	日				
9	30		电汇手续费		9.00	9	27		B单位汇来体检费	142,635.15	
9	30		Z公司支付宝交体检费	2,455.60		9	28		A单位汇来体检费	175,967.50	
9	30		Y实习生微信交实习费	5,242.71		9	28		银行代扣电话费		2,744.60
						9	29		手续费		10.00
						9	30		现金缴存	10,000.00	
						9	30		银行利息	23,000.00	
						9	30		C公司汇来体检费	2,703.71	
			合计	7,698.31	9.00				合计	354,306.36	2,754.60

复核：　　　　制表：　　　　20XX年10月12日

【讨论】从表4-3可以看出，X医院银行存款账面余额和银行对账单存在差异是由多笔未达款项组成，例如多家单位在月末汇来体检费，银行已入账，但X医院由于未收到银行回单尚未入账；银行已代扣电话费，但X医院未收到银行回单或者经办人未及时报销导致差异产生等。因此，X医院9月30日银行存款账面余额2,264,916.12元，应加上银行已收单位未收款项合计金额354,306.36元，减去银行已付单位未付款项合计金额2,754.60元，调整后银行存款余额为2,616,467.88元。银行对账单9月30日余额为2,608,778.57元，应加上单位已收银行未收款项合计7,698.31元，减去单位已付银行未付款项合计9.00元，调整后银行存款余额为2,616,467.88元。通过编制银行余额调节表，医院银行存款账面余额和银行对账单保持一致，保证了X医院银行存款账户余额的准确性。

（二）应收账款管理

1. 应收账款的概念 医院在开展医疗业务活动以及其他活动过程中会形成各类债权，包括应收账款、财政应返还额度、应收票据、其他应收款等。在医院管理中，应收账款在医院各类应收款项中占比最重，按照重要性原则，重点介绍应收账款管理。

应收账款是指医院因提供医疗服务、治疗用药等医疗业务活动而产生的应收款项。包括：应收在院患者医疗款，指医院因提供医疗服务而应向在院患者收取的医疗款项；应收医疗款，指医院因提供医疗服务而向门诊患者、出院患者、医疗保险机构等收取的医疗款项；应收其他医疗款，指医疗机构之间提供医疗服务而向提供服务方支付的合作医疗款项。

2. 应收账款管理的目的 加强医院应收账款管理是保障医院货币资金稳定的重要措施。及时结算应收账款，可降低坏账风险，加速资金回笼，支撑医院良好运营和健康发展。

3. 应收账款管理的内容 应收账款管理需医院各部门协同运作，协力形成闭环应收账款监管体系。

（1）健全应收账款管理制度：制定和完善应收账款管理、内部控制、责任监督等各项管理制度，明确应收账款管理岗位职责，增强部门间协调，在发生额核对、结算核销、拒付登记、未达账项、统计分析等环节，建立“发现问题有人问、解决问题有人管、责任追究有落实”的管控制度，形成管和控的有效结合。

（2）优化应收账款管理流程：应收账款管理贯穿于提供医疗服务的各个环节。在多元化医保支付方式体系下，医保付费方式和临床行为更加紧密，医院应注重业财融合，加强对临床科室的医保政策宣教，引导临床科室规范行为，减少稽核扣款的发生，提高应收医保款项的结算率。例如单病种付费方式下，医院应根据单病种的资源消耗情况，细化每个单病种的临床路径，通过规范化的诊疗与收费，将医院已实际垫支的资金“尽早申报，尽快回款，全额结算”，降低因应收账款无法收回而带来的资金占用成本。

（3）重点加强医保经费管理：医保经费在医院应收账款中占比最高，医院应重点关注医保患者应收账款的管理。

1）多元医保支付方式精细化管理：随着医疗卫生体制改革进入深水区，我国的医保支付方式改革正在加速推进，按项目付费、按人头或床日付费、按区域点数法总额预算、按病种分值付费（DIP）、按疾病诊断相关分组（DRG）付费等多元医保支付方式（即医疗费用结算方式）并存，面对复杂多变的结算方式，医院需根据不同结算方式的特点，建立分类、分级的应收账款细化管理方案。

总额预付制下，医院不仅需要准确核算总额预付款的收入及使用情况，而且需要定期对总额预付款与相应的实际发生的医疗费用进行收支情况分析，见图4-1。

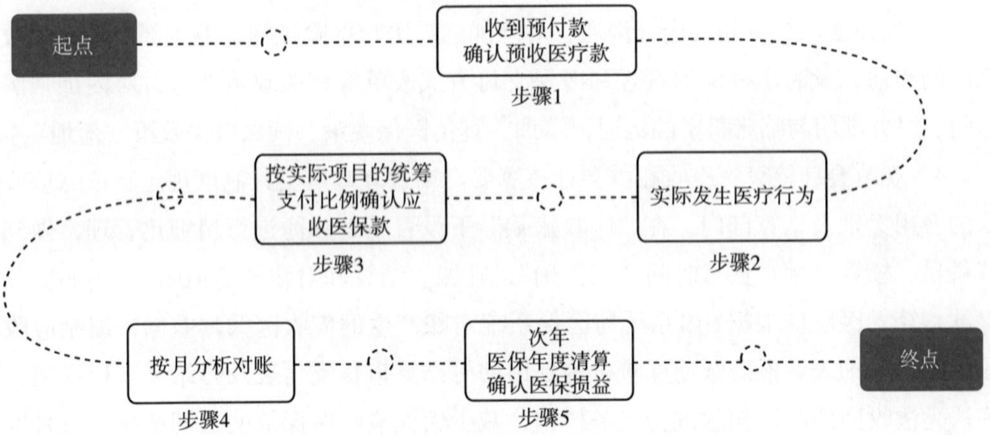

图4-1　总额预付制下应收医保款核算与管理

按病种付费和按疾病组付费制下，医院应准确核算病种、疾病组的收入情况，并将病种或疾病组的盈亏情况及时反馈给临床科室，引导科室规范医疗行为，以提高医保经费结算率。见图4-2。

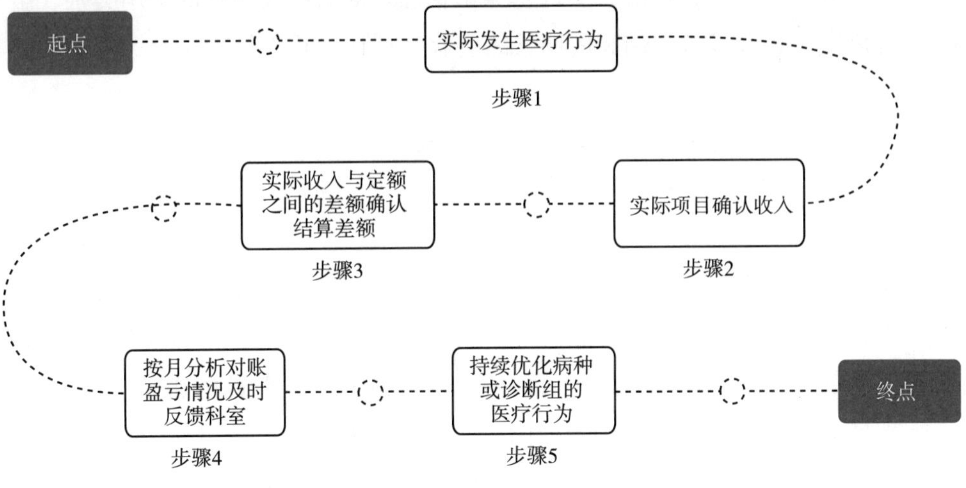

图4-2　按病种付费和按疾病组付费制下应收医保款核算与管理

2）完善应收账款的对账机制：建立医院内部定期对账机制。医院财务部门应每月按明细科目和辅助科目对应收账款发生额、结算额进行核对，对出现的数据差异及时查找原因，并采取应对措施。

医疗保险机构明确拒付的款项以及年终决算情况，归口部门应及时通知财务部门进行相应账务处理，保证应收账款的准确性。财务部门应树立风险意识，对应收未收的款项，及时与医保部门沟通并向有关负责人报告，降低医保结算滞后风险。

健全医院归口部门与医疗保险机构定期结账、对账的管理机制。

3）加强医保结算相关内外沟通：对外加强与医疗保险机构、卫生部门等有关政府部门的沟通，及时掌握医保管理和医保支付方式改革等相关政策动态；对内加强医保部门、财务部门与临床科室的沟通，培训、宣传医保政策，确保医保政策“落地”。

4）规范会计核算：应收账款会计核算要严格遵守政府会计制度规定，依据应收账款的费用类别及结算部门，在“应收账款”下设置辅助账簿进行精细化管理，做到核算科目、核算金额、核算时间“三正确”，挂账、结算和对账“三清晰”。例如应收医保款核算，医院应根据HIS系统与医保系统对账产生的应收医保款差额，编制应收医保款差额明细表。根据医疗保险机构反馈的月结算审核支付表及月结算审核说明，对确认无法收回的医保扣款进行账务核销，减少大额应收医保款的长期挂账。按月度或季度形成应收医保款分析报告，与医保等部门共享，为医保经费管理、科室绩效考核等提供数据支撑。

4. 应收账款管理工具

（1）账龄分析法是指按应收账款拖欠时间的长短，分析判断可收回金额和坏账的方法。一般应收账款账龄越长，坏账损失发生的可能性越大。

首先，分析应收账款账龄，实行差异化管理。依据应收账款的费用类别、金额大小、结算周期，将金额大、结算周期长的应收款项作为重点管理对象，主动加强与结算部门的沟通。

其次，加强动态管理，定期清理长期挂账款项。将确认无法收回的应收医保款差额纳入清理管理。此外，至少每季度或半年度，进行一次全面的应收款项清理工作。

（2）计提坏账准备，一般可采用余额百分比法、账龄分析法、个别认定法等方法计提。累计计提的坏账准备不应超过年末应收账款和其他应收款科目余额的2%~4%。计提坏账准备的具体办法由省（自治区、直辖市）财政、主管部门确定。

对账龄超过三年，确认无法收回的应收账款和其他应收款可作为坏账损失处理。坏账损失经过清查，按照国有资产管理的有关规定报批后，在坏账准备中冲销。

案例讨论

【案例】X医院是省级三甲医院，2020年应收医保款年末余额7,546.77万元，较年初余额增加3,305.21万元，增幅77.92%，具体明细如表4-4，请对其应收医保款进行账龄分析。

表4-4　应收医保款明细表　　单位：万元

项目	2017年以前	2017年	2018年	2019年	2020年	合计	占比
省医保	0	12.20	16.99	34.06	255.01	318.26	4.22%
省异地医保	0	0	0	0	0	0	0
省干保	0	0	31.82	6.94	151.22	189.98	2.52%
市、区干保	0	0	–0.36	16.68	98.67	114.99	1.52%
市医保	125.00	358.31	352.93	851.51	5,225.13	6,912.88	91.60%
新农合	0	0.07	0.34	0	10.25	10.66	0.14%
合计	125.00	370.58	401.72	909.19	5,740.28	7,546.77	100.00%
占比	1.66%	4.91%	5.32%	12.05%	76.06%	100.00%	—

从表4-4可以看出，应收医保款中市医保累计金额最高，合计为6,912.88万元，占比91.60%，主要是2020年市医保未结算款项较多，占比75.59%；其次是省医保，累计未结算款项318.26万元，占比4.22%，其中2020年未结算款项占80.13%；省干保累计未结算款项189.98万元，占比2.52%，其中2020年未结算款项占比79.60%；市、区干保累计未结算款项114.99万元，占比1.52%，其中2020年未结算款项占比85.81%，市、区干保2018年余额为–0.36万元，经查实是医保结余奖励款项。各年度应收医保结构见图4-3。

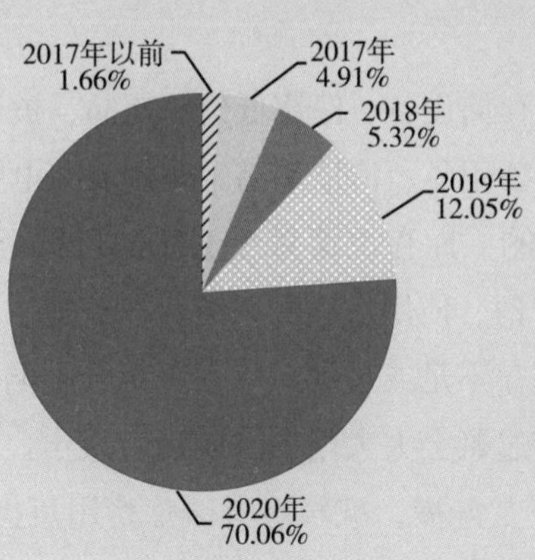

图4-3　应收医保款结构

【讨论】从表4-4和图4-2可以看出，应收医保款中2020年累计未结算款项最多，合计为5,740.28万元，占比76.06%，主要是市医保未结算款项较多，占比91.03%；其次是2017—2019年累计未结算款项1,681.49万元，占比22.28%，其中2019年累计未结算款项909.19万元，占累计未结算款项的12.05%，2018年累计未结算款项401.72万元，占累计未结算款项的5.32%，2017年累计未结算款项370.58万元，占累计未结算款项的4.91%；最后是2017年以前累计未结算款项125万元，占累计未结算款项的1.66%。所以，X医院1年以内的应收医保款占累计未结算款项的76.06%，1年以上3年以内的应收医保款占累计未结算款项的22.28%，3年以上应收医保款占累计未结算款项的1.66%，X医院应收医保款结构较为良好，但应收医保款较年初增幅较大，仍应关注医保结算款的催收力度，尤其是重点关注1年以上3年以内的应收医保款的对账和相应处理。

（三）库存物品管理

1．库存物品的概念与分类 库存物品是指医院为开展医疗服务及其辅助活动而储存的药品、卫生材料、低值易耗品和其他材料。

（1）药品：按药品性质，可分为西药、中草药、中成药；按存放地点，可分为药库药品、药房药品。

（2）卫生材料：是指医院向患者提供医疗服务过程中耗费或者植入人体的各种医疗用材料。卫生材料分类：①按不同类型，可分为血库材料、医用气体、影像材料、化验材料和其他卫生材料。②按是否收费，可分为可收费卫生材料和不可收费卫生材料，可收费卫生材料一般价值相对较高，如导丝、心脏瓣膜、支架等；不可收费耗材一般价值较低，属于在医疗服务项目实施过程中耗费的材料，如纱布、绷带、棉球、聚维酮碘（碘伏）等。

（3）低值易耗品：包括存储设备、医用低值易耗品、被服、小家电、家具等。

（4）其他材料：包括办公用品、清洁用品、印刷品、电脑耗材、五金配件等。

2．库存物品管理的目的 库存决策对于医院的运行至关重要，医院库存物品管理包括库存物品的采购、储备、使用、监测、结算、核算、评价等环节的全过程管理。库存物品管理不善会导致库存不足或过剩，库存不足会影响医院医疗活动的正常运转，危及患者的生命安全，库存过剩会大大增加医院运营成本。因此，加强库存物品管理，既能保障医疗服务活动的正常开展，减轻患者医疗费用负担，又能合理控制医院管理成本，提高医院运营管理效率。

3. 库存物品管理的内容

（1）药品管理：随着公立医院综合改革的推进，破除以药补医机制，取消药品加成（中药饮片除外）政策已全面实施，药品集中采购更是对医院药品管理提出新要求。药品关系着患者的生命安全，开展药品管理应当同时兼顾临床用药需求和药品管理成本。

从组织保障来看，医院药品管理应实行分层分级管理。①药事管理委员会是药品管理的最高决策与监督机构，负责制定医院药事管理相关工作规章制度并监督实施，推动药物相关临床诊疗指南和应用指导原则的制定与实施，建立药品遴选制度和临床评审专家库等。②药学部门是药品的实物管理部门，主要负责药品采购计划、药品验收入库、药品配置发放、药物研究与质控等，确保医院药品实物流转的顺畅与安全。③设置药品管理员岗位，其主要职责：在部门负责人领导下负责药品验收、储存、养护、出库核发工作，对入库药品特别是麻醉、精神、放射、毒性等特殊药品的质量和保管具体负责；及时向采购员反馈药品库存情况，防止库存积压或不足；随时清查药品库存，保证账物相符以及其他药品相关管理工作。

从制度保障来看，药品管理是一项系统性、专业性的综合工程，包含采购预算、采购计划、招标采购、验收入库、药品发放、药品款结算、药品盘库、财务核算等一系列活动。其中，药品财务管理的重点在于药品预算管理、会计核算和成本管理。

首先，构建完善的药品预算管理制度。将药品的预算申请、预算审核、预算执行、预算调整、预算考核等流程规范化、标准化。结合历史和现状的预估，经过与临床科室、归口管理部门的充分沟通，科学合理确定药品预算申请额度；加强药品预算执行事中监督与控制，落实库存物品预算硬执行，避免预算管理流于形式。建立超常使用预警机制，及时了解实际情况，科学合理地进行预算调整。

其次，加强药品会计核算管理。设置药品会计岗位，明确岗位职责。主要职责包括：认真审核药品购入、发出凭证，严格做好财务验收、盘点盘存工作，及时准确进行账务处理，建立相应的辅助账，做到进销存准确，债权债务明晰，药品结算及时，妥善保管药品会计核算资料。

再次，建立药品成本监督管理机制。持续跟踪、比较分析不同责任主体药品收支匹配、药品成本变动、药品收入占比等情况，一旦发现异动及时与责任主体沟通、查找原因，制订应对方案。

（2）卫生材料管理：随着临床医学、材料科学、工程学的不断发展，卫生材料的品种规格越来越多，应用范围也越来越广。加强卫生材料管理是医疗质量与安全的重要保障，有助于合理控制患者次均费用，减轻患者经济负担。此外，随着医用耗材“零差率”政策实施，医院卫生材料成本控制，尤其是不可收费卫生材料成本的管控愈发迫切。

从组织保障来看，医院卫生材料管理也应实行分层分级管理。①根据《医疗机构医用耗材管理办法（试行）》要求，二级以上医院应当设立医用耗材管理委员会，其他医疗机构应当成立医用耗材管理组。主要职责包括：制定医院医用耗材管理规章制度，并监督实施；建立医用耗材遴选制度、医用耗材临床应用指导原则；分析评估医用耗材使用不良反应、医用耗材质量安全事件，并提供咨询与指导；监督、指导临床规范化使用医用耗材。②设置采购供应办公室，负责卫生材料实物管理工作，包括采购计划、验收入库、领用发放、日常管理与盘点等。③设置卫生材料库管员岗位，其职责主要包括：按规定负责卫生材料的验收、入库、保管、发放工作；每月进行盘点，做到账卡相符、卡物相符；根据临床需求做好供需计划等。

从制度保障来看，医院卫生材料管理应建立包含采购预算、采购计划、招标采购、验收入库、领用、结款、日常管理与盘库、财务管理等一系列活动的闭环管理制度，充分发挥预算管理、会计核算和成本管理功能。将医院责任主体的卫生材料收入占比、高值耗材收入占比、床日卫生材料成本、百元医疗收入（不含药品）消耗卫生材料成本等指标与卫生材料管理联动，并纳入绩效考核。对于不可收费的卫生材料，应将管理重点放在成本控制上。例如，根据医院历史数据，预测不可收费耗材的定额管理标准，并将各责任主体的成本控制结果与绩效考核相结合，持续跟踪和评价不可收费卫生材料成本控制效果，提高全院、全员成本控制意识，推动医院库存物品管理效率和效果提升。

（3）其他库存物品管理：主要是指对低值易耗品和其他材料的管理。其他库存物品具有价值低、品种多、数量大的特点，通常可采用定额管理、目标成本管理方法，在充分调查研究的基础上，通过统计、测定或计算等方法找出实际消耗的规律，从而精细化确定其他库存物品的消耗定额、供应定额和储备定额。明确低值易耗品和其他材料归口管理部门职能，并制订相关成本管控方案和绩效考核方案。

4．库存物品管理工具

（1）经济订货量：医院在保证医疗服务活动正常开展的前提下，从耗费成本（存储成本和订货成本）最小的目标出发，确定每批材料采购数量或产品投产数量。

医院库存物品经济订货量的确定需要满足以下假设条件：①医院能够及时补充存货，即订货时即可立即取得存货。②能够集中到货，而不是陆续到货。③不允许缺货，即无缺货成本。④需求量稳定，而且能够预测。⑤存货单位价格不变，不考虑现金折让。⑥单位变动订货成本不变。⑦单位变动存储成本不变。⑧医院现金充足，不会因为现金短缺而影响进货。

假设存货年耗用量为D，每次订货的变动成本为M，全年订货次数为K，每年订货量为Q，存货的年平均单位变动存储成本为N，年平均存储量为P，则：

$$订货的变动成本\ TC_1=M\times K=M\times D/Q$$

$$订货的变动存储成本TC_2=N\times P=N\times Q/2$$
$$存货的年度相关总成本=TC_1+TC_2$$

当存货存储成本与订货成本相等时，总成本最低，此时的订货量为经济订货量，则：

$$经济订货量=\sqrt{\frac{2\times D\times M}{N}}$$

假定某医院每年某药品消耗量D为400,000件，每次订货的变动成本M为10元，单位存储成本N为2元/年，则最佳订货量为2,000件。

除了经济订货量方法外，有关库存物品订货管理的方法还有定期订货法、定量订货法等。

（2）ABC分类管理：又称“帕累托分类法”，其核心思想是将决定一个事物的众多因素分清主次，识别出少数的但对事物起到决定作用的关键因素和多数的但对事物影响极小的次要因素，将其划分为A、B、C三类，分别采取重点、一般、次要等不同方式管理，具体做法如下。

A类品种少、占用资金大。对此类库存物品进行重点控制，从计划、采购到入库、出库，设置专人层层把关，力争做到零库存。一般情况下，其库存量占库存物品总量控制在5%~15%，库存金额占库存物品总金额控制在60%~80%。

B类品种和占用资金介于A类和C类之间。对这类库存物品可采用一般控制，使其库存量占库存物品总量比重控制在20%~30%，库存金额占库存物品总金额控制在20%~30%。

C类品种多、占用资金少。这类库存物品品种较多，而单价较低，可根据医院临床用量制订最低库存量。一般情况下，其库存量占库存物品总量控制在60%~80%，库存金额占库存物品总金额控制在5%~15%。

在实际工作中，对各类库存物品的管理，可参照以下方法，见表4-5。

表4-5　医院库存物品ABC分类管理法

管理方法	A类	B类	C类
控制程度	严格控制	一般控制	总额控制
定额控制法	详细计算	根据过去记录	低了就进货
储备情况记录	详细记录	有记录	不做逐一记录
库存监督方法	经常检查	定期检查	较少检查
保险储备量	较少	较多	灵活

（3）二级库管理医院卫生材料种类繁多，库存和使用管理较为复杂，医院通常会设置一级库、二级库实施分级动态管理。一级库的功能主要是对各种耗材的入、存、出管理，即验收入库、统一存放保管。然而，实际工作中一级库的出库数据通常只能反映医院卫生材料的总领用情况，难以对各科室的领用、消耗、盘点、清查进行全程跟踪，导致医院卫生材料管理出现真空地带，科室卫生材料全流程管理无据可循。而卫生材料的二级库管理，正是为了加强医院、科室两个层级的卫生材料管理精细化程度而产生的细化管理方法。通过二级库管理，医院能够跟踪到每个患者的卫生材料消耗情况，有助于避免浪费和控制成本，减轻患者负担。

（4）供应加工配送（supply processing distribution，SPD）管理：供应加工配送管理是将企业供应链管理思想贯穿到医疗物资管理活动中，以临床需求为导向，以质量管理为保障，以流程优化为核心，通过信息化技术手段和智能设施设备让医院卫生材料在供应、分拣、配送等各个环节，在公司、医院、科室、患者之间形成精细化、全流程延伸供应链的医疗物资管理模式。

与传统采购模式相比，SPD管理模式主要优势：①通过专业化分工，将计划采购、库存管理、包装及配送发放等物流相关业务委托给专业的第三方来进行托管，保障医用卫生材料供应及时、安全。②以物流信息技术为支撑，实现每个耗材一物一码，全过程跟踪追溯，建设卫生材料集中配送中心，SPD服务商负责实施卫生材料库存定量管理，及时了解临床消耗，主动补货。③通过优化卫生材料管理信息系统、SPD服务商驻派服务人员等方法，减少临床和管理人员重复劳动。④最大程度实现卫生材料零库存管理，医院根据卫生材料实际消耗与第三方进行结算，即先消耗后结算，能显著降低卫生材料的管理成本和损耗成本，提高医院整体运营效率。总之，医院引入SPD管理模式，有利于持续优化卫生材料供应链管理流程，有利于实现卫生材料的全过程管控，有利于推进卫生材料“业务流、实物流、数据流”的三流统一。

二、医院固定资产管理

（一）固定资产的概念与分类

固定资产是指使用年限在一年以上、单位价值在规定限额以上、并在使用过程中基本保持原有物质形态的资产。一般具有如下特征：①周转速度慢。固定资产使用期限长，使用过程中难以改变用途，通常要数年甚至数十年才完成一次循环周期。②价值补偿与实物更新相分离。固定资产购建时需要支付大量资金，而价值补偿却是按照使用年限和损耗程度逐步转移到医疗服务成果中。

医院固定资产种类繁多，为加强管理应当按照不同标准，对其进行科学、合理、准确地分类。

1. 按实物形态分类　可分为房屋及构筑物、专用设备、通用设备、其他固定资产四类。

（1）房屋及构筑物：医院拥有占有权和使用权的房屋构筑物及其附属设施。其中房屋包括门急诊、住院、医技科室等医疗业务用房，发热门诊、隔离病房等医疗防疫用房，以及库房、职工食堂、锅炉房等辅助用房；构筑物指人员不直接在其内进行工作或生活的建筑，包括围墙、道路、停车场等；附属设施包括电梯、线路、管道等。

（2）专用设备：医院根据业务工作的实际需要配备的具有专门性能和用途的设备，包括病床、实验诊断设备、医学影像检查设备、手术设备、急救设备、消毒灭菌设备等。

（3）通用设备：医院用于业务工作的通用性设备，包括电脑、打印机、家具、交通工具等。

（4）其他固定资产：不属于以上各类的固定资产，包括图书等。

2. 按是否产生收益分类

（1）收益性固定资产：直接服务于医疗业务活动的固定资产，包括业务用房、医疗设备等。

（2）非收益型固定资产：不直接服务于医疗业务活动的固定资产，包括食堂以及丰富职工业余活动所占用的房屋、设备等。

3. 按自身管理需求分类　医院根据自身的管理需求可以对固定资产开展包括使用年限、使用情况、产权归属、集团院区归属等在内的多维度分类，以满足医院不同角度的统计分析和管理决策需求。

（二）固定资产管理目的

随着现代医学技术的飞速发展和社会经济发展水平的不断提升，人民群众对就诊的环境、流程、技术和诊疗手段的要求越来越高。国家出台了一系列法规和指导性文件，为公立医院的固定资产规范化管理提供了政策依据。除了外部政策要求，固定资产管理同样要满足医院内部的临床业务需求以及政府会计制度、成本核算规范、预算控制、采购控制、合同控制等财务管理要求。

固定资产作为医院开展医疗服务活动的重要载体，是影响医疗服务质量和服务效率的重要因素。其管理目的是实现医院各级各类固定资产的“配置合理、运行有效、保障有力、处置规范、信息全面、管理智能”。具体来说，就是做好新增固定资产的购置论证、发挥存量固定资产的效率效益、保障现有固定资产维护保养、规范固定资产处置流程、全方位完善固定资产运行数据以及积极探索固定资产管理的新技术应用和智能化发展。

（三）固定资产管理工具

1. 关键绩效指标法 是指基于战略管理目标，通过建立关键绩效指标（KPI）体系，将固定资产的效率、效益等指标与医院战略规划目标有效联系，并据此开展固定资产绩效评价的方法。

固定资产关键绩效指标一般分为动因类和结果类两类指标。动因类指标是反映固定资产价值驱动因素的指标，包括衡量资产安全性与完整性的指标，评价固定资产效率的指标；结果类指标是反映固定资产创造价值的指标，包括投资回收期、投入产出率、收益率等，详见表4-6。

表4-6 固定资产关键绩效指标举例

类型	目标	关键绩效指标
动因类指标	衡量固定资产安全与完整	资产账实相符率
		固定资产净值率
	评价固定资产效率	设备开机时长
		万元固定资产平均服务量
		每平方米房屋平均服务量
		房屋、设备闲置率
		患者检查平均等待时长
		患者满意度
结果类指标	评价固定资产效益	百元固定资产医疗收入
		投资回收期
		固定资产投入产出率
		固定资产收益率
		出租出借收益率
		对外投资收益率

2. 投资回收期 是指自投资方案实施起，直到收回初始投入资本所需的时间。其基本原理是通过对固定资产投资总额和预计现金流入量之间关系的计算，确定需要多少时间可以将初始投资资本全部收回；然后再比较固定资产投资方案的投资回收期的长短，来确定最佳固定资产投资项目和方案。一般情况下，投资回收期越短，投资的经济效益越好，项目较佳；反之则经济效益较差。计算公式：

$$投资回收期=\frac{初始投资额}{每年净现金流量}$$

表4-7是医院拟购置一台CT设备的两个方案。B型号CT设备的投资回收期最短，能最快收回投资，所以购置B型号CT设备是最优方案。

表4-7　购置CT设备方案

项目	初始投资额/万元	每年净现金流量/万元	投资回收期/年
A型号CT	1,200	280	4.29
B型号CT	800	220	3.64

医院采用投资回收期方法对固定资产投资方案进行决策，可以促进加快医院资金周转速度，有效降低投资风险；但存在没有考虑时间价值、没有考虑回收期后的现金流量等缺点，可结合净现值法、内部报酬率法等工具，扬长避短，保障医院固定资产决策的正确性。

3. 固定资产全生命周期　固定资产全生命周期管理是借鉴生命周期理论，并加以延伸和扩充，从固定资产的预算配置、立项论证、招标采购、合同管理、验收入库、建卡建账、使用管理、巡检维护、报废处置、清查盘点、绩效评价整个过程，进行信息记录和跟踪，形成闭环管理，实时反映医院固定资产的运行状态。

固定资产全生命周期管理有以下两个特征：一是重视事前控制。传统管理是以事后控制为核心，在发现问题后再分析和提出对策改进。固定资产生命周期管理则以固定资产的配置和论证环节为首要把控点，力争从源头优化资源配置，提前预见和规避可能产生的问题。二是重视全过程管理。传统管理往往因为部门间的信息壁垒，降低了固定资产管理效率。固定资产生命周期管理则关注全环节、全流程的管理。通过掌握各个周期的特点制订不同的管理措施，达到延长生命周期，实现固定资产生命效用最大化的目的。

（1）资产配置：资产配置是医院固定资产管理的起点，能有效从源头优化医院资源配置方向，降低固定资产的采购成本，避免浪费资金。医院资产配置应遵循“依法配置、符合预算、保障需要、科学合理、优化结构、勤俭节约、从严控制”的原则。资产配置基本流程：在预算年度内，各科室向归口管理部门申报当年的需求计划；归口部门根据年度医院资源配置重点和科室实际现状，审核各科报送的固定资产需求计划，并根据轻重缓急给予排序；预算管理委员会根据医院总体预算情况确定固定资产经费的预算额度；归口管理部门根据预算额度和轻重缓急排序等，拟定固定资产年度购置清单，经相关流程审批同意交由相关部门开展采购流程。

资产配置流程的主要风险点：一是超标准配置资产，造成不必要浪费；二是资产配置不合理、不均衡，影响到医疗业务运行。医院应结合自身发展战略，做好固定资产摸底清查工作，并在此基础上不断优化资源配置，避免固定资产配置风险的发生。

（2）立项论证：立项论证是医院固定资产投资决策的重要内容。医院可采用PEST、SWOT等管理工具，剖析医院固定资产投资的内外部环境，以保证固定资产购置项目既符合国家法律法规和相关政策，又符合医疗工作的实际需要和医院高质量发展需求。立项论证基本流程：申购科室对固定资产的应用、市场、配置、人员场地、效益等进行详细分析论证后，提出采购申请，申请内容应包括说明学科和临床应用必须理由、描述设备的市场现状、提供具体的配置单及功能需求、是否满足固定资产使用条件以及效益分析等；固定资产管理领导小组对经审核的固定资产购置申请采用无记名方式投票，生成评审结果并上报组织决策。

（3）招标采购：招标采购是固定资产形成期的重要环节之一。已立项项目的申请应该根据政府采购及非政府采购相关规定，由招标采购部门牵头，财务、纪委、审计等部门共同参与，按照规定的采购方式制订对应的招标文书。根据采购方式确定对应的评标方式，决定最终中标单位。超预算的采购需重新办理资产配置和立项论证流程。

廉政风险是招标采购风险点的重中之重，招标采购必须全程有纪委或审计部门人员参与。

（4）交付验收：交付验收主要从规范验收程序方面来改进管理。供应商按合同进度提交交付验收申请，购置较高价值的固定资产，必须由科室、归口职能部门、供应商等当面验收，检查固定资产是否完整，核对零配件与厂家配置是否相符等，如无问题，方可进行安装调试，试用正常则设备验收合格。单位相关部门及负责人按流程对验收申请进行审批。

（5）建卡建账：资产归口部门根据交付验收情况，办理资产入库手续编制并打印固定资产卡片，用以记录固定资产从进入医院开始到退出医院的整个生命周期所发生的全部情况。财务部门根据归口部门提交的交付验收申请或验收申请汇总表，设置总账和明细账，并办理固定资产财务入账手续。

（6）使用评价：固定资产使用评价是固定资产正常运转、防止盲目建设或申购、降低医疗成本的重要手段。医院应结合具体实际逐步建立和完善固定资产成本与效益分析体系，设置绩效考核指标，确定评价标准，并加大考核结果运用，用绩效评价工具指导医院科学投资、用好资产，提高固定资产使用综合效益。

（7）维修维护：维修维护是保证固定资产在运行过程中保持良好的状态，延长固定资产的使用寿命的重要环节。具体包括固定资产的巡检、维修、保养等。医疗设备在医院固定资产中占比较大，由于医疗设备各个组成部分的耐用程度不同，往往会发生局部损坏现象。为保证医疗设备的正常运转，医院应建立定期检测与维护机制，做好维修台账记录，摸清设备实际使用状态，保证医疗设备能够充分发挥其使用效能。

（8）清查盘点：清查盘点是医院摸清资产“家底”的重要方法。医院应当按规定定期对资产进行盘点、对账，对于盘点中发现的盘盈、盘亏问题，相关科室和归口管理部门应查明原因，写出书面报告，报送相关领导批准后，按照财务、会计和资产管理制度有关规定处理。

（9）报废处置：报废处置是固定资产生命周期的终点。处置方式包括转让、置换、捐赠、报损、报废以及货币性资产损失核销等。处置流程包括使用科室申请、组织专家技术鉴定、国有资产领导小组签署审核意见、单位向上级主管部门申报、卫生主管部门审核、财政主管部门审批、第三方评估备案、处置资产、收入上缴、固定资产账面核销、立卷归档处置资产全流程记录。

（三）固定资产管理的组织保障

医院固定资产管理应建立由统一领导、综合管理和归口管理相结合、分级负责、责任到人的管理体制。

1. 医院固定资产管理领导小组对全院固定资产实施统一监督管理，其主要职责：贯彻执行医院固定资产管理相关的政策法规，制定医院固定资产管理制度，并组织实施与监督；对固定资产的购建、配置、处置等重大事项作出决策；监督、检查固定资产的管理、维护和使用情况；负责组织医院固定资产的评估、清查盘点；接受上级主管部门的监督、指导并向其报告有关固定资产管理工作。

2. 医院资产部门对固定资产开展综合管理，对医院固定资产实施管理和监督，负责制定具体的固定资产业务管理规范、标准及有关制度；负责编制医院固定资产目录；负责固定资产明细分类账、定期核对固定资产账目；负责履行医院固定资产处置审批手续并向主管部门申报；负责医院固定资产信息统计、报告的编制与报送；组织对医院固定资产进行量化考核和综合评价。

3. 归口管理部门对其分管的固定资产类别开展具体业务管理。

（1）基建、后勤、采供部门根据分工负责房屋及构筑物、土地、空调、电梯、车辆等通用设备，病床等部分专用设备，家具用具及装具的管理，参与管理范围内固定资产购置的可行性论证及招标、采购活动；负责办理固定资产验收、发放、编码、调拨、报废等手续，进行配置、使用、维护跟踪、清查、处置等全生命周期的实物管理；负责配备规范管理程序，建立完整的固定资产档案；负责检查、指导使用科室的固定资产管理情况。

（2）医学工程部门负责直接用于诊察、治疗、教学、科研的医疗设备的管理，负责拟定大型医疗设备的购置计划、可行性论证、招标、采购等工作；负责办理资产采购、验收、发放、编码、调拨、报废等手续，进行配置、使用、维护跟踪、清查、处置等实物管理；负责建立大型贵重仪器设备技术档案，详细记载从设备购入、安装之日起有关使用、维修、故障、移位及使用效率记录等；负责制定设备操作规程，完善设备使用情况报告制度；负责检查、指导使用科室的固定资产管理情况。

（3）信息部门负责计算机、打印机、交换机、服务器等通用设备的管理，参与管理范围内固定资产购置的可行性论证及招标、采购活动；负责办理固定资产采购、验收、发放、编码、调拨、报废等手续；负责进行配置、使用、维修、盘点、处置等实物管理；负责检查、指导使用科室的固定资产管理情况。

（4）图书馆负责建立图书资料明细账和资产卡片登记，加强实物管理。

4. 固定资产使用科室负责对其占有、使用的资产实施日常管理，其主要职责：严格执行医院的资产管理制度，按照制度要求管理和使用本科室固定资产；负责本科室固定资产使用管理，建立贵重仪器设备使用档案；掌握固定资产存量、增减变动、使用情况；协助资产部门对本科室的固定资产进行清查、登记、统计、汇总及日常监督检查工作；保管、养护固定资产，确保资产的使用寿命和使用效率；做好固定资产防火、防潮、防盗等安全防护工作；维护固定资产条码管理；提出固定资产处置申请，协助资产部门按规定程序办理资产处置手续和做好其他相关工作。

5. 财务部门负责医院固定资产预算管理、会计核算、成本核算相关工作，定期核对固定资产明细分类账，确保账账相符。

三、医院无形资产管理

（一）无形资产概念与分类

无形资产是指医院占有使用的没有实物形态的可辨认非货币性资产。医院无形资产可以分为专利权、著作权、商誉、专有技术、医院购入的不构成相关硬件不可缺少组成部分的应用软件及其他财产权利。

1. 专利权 是经国家专利机关审定、依法授予发明者在一定年限内，对其创造使用和转让的权利。专利权具有效益性，专利权给医院带来收益主要表现在医疗质量提高，竞争能力增强，患者增加，效益增加，以及获得专利转让费收入等。

2. 著作权 是指各种著作或艺术作品的作者对作品所拥有的知识产权。根据《中华人民共和国著作权法》，中国公民、法人和非法人单位的作品，不论是否发表，均有著作权，受到国家法律保护。

3. 商誉 是指医院由于医疗服务质量高、信誉较好而获得了患者的信任；或由于经营管理有方，经济效益显著；或由于历史悠久，积累了丰富的从业经验；或由于技术先进，掌握了医疗核心技术等原因，而形成的一种无形价值。

4. 专有技术　是指医院在组织医疗活动或其他活动过程中取得的有关医疗、经营和管理等方面的知识经验和技巧。医院的专有技术范围较为广泛，涵盖了临床、护理、医技等各个部门，是属于每个医院的特色医疗服务。

5. 构成相关硬件不可缺少组成部分的软件　属于无形资产。如医院购买的医院信息系统（HIS）、实验室信息系统（LIS）、影像存储与传输系统（PACS）等软件。

6. 其他财产权利　如医疗科研成果转化，也是无形资产的重要组成部分。创新医疗科学技术，加速临床科技成果转化，推动提高我国人民群众健康水平是我国当前的重要任务之一。

（二）无形资产管理

长期以来，由于无形资产没有实物形态，医院管理者普遍存在着"关注有形资产，忽视无形资产"的问题。无论是体现在财务报表内的信息软件专利，还是游离在财务报表之外的商誉、学科与人才资产等，都是医院资产管理的重点。

1. 加强无形资产观念，充分认识其作用　医院具有知识密集型和技术密集型的特点，拥有许多自行创造的无形资产。无形资产虽然不具有实物形态，但都是客观存在的权利，特别在转让或投资时，其价值就会得到确认和实现。因此，要转变观念，提高对无形资产的认识，充分认识无形资产虽然无形，但却具有实实在在的价值。

2. 强化无形资产保护意识　医院应当充分利用有关法律、法规，加强对医院拥有无形资产的保护，管好、用好无形资产。

3. 正确反映无形资产的价值　将无形资产单独计价，正确核定无形资产的价值或成本，规定无形资产的摊销方法和摊销期限。

4. 重视无形资产的投资　要积极创新和积累医院的无形资产，积极引进新技术，提高科技含量，增强竞争力，树立良好的医院形象，满足人民健康需求。

四、医院国有资产管理报告

（一）报告目的

公立医院国有资产报告是我国国有资产管理改革与政府信息公开的数据基础，能够帮助摸清我国国有资产的"家底"。但是，摸清"家底"不是目的，管好、用好国有资产，积极发挥效率效益，使其能更好地服务于人民，服务于国家，才是公立医院国有资产管理的核心。

编制国有资产管理报告旨在通过建立公立医院国有资产基础数据库，提高国有资产和预算数据质量，全面、真实地反映当前公立医院国有资产的运营和管理状况，并在现状分析的基础上，查找存在问题，坚持以问题为导向，找出解决问题的创新举措和下一步工作计划，让公立医院的国有资产管理“明明白白”。

（二）报告内容

医院国有资产报告的主要内容包括以下方面。

1. 单位基本情况　主要介绍医院性质、财务隶属关系、资产管理部门设置情况、执行财务会计制度情况、单位人员情况、预算收支情况等基本情况。

2. 资产情况分析

（1）分析本医院资产总量、变动、构成情况资产总量情况：应包含流动资产、固定资产、无形资产、在建工程等所有资产，可根据管理需求运用折线图等方式，开展医院纵向同比与环比分析、与标杆医院之间的横向对比分析。资产变动情况应包含总资产、流动资产、固定资产、无形资产、在建工程等各类资产占用的变动情况，采用增减率等指标进行评价，并分析变动的影响因素。资产构成情况应根据不同的资产分类开展结构占比分析，并针对重要构成资产开展专题精细化分析。

以上分析可以采用饼图、柱状图、条形图、折线图、趋势图、面积图、雷达图等多种可视化图表进行展示。

（2）分析本单位资产的配置、使用、处置、收益等情况：资产配置情况应包含当年配置固定资产和无形资产情况；资产使用情况应包含当年自用资产、出租出借资产及对外投资情况；资产收益情况应包含利用国有资产对外投资、出租出借或处置国有资产取得的收益情况。

（3）分析本单位重点资产情况：重点资产包括土地、房屋、车辆、在建工程等资产的存量、配置、使用、处置情况。应对有土地证的土地面积占土地总面积比、有房产证的房屋面积占房屋总面积比、车改保留车辆占车辆实有数量比、已投入使用6个月以上未转入固定资产的在建工程价值占在建工程总价值比等主要指标分析。

3. 资产管理效益效率分析　包括医院资产配置效率和使用效益、资产存量盘活和共享共用情况、资产保值增值情况等。其中，资产配置效率分析应包含万元固定资产平均服务量、每平方米房屋平均服务量、患者检查平均等待时长、设备开机时长等主要指标分析；资产使用效益应综合考虑社会效益和经济效益，包括投资回收期、投入产出率、出租出借相关收益率、患者满意度等主要指标分析。

4. 资产管理存在问题及原因分析　对医院资产管理各方面存在的问题进行梳理和自查，针对货币资金占比较高、已投入使用在建工程未转入固定资产、国有资产核算不全面、土地和房产权证不完整、部分资产闲置等自查问题，提出具体整改措施。

5. 加强资产管理的建议　提出加强和改进国有资产管理体制、工作机制、管理方式、信息化建设、资产绩效、资产报表体系等方面的工作思路和措施。

6. 其他需要报告的重要事项　对本单位财产损失、权属不清晰的重要资产情况以及其他重要事项进行详细分析说明。

本章小结

本章阐述了医院国有资产管理在我国医疗卫生健康事业发展中的重要地位和作用，并结合当前党中央和国家关于医院国有资产管理的政策、法规，以“加强监管、改革引领、提高效率、保值增值”为管理目标，分别阐述流动资产、固定资产、无形资产的概念及分类，明确医院国有资产管理目标，积极运用国有资产管理工具，发挥医院国有资产的使用效能，促进实现医院国有资产的社会效益、经济效益以及医院国有资产治理水平和治理能力的全面提升。

（贲　慧　姚晶晶）

第五章　医院投资活动管理

学习目标

1. 掌握　医院投资活动管理的概念、作用与分类。

2. 熟悉　全生命周期医院对外投资活动管理流程；医院投资活动风险识别和控制方法；医院投资活动评价报告。

3. 了解　医院投资活动管理的政策背景和主要内容。

第一节　医院投资活动管理概述

一、医院投资活动管理的概念与作用

（一）医院投资活动管理的概念

医院投资活动是指医院在保证单位正常运转和事业发展的前提下，利用货币资金、实物资产和无形资产等从事医疗或相关产业的投资行为。

医院投资活动管理是指医院采用科学的方法、工具和手段对自身的投资活动进行有效的计划、组织、实施和评价，包括制定管理制度、梳理管理流程、控制投资风险、考评投资效果等。公立医院投资活动管理应遵循权属清晰、权责分明、注重效益、跟踪管理、风险控制和效果评价原则，保证国有资产安全完整、保值增值。

（二）医院投资活动管理的作用

投资活动管理是医院运营管理的组成部分，随着“健康中国”战略规划的实施，医院高质量发展，现代医院管理制度和内部精细化管理的逐步落实，投资活动管理对医院运营和发展具有重要意义。

1. 保证医院投资活动过程合法合规　医院通过严格执行相关法律法规要求，构建

医院投资活动管理组织体系，建立健全投资活动管理制度，明确医院投资活动职责分工等管理举措，为医院投资活动全过程合法合规、安全有序提供制度保障。

2. 实现医院投资活动结果的经济效益、社会效益有机统一　通过加强投资活动管理，科学决策、有效实施投资项目和投资方案，既能盘活医院资产，获得经济效益，又能为坚持公立医院公益性提供坚实基础，是实现医院投资活动结果经济效益和社会效益有机统一的重要工具。

案例讨论

【案例】J公立医院是长三角地区省级三级甲等大型综合医院，因场地条件限制，目前只配置一台正电子发射计算机断层扫描（PET-CT）设备，该设备平均日服务量15~20人次，几乎满负荷运转。而该医院PET-CT检查日均需求量近35人次，患者平均预约等待时间4天。J医院通过市场调查发现，本市另有3家三级甲等公立医院配置了PET-CT设备，但服务能力也处于饱和状态，同样存在患者等待现象。仅现存的4家三级公立医院的PET-CT检查日均需求量近125人次。为缓解PET-CT检查预约等待时间长的现状，有效提高本市PET-CT检查医疗服务能力，J医院投资管理委员会经过充分的可行性论证，经由党委会集体决策同意，并上报主管部门审核审批，决定与X科技公司共同投资成立非营利性的、具有独立法人资格的医疗卫生机构——M医学影像中心。J医院以人才技术和品牌声誉作价投资，聘请专业资产评估机构进行评估，评估价值为2,000万元；X科技公司以新购PET-CT设备2,000万元、新建服务场地价值1,000万元作价投资，另聘请人员负责预约登记、咨询服务等日常工作。预测M中心每日PET-CT检查服务能力可达20人次，估算PET-CT检查项目的本量利分析数据如表5-1。

表5-1　PET-CT组套本量利分析

PET-CT组套单价/元		①	6,992.00
单位变动成本/元	卫生材料费	②	1,400.00
	其他运行费用（水电气等）		480.00
	合计		1,880.00
单位边际贡献/元		③=①-②	5,112.00

续 表

每月固定成本/万元	固定资产折旧费		27.78
	房屋建筑物折旧		1.60
	维修维护费		10.00
	人员经费		20.00
	合计	④	59.38
每月保本工作量/人次		⑤=④/③	117.00
每月预计工作量/人次		⑥	400.00
每月预计结余/万元		⑦=⑥×③-④	145.10
投资回收期/年		⑧=初始投资/预计年度结余	2.87

【讨论】在本案例中，J公立医院在实施投资活动前，开展了充分的市场调研和可行性研究，通过院内集体决策，并按规定履行申报审批手续。一方面，有效缓解了本区域内PET-CT检查服务压力，为患者提供了公平可及的医疗服务，节约了检查等待时间，提高了患者满意度；另一方面，提高了J医院医护人员的工作效率，缩短了相关患者平均住院天数，加快了床位周转率，提高了医院人、物、技术等资源利用效益和效率。对于X科技有限公司而言，与J医院的合作能够为其研究人工智能影像诊断奠定坚实的技术和数据基础，扩大其市场影响力和知名度，达到了社会效益和经济效益的双赢。

二、医院投资活动的分类

（一）按投资方向分类

1. 对外投资活动 指医院以货币资金购买国家债券或以实物、无形资产等开展的投资活动。

2. 对内投资活动 指医院购建或处置固定资产，取得或处置无形资产等活动，例如基本建设、设备购置、重大更新和改造、新医疗技术开发等。

（二）按投资期限分类

1. 短期投资活动 根据《政府会计制度》，持有时间不超过1年（含1年）的投资为短期投资，具有持有期限短、流动性强、易于变现和价值变动风险小的特点，例如3个月到期的债券投资。

2. 长期投资活动　根据《政府会计制度》，持有时间超过1年（不含1年）的投资为长期投资。长期投资按照投资对象不同又可以分为长期股权投资和长期债券投资。

（三）按出资资产分类

1. 流动资产投资活动　指医院以能在1年或者1个营业周期内变现或运用的资产作价投资的过程，通常具有回收时间短、变现能力强、数量波动大的特点，可分为货币性流动资产投资、实物性流动资产投资。

2. 固定资产投资活动　指医院支付货币或实物等资本，以获得提供医疗服务的固定资产的过程，通常具有投入金额高、投入周期长、投入风险大的特点，例如房屋及建筑物新建、更新、改扩建，医疗设备投资和其他固定资产投资等。

3. 无形资产投资活动　指医院以专利权、非专利技术、特许权、商誉等非货币性资产作价投资的过程，通常具有价值不稳定性、投资回报不确定性等特点，例如以综合品牌竞争力、学科影响力和医疗技术作价投资。

医院基本建设、设备购置等固定资产投资活动，以及重大技术改造项目和更新、新医疗技术开发、科学技术研究等无形资产投资属于对内投资活动，本教材“固定资产管理”章节已作相关说明。另外，公立医院是我国医疗服务体系的主导力量，因此本章着重阐述公立医院对外投资活动管理。

第二节　医院投资活动管理的政策体系

一、医院投资活动管理的政策背景

我国医院投资活动管理随着社会经济和科学技术的发展而不断改革与更新，医院投资活动管理政策也具有明显的政策适应性。

从我国医疗卫生健康事业发展趋势来看，无论是公立医院，还是社会资本办医疗机构，加强对其投资活动的管理是确保医院投资活动合法合规，实现医院投资活动经济效益和社会效益有机统一，保证医院资产安全完整、保值增值的重要保障。公立医院是我国医疗服务体系的主体，是全面推进“健康中国”建设的重要力量，要坚持政府主导、公益性主导原则，公立医院投资活动必然受到严格规范的管理。此外，随着我国人民群众持续增长、多样化、差异化、个性化的健康需求，国家出台了一系列政策调动社会办医的积极性，社会资本办医疗机构的投资活动也愈发活跃，对其投资活动的管理也需同步加强。

二、医院投资活动管理的政策内容

投资活动管理相关的法律法规和政策规范是医院开展投资活动的行动依据和指南。下文是有关国家对公立医院对外投资活动管理的政策要点总结。

（一）基本要求

1. 依据医院发展战略制订投资目标和规划，合理安排投资方向和结构，在保证医院正常运转和事业发展的前提下，科学合理地开展对外投资活动，重点关注投资活动的收益和风险。

2. 拟用于对外投资的国有资产权属应当清晰。严格控制货币资金对外投资，鼓励使用科技成果投资。严格控制资产负债率过高的医院开展对外投资，严格控制并购投资、境外投资，杜绝账外投资事项。

3. 主管部门在审核医院新增对外投资活动时需参考对外投资效益情况。

4. 加强对外投资形成的股权管理，重大事项坚持集体决策，确保国有资产安全完整、保值增值。

（二）资产范围限制

公立医院中，下列资产不得用于对外投资。

1. 维持事业正常发展，保证完成事业任务的资产。

2. 权属关系不明确或者存在权属纠纷的资产。

3. 财政拨款和财政拨款结余。

4. 已被设立质权或依法冻结的股权，以及《股权出资登记管理办法》规定的其他不得用作出资的股权情形。

5. 国家规定的不得用于对外投资的其他资产。

（三）投资事项与范围限制

公立医院不得从事以下对外投资事项。

1. 国家鼓励政府举办的医疗卫生机构与社会力量合作举办非营利性医疗卫生机构，不得与其他组织投资设立非独立法人资格的医疗卫生机构，不得与社会资本合作举办营利性医疗卫生机构。投资范围仅限于卫生健康服务相关领域。

2. 不得买卖期货、股票，国家另有规定的除外。

3. 不得购买企业债券、基金和其他任何形式的金融衍生品或进行任何形式的金融风险投资，国家另有规定的除外。

4．凡有银行贷款的医院，原则上不得新增货币资金投资；利用国外贷款的医院，在国外债务尚未清偿时不得利用该贷款形成的资产对外投资，国家另有规定的除外。

5．不得以任何形式进行虚假对外投资，不得抽逃注册资金。

6．其他违反法律、行政法规规定的事项。

（四）投资流程与申报要求

1．投资必须经过充分的可行性论证，医院应报相应的主管部门（举办单位）和财政部门批准。

2．医院应按照国家有关规定进行资产评估，并按评估确定的价格作为投资成本。

3．应对投资效益、收益与分配等情况进行监督管理，实现国有资产的保值增值。

严格遵守医院对外投资相关法律法规，严格执行各项管理政策，并密切关注法律法规、政策规范的调整变化，是减少或规避医院对外投资政策风险的必要条件。

第三节 医院投资活动管理实务

一、全生命周期医院投资活动管理

按照国家卫生健康委员会针对其预算管理单位国有资产对外投资活动设置的基本程序，结合医院对外投资活动实际情况，从可行性研究→单位申报→按照权限审批→资产评估或认缴出资→开展投资（组织实施、会计记录、跟踪管理）→处置管理→投资评价这七大环节阐述公立医院对外投资活动全生命周期闭环管理流程和要点，如图5-1。

（一）可行性研究

医院投资是一项内容复杂的经济活动，风险与收益共存。这就要求医院对投资活动首先进行充分的、深入的可行性研究。可由医院对外投资具体业务部门先撰写可行性研究报告，再由归口管理部门组织相关部门共同评估，评估可行后交由医院党委会等集体审议决策。可行性研究报告包括但不限于以下内容。

1．投资的必要性、可行性和相关依据。

2．投资方式、投资金额及投资来源。

3．投资活动对医院财务状况和履行职能的影响。

4．投资拟合作方的运营管理和资信状况。

5．投资行业的基本情况，政治、汇率、市场、经营等多种投资风险，投资收益、投资回收期和税收等指标分析。

6．其他有关情况。

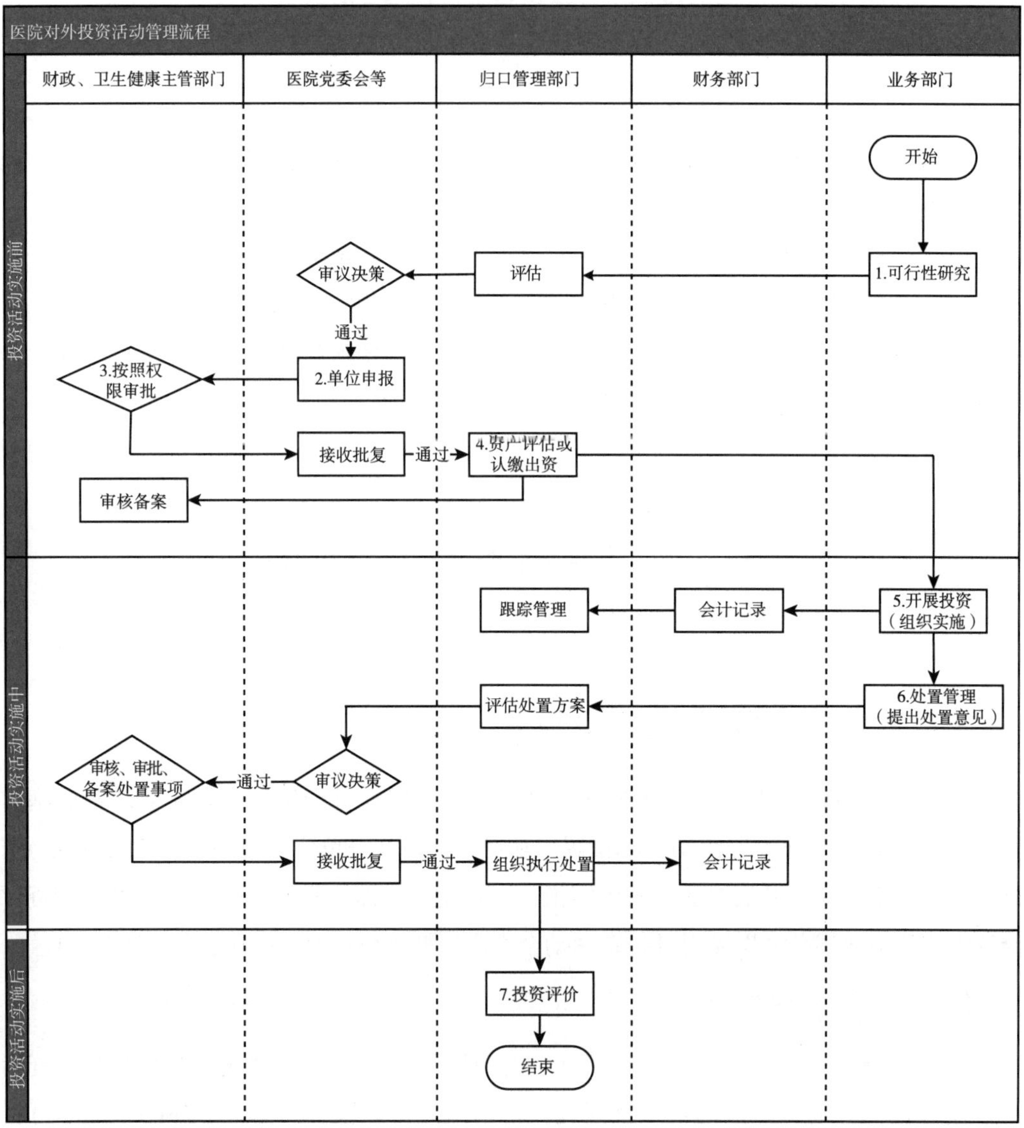

图5-1　医院对外投资活动管理流程

（二）单位申报

利用国有资产对外投资经公立医院集体审议决策通过后，须向财政和卫生健康主管部门提交拟投资事项的申请材料。申请材料包括但不限于以下内容，医院对材料的真实性、有效性、准确性负责。

1. 关于开展对外投资活动的书面申请报告。

2. 对外投资申请表（各级医院按照属地政策要求填报）。

3. 拟对外投资资产的价值凭证及权属证明。

4. 拟对外投资事项可行性研究报告。

5. 医院拟同意进行对外投资的会议决议。

6. 医院法人证书、拟合作方法人证书或企业营业执照、个人身份证等各类材料复印件。

7. 拟创办企业的章程和工商行政管理部门下发的企业名称预先核准通知书。

8. 合作各方草签的合作意向书、协议草案或合同草案。

9. 医院上年度财务报表。

10. 经具有相应资质的中介机构审计的拟合作方上年度财务报表。

11. 要求报送的其他相关材料。

（三）按照权限审批

卫生健康主管部门对医院申报材料的完整性、决策过程的合规性、拟投资事项资金来源的合理性等进行审核，对符合规定的予以批复或报财政部门审批，对不符合规定的应及时将审核意见反馈给医院。

（四）资产评估或认缴出资

医院以非货币性资产作价投资的，可由对外投资归口管理部门或指定部门按照国家有关规定委托具有相应资质的中介机构对拟投资资产进行评估，并将评估结果上报主管部门审核、审批或备案。以货币资金出资应按照单位章程足额认缴出资额。

（五）开展投资

1. 组织实施　医院对外投资业务部门应当根据批准的投资方案，组织与被投资方签订投资合同或协议，明确出资时间、金额、方式、双方权利义务和违约责任等内容。根据投资方案制订投资计划，将决策过程中各项决策内容明晰化、条理化和系统化，形成能够实际指导投资活动实施的规范性文件。

2. 会计记录　医院财务部门按《政府会计制度》要求开展对外投资账务处理，设置对外投资总账和明细账，按规定核算对外投资增减变动、投资收益和处置情况，妥善保管投资合同或协议、出资证明等材料。对重要的医院对外投资活动的会计信息或有事项等应通过月度简报或专题报告予以披露。

3. 跟踪管理　医院对外投资归口管理部门应严格执行跟踪管理制度，及时掌握被投资单位或投资项目的财务状况和经营情况，一旦发现异常及时上报医院相关部门及领导，以便采取相应措施，并跟踪问题整改结果。如发现投资方案有重大疏漏、外部环境发生重大变化或受到不可抗力因素影响，可能导致投资失败的，医院应视情形决定对投资方案进行修改、变更或终止。

（六）处置管理

医院处置利用国有资产的投资时应当坚持公开、公平和竞争的原则，公开发布处置信息，依法选聘中介机构，公平确定处置价格，确保国有资产处置效益最大化。通常首先由投资活动具体实施部门提出处置建议和意见，形成处置方案提交医院对外投资归口管理部门评估，取得主管部门同意资产处置批复文件后组织执行处置。

（七）投资评价

医院应建立投资活动评价管理制度，由归口管理部门组织开展对外投资评价，取得被投资方的财务报告、获取投资项目的各项资料，可对标可行性研究报告，进行投资活动的效益效率分析，撰写自评报告。建立投资活动责任追踪制度，并将投资活动评价结果与相关部门和责任人的绩效考核、职务职称晋升相挂钩，做到投资必有效，无效必问责。

二、医院投资活动风险控制

（一）医院投资活动风险识别

医院投资活动风险是指医院开展投资活动可能产生的投资无效或投资失败的风险，具体如表5-2。

表5-2　医院投资活动常见风险

风险类型	具体表现
政策风险	未经主管部门审批，擅自开展或处置投资
	投资活动违反国家相关法律法规、政策制度等
市场风险	投资活动可行性研究不充分，因决策失误可能导致重大损失
	与投资活动相关的利率、汇率、商品价格发生不利变动，从而产生投资损失的风险
运营风险	投资活动管理人员经验不足，对市场行情及运作方式不了解，被动经营，导致投资活动管理相关决策失误
	缺乏持续有效的跟踪监督，对投资活动的经济效益、社会效益等缺乏目标管理和绩效考核
财务风险	未经规定的用途使用资金，挪用资金进行投资
	投资活动缺乏财务管理，未产生投资回报，可能造成国有资产贬值和流失

（二）医院投资活动风险控制方法

建立健全医院投资活动内部控制管理制度，强化制度落实与执行，跟踪评价投资活动效果，是医院投资活动风险控制的重要方法。具体可从以下方面入手。

1. 建立风险评估机制　成立医院投资活动风险管理委员会或类似机构，为投资活动风险控制提供组织保障。在开展投资活动风险评估时，坚持“三重一大”决策制度、集体决策原则，最大化避免非理性投资决策，必要时可积极寻求法律和管理专家的意见。

2. 健全监督评价体系　医院应建立健全一套完整的投资活动监督管理与绩效评价体系，包括对投资活动的管理状况、社会效益、经济效益、可持续发展等方面开展的一系列的监督管理与绩效评价。建立投资活动管理责任追究制度，发挥内部审计、纪委监察等部门在投资活动全过程监控和投资活动结果绩效审计方面的作用。

3. 强化产权归属意识　公立医院对外投资活动，必须严格按照产权归属关系向主管部门进行逐级申报，在获得审批结果后再展开更进一步的投资决策和管理工作，以此保证公立医院对外投资行为的合法性。公立医院利用国有资产对外投资形成的资产属于国有资产，应当按有关规定办理国有资产产权登记。

4. 强化专业教育培训　要加强对医院投资活动管理人员，尤其是决策人员的专业和理性教育培训，帮助其了解宏观经济环境、法律政策和行业发展状况，统筹考虑医院的发展目标和现状，从而合理作出对外投资的相关决策。

医院投资活动管理常用的风险控制方法见表5-3。

表5-3　医院投资活动风险控制方法

控制方法	具体说明
预算控制	根据内外部投资环境、医院发展战略规划、主管部门的批准许可编制投资预算，并提交医院领导班子进行严格审核
不相容岗位相分离	明确投资计划的编制与审批、投资实施与会计记录、投资凭证保管与投资会计记录等不相容岗位，并严格执行不相容岗位相分离
审核审批控制	医院投资活动必须经过充分的可行性研究和集体决策；未经主管部门审核批准不得实施对外投资；投资活动计划及其审核审批应当用书面文件记录，并进行编号、存档控制
内部授权批准控制	医院投资活动应建立授权控制制度，一切对外投资活动的立项、决策、合同签订、预算、执行、评价等行为，都必须经过授权批准
归口控制	医院投资活动应明确归口管理部门和相关部门职责分工，统筹协调投资活动管理工作安排
会计控制	医院投资活动必须按照相关会计制度要求建立会计核算制度，按规定进行会计记录，准确核算投资活动损益
单据控制	明确医院投资活动相关的表单和票据管理制度，要求相关工作人员按照规定填制、审核、归档、保管、查阅、核销单据
信息公开控制	建立健全医院投资活动相关信息内部公开制度，按规定在国有资产年度决算报告中披露相关信息

三、医院投资活动评价报告

（一）医院投资活动概况

1. 基本情况 概述医院投资活动决策的背景、依据和目标（宏观目标和微观目标、经济目标和社会目标），对医院投资活动的性质、特点、功能定位、运营周期、实施地点等进行简要描述。

2. 投入情况 医院投资活动的计划投入、预算调整和实际投入，投入资金来源和资金到位情况等。

（二）医院投资活动实施情况

描述医院投资活动的实施前的准备、实施过程中的管理、实施后的问题分析与解决。包括但不限于投资活动组织管理模式和责任落实等管理制度建立健全，投资资产来源和价值确定、落实和使用管理，投资活动合同签订与执行，投资活动的进度控制和质量控制，投资活动档案管理等。

分析医院投资活动实施过程中产生的问题、原因和影响，指定并实施的解决方案，投资活动达到预期目标的程度。

（三）医院投资活动管理和效益评价

1. 医院投资活动经营管理评价 实施医院投资活动的运营管理机构设置、人员配置、运营管理模式、运营管理过程与可行性研究报告的差异对比分析，开展投资活动运营管理的科学性、合理性、效果性评价。

2. 医院投资活动经济效益评价 医院投资活动投入成本、产出结果等各类经济效益和效率指标与可行性研究报告的对比分析，开展预期经济效益实现程度、差异原因的分析评价。

3. 医院投资活动社会效益评价 以利益相关者理论为指导，分析医院投资活动对不同利益相关者产生的社会效益。常见的利益相关者有卫生健康部门、财政部门、国有资产管理部门、税务部门、医保部门、合作单位、银行、地方人民群众等。

本章小结

投资活动是医院经济活动的组成部分。本章介绍了医院投资活动及其管理的政策理论和实务经验，引入投资活动全生命周期管理、风险控制、评价报告等医院投资活动管理工具。理解医院投资活动的作用和分类，熟悉医院投资活动的法律法规、政策制度，掌握医院投资活动管理要点和管理工具，有效加强医院投资活动管理效能，是提升医院经济运营管理和精细化管理水平、促进现代医院管理制度建立健全以及医院高质量发展的途径。

（贲　慧　仇嫒雯）

第三篇

医院融资活动与负债、净资产管理

Part 3

第六章　医院融资活动与负债管理

学习目标

1. 掌握　医院融资的概念及原则；负债的概念、特征及分类。
2. 熟悉　医院融资活动管理与负债管理要点。
3. 了解　医院融资模式及负债管理方式。

第一节　医院融资管理

案例讨论

【案例】随着人口老龄化程度的加深，养老问题逐渐成为社会关注焦点。为建成具有中医特色，集医疗、养老、养生、康复、护理、健教于一体的“医养结合”中医综合养老机构及社区，如甲县人民政府采用PPP运作模式，授权国有资产公司作为政府出资人与引入的社会资本共同出资成立医疗中心项目公司和养老中心项目公司。

医疗中心项目采用移交–运营–移交模式（TOT模式），由中医院组织实施建设工程，竣工验收后将项目经营权转让给医疗中心项目公司，负责非核心医疗部分的运营。养老中心项目采用设计–建设–运营–移交模式（DBOT模式）。根据政府需求、规模及时间等要求，养老中心项目公司负责养老中心的设计、建设及运营工作。中医院为养老中心提供一般医疗、日常护理、定期体检等医疗服务，根据协议价格获得服务费用。

甲县中医院医养结合公共部门–私营部门–合作（PPP）示范项目是医与养的深度融合，该项目一方面以医促养，依托中医院可靠的医疗服务能力支撑养老服务、增加养老对象；另一方面以养辅医，满足养老中心老年病患者的就医需求，扩大中医院的服务范围、诊疗对象，可实现医与养的协同发展。

【讨论】究其根本，甲县中医院医养结合PPP项目是公立医院融入社会资本支持养老服务产业建设示范，在全国医疗卫生领域中属探索性PPP运作模式。

一、医院融资概述

（一）基本概念

1. 医院融资的概念 医院融资是指医院根据战略发展或大型项目建设需要，综合分析医院经济运营和资金现况，经对未来资金需求进行预测后，通过合理筹资渠道采用一定方式筹措内源性或外源性资金的筹资行为。

2. 医院融资管理的概念 医院融资管理是指医院为实现筹资目标，对筹集资金的规模、结构、成本等进行全面管理的系列活动。

（二）医院融资目标及原则

1. 医院融资的目标

（1）满足医院战略发展需求：伴随人民群众对健康生活的追求及社会老龄化趋势，国民对医院的诊疗服务能力和诊疗技术水平提出了新要求，医院也迎来加速发展的战略机遇期。为满足不断提升医疗服务技术水平，改善就诊环境等需求，医院形成了一定规模的资金需要，医院只有在合规合法的前提下适度融资，才能保障医院战略发展资金需求。

（2）缓解经济运营压力：医疗服务收入是医院最重要的经济来源。目前，国内医疗价格水平总体偏低，部分医疗服务项目价格水平甚至低于成本，造成医院医疗服务收入相对不足，导致部分医院经济运营出现亏损，长此以往会造成医院资金储备不足，进而影响医院正常运转。因此，医院应采取适当融资方式补充现金流，以缓解经济运营资金压力。

（3）弥补财政经费保障相对缺口：财政补助资金是医疗卫生事业收入重要来源之一。由于财政资金的稀缺性和需求无限性，目前有限的财政资金多倾向于投入到公共卫生、社区及基本医疗保障方面，公立医院获取的财政补助份额相对有限。公立医院必须寻找支撑发展的资金渠道，以弥补财政经费保障相对不足。

2. 医院融资管理的原则

（1）战略导向原则：医院融资应满足医院发展战略与规划需要，支撑医院可持续发展。

（2）严格审批原则:《医院财务制度》明确公立医院原则上不得借入非流动负债，确需借入或融资租赁的，应按规定报主管部门（或举办单位）会同有关部门审批，并且原则上由政府负责偿还。

（3）风险可控原则：医院融资会面临政策风险、利率风险、运营风险等诸多风险。因此，医院融资时应充分评估融资相关风险，制订风险应对措施，将融资风险控制在可承受的范围内。

（4）谨慎性原则：融资决策前，医院应合理确定融资规模、预测融资时限、降低融资成本、把握融资机会。按照融资成本最低、融资风险最小、融资结构最优的原则，最大限度实现融资目标。

二、医院融资模式

医院融资分为内源性和外源性两种融资模式。

（一）内源性融资

内源性融资是指医院内部融通渠道，即医院将历年积累的收支结余资金转化为战略发展资金的过程。医院存在资金需求时应优先采取内源性融资方式。从公立医院经济运营现状分析，部分医院收支结余规模逐渐缩小，甚至出现亏损，运营管理过程中难以产生足够盈余资金支撑医院发展需要，所以内源性融资具有一定应用局限性。

（二）外源性融资

外源性融资是指医院通过一定方式向外部其他经济主体筹集资金的管理过程。

1. 银行贷款　是医院常见的一种融资模式。公立医院获取银行贷款一般为流动资金贷款。医院进行不动产建设和购置大型医疗设备等专项贷款也可获得银行贷款。

2. 公立医院专项债券　是省、自治区、直辖市政府为支持公立医院发展，与债券项目对应并纳入政府性基金预算管理的政府专项债券，所融资金专项用于基本建设或医疗设备购置，并以公立医院收费收入、国有资产经营性收入偿还。专项债券具有“公益性、资本性、收益性”属性。专项债券利率略高于国债，低于银行贷款，有一定资金成本优势。

3. 政府间贷款　主要是指境外贷款，医院从外国政府、世界银行、亚洲开发银行等获取的，用于非营利性事业的非商业性贷款。基于公益性目的，外国政府一般会提供利率较低、额度较大、还款期较长的信用贷款。

4. 商业信用 是医院与供应商约定延期支付药品、卫生材料和医疗器械购置费用，或者开具长期商业承兑汇票、银行承兑汇票，延长付款期限的融资模式。医院预期医疗收入稳定，且具有事业单位性质，使得医院采用商业信用方式融资普遍为供应商所接受。商业信用融资是医院普遍采用的一种融资方式。

5. 融资租赁 是指出租方根据医院对拟租赁资产要求，由出租方出资向供货方购买资产，后租给医院使用，医院分期向出租方支付租金的租赁方式。在这种方式下，医院以分期偿付的方式达到融资目的。租赁期间，租赁设备所有权归属出租方，医院拥有使用权。租期届满，租赁资产所有权一般归属医院。融资租赁具有租赁期限较长、融资风险较低、资金支付压力较小等特点。同时，融资租赁具有融资、融物双重优势，医院日常可使用少量资金租赁先进设备资产。

6. PPP融资模式 PPP即“公共部门–私营部门–合作”，通过资金需求方（公立医院）与资金供给方（私人部门）协调合作，解决公立医院发展需要的资金需求。在这种模式下，合作双方各自优势能够有效发挥，促进协同共赢，是社会资本参与公立医院建设与运营的重要模式。政府部门鼓励社会资本以PPP融资模式参与医疗机构建设运营，以减轻政府对公立医院财政投入压力。同时，在不损害公立医院公益性的基础上，这种融资方式能够调动社会资本加快进入医疗卫生领域，扩充社会资本办医空间。

三、融资管理

在医药卫生体制改革背景下，我国公立医院提高医疗服务供给需要资金支持。同时，外部资金迫切希望布局医疗市场。公立医院融资管理应强化不同融资方式关键点管控，有效使用融通资金，改善发展资金短缺现状，支撑医院战略发展。

（一）医院融资管理总体要求

1. 合法合规是医院融资管理的基础要求 公立医院在开展融资活动前必须进行合法合规性审查，确保医院在不违反法律法规限定性规定的前提下开展融资管理活动。

2. 符合区域卫生规划是融资活动的重要方向 区域卫生规划是政府对卫生事业发展进行宏观调控与管理的重要手段，可引导卫生资源的投向与配置，提升卫生资源利用效率。医院融资活动必须在区域卫生规划的指导下进行，测算确定卫生资源需求总量和结构，并结合地方政府财力供给，促进公立医院向社会资本融资的方向、规模、方式等核心内容，服务卫生发展规划。

3. 科学评估是医院融资活动的必经程序 开展融资前，医院必须对融资项目进行客观、公正、科学地评价，对融资项目可行性、必要性进行论证，不能盲目开展融资项目扩大医院债务规模，避免因发生融资活动而有损医院公益性定位，减少因不当融资行为对医院可持续发展造成的不良影响。

4. 严格履行审批程序是医院融资活动的核心步骤　医院融资项目必须履行内部民主决策流程，然后按制度规定，报主管部门（或举办单位）会同财政等有关部门审批同意后，方可执行。

5. 强化过程管控是医院融资管理的重要内容　为实现融资管理目标，医院应建立融资风险预测与评估体系，对融资方案执行情况进行实时监测，预测医院财务风险状态，及时对已发生或即将发生偏离融资目标情况进行反馈，并实施有效措施，防范风险。

（二）不同融资方式管控关键点

1. 银行贷款融资管控关键点

（1）符合国家对医院贷款融资限定性规定：公立医院不得举债开展基本建设、原则上不得举借超过一年的长期负债。

（2）争取最优贷款利率：医院应利用自身在贷款中的优势地位确定适合的贷款方式，争取优惠贷款利率，降低贷款融资成本。

（3）加强过程管控：医院应根据现金流量及还款期限做好还款计划，按期及时清偿贷款，避免延期还款支付违约金风险，确定最佳提前还款期。

2. 公立医院专项债券融资管控关键点

（1）严格履行审批流程：公立医院提出专项债券资金需求，上报卫生主管部门和财政部门审核。财政部门会同卫生部门提出融资额度和方案，报政府批准后方可实施。

（2）强化预算执行环节管理：在资金使用环节，专项债券资金必须专款专用。支付项目资金时严格按照财政部门要求提供真实、完整、合规的资金使用资料。

（3）建立健全专项债券资金绩效管理机制：公立医院应实现事前、事中、事后全过程绩效管理目标。

3. 商业信用融资管控关键点　医院运用商业信用融资，获取免费资金使用权益是最常用的融资方式。医院采用商业信用融资方式筹资应把握以下管理关键点。

（1）严格执行国家规定偿还期限：特定账款回款时限要求：国家规定对于中小微企业供应医院货品形成的应付账款偿付周期不得超过60天；国家“4+7”带量采购药品及带量采购货品付款期限不得超过30天。

（2）不断提升商业信用融资信誉度：在采取商业信用融资过程中，医院应与供应商友好协商，遵循自愿、平等原则合理确定还款账期，不应利用优势地位单方延长结算周期。医院应密切监测还款账期，适时调整结算周期。医院要不断提升商业信用融资信誉度，获取更大的融资空间，实现融资利益最大化。

4. 融资租赁模式管控关键点

（1）医院充分利用租期届满后购买选择条款：在融资租赁协议中一般会约定承租期限届满时，医院具有购买租赁资产的选择权。医院要合理确定是否行使该权利，如在租期内资产已达到或接近有效使用生命周期，则医院不应回购。反之，医院则应行使租赁资产回购权。

（2）避免融资租赁涉嫌违规投放设备情形：为避免医疗设备供应商与医院捆绑销售行为损害医院公益性，政府部门严禁医院采取“前期由医疗设备供应商免费提供或以低于市场常规成交价格提供医疗设备，后期医院购买医疗设备供应商提供卫生材料（试剂）”的形式引入大型医疗设备或设施。因此，医院融资租赁过程中，应对拟租赁设备与后期消耗卫生材料（试剂）是否存在单一供应关系进行严格评审，避免融资租赁资产存在与设备投放类似的违规情况损害医院公益性。

5. PPP融资模式管控关键点

（1）维护政府部门PPP融资中的主导地位：在PPP融资项目运营上，政府部门处于主导地位。在保障社会资本参与医疗领域资源供给并获取合理利益的前提下，政府对医院PPP项目运营的政策定位与整体思路进行严格规定。医院应维护政府部门在PPP融资项目运作的主导权，严格落实政府要求，确保实现PPP融资目标。

（2）合理制订PPP项目实施方案：医院必须对融资风险与回报进行有效评估，科学设计PPP合同条款及实施方案，保障融资项目不偏离目标。

（3）严格把握PPP融资项目运营过程：PPP融资项目一般合作期限长，医院应加强融资项目运营过程控制，严格落实融资方案条款，防止融资项目运营风险转嫁给医疗服务消费者情况发生。

第二节　医院负债管理

案例讨论

【案例】《中国卫生和计划生育统计年鉴》数据显示，山东省公立医院负债规模由2013年623.11亿元增长到2017年1,002.4亿元，负债规模连续5年呈增长趋势，且增速较快（表6-1）。

表6-1　山东省公立医院负债规模（2013—2017年）

年度	资产总额/亿元	负债总额/亿元	资产负债率/%	负债年增速/%
2013	1216.99	623.12	51.20	—
2014	1426.47	729.17	51.12	17.02
2015	1576.57	819.14	51.96	12.34
2016	1747.01	913.53	52.29	11.52
2017	1909.05	1002.40	52.51	9.73

【讨论】通常，资产负债率是衡量一个单位长期偿债能力的重要指标。该指标越低，表明资产对债务的保障能力越好；指标越高，表明资产对负债的保障能力越低，财务风险大。一般情况下，该指标大于50%时，表明该单位可能出现资金周转方面的问题。山东省公立医院2013—2017年资产负债率普遍保持在50%以上，存在一定财务风险。

公立医院收支结余为正且具有充足的现金流是按时偿还债务本息的重要保证。目前，部分公立医院的收入减去支出后结余较少，运营过程中无法积累现金规模，形成一定资金周转压力，偿还到期负债的财务风险加大。

一、负债概述

（一）负债的概念

医院负债是指过去的经济业务或者事项形成的，能以货币计量，需要以资产或者劳务偿还，预期会导致经济资源流出医院的现时义务。

（二）负债的特征

医院负债具有以下特征：负债是已经发生，并在未来一定时期内必须偿付的经济义务。负债是可以货币计量的，有确切或预计的金额。负债有明确的债权人和偿付期限。负债将导致医院未来经济资源流出，且只有债务偿付后责任才消失。

（三）负债的计量

政府会计准则下，负债主要包括历史成本、现值和公允价值等计量属性。

1. 历史成本　在历史成本计量下，负债按照医院因承担现时义务而实际收到的款项或者资产的金额，或者承担现时义务的合同金额计量。

2. 现值　在现值计量下，负债按照预期未来需要偿还负债的净现金流量折现后的金额计量。

3. 公允价值 在公允价值计量下，负债按照市场参与者在计量日发生的有序交易中转移负债所需支付的金额计量。

一般情况下，医院会计核算上的账面价值和会计报表均使用历史成本计量。例如，按照历史成本，银行贷款的总额就是当前未偿还的账面贷款总额。在考虑货币时间价值因素下，分期付款购买医疗器械产生负债可使用现值计量属性。医院较少使用公允价值计量属性。

（四）负债的分类

1. 按照负债偿还期限分类

（1）流动负债：偿还期在1年以内（含1年）的短期借款、应缴款项、预收款项、应付职工薪酬等。

医院的流动负债通常具有以下特点：①筹资资金成本低。②偿还期限短。③一般采用货币资金方式偿付。

（2）非流动负债：偿还期在1年以上（不含1年）的长期借款、长期应付款等。

医院的非流动负债具有以下特点：①债务规模通常较大。一般是为购置大型医疗设备，进行大型修缮项目等形成的债务。②偿还期限较长。在债务存续期内对医院财务数据和运营状况产生持续影响。③资金成本较高。长期负债资金成本较高，在一定程度上加大医院财务运营风险。④负债用途通常具有约束性和不可逆性。非流动负债支持项目一旦启动一般难以再改变投向。同时，资金提供方一般会在协议中约定资金用途且不允许随意改变。⑤可选多种偿付方式。偿付方式包括分期偿还本金和利息，到期一次还本付息等多种方式。

2. 按照经济业务内容及性质分类 医院负债可划分为借入款项、应缴财政项、应付票据、应付账款、预收账款、应付职工薪酬、应付社会保障费、应缴增值税、受托代理负债、应付利息、其他应缴税费、其他应付款等内容。

（1）借入款项：医院向银行或其他金融机构等借入的偿还期在1年以内或1年以上的有偿使用款项，涉及短期借款和长期借款。短期借款通常用于补充流动资金不足或者偿还短期债务。长期借款通常用于医疗设备购置、大型修缮项目等内容。

（2）应缴财政款：医院取得或应收的，按规定应上缴国库或财政专户的款项而形成的负债。涉及纳入“收支两条线”管理的相关收入，如行政事业性收费、罚没收入、国有资产处置收入等款项。

（3）应付票据：医院在购买设备、器械、药品、卫生材料或接受服务时，开出、承兑的商业汇票，涉及银行承兑汇票和商业承兑汇票。

（4）应付账款：医院在购买医疗设备、器械、药品、卫生材料或接受服务时，应付给供货单位或服务提供方款项形成债务，是医院最常用的商业信用融资手段。

（5）预收账款：医院开展医疗业务时预先收取住院或门诊患者的预交金、社会保险机构预拨医疗保险金以及预收其他经济业务款项。

（6）应付职工薪酬：医院依据国家人事政策及制度相关规定应支付给职工的各种货币或非货币性劳动报酬或福利。

（7）应付社会保障费：医院依据国家社会保障政策相关规定应付给社会保障机构的各种社会保险缴费。

（8）应缴增值税：医院按照税法规定计算应缴纳的增值税，涉及科研、教学、培训等活动。

（9）应付利息：医院按照与金融机构签订的借（贷）款合同约定的贷款本金及利率计算出应支付的借（贷）款利息。

（10）受托代理负债：医院接受委托取得受托管理资产时形成的负债，涉及医院受托转赠的物资、受托存储保管的物资和罚没物资等。

（11）其他应缴税费：医院按照国家税法规定计算应当缴纳的除增值税外的各种税费，涉及城市维护建设税、教育费附加、地方教育附加、代扣代缴的个人所得税等内容。

（12）其他应付款：医院发生的应付、暂收其他单位和个人其他各项应付、暂收款项。

二、负债管理与控制

（一）负债管理

1. 医院负债管理的目标　资金是医院运营活动的“血液”，负债则是医院资金的重要来源。医院负债管理的目标：合理控制负债运营风险，努力降低负债资金使用成本，通过适度负债水平保有一定的资金规模，确保正常运营活动及战略发展资金需要，实现负债管理效益与风险相统一。

2. 医院负债管理的原则

（1）保持合理负债水平：医院应结合自身资金需求、运营状况及偿债能力，合理控制负债规模及水平，制订适宜的负债运营方案，合理筹集并使用资金，不能盲目举债加大财务风险。

（2）统筹负债效益性与风险性：医院通过负债筹资获取财务杠杆收益的同时，也在一定程度上加大医院到期无法偿还负债的风险，医院应充分认识举债运营的双重影响，确保获取资金使用效益同时降低财务风险。

（3）合理控制负债成本：医院使用负债资金以付出资金使用成本为代价。在负债管理中，医院应综合考虑货币时间价值，组合不同举债方式，以较低资金使用成本实现负债管理目标。

3. 医院负债管理面临的主要风险 医院在获取负债资金使用效益的同时会面临一定债务筹资管理风险。医院负债运营过程中主要存在以下风险。

（1）负债筹资投向不合理风险：医院在负债筹集资金使用方向上可能存在前期未经充分可行性和必要性论证，资金盲目投资或不当使用，无法获得预期收益。

（2）政策合规性风险：对医院负债运营，政府部门有严格的限定性规定。包括医院不得举债开展基本建设、不得举借超过1年的长期负债等。医院采用商业信用方式延期支付应付账款要符合政府部门对偿付时限的规定性要求。因此，医院负债运营存在政策合规性风险。

（3）负债再融资风险：合理负债有利于缓解医院资金紧张状况，促进医院良性发展，获取战略发展资源。在获取负债筹集资金同时医院也面临偿还负债本息的义务。医院若不能如期履行偿债义务，将影响医院商业信誉，降低医院再次融资能力。

4. 医院负债管理风险应对措施

（1）科学评估负债融资项目，确保负债融资合规：以公益性要求为前提，医院应对负债资金投向进行严格评价和科学论证。负债融资构成重大经济事项的，医院必须严格履行内部决策及外部审批流程。

（2）进行风险评估，建立负债风险预警防控机制：①全面梳理负债管理流程，识别并评估各关键环节的风险点。②加强负债信息化管理工作，按账龄、预计清账时间，逾期未清理提示等指标建立负债动态数据管理体系，提供技术支撑。③强化往来款稽核管理，杜绝利用往来款项虚列收入、成本，调节利润等事项发生。

（3）健全内控制度，加强对负债管理：医院应严格执行负债管理不相容岗位相分离的原则；建立并有效执行负债定期对账与询证制度；明确负债管理中相关临床科室、职能科室及财务部门的管理职责；加强对债务、债权双方询证函和对账记录等会计档案管理；将负债款项清理情况指标纳入绩效考核范围。

（4）加强审计日常监管，确保负债管理内控落实：医院审计部门应定期对负债相关内控进行穿行测试，重点核查大额负债、重点项目、3年以上负债，评价负债管理是否全面，内控执行是否有效。

（二）负债的内部控制管理

医院应加强负债内控管理，针对不同性质负债分类管理，降低债务违约风险，实现负债管理目标。

1. 控制方法

（1）不相容岗位相互分离：医院应设置与负债相关内控关键岗位，明确职责权限，实施分离措施，形成相互制约与监督机制。出纳不得兼做债务登记工作；债务预算编制与审批相互分离；债务业务批准与执行相互分离。

（2）健全负债内部授权审批控制：医院应明确负债业务的权限范围、审批程序和相关责任，建立重大负债业务集体决策和会签制度。任何个人无权单独作出重大债务事项决策。

（3）实施负债业务归口管理：医院应成立联合或专题工作组统筹债务管理工作，全面落实医院负债管理要求，监督相关部门将负债管理各项措施落到实处。

2. 部分主要负债项目管控关键点

（1）预收医疗款管理：医院应分别按照门急诊预收款、住院预收款、预收医保款三项内容对预收医疗款进行明细核算。同时，对门急诊预收款、住院预收款按患者个人进行明细核算。医院应按照不同类型疾病历史平均收费水平和医保常规自付比率合理确定收取患者预收医疗款的水平。医院应完善预收医疗款退费制度，建立预交金退费复核机制；建立健全预交金账目核对及稽核机制，每月进行对账，保证住院总账与住院处明细账核对一致；建立稽核制度，定期检查或不定期抽查、核对患者预交金。

（2）应付账款管理：医院应合理确定应付账款的入账时间。一般应为所购物品验收入库或服务供应已经发生并完成，按发票价格予以确认；应付账款支付要符合国家要求的偿付时限规定；医院应定期进行账龄分析，编制《账龄分析表》，对3年以上确实无法支付的应付款项经批准后作为收入核算。

（3）长期借款管理：医院举借长期借款范围应符合国家限定性要求；医院长期借款必须履行内部集体决策程序，并报经上级主管部门和财政部门批准方可举债。

（4）应付社会保障费管理：医院应按时、足额计提各项社会保险费，防范因缴费范围、缴费水平、缴费时限等未严格落实侵害职工合法权益。

本章小结

本章通过对医院融资概念及融资管理的详述，旨在使读者掌握医院融资现状，了解如何选择融资模式、如何进行融资管理，助力医院战略发展，实现融资目标。同时，医院应将负债管理作为日常管控重点，控制负债规模与成本、完善债务风险预警与应对机制，统筹债务管理的效益性与风险性，实现负债管理目标。

（王 成 张 乐）

第七章　医院净资产管理

学习目标

1. 掌握　净资产的概念及特征。

2. 熟悉　医院盈余管理、专用基金管理及无偿调拨净资产管理要点。

3. 了解　医院净资产分类及来源。

第一节　医院净资产概述

一、医院净资产的概念

医院净资产是指医院总资产扣除医院对债权人所承担的义务（负债）后，归属于医院自己享有要求权的资产额度，即医院资产减去负债后的净值。

二、医院净资产的特征

（一）医院净资产是净值概念

医院净资产是医院资产减去负债后的净值，资产和负债变动引起净资产增减变化。含有经济利益或服务潜力的经济资源流入（流出）医院，使得医院的资产增加（减少）或负债减少（增加），从而导致净资产增加（减少）。

（二）医院拥有净资产的所有权和支配权

医院对净资产拥有使用或支配权，但具有限定用途的专用基金类净资产，医院只能按照限定用途使用或支配。

三、医院净资产的分类

按净资产内容，医院净资产分类如下。

（一）累计盈余

累计盈余反映医院历年收支结转实现盈余，在盈余分配后仍有余额滚存的金额，以及因无偿调入、无偿调出资产对净资产引发的变动。累计盈余包括财政项目盈余、医疗盈余、科教盈余及新旧转换盈余。

（二）专用基金

专用基金反映医院按照国家相关规定设置并按照确定基数和比率提取的具有专门用途的净资产。专用基金包括职工福利基金、医疗风险基金及国家规定的其他专用基金。

（三）权益法调整

权益法调整反映医院按照权益法核算持有的长期股权投资时，依据被投资单位除净损益和利润分配以外的因素引起所有者权益变动金额，调整长期股权投资账面余额而计入净资产的金额。

（四）本期盈余

本期盈余反映医院一个法定会计期间内，各项收入、费用相抵后的余额，包括医疗盈余、科教盈余及财政项目盈余。

（五）本年盈余分配

本年盈余分配是指医院将本期盈余按照规定分配顺序和标准进行分配的情况，包括提取职工福利基金、转入累计盈余两项主要内容。

（六）无偿调拨净资产

无偿调拨净资产是指在不改变国有资产性质的前提下，医院以无偿的方式调入或调出非现金资产，而引起医院净资产变动。

（七）以前年度盈余调整

以前年度盈余调整是指医院在本年度发生的调整以前年度盈余的事项，包括本年度发生的前期差错更正以及盘盈（盘亏）的各种非流动资产等引起调整以前年度盈余的事项。

四、医院净资产的来源

医院净资产主要有日常运营积累、财政项目净结余形成、捐赠及无偿调入等渠道来源。

（一）医院运营积累形成净资产

收支结余是医院净资产最重要来源，是医院除财政项目补助收支、非财政科教项目收支以外的各项收入减去各项费用后的结余，即医疗盈余部分。

（二）开办经费形成净资产

开办经费是公立医院在建成之初政府部门或举办单位投入医院的财政资金等经费，它是医院初始的经济资源，构成医院最初的净资产。

（三）专项经费结余形成净资产

政府部门拨付医院具有专门用途的基建拨款、财政项目经费、科教项目经费等项目净结余，按照规定留归医院使用和支配，也是医院净资产来源。

第二节　医院净资产分类管理

医院净资产是医院经济运行结果最直观的体现。医院应强化净资产核算，对净资产进行分类精细管理。

一、医院盈余管理

（一）医院盈余核算管理

1. 本期盈余　医院本期盈余由财政项目盈余、医疗盈余和科教盈余构成。其中，财政项目盈余是医院本期财政项目拨款相关收入、费用相抵后的余额；医疗盈余是医院本期医疗活动产生的、除财政项目拨款以外的各项收入、费用相抵后的余额；科教盈余是医院本期科研教学活动产生的，除财政项目拨款以外的各项收入、费用相抵后的余额。本期盈余反映了医院在一个会计期间内的运行结果，是医院累计盈余的最主要来源，是医院长期发展的物质基础。

2. 累计盈余　医院的累计盈余由医疗盈余、财政项目盈余、科教盈余及新旧转换盈余构成。其中，医疗盈余是医院开展医疗活动形成的累计盈余；财政项目盈余是医院财政项目拨款收入减去发生的费用后的累计盈余；科教盈余是医院开展科研教学活动形成的累计盈余；新旧转换盈余是医院执行《政府会计制度》新旧制度衔接时转入新制度下除财政项目盈余、医疗盈余和科教盈余以外的累计盈余。

本期盈余及累计盈余明细分类核算是为体现医院的业务特点和不同资金来源形成不同类型的盈余，便于揭示医院的盈余结构，更好地体现可供医院支配和使用的医疗盈余情况。

（二）医院盈余管理关键点

医院盈余管理是指在政府会计准则允许范围内，医院通过对会计政策或会计估计的选择，以影响盈余结果的管理行为。

1. 强化会计核算，真实体现盈余结果　医院应严格按照国家规定进行盈余核算，并合规分配盈余，真实、准确地反映医院本期及累计盈余情况。

2. 严格履行规定，合规使用净资产　在使用净资产过程中，医院要遵从不同类型净资产相关管理要求与规定。

（1）医院财政项目、科教项目两类累计盈余是医院为完成指定专项任务后形成的盈余，应按要求进行后续结转和使用。一般情况下，这两类盈余未经资金下达单位同意，医院不得调整使用。

（2）医疗盈余属于医院历年积累盈余，可按规定用于弥补医院后续运营亏损，或在履行内部决策程序并经过上级主管部门批复同意后用于医院发展再投入。医院在编制年度预算时可安排一定规模的医疗盈余资金作为预算资金来源。

（3）新旧转换盈余是医院在新旧会计制度衔接特定历史时期和环境下形成的盈余，新旧转换盈余科目余额原则上只减不增。

3. 合理选择会计政策，准确运用核算方法　根据《政府会计制度》，医院核算部分经济事项时可对会计政策及会计估计进行合理选择，以达到准确提供会计信息的目的。

（1）计提医疗风险基金。按照规定，医院累计提取的医疗风险基金比例不应超过当年医疗收入的1‰~3‰，用于支付医院购买医疗风险保险发生的支出或实际发生的医疗事故赔偿。医院可根据医疗赔偿实际发生情况，适度提升或降低医疗风险基金的计提比例，实现对盈余水平的合理影响，提供更准确的会计信息。

（2）计提固定资产折旧。医院一般应采用年限平均法或者工作量法计提固定资产折旧。政府会计准则规定，医院可根据固定资产性质和使用情况选择不同折旧方法实现对盈余水平的合理影响。医院应注意，固定资产折旧方法一经确定，不得随意变更。

（3）计提坏账准备。财务制度规定，医院可采用余额百分比法、账龄分析法、个别认定法等方法计提坏账准备。坏账准备累计计提规模不应超过年末应收医疗款和其他应收款科目余额的2%~4%。医院可根据应收账款实际情况，通过选择计提方法和计提比率实现对盈余水平的合理影响。

（4）医院选用的会计政策和会计估计方法一经确定，不得随意变更，且应在一定会计期间保持一致。同时，对年度内会计政策和会计估计变更情况应在年度决算中进行必要说明。

4. 严格履行程序，及时报备盈余调整情况 医院应加强对净资产变动情况的监督与管理。在年内发生会计差错调整，收到上年度医保清算款等涉及以前年度盈余调整事项的，医院应编写累计盈余调整情况说明，并报上级主管部门备案。

二、医院专用基金管理

专用基金是指具有专项用途类净资产，专用基金管理应遵循以下原则：专用基金应先提取后使用；应坚持专款专用原则，不得擅自改变用途；不得透支使用；各项基金的管理办法和提取比例，应遵从国家统一规定或省（自治区、直辖市）主管部门（或举办单位）会同财政部门确定规则。

（一）职工福利基金管理

职工福利基金是医院根据有关规定，在形成本年医疗盈余后，按一定比例提取的专门用于职工福利设施、集体福利待遇的净资产。职工福利基金管理中应把握以下关键点。

1. 按照规定流程和固定比率提取 职工福利基金应在当年医疗收支结转后，存在本年盈余的基础上才可提取。职工福利基金的提取比例应遵从上级确定。

2. 职工福利基金用途具有限定性 职工福利基金主要用于集体福利开支，即惠及全体员工的福利，包括用于职工福利设施、集体福利待遇等方面支出，而非用于个别人福利支出。

3. 保持适度规模 对于职工福利基金滚存较多的情况，医院可以适当降低提取比例或者暂停提取，并应向上级主管部门报备。

（二）医疗风险基金管理

医疗风险基金是指医院按照医疗收入一定比率提取专门用于支付医疗责任保险或医疗事故赔偿的基金。医疗风险基金管理中应把握以下关键点。

1. 累计提取比例不超过当年医疗收入的1‰～3‰ 医院应根据自身开展医疗专业的特点以及诊疗业务风险度，在政策允许范围内合理确定医疗风险基金提取比率。

2. 严格把握医疗风险基金的使用范围 医疗风险基金应专款专用。主要用于购买医疗责任保险、医疗事故赔偿、医疗纠纷的赔付等方面，包括民事赔偿、医学鉴定、减免医疗费用等内容。

3. 保持适度基金水平　医院应采取按月计提、年末汇算的管理模式，将医院医疗风险基金控制在规定比例内。对于医疗风险基金滚存较多的情况，医院可以适当降低提取比例或者暂停提取，并应向上级主管部门报备。

三、无偿调拨净资产管理

案例讨论

【案例】自2006年我国成立应急管理体系以来，在突发公共卫生事件应急处置活动中，应急指挥的重要性逐步体现。公立医院作为疾病防控、医疗救治的主战场，受到各界的广泛关注，捐赠、无偿调拨物资时有发生。北京市卫生健康委员会为建设应急指挥调度系统，将总计542件，总价值1,969.69万元的资产调拨至94家公立医院及卫生单位。

【讨论】在突发重大公共卫生事件时，公立医院面对接收的大量物资，如何在政府主导下合法、合规接收物资？医院如何在渠道来源复杂、规模种类众多的调拨物资中识别无偿调拨净资产？如何确保无偿调拨净资产合理入账？

无偿调拨净资产是指医院无偿接受调入或者无偿调出非现金资产引起净资产变动。无偿调拨净资产管理中应把握以下关键点。

（一）无偿调拨以资产的国有性质为前提

在不改变资产国家所有权的基础上，资产以无偿调拨方式转移或变更占有权、使用权。

（二）政府主导无偿调拨资产行为

政府部门确定调拨资产范围、对象及方式。根据政府调拨安排，医院应全面落实调拨要求，办理拨入资产入库验收或拨出资产清理、转出手续等，并做好净资产核算工作。

（三）最大限度发挥国有资产使用效益

医院应定期评估在用资产的使用频度、效率等情况，对长期处于闲置状态的资产，医院可向主管部门提出无偿调出资产申请。在资本性投入不足的情况下，医院可根据资产需求情况向主管部门提出无偿调入资产申请，以期最大限度跨单位实现国有资产使用效益。

四、其他净资产管理

在医院净资产中还存在部分与净资产相关的过渡性净资产科目，这类科目仅针对特定业务，在特定期间和特定条件下发挥作用。

（一）本年盈余分配管理

本年盈余分配管理过程中要按照规定的程序进行分配与核算。提取职工福利基金过程中应严格执行国家的有关规定，不得随意设定、变更提取比例。本期盈余为负数时，应由符合规定的累计盈余进行弥补，不得进行其他分配。

（二）以前年度盈余调整管理

在以前年度盈余调整管理过程中要严格界定引起以前年度盈余调整经济事项范围。只要是本年度发现的引起以前年度累计盈余变动的收入或费用调整以及盘亏、盘盈各种非流动资产，均需通过以前年度盈余调整科目进行调整。运用以前年度盈余调整科目进行会计业务处理后，医院应在会计报表附注中进行必要披露。

本章小结

本章从净资产的基本概念入手，介绍医院净资产的组成及分类，说明净资产是医院开展业务活动的物质基础，净资产是归属于医院的资本规模和经济实力。净资产管理也是医院运用盈余积累支撑发展，抵御风险的手段。因此，医院应强化对累计盈余、专用基金等净资产分类精细化管理。

（王　成　张　乐）

第四篇
医院运营活动管理

Part 4

第八章　医院预算管理

学习目标

1. 掌握　医院预算管理实务的要点。
2. 熟悉　医院预算管理的政策要求。
3. 了解　医院预算管理的概念、体系和作用。

第一节　医院预算管理概述

一、医院预算管理的概念

根据2010年12月28日财政部和卫生部联合修订的《医院财务制度》，医院预算定义为医院按照国家有关规定，根据事业发展计划和目标编制的年度财务收支计划。

预算是通过对医院内外部环境的分析，在科学预测与决策的基础上，用财务数字反映医院未来一定时期的运营计划和战略规划。

预算是管理者的一项工具，以定量计划的方式协调和控制既定时期内有限资源的配置和使用；预算包含的内容不仅是预测，还涉及有计划地应对产生重大影响的变化，以努力达到医院的战略目标。

预算的内容可以简单地概括为三个方面。①何事：为实现医院一定时期的战略目标要开展什么业务工作。②多少：该项业务工作的收入与投入分别是多少。③何时：什么时候实现该项工作的收入以及什么时候支出。

预算管理是以医院战略发展规划和年度计划目标为依据，实行全口径、全过程、全员性、全方位的管理。全口径是指把医院所有收入和支出全部纳入统一预算管理，不能存在游离于预算外的收支。全过程是指贯穿预算编制、审批、执行、监控、调整、决算、分析和考核等各个环节。全员性是指医院所有部门、所有科室均纳入预算管理体系，确保预算责任能够分解落实到各级预算责任单元。全方位是指医院的各项经济活动都应纳入预算管理的范畴，覆盖人、财、物全部资源。

预算管理是具有全面控制约束力的一种管理工具，不单纯是财务部门的工作，需要单位主要负责人高度重视，多部门协同才能做好。

二、医院预算管理的体系

（一）医院预算管理背景

1. 法律和制度要求 我国在1994年3月22日颁布了《中华人民共和国预算法》；2010年12月28日印发的《医院财务制度》第十条中提出医院要实行全面预算管理；2021年5月14日，国务院办公厅《关于推动公立医院高质量发展的意见》（国办发〔2021〕18号）对公立医院提出了构建新体系、引领新趋势、提升新效能、激活新动力、建设新文化和加强党的全面领导六大重点任务。其中“提升新效能”要求公立医院要加强全面预算管理，依据医院战略发展规划和年度计划目标，贯穿预算编制、审批、执行、监控、调整、决算、分析、考核等各环节，从数量、质量、实效、成本、效益等方面实施预算绩效管理，强化预算约束，促进资源有效分配和使用，定期公开医院相关财务信息。

2. 医院可持续发展的要求 预算存在上下限。医院预算存在一个“看不见的天花板”，如有些企业无节制地扩张，突破了自身可控制的上限，最终走向破产。在医院管理中要充分运用预算工具，把控好预算上限，保证医院财务风险可控。预算同样存在下限，即保障医院基本运营的刚性支出，如人员工资和水电气等运行保障支出。

医院的主要发展阶段分为初建阶段、成长阶段、稳定阶段，医院在不同发展阶段应采用不同的预算管理策略。预算管理原则上需要讲求收支平衡，但在初建阶段，医院需要大量的基础建设投入、设备投入和人员投入，有一个逐步发展、成长的过程，在此阶段，不能简单地运用平衡要求来限制医院发展。

（二）医院预算管理实践

中国有关医院预算管理的研究一直在不断发展中。在中国知网中以关键词进行搜索，相关研究可以追溯到1985年；截至2023年12月底，医院预算管理相关期刊文章共944篇，从21世纪初期相关文章的寥寥无几，到2015—2019年期间每年发表近百篇相关文章，对于医院预算管理的研究热度空前高涨，预算管理方法在医院管理实践中逐步得到推广。

公立医院通过多年的探索与研究，构建了适合医院的预算管理体系，形成了以收支平衡为起点，以社会效益最大化为管理目标，以控制成本、提高资源使用效率为预算管理重点的预算管理模式。

（三）医院预算管理外部监督

《中华人民共和国预算法》第八十九条规定：县级以上政府审计部门依法对预算执行、决算实行审计监督。对预算执行和其他财政收支的审计工作报告应当向社会公开。第九十条规定：政府各部门负责监督检查所属各单位的预算执行，及时向本级政府财政部门反映本部门预算执行情况，依法纠正违反预算的行为。

根据中共中央办公厅、国务院办公厅印发的《关于进一步推进预算公开工作的意见》的通知（中办发〔2016〕13号）要求，单位要在规定时间通过门户网站公开预决算内容，真实反映医院收支总体情况、预算执行情况和绩效管理等情况，接受社会公众查询监督。

（四）医院预算管理组织机构

按照2020年12月31日国家卫生健康委员会和国家中医药管理局印发的《公立医院全面预算管理制度实施办法》（国卫财务发〔2020〕30号）要求，医院应当建立健全预算管理组织机构，建立由预算管理委员会、预算管理办公室、预算归口管理部门和预算科室组成的预算管理组织体系，确保医院所有部门、所有科室均纳入预算管理体系，确保预算责任能够分解落实到各级预算责任单元。

预算管理委员会是医院预算管理工作的领导机构，主要负责人任主任，总会计师或分管财务工作的院领导任副主任，相关职能部门负责人任委员。预算管理委员会的主要职责包括：审议医院预算管理制度、预算方案和预算调整方案、预算编制和执行中的重大问题、预算执行报告、决算报告等预算管理工作中的重大事项。

预算管理委员会下设预算管理办公室，牵头负责预算管理日常工作。办公室设在预算管理部门或财务部门，部门负责人任办公室主任。医院根据规模和业务量大小，明确负责预算管理工作人员，各归口部门、各预算科室要设立兼职预算员。

预算管理办公室的主要职责包括：拟定各项预算管理制度，组织、指导预算归口管理部门和相关预算科室编制预算，对预算草案进行初步审查、协调和平衡，汇总编制医院全面预算方案，检查预算执行情况并编制报告，组织编制医院决算报告，开展预算绩效考核评价及编制报告等。

预算归口管理部门包括收入预算归口管理部门和支出预算归口管理部门。预算归口管理部门的主要职责包括：牵头会同预算科室编制归口收入、支出预算，并监督归口收入、支出的预算执行情况。

收入预算归口管理部门主要包括医务、财务、科研、教学、医保等业务管理部门，负责编制医院收入预算。其中，医疗收入预算不得分解下达至各临床、医技科室，效率类、结构类指标可分解下达。

支出预算归口管理部门包括人事、总务、设备、药剂、基建、信息、科研、教学等业务管理部门，其职能划分应当能够覆盖医院全部支出业务，且责任分工清晰明确。

预算科室包括医院所有临床、医技等科室以及行政后勤等全部预算责任单元，是全面预算管理执行层。预算科室的主要职能包括：在预算管理办公室和预算归口管理部门的指导下，开展本科室预算管理工作。

第二节　医院预算管理的政策体系

一、预算管理政策时间轴

（一）《中华人民共和国预算法》

为了规范政府收支行为，强化预算约束，加强对预算的管理和监督，建立健全全面规范、公开透明的预算制度，保障经济社会的健康发展，制定《中华人民共和国预算法》（简称《预算法》），于1994年3月22日第八届全国人民代表大会第二次会议通过。根据2014年8月31日第十二届全国人民代表大会常务委员会第十次会议《关于修改〈中华人民共和国预算法〉的决定》，第一次修正《预算法》；根据2018年12月29日第十三届全国人民代表大会常务委员会第七次会议《关于修改〈中华人民共和国产品质量法〉等五部法律的决定》，第二次修正《预算法》。

《预算法》明确了预算内容、预算原则、预算管理职权、预算收支范围和法律责任，并对预算和决算的编制、审查、批准、监督，以及预算的执行和调整提出具体要求。其中，第五条明确预算包括一般公共预算、政府性基金预算、国有资本经营预算、社会保险基金预算。详见图8-1。

《预算法》第三条中明确，国家实行一级政府一级预算，设立中央，省、自治区、直辖市，设区的市、自治州，县、自治县、不设区的市、市辖区，乡、民族乡、镇五级预算。作为事业单位的公立医院的预算，按照上级主管部门的预算层级分别纳入“一般公共预算－中央一般公共预算－中央各部门（含直属单位）的预算”或“一般公共预算－地方各级一般公共预算－本级各部门（含直属单位）的预算”。如果作为事业单位的公立医院有纳入国有资本经营预算实施范围的企业，按照国有资本经营预算管理相关规定执行。

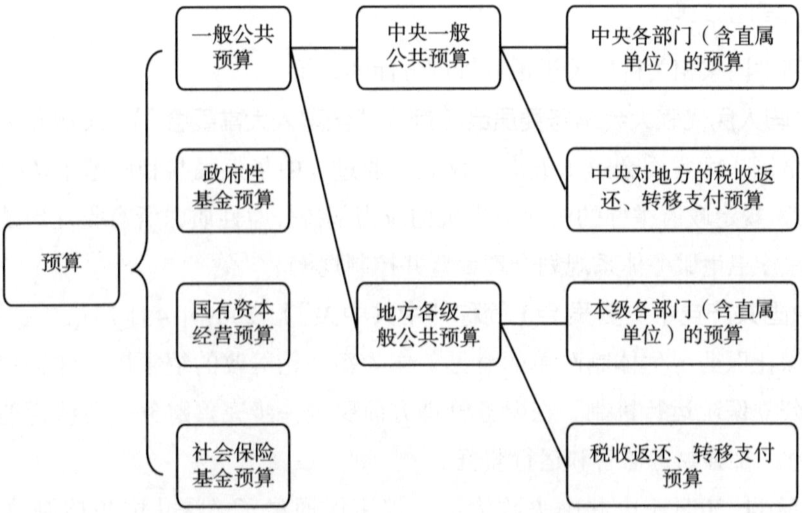

图8-1 《中华人民共和国预算法》预算分类

知识链接 / 一般公共预算、国有资本经营预算

《中华人民共和国预算法》第六条：一般公共预算是对以税收为主体的财政收入，安排用于保障和改善民生、推动经济社会发展、维护国家安全、维持国家机构正常运转等方面的收支预算。

《国务院关于试行国有资本经营预算的意见》（国发〔2007〕26号）：国有资本经营预算，是国家以所有者身份依法取得国有资本收益，并对所得收益进行分配而发生的各项收支预算。

（二）《中华人民共和国预算法实施条例》

1995年11月22日中华人民共和国国务院令第186号发布《中华人民共和国预算法实施条例》（简称《实施条例》），2020年8月3日通过中华人民共和国国务院令第729号修订该实施条例，细化了《预算法》有关规定，将财税体制改革和预算管理实践成果以法规形式固定下来。《实施条例》进一步规范部门预算管理，提高预算编制的完整性；进一步规范预算执行，强化全流程管理；进一步深化预算绩效管理，提高资金使用效益；进一步加大预算信息公开力度，增强预算透明度。

（三）其他政策

以下列举国家相关机构关于预算管理方面的政策。

1. 全国人民代表大会常务委员会（简称“全国人大常委会”） 2019年12月28日，第十三届全国人大常委会第十五次会议表决通过《中华人民共和国基本医疗卫生与健康促进法》，规定政府举办的医疗卫生机构应当坚持公益性质，所有收支均纳入预算管理，按照医疗卫生服务体系规划合理设置并控制规模。

2. 中国共产党中央委员会（简称“中共中央”） 2009年4月7日，《中共中央 国务院关于深化医药卫生体制改革的意见》作为新一轮医改的纲领性文件，其中要求建立规范的公立医院运行机制，在财务管理方面要进一步完善财务、会计管理制度，严格预算管理，加强财务监管和运行监督。

2014年6月30日，中共中央政治局会议审议通过了《深化财税体制改革总体方案》，在改进预算管理制度方面，以推进预算公开为核心，把建立透明预算制度放在预算改革首位；强调改进年度预算控制方式，建立跨年度预算平衡机制，实行中期财政规划管理，研究编制三年滚动财政规划。

2016年2月23日，中共中央办公厅、国务院办公厅印发《关于进一步推进预算公开工作的意见》的通知，提出了中央和地方使用财政资金的部门和单位应当积极推进部门预决算公开。以公开为常态、不公开为例外，积极稳妥公开本部门和单位预决算（涉密信息除外）。通过预决算公开促进财税体制改革和其他相关领域改革，为实现国家治理体系和治理能力现代化提供动力。各部门各单位预决算公开的内容包括本部门本单位职责、机构设置、一般公共预算收支情况、政府性基金预算收支情况、机关运行经费情况等，涵盖财政拨款收支情况、非财政拨款收支情况。各部门各单位应当及时公开政府采购信息，结合工作进展情况逐步公开预算绩效信息和国有资产占有使用情况。

2018年9月1日，《中共中央 国务院关于全面实施预算绩效管理的意见》（中发〔2018〕34号），对全面实施预算绩效管理进行统筹谋划和顶层设计，是新时期预算绩效管理工作的根本遵循。实施预算绩效管理，更加注重结果导向、强调成本效益、硬化责任约束，力争用3~5年时间基本建成全方位、全过程、全覆盖的预算绩效管理体系，实现预算和绩效管理一体化，着力提高财政资源配置效率和使用效益，改变预算资金分配的固化格局，提高预算管理水平和政策实施效果，为经济社会发展提供有力保障。

3. 国务院 2014年9月26日，国务院印发《关于深化预算管理制度改革的决定》（国发〔2014〕45号），对改进预算管理制度提出了明确要求，立足于改进预算管理，实施全面规范、公开透明的预算制度。

2015年1月3日，国务院《关于实行中期财政规划管理的意见》（国发〔2015〕3号）中明确实行中期财政规划管理，由财政部门会同各部门研究编制三年滚动财政规划，对未来三年重大财政收支情况进行分析预测，对规划期内一些重大改革、重要政策和重大项目，研究政策目标、运行机制和评价办法，通过逐年更新滚动管理，强化财政规划对年度预算的约束性，有利于实现财政可持续发展。

2017年7月14日，国务院办公厅《关于建立现代医院管理制度的指导意见》（国办发〔2017〕67号）在健全财务资产管理制度方面，要求建立健全全面预算管理，公立医院作为预算单位，所有收支纳入部门预算统一管理。

2021年3月7日，国务院《关于进一步深化预算管理制度改革的意见》（国发〔2021〕5号）中明确了六个方面的重点改革措施：一是加大预算收入统筹力度，盘活各类存量资源；二是规范预算支出管理，加强重大决策部署财力保障，合理安排支出预算规模，大力优化支出结构，推进支出标准体系建设；三是严格预算编制管理，将项目作为部门和单位预算管理的基本单元，预算支出全部以项目形式纳入预算项目库；四是强化预算执行和绩效管理，增强预算约束力，强化预算对执行的控制，推动预算绩效管理提质增效；五是加强风险防控，增强财政可持续性；六是增强透明度，改进预决算公开，提高预算管理信息化水平。

2021年5月14日，国务院办公厅《关于推动公立医院高质量发展的意见》（国办发〔2021〕18号），要求公立医院发展方式从规模扩张转向提质增效，运行模式从粗放管理转向精细化管理，资源配置从注重物质要素转向更加注重人才技术要素。在提升公立医院高质量发展新效能部分，强调加强全面预算管理。

4. 财政部　2010年12月28日，财政部和卫生部联合修订《医院财务制度》，明确医院要实行全面预算管理。

2015年5月，财政部《关于印发〈中央部门预算绩效目标管理办法〉的通知》（财预〔2015〕88号）进一步规范中央部门预算绩效目标管理。文件明确，按照预算支出的范围和内容划分绩效目标包括基本支出绩效目标、项目支出绩效目标和部门（单位）整体支出绩效目标；按照时效性划分，包括中长期绩效目标和年度绩效目标。对绩效目标的设定、审核、批复、调整与应用提出要求。

2017年6月，财政部《关于进一步完善中央部门项目支出预算管理的通知》（财预〔2017〕96号）提出加强项目评审、评估和绩效评价；完善激励约束机制，绩效评价结果与项目支出预算安排挂钩，预算评审情况与部门整体预算安排挂钩。

2018年11月，财政部发布《关于贯彻落实〈中共中央 国务院关于全面实施预算绩效管理的意见〉的通知》（财预〔2018〕167号），从充分认识全面实施预算绩效管理的重要意义、结合实际制定贯彻落实方案、抓好预算绩效管理的重点环节、加强绩效管理监督问责和健全工作协调机制五方面贯彻落实全面预算绩效管理。

2019年7月26日，财政部印发《中央部门预算绩效运行监控管理暂行办法》(财预〔2019〕136号)，文件明确由财政部、中央部门及其所属单位依照职责，对预算执行情况和绩效目标实现程度开展监督、控制和管理，按照“全面覆盖、突出重点，权责对等、约束有力，结果运用、及时纠偏”的原则，由财政部统一组织、中央部门分级实施。

2020年2月25日，财政部印发《项目支出绩效评价管理办法》(财预〔2020〕10号)，文件明确由财政部门、预算部门和单位，依据设定的绩效目标，对项目支出的经济性、效率性、效益性和公平性进行客观、公正地测量、分析和评判。

2020年2月27日，财政部《关于印发〈预算管理一体化规范(试行)〉的通知(财办〔2020〕13号)，提出将制度规范与信息系统建设紧密结合，用系统化思维全流程整合预算管理各环节业务规范，通过将规则嵌入系统强化制度执行力，为完善标准科学、规范透明、约束有力的预算制度提供基础保障。

2021年4月7日，财政部《关于推进部门所属单位预算公开工作的指导意见》，要求各级财政部门和各部门、各单位要高度重视，提高认识，坚持以公开为常态、不公开为例外，明确和落实工作责任，夯实部门所属单位主体责任，切实履行职责，做好相关工作。

2021年8月18日，财政部《关于印发〈中央部门项目支出核心绩效目标和指标设置及取值指引(试行)〉的通知》(财预〔2021〕101号)，明确了指标设置思路，突出了高度关联、重点突出、量化易评的指标设置原则，规范了绩效指标类型和设置要求，并细化了绩效指标的具体编制方法。

2022年4月8日，财政部印发《关于推广实施中央预算管理一体化建设的通知》(财办〔2022〕19号)，要求在已经基本确立的现代预算制度框架基础上，加强财政工作数字化转型与预算制度改革的衔接。于2022年在中央各部门和预算单位推广实施中央预算管理一体化系统。

5. 国家卫生健康委员会 2006年10月23日，《卫生部关于全面推行医院院务公开的指导意见》(卫医发〔2006〕428号)中，向内部职工公开的医院院务主要内容中含年度财务预、决算主要情况。

2019年12月12日，国家卫生健康委员会印发《预算项目支出绩效指标库(2020年版)》。

2020年12月31日，国家卫生健康委员会、国家中医药管理局印发《公立医院全面预算管理制度实施办法》(国卫财务发〔2020〕30号)，要求公立医院实施全面预算管理工作，严格预算管理，强化预算约束，规范公立医院经济运行，提高资金使用和资源利用效率，根据相关政策文件，结合医院经济运行实际制定该实施办法。

2021年3月15日，国家卫生健康委员会办公厅印发《医院智慧管理分级评估标准体系（试行）》，指导医疗机构科学、规范开展智慧医院建设，提升医院管理精细化、智能化水平。针对医院管理的核心内容，从智慧管理的功能和效果两个方面进行评估，对评估结果进行分级。其中在财务资产管理方面，对预算智慧管理提出具体要求。

2021年4月12日，国家卫生健康委员会、财政部、国家中医药管理局印发《卫生健康领域全面实施预算绩效管理实施方案》（国卫财务发〔2021〕14号），推动卫生健康领域全面实施预算绩效管理工作，建成全方位、全过程、全覆盖的卫生健康预算绩效管理体系。

2022年4月24日，国家卫生健康委员会办公厅印发《关于做好中央预算管理一体化实施工作的通知》（国卫办财务函〔2022〕130号），要求全面、准确掌握预算管理一体化建设总体要求，切实转变预算管理理念，健全完善单位预算管理制度、财务管理制度和内部控制制度，强化预算绩效管理，进一步提升预算和财务管理水平。

二、预算管理的关键环节

上一部分按时间顺序全面梳理了预算管理相关的国家制度要求，本部分整理汇总了国家政策文件中对于“预算编制、预算执行和控制、预算调整、预算考核、预算绩效管理、预算公开”六项关键环节的主要制度要求，见表8-1。

表8-1　预算管理关键环节的主要制度要求汇总

关键环节	关键内容	主要制度要求	制度来源
预算编制	编制时间	按照国务院规定的时间编制预算草案	《中华人民共和国预算法》
	编制原则	坚持以收定支、收支平衡、统筹兼顾、保证重点的原则，不得编制赤字预算	《医院财务制度》
	编制内容	所有收支全部纳入预算管理	《中共中央 国务院关于深化医药卫生体制改革的意见》 《医院财务制度》 《中华人民共和国基本医疗卫生与健康促进法》
		实行中期财政规划管理，编制三年滚动财政规划	《中共中央政治局 深化财税体制改革总体方案》
预算执行和控制	管理和监督	支出必须按预算执行，不得虚假列支	《中华人民共和国预算法》
		对预算支出情况开展绩效评价	

续 表

关键环节	关键内容	主要制度要求	制度来源
预算执行和控制	管理和监督	严格执行预算，强化预算约束，不得擅自扩大支出范围、提高开支标准	《中华人民共和国预算法实施条例》
		定期向本级政府财政部门报送预算执行情况和绩效评价报告	
	制度建设	制定单位预算执行制度，建立健全内部控制机制	
	过程控制	定期将执行情况与预算进行对比分析，及时发现偏差、查找原因，采取必要措施	《医院财务制度》
		改进年度预算控制方式，建立跨年度预算平衡机制	《中共中央政治局 深化财税体制改革总体方案》
预算调整	严格控制	严格控制不同预算科目、预算级次或者项目间的预算资金调剂	《中华人民共和国预算法》
		财政部门核定的财政补助等资金预算及其他项目预算执行中一般不予调整	《医院财务制度》
	调整条件	事业发展计划有较大调整；根据国家有关政策需要增加或减少支出，对预算执行影响较大	
	调整流程	按规定程序提出调整预算建议，经主管部门审核后报财政部门按规定程序调整预算；收入预算调整后，相应调增或调减支出预算	
预算考核	考核内容	将预算执行结果、成本控制目标实现情况和业务工作效率等一并作为内部业务综合考核的重要内容	《医院财务制度》
	结果应用	建立与年终评比、内部收入分配挂钩机制	
		按10%设置预算评审容忍度，财政部开展的项目预算评审，凡整体审减率超出容忍度的部门，要压减部门下一年度预算，并扣减三年支出规划数	《财政部关于进一步完善中央部门项目支出预算管理的通知》
预算绩效管理	管理范围	覆盖各级预算单位和所有财政性资金	《国务院关于深化预算管理制度改革的决定》
		绩效评价重点由项目支出拓展到部门整体支出	《国务院关于进一步深化预算管理制度改革的意见》
	制度建设	完善预算绩效管理流程；健全预算绩效标准体系	《中共中央 国务院关于全面实施预算绩效管理的意见》
	事前绩效评估	论证立项必要性、投入经济性、绩效目标合理性、实施方案可行性、筹资合规性等	
	目标设定	“谁申请资金，谁设定目标”；绩效目标要能清晰反映预算资金的预期产出和效果，并细化、量化为绩效指标	财政部关于印发《中央部门预算绩效目标管理办法》的通知

续 表

关键环节	关键内容	主要制度要求	制度来源
预算绩效管理	目标设定	包括成本指标、产出指标、效益指标和满意度指标	财政部《关于印发〈中央部门项目支出核心绩效目标和指标设置及取值指引（试行）〉的通知》
	事中运行监控	对绩效目标实现程度和预算执行进度实行“双监控”	《中共中央 国务院关于全面实施预算绩效管理的意见》
		每年8月开展一次中期绩效监控汇总分析	财政部《中央部门预算绩效运行监控管理暂行办法》
	事后绩效评价	通过自评和外部评价相结合的方式开展	《中共中央 国务院关于全面实施预算绩效管理的意见》
	结果应用	绩效评价结果作为调整支出结构、完善财政政策和科学安排预算的重要依据	《国务院关于深化预算管理制度改革的决定》
	责任约束	单位主要负责同志对本单位预算绩效负责，项目责任人对项目预算绩效负责，对重大项目的责任人实行绩效终身责任追究制	《中共中央 国务院关于全面实施预算绩效管理的意见》
预算公开	基本原则	公开为常态，不公开为例外	中共中央办公厅国务院办公厅印发《关于进一步推进预算公开工作的意见》的通知
	公开时间	在部门批复后20日内由单位向社会公开	《中华人民共和国预算法》
	公开内容	公开基本支出和项目支出。按其功能分类公开到项；按其经济性质分类，基本支出公开到款	
		说明单位职责及机构设置情况、预决算收支增减变化、“三公”经费、政府采购等重点事项，结合工作进展情况逐步公开国有资产占用、预算绩效管理等情况，涉及国家秘密的除外	《财政部关于推进部门所属单位预算公开工作的指导意见》
	公开方式	在本单位门户网站公开	

第三节 医院预算管理实务

一、预算管理的基本原则

（一）战略性原则

坚持以战略发展规划为导向，确定年度计划目标并合理配置资源，实现可持续健康发展。

（二）全面性原则

实行全口径、全过程、全员性、全方位预算管理，覆盖人、财、物全部资源，贯穿预算编制、审批、执行、监控、调整、决算、分析和考核等各个环节。

（三）约束性原则

强化预算硬约束，原则上预算一经批复不得随意调整。要明确预算执行管理责任，严格执行已经批复的预算，增强预算统筹能力。

（四）绩效性原则

建立“预算编制有目标、预算执行有监控、预算完成有评价、评价结果有反馈、反馈结果有应用”的全过程预算绩效管理机制，推进预算效益效果提升。

树立绩效管理理念，逐步建立健全绩效管理机制。在预算编制时设置绩效目标，对预算执行和绩效目标完成情况进行追踪问效，绩效评价结果与下一年度预算安排挂钩。不断提高预算资金的支出效果和使用效益。

（五）适应性原则

符合国家有关规定和医院实际，依据外部政策环境和医院经济活动变化，及时调整完善预算管理制度、机制、流程、办法和标准。

二、预算内容

《公立医院全面预算管理制度实施办法》规定，医院预算包括业务预算、收入费用预算、筹资投资预算。

（一）业务预算

业务预算主要反映医院开展日常运营活动的预算，包括医疗业务工作量预算、财政专项预算、科研教学项目预算等，是收入费用预算、筹资投资预算编制的主要基础和依据。

（二）收入费用预算

收入费用预算主要反映预算期内与医院业务活动直接相关的预算，包括收入费用总预算、医疗收入和医疗费用预算（包括管理费用预算）、财政补助收入费用预算、科教项目收入费用预算和其他收入费用预算。

（三）筹资投资预算

筹资投资预算主要反映预算期内医院进行筹资活动和投资活动的预算。

筹资预算主要指借款预算、融资租赁预算和引入第三方合作预算。医院借款、融资租赁和第三方合作必须符合国家有关政策规定。

投资预算主要包括设备、车辆和无形资产购置预算，基本建设和大型修缮预算，对外投资预算等。

知识链接 / 公立医院筹资投资相关政策规定

国家卫生健康委员会、国家中医药管理局《关于印发公立医院全面预算管理制度实施办法的通知》（国卫财务发〔2020〕30号）中，关于公立医院筹资投资相关政策规定介绍如下。

第十四条：医院对外投资主要包括认购国债、全资或与第三方合作举办独立法人的非营利性医疗卫生机构等。医院对外投资的资产来源和投资范围必须符合国家有关政策规定。

第十七条：严格控制对外投资，投资范围仅限于医疗服务相关领域，不得使用财政拨款、财政拨款结余对外投资，不得从事股票、期货、基金、企业债券等投资。防范财务风险，加强应收应付预算管理，严格控制借款规模；确需借入或融资租赁的，应当按照规定报批；严禁举债建设。

三、预算编制

（一）预算编制方法

在预算编制过程中，针对不同的业务性质和预算项目的特点，合理选择并灵活运用不同的预算编制方法：按照编制时间是否固定，分为定期预算和滚动预算；按照编制所依据的业务量是否可变，分为固定预算和弹性预算；按照编制的基础数据是否确定，分为增量预算和零基预算。

1. 定期预算　是以不变的会计期间作为预算期间的一种预算编制方法，主要适用于内外部环境相对稳定的、有周期性规律的业务活动和预算项目，可与固定预算法、增量预算法等编制方法综合运用。

定期预算法的主要优点是有利于将实际结果与预算数进行比较、分析和评价；主要缺点是不利于长期规划在各个预算期间的衔接，不利于业务活动的全过程预算管理。

2. 滚动预算 是与定期预算相对应的一种预算编制方法，是按照“近细远粗”的原则，根据上一期间预算执行情况和重新测算结果，按照既定的预算编制周期和滚动频率，对原有的预算方案进行调整和补充，逐期滚动，持续推进的预算编制方案，可与弹性预算综合运用。如按照三年滚动方式编制的中期财政规划，第一年预算执行结束后，对后两年规划及时进行调整，再添加一个年度规划，形成新一轮中期财政规划。

滚动预算的主要优点是能够实现预算的动态反映和跨期平衡，强化预算控制功能；主要缺点是预算编制工作量大，沟通成本高。

3. 固定预算 是指以预算期间内正常的、最可能实现的某一业务量水平为固定基础，不考虑可能发生的变动来编制预算。主要适用于业务量水平较为稳定的费用预算的编制，如延续性的维修维保合同预算、长期租赁合同预算等。

固定预算的主要优点是编制方法相对简单，编制依据较为固定且易于取得和审核；主要缺点是容易忽略外部环境、部门职责和业务量的变化，造成资源配置冗余和浪费。

4. 弹性预算 是与固定预算相对应的一种预算编制方法，是指在分析业务量与预算项目之间数量依存关系的基础上，分别确定不同业务量及其对应预算项目所消耗资源的预算编制方法。收入和大部分类型的运营支出预算均可以采用这一方法，以业务量的增减变化为基础进行编制，如药品耗材、后勤保障物资、水电气费用、绩效工资等。

弹性预算的主要优点是充分考虑了预算期间内不同事项的业务量变化，更贴近实际情况；主要缺点是编制工作量大、方法相对复杂，能否依据内外部环境和发展规划合理准确预计业务量，能否合理分析并确定业务量与预算项目关联关系，直接影响预算编制的准确性。

5. 增量预算 是指以历史期实际业务活动及其预算为基础，综合预算期间内业务活动及相关影响因素的变动情况，通过调节历史期业务活动项目及金额形成预算的编制方法。

增量预算将注意力主要集中在计划与以前年度支出水平相比所产生的变化量上，默认增量的“基础”是大家所认可的，无须进行额外检查或评估的，将“增量”视为判断和分析的重点，如医院人员费用中国家规定的基本工资、津贴补贴和社会保险缴费需求测算，一般将人数和标准变化作为参考依据。

增量预算的主要优点是编制方法相对简单，省时省力；主要缺点是随着预算规模逐步扩大，容易造成预算松弛及资源浪费，且历史数据形成的环境发生变化时会影响预算编制的准确性。

6. 零基预算 是与增量预算法相对应的一种预算编制方法，是指医院不以历史期业务活动及其预算为基础，以零为起点，从实际需要出发分析预算期间内业务活动的合理性，形成预算的编制方法。

零基预算适用于不经常发生的或预算编制基础变化较大的预算项目，在编制医疗设备购置、信息化建设项目、基本建设和大型修缮预算时会用到零基预算。

零基预算的主要优点是不会受到历史期业务活动中不合理因素的影响，预算编制更贴近预算期间内实际业务和资金需求；主要缺点是预算编制工作量大、成本较高，且预算编制的准确性受预算项目方案和相关数据标准准确性的影响较大。

（二）预算编制流程

1. 预算编制的关注点 医院应重视预算编制工作，完整、准确、及时地完成预算编制工作。根据医院特点和有关要求，预算编制应当统筹考虑以下方面。

（1）合法合规：编制要符合《中华人民共和国预算法》和其他法律法规的要求，充分体现国家的方针政策。预算安排的收入和支出项目的内容、范围、标准等要以国家法律法规为依据编列。

（2）体现公益性：编制应坚持公益性，正确处理社会效益和经济效益的关系，在保障基本医疗服务正常有序开展的基础上，提高医疗服务质量和水平，促进医院发展。

（3）厉行节约：不折不扣落实过“紧日子”要求，量入为出，从严从紧编制预算。优化支出结构，严控一般性、非刚性支出。

（4）以战略为导向：医院的预算编制坚持以战略发展规划为导向，根据区域卫生健康规划、卫生资源配置标准和年度事业发展计划，将战略目标和业务计划具体化、数量化，科学预测年度收入支出目标，合理配置内部资源，促使医院战略更好地“落地”。也就是说，医院年度经营目标必须从医院战略出发，而不是仅从医院所拥有的资源出发，以确保年度经营目标和医院战略目标一致。正确的理念是：战略要求我们达到的目标是什么？我们该如何实现？为了实现这些目标我们需要哪些资源？

（5）全面反映：医院在编制预算时，应当将所有收入和支出全部涵盖在内，实行统一核算、统一管理，全面、准确地反映各项收支情况。各项收入预算需结合近几年实际取得的收入并考虑增收减收因素测算，不能随意夸大或隐瞒收入；支出要按规定的标准，结合近几年实际支出情况测算，不得随意虚列支出。

（6）保证基本、支持重点：编制预算时，有两部分基本支出必须优先予以保证，一是刚性支出，如人员工资、水电气费等；二是满足医疗活动必不可少的支出，如药品、卫生材料、必要的设备购置等。支持重点就是要基于医院的资源，将需要完成的事项按照重要性进行排序，保证重点事项的完成。

（7）充分论证：医院的预算编制要充分听取医院领导班子、各职能部门、业务部门和专家的意见，实行民主决策。

2. 预算编制的内容和流程

（1）编制内容：作为事业单位的公立医院，按照上级主管部门的要求上报部门预算。比如，国家卫生健康委员会预算管理医院，应按照国家卫生健康委员会的要求，遵循“二上二下”程序，结合单位事业发展需求编制部门预算，将单位全部收支纳入预算编制范围。

在预算编制准备阶段，医院要牢固树立“先谋事后排钱”“先有项目再安排预算”的理念，开展项目储备，提前启动项目论证、立项和申报入库等工作。全部预算支出均应以预算项目的形式纳入项目库，为后续部门预算编制和执行等打好基础。

预算项目是预算管理的基本单元，根据项目类别划分为人员类项目、运转类项目（包括公用经费项目和其他运转类项目）和特定目标类项目。其中，人员类项目支出和运转类项目中的公用经费项目支出对应目前的基本支出，其他运转类项目支出和特定目标类项目支出对应目前的项目支出。图8-2为预算项目类别。

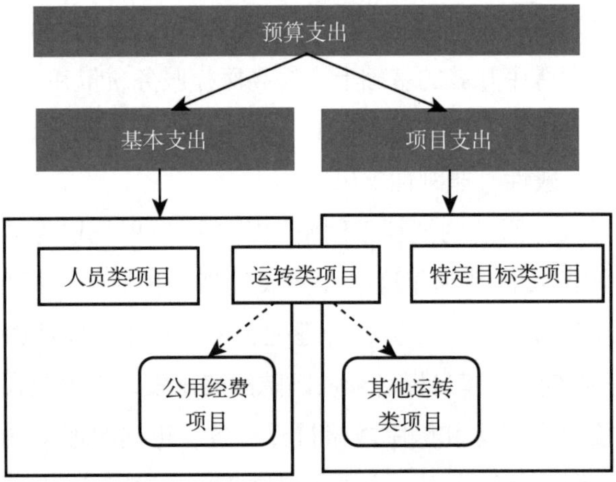

图8-2　预算项目类别

知识拓展／预算项目类别及含义

人员类项目：指预算单位有关人员的工资福利支出、对个人和家庭的补助支出项目。

运转类项目：指预算单位为保障其机构自身正常运转，完成日常工作任务所发生的公用经费项目和专项用于大型公用设施、大型专用设备、专业信息系统运行维护等的其他运转类项目。

特定目标类项目：指预算单位为完成其特定的工作任务和事业发展目标所发生的支出项目。

在预算编制“一上”阶段，医院按照规定填报基础信息数据，人员编制、实有人数、机构设置等情况如果较上年有变化的，需说明原因并提供证明文件；申报三年财政滚动项目，填报项目申报文本并完成项目论证，填报中期和年度绩效目标及相应绩效指标；医院通过租用、购置、建设等方式配置的资产，应当按规定编制年度新增资产配置相关预算；编制住房改革支出预算，优先消化财政拨款结转资金，动用公房出售收入和其他资金；进行养老保险和医疗保险单位缴费补助支出测算；预计非财政拨款收支情况。

在预算编制“二上”阶段，医院根据财政部下达的“一下”控制数，编制医院全部收入和支出预算。医院要充分、合理预计各项收入，按规定全部纳入预算统筹安排使用；合理编制包含财政拨款和非财政拨款在内的全口径支出预算，细化到支出经济分类款级科目；重大支出要履行事前论证、决策、审批等程序。如基本建设等需审批类支出，按照“先审批后预算”原则，纳入预算前需取得国家发改委等部门关于项目实施方案和概算的批复文件；充分预计项目支出结转资金，按规定列入“二上”预算，并结转下年按原用途继续使用；严格按照有关规定和支出经济分类科目说明的口径编列“三公”经费预算；部门预算支出凡涉及政府采购的均应编制政府采购预算。

知识拓展 / 政府收支分类改革

按照2006年2月《财政部关于印发政府收支分类改革方案的通知》要求，自2007年1月1日起全面实施政府收支分类改革，改革后的政府收支分类体系由“收入分类”“支出功能分类”“支出经济分类”三部分构成。收入分类主要反映政府收入的来源和性质，设置类、款、项、目四级；支出功能分类按政府的职能和活动设置科目，设置类、款、项三级；支出经济分类主要反映政府支出的经济性质和具体用途，设置类、款两级。

部门预算的编制要求，强化了医院工作的计划性，医院要提前做好战略规划，各科室做好工作计划，以满足部门预算编制的时间及内容要求，见图8-3。

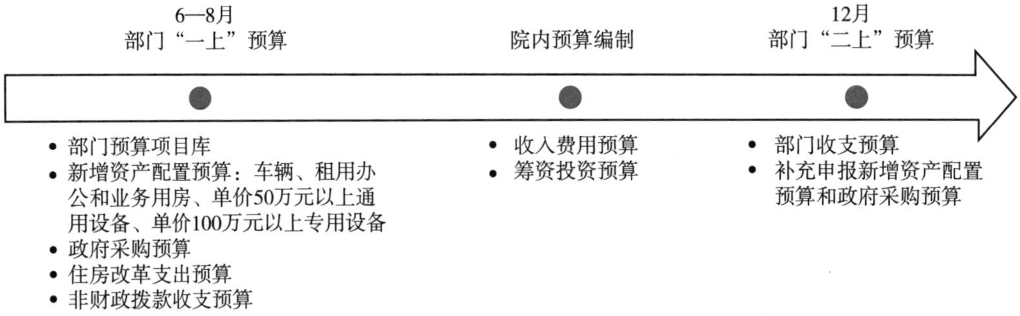

图8-3　医院预算编制时间及内容

注：院内预算编制时间由医院自行安排。

（2）院内预算：具有落实医院战略、优化资源配置的功能。本着“预算跟着事项走，事项跟着规划走，规划跟着目标走”的管理思路，将医院整体战略目标分解为年度经营目标，再将年度经营目标层层分解为各科室以及每个职工的工作计划，将工作计划转化为具体的预算事项，据此编制业务预算，以业务预算为基础，编制收入费用预算、筹资投资预算。

医院预算编制应按照“上下结合、分级编制、逐级汇总”的程序，层层组织做好预算编制工作，见图8-4。

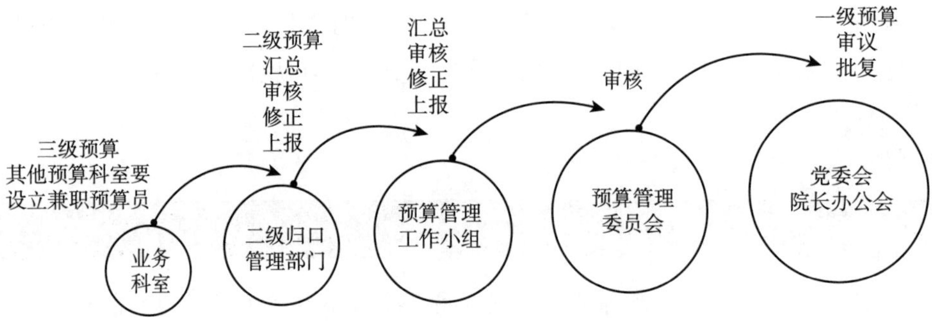

图8-4　医院预算编制程序

医院预算编制主要包括以下四方面的工作。

1）启动预算编制工作：医院年度预算编制的起点是明确医院下一年度发展规划和工作计划，一般以预算编制专题会议的形式，由预算管理办公室组织召开，传达年度预算总体目标、预算管理要求、预算编制要点、预算表格填报说明和时间要求等。

同时，预算管理办公室应通过解读制度和编制说明、开展培训等多种形式帮助科室了解需要提交的预算信息和应掌握的相应标准，指导预算归口管理部门和相关预算科室编制预算。避免负责编制预算和最终执行预算的部门不了解预算的基础原理，避免预算沟通过程的价值大打折扣、预算承诺难以落实，导致编制无效的预算。

2）申报预算需求：各预算科室，包括医院所有临床、医技等科室以及行政后勤等全部预算责任单元，是预算管理执行层，应设立兼职预算员，按照预算总体目标，结合本科室下一年度工作计划，据实编制预算需求，并根据不同事项分别报送对应的预算归口管理部门。

在预算编制过程中要充分发挥医院各专业委员会的作用，依托专业委员会对于业务的熟悉度和专业优势，对预算进行严格审核。例如，设备部门在汇总各科室的设备购置需求后，对同类设备存量情况、年工作量、使用效率、投资回收期、是否需要更新、可否在院内调配、新增资产效益测算等多维度进行评价和论证，提交专业委员会进行审核。

3）编制预算草案：预算管理办公室对预算需求进行初步审查、协调和平衡，综合运用固定预算、弹性预算、增量预算、零基预算等预算编制方法，审核数据的完整性、合理性、与目标的一致性；确保基本建设、大型设备购置和其他重点项目等进行了充分论证；统筹考虑公益性和厉行节约的方针，按照“以收定支、收支平衡、统筹兼顾、保证重点”的编制原则，汇总编制医院全面预算草案，并提交预算管理委员会审议。

4）审议批准预算方案：预算管理委员会对预算草案和预算编制中的重大事项进行审议，预算草案提交党委会、院长办公会审议。预算管理办公室按照审议结果对医院年度预算草案进行修正，向各预算归口管理部门反馈结果并指出变化。预算归口管理部门将修正后的预算指标分解下发至各预算科室。各预算科室结合本科室工作计划进行修正并再次上报。按照“二上二下”的路径，通过上下结合反复修改形成医院年度预算方案并下发执行，同时按照部门预算编制要求上报主管部门。

按照国务院《关于进一步深化预算管理制度改革的意见》要求，严格预算编制管理，将项目作为预算管理的基本单元，预算支出全部以项目形式纳入预算项目库，强化预算约束。医院预算管理要求也会随着制度的变化进一步强化。

四、预算执行

（一）预算执行与控制

预算执行是预算经过审核和批准后进入具体实施的阶段，是把预算目标变成行动的一种方式。预算执行贯穿于预算年度始终，涉及每一笔预算收支活动，是一项日常性、基础性，具有较强政策性和程序性的工作。

预算执行的目标是把预算收支的计划通过合理的组织安排和开展业务活动变为现实，促进和保障医院年度工作计划和发展规划的顺利实现。加强预算执行管控，是严格预算管理、强化预算约束、规范公立医院经济运行的一种重要手段。

1. 预算控制关注点 预算执行控制指以预算为标准，通过预算分解、过程监督、差异分析等促使日常工作不偏离预算标准的管理活动。预算控制的质量和效果直接关系到预算目标的实现，具有重要的意义，预算控制应当统筹考虑以下方面。

（1）规范性：医院应当严格执行经批复的预算，建立并完善各项预算管理规章制度，严格遵守预算执行授权审批制度和各项审批程序，将预算作为开展各项业务活动和经济活动的基本依据。

（2）全面性：预算控制必须贯穿医院各个业务过程、各个管理活动，覆盖医院所有部门和岗位。

（3）预算责任：对于预算执行部门，预算额度是一种资源，也是一种责任，预算执行部门既要合规合理使用预算资金，也要充分发挥资金使用效益。医院应当建立预算执行督导机制，建立财务与业务部门之间协调有效的工作机制，通过高效的管理措施，加快预算项目实施进度，加快预算执行进度，提高资金的使用效率。

（4）差异性：对不同的预算项目，控制方法应体现差异性。对重点预算项目严格管理；对于非重点项目应尽量简化审批流程。对于关键性指标的实现情况，应按月、按周，甚至进行实时跟踪，并对其发展趋势作出科学合理的预测。

（5）业务控制与财务控制相结合：预算控制应通过对各项业务活动及相关财务活动的审批或确认，实现业务、财务一体化的控制。通过对各种单据之间的互相核对，判断业务开展的合规性和合理性，并实施相关业务与财务控制。

2. 预算控制方法 从资源投入到目标实现是一个过程，这一过程是否符合医院预期，能否实现医院的战略目标，不仅有赖于医院预算编制的准确合理，更取决于多种控制方法的综合运用。

（1）支出范围控制：每项经费规定相应的支出范围，限定用途，确保部门工作不越位，杜绝超预算的行为发生。

（2）审批权限控制：根据预算事项的不同性质、控制要求，建立与各预算责任人相适应的授权及审批制度，分级授权，职责明确。重大事项决策、重大项目安排作为“三重一大”事项内容必须由医院领导班子集体研究作出决定。每位审批者在职责范围内，对业务事项发生的正确性、合理性、合法性加以核准。

知识链接 / “三重一大”事项

“三重一大”最早源于1996年第十四届中央纪委第六次全会公报对党员领导干部在政治纪律方面提出的要求。具体表述如下：认真贯彻民主集中制原则，凡属重大决策、重要干部任免、重要项目安排和大额度资金的使用，必须经集体讨论作出决定。

（3）刚性与柔性控制：按照“刚柔相济”的理念，严格按照预算批复方案执行，以预算值为约束指标，严禁超预算、无预算安排支出，确保预算的权威性。同时，医院业务开展有一定变动性和不确定性，所以控制要具有一定的柔性，适应形势变化。

医院应建立预算调整制度，涉及以下三个层面：一是赋予预算归口管理部门和业务科室一定的自主权，允许在规定预算项目间和额度内调剂；二是在医院层面设立后备金，以应对不确定事项，动用后备金需经过医院领导班子集体决策；三是当遇到政策变化、突发事件等客观因素影响，变化幅度超过前两个层面能应对的范围时，需要调整医院整体的预算。

（二）医院预算执行与控制实例

1. 财政资金国库集中支付管理　国库集中支付，是指部门预算财政拨款支出通过国库单一账户体系，采取财政直接支付或者财政授权支付的方式，将资金支付到收款人。

知识链接 / 财政直接支付和财政授权支付

按照中华人民共和国财政部国库司编写的《财政国库手册》：财政直接支付是指财政部向国库集中支付代理银行签发支付指令，向人民银行签发清算指令，代理银行根据支付指令通过国库单一账户体系将资金直接支付到物品、劳务供应商或最终收款人。

财政授权支付是指预算单位在财政部门授权的用款额度范围内，自行向预算单位零余额账户开户银行（即代理银行）开具支付指令，将资金支付给物品、劳务供应商或最终收款人。

国库集中支付管理主要包括用款计划管理、财政直接和授权支付、资金对账和年终结余资金管理等环节。国库集中支付的控制机制是预算指标控制用款计划，用款计划控制资金支付。

用款计划管理是医院执行部门预算财政拨款的起点，是财政直接支付和财政授权支付的主要依据。医院应当根据批复的部门预算，按照资金支付方式划分标准，编制基本支出和项目支出分月用款计划。基本支出用款计划按照年度均衡性原则编制；项目支出用款计划按照项目实施计划编制，并保持与执行一致。

医院应当在批复的用款计划额度内，按照确定的支付方式支付资金，当年累计支付金额不得超过当年累计已批复的用款计划。财政资金的支付方式实行财政直接支付和财政授权支付两种方式。

为了保障财政资金使用安全，医院应当建立岗位责任制，建立完善国库集中支付联络员机制；指定专岗负责对账业务，加强日常账务核对，保证国库集中支付资金准确无误、核对及时；建立复核机制，对账后指定专人进行复核，加强制约和监督，强化内部监管。

2. 新增资产配置与预算执行管理　医院应加强国有资产配置管理，实现资产管理与预算管理相结合，提高资产配置的科学性。医院购置、建设、租用资产应当提出资产配置需求，编制资产配置相关支出预算，并严格按照预算管理规定和财政部门批复的预算配置资产。部门预算中的新增资产配置相关预算一经批复，原则上不得调整。在预算执行中因特殊原因确需调整的，应当按照规定程序提出调整申请，经财政部门同意后方可执行。医院配置纳入政府采购范围的资产，应当按照政府采购有关法律法规及制度规定执行。

3. 政府采购与预算执行管理　医院应当加强政府采购管理，做好政府采购与预算管理的衔接，部门预算支出运转类项目和特定目标类项目涉及政府采购的，必须纳入政府采购预算编报范围，应编尽编。批复的政府采购预算是政府采购活动的依据。医院应当建立从采购预算到采购计划、计划执行、信息统计并反馈至预算编制环节的闭环管理。采购部门的预算控制是采购过程中的重要环节，实际采购的项目要做到无预算不采购。

五、预算分析和考核

（一）预算分析

医院应当建立预算执行情况分析制度，定期召开预算执行分析会议，通报预算执行情况，将预算执行情况与预算进行对比，采取改进措施，以保证预算的严肃性以及整体目标的顺利完成。

1. 预算分析的内容和流程　医院预算分析主要包括以下内容：预算编制分析，反映医院业务预算、收入费用预算和筹资投资预算等预算编制情况；预算执行分析，反映医院当期预算执行进度，进行预算执行差异原因分析；预算结果评价，全方位综合评价医院当期预算完成情况；绩效考核分析，反映医院预算绩效考核制度建立及执行情况、当期绩效目标完成情况。

预算执行分析是预算全流程管理的重要组成部分，医院应当建立分析指标预警机制，对核心指标实时监控，展现实际和预算数额以及各数值之间的差异，定期进行预算差异分析，厘清差异产生的原因。需要注意的是，正负差异同样重要，都应当受到重视。

预算管理办公室应当对医院年度预算的整体执行情况开展月度、季度和年度全面分析，定期对特定预算、特定项目开展专项分析；应当针对不同业务事项和预算项目设定不同的重要性标准，明确重点分析范围；应当通过召开预算执行分析会议等形式，对预算实际执行情况及时进行通报，组织预算归口管理部门和业务科室对预警项目和预算执行差异较大的事项进行专项分析，研究解决预算执行中存在的突出问题，提出相应的建议或改进措施，对于分析反映的突出问题编制书面报告，提交预算管理委员会研究决定。

2. 预算分析的方法　医院应当根据实际情况选择适当的方法进行预算分析，包括比较分析法、因素分析法和结构分析法等。同时，还应当充分收集有关财务、业务、政策等方面的信息资料，根据不同情况分别采用各种分析方法，从定性与定量两个方面充分反映预算执行情况。

（1）比较分析法：包括实际执行数与预算数的对比分析、同比分析、环比分析。同比分析，将本期实际数与上年同期实际数进行对比分析；环比分析，将本期实际数与上期实际数进行对比分析。

（2）因素分析法：将分析内容的构成分解为几项因素，并对这些因素进行逐一替换分析。例如，对当期实际医疗收入与预算数的差异进行计算时，分别对门急诊收入和住院收入进行分析，再进一步细化到对门急诊人次、每门急诊人次平均收费水平、出院人数、出院者平均医药费用等因素进行深入分析。

（3）结构分析法：结构是指某一子项占其总项的百分比，结构分析就是分析结构变化对预算完成情况的不同影响。例如，人员费用、药品耗材支出、后勤保障费用和科研教学投入占总支出的比例，体现了保证基本、支持重点、助力医教研协调发展的预算管理思路；医疗收入中门诊和住院收入的结构比重、医疗服务收入（不含药品、耗材收入）占医疗收入比例等，体现了深化医药卫生体制改革的政策方向和目标。

（二）预算考核

预算考核是预算管理的重要环节，具有承上启下的作用。医院应当建立从编制、执行过程控制、分析考核等方面的预算全过程评价标准，科学合理地利用预算考核来提高预算管理水平。

1. 预算考核的关注点 预算考核是通过对各预算责任单元的预算完成情况进行检查、考核和评价，为改进预算管理提供意见和建议，是加强预算管理与监督、提高预算执行进度、保障资金使用安全、提高资金运行效率与使用效益的一种重要的预算管理手段。

预算考核的合理性和有效性，受到考核主体和对象的选择、考核标准和指标的设定、考核过程的公开透明、考核评价结果的有效落地等因素的影响。为了保证预算考核不流于形式，应统筹考虑以下方面。

（1）目标导向：预算考核的目的是更好地实现预算目标，在预算考核内容、流程和标准等体系的设计中，应围绕预算管理的目的，以考核促管理，引导各预算责任单元的行为，提高预算编制的准确性和执行的合规性，提高资源的配置效率和资金的使用效益，更好地实现医院发展规划。

（2）职责明确：预算考核体现了各预算归口管理部门和各预算科室的职责划分，是预算执行结果的责任归属过程。在预算执行和考核过程中，应明确各预算责任单元的可控范围和可控因素，以权责范围为限，对其可以控制的预算差异进行考核，作为结果应用和考核奖惩的依据。

（3）公平公正公开：预算考核的标准应该公平公正，对于相同类型的预算指标和业务事项应采用统一的考核标准，执行相同的奖励和惩罚标准。预算考核还应该以公开的预算管理考核办法为基础进行，并在一定范围内公开考核结果。

2. 医院预算考核的内容和流程 医院预算考核工作一般由预算管理办公室牵头，依据预算管理考核制度，拟定年度预算考核具体实施方案。考核内容一般分为：上级主管部门对公立医院预算组织管理工作的考核，预算管理办公室对各预算责任单元开展的年度预算工作的考核。

对预算组织管理工作的考核，是以提高预算管理精细化水平为目的，对预算管理基础和创新工作进行定性评价，预算执行情况进行定量评价。主要考核内容包括：组织机构的设置情况；预算管理制度建设和落实情况；各预算责任单元职责划分和沟通协调机制的建设情况；预算管理要求的宣传和培训情况；预算编报和执行管理情况；预算管理改革工作创新情况。

对年度预算工作的考核，一般围绕预算编制、执行控制和分析调整等环节的工作质量进行定性、定量考核，不同预算分类的考核评价侧重点不同。主要考核内容包括：预算编制的质量和及时性；预算执行的规范性和执行率；预算调整频次和幅度；预算问题反馈、分析和改进情况；预算绩效管理情况等。

在前一个预算期间结束后，由预算管理办公室负责收集、整理预算考核相关资料，主要包括：财务资料，如预算执行情况表，用于反映各预算责任单元实际执行与预算目标的差异情况；业务资料，如制度和业务流程、项目实施进度报告等，用于反映业务开展情况。基于考核资料，以拟定的年度预算考核具体实施方案为依据，对各预算责任单元进行定量与定性相结合的综合考核；就考核结果撰写考核报告，并提交预算管理委员会讨论研究，医院领导班子集体决策，确定奖惩方案。

六、预算绩效管理

（一）预算绩效管理的含义

预算绩效管理是一种注重结果导向、强调成本效益、硬化责任约束的预算管理方式；是指在预算管理中引入绩效理念，在关注预算投入的同时重视预算产出和效果，将绩效目标设定、绩效跟踪、绩效评价及结果应用纳入项目立项、预算编制、执行、监督、考核全过程，以提高资金配置的经济性、效率性和效益性为目的的一系列管理活动。

（二）全面实施预算绩效管理的思路

按照“有钱必有责，花钱必问效”的绩效管理理念，建立全方位、全过程、全覆盖的预算绩效管理体系，实现预算和绩效管理一体化。建立医院预算绩效管理制度，设置有针对性、可操作性、持续改进的院内项目预算指标库，持续推行项目预算执行进度和绩效目标实现程度“双监控”，对项目实施情况和预期目标实现情况进行考核评价，并将考核结果与下一年度预算安排挂钩。

1. 健全制度、深化认识　按照“制度先行”的理念，医院应制定预算绩效管理制度和实施细则，明确组织领导机构和工作机制，明确各部门责任分工和工作流程，健全绩效指标体系，有序推进预算绩效管理工作。建立绩效结果与预算安排和政策调整挂钩机制，强化绩效管理激励约束，从“要我有绩效”转变为“我要有绩效”。

2. 设立目标、有效评价　绩效目标是编制预算、实施绩效监控、开展绩效评价等的重要基础和依据。医院应进一步强化预算绩效目标管理，分解细化各项工作要求，结合实际情况，设置绩效目标。随着预算绩效管理工作逐步推进，医院应将绩效目标设置作为预算安排的前置条件，加强绩效目标审核，将绩效目标与预算同步批复下达，并根据设定的绩效目标开展绩效监控和绩效评价。

3. 落实责任、加强协作　医院按照预算经费“谁使用，谁负责”的原则，落实绩效管理主体责任，单位主要负责人对医院预算绩效负责，各项目执行部门负责人对项目预算绩效负责。财务部门与其他科室协同合作，建立上下协调、部门联动、层层抓落实的工作责任制，将绩效管理责任分解落实到具体执行部门、明确到具体责任人，确保每一笔资金花得安全、用得高效。

4. 全面覆盖、逐步推进 建立以绩效目标实现为导向，以绩效评价为手段，以结果应用为保障，以改进预算管理、优化资源配置、控制节约成本、提高医疗服务质量和水平为目的，贯穿预算编制、执行、监督全过程的预算绩效管理体系。将医院预算收支全面纳入绩效管理中。但由于预算绩效管理工作的复杂性，推进过程中需要循序渐进，可以从项目预算绩效开展试点，逐步覆盖医院全部预算收支。

（三）项目预算绩效的闭环管理

预算绩效管理应嵌入预算管理编制、执行和监督全过程，构建“事前评估、事中监督、事后评价”三位一体的绩效管理闭环系统，一是建立事前绩效评估机制，二是对项目执行过程实施定期或非定期的监督，三是加强绩效评价和结果应用。

1. 强化绩效目标管理 按照“谁申请资金，谁设定目标”的原则，由项目执行部门明确设定依据、设定方法以及参考标准，科学合理设定目标。绩效目标要求指向明确，与预算支出内容、范围、方向和效果等紧密相关；要体现项目实施在一定时期内所要达到的总体产出和效果；要以定量和定性相结合的方式，从成本、产出、效益和满意度四个方面细化、量化为相应的绩效指标；结合项目预期进展、预期投入等情况，确定指标的具体数值。

知识链接 / 绩效指标

绩效指标是绩效目标的细化和量化描述，主要包括成本指标、产出指标、效益指标和满意度指标。

1. 成本指标　反映预期提供的公共产品或服务所产生的成本。

2. 产出指标　是对预期产出的描述，包括数量指标、质量指标、时效指标、成本指标等。

3. 效益指标　是对预期效果的描述，包括经济效益指标、社会效益指标、生态效益指标等。

4. 满意度指标　是对预期产出和效果的满意情况的描述。

2. 事前绩效评估的主要内容 事前绩效评估是指运用科学合理的评估方法，就预算项目立项必要性、投入经济性、绩效目标合理性、实施方案可行性和筹资合规性等内容进行重点论证。事前绩效评估结果是项目申报和申报预算资金的重要参考依据。

（1）立项必要性：主要评估项目设立是否符合医院发展规划及重点工作安排。

（2）投入经济性：主要评估项目投入产出比是否合理，项目支出测算依据是否充分，成本控制措施是否科学有效等。

（3）绩效目标合理性：主要评估项目绩效目标是否明确，是否与医院发展规划、计划相符，是否有明确的产出和效益，绩效指标是否细化、量化、可衡量，指标值是否合理、可评价等。

（4）实施方案可行性：主要评估项目实施方案是否合理可行，是否明确组织管理、职责分工，是否制订有效的过程控制措施，是否建立保证项目绩效可持续发挥作用的配套机制等。

（5）筹资合规性：主要评估项目资金来源渠道、筹措程序是否合规，财政投入方式是否合理，筹资风险是否可控等。

3. 做好事中绩效运行监控　绩效监控是全过程绩效管理的必要环节，是保障绩效目标实现的机制性安排。绩效运行监控是指在预算执行过程中，对预算执行情况和绩效目标实现情况开展的监督、控制和管理活动，主要包括项目执行部门日常监控、财务部门定期监控和上级部门定期监控。

各项目执行部门应当按照“谁执行预算，谁监控目标”的原则，对项目组织实施情况、预算绩效目标完成情况、预算资金执行情况，以及日常管理工作中发现的问题和管理薄弱环节开展日常监控。对运行监控中发现的绩效目标执行偏差、预算执行进度缓慢和管理漏洞等情况，要及时查找原因，采取措施予以纠正和改进；对运行监控中发现的难点和堵点，要及时汇报，确需调整的，要按照规定时间及程序提出调整申请。

4. 开展事后绩效评价和结果应用　绩效评价是全过程绩效管理的重要环节，有利于强化医院的绩效主体责任，使预算资金使用结果从“报账单”向“成绩单”转变。

绩效评价是指根据设定的绩效目标，依据规范的程序，对预算资金的投入、使用过程、产出与效果进行系统评价。通过自评和外部评价相结合的方式，对预算执行情况开展绩效评价。按照“谁支出、谁自评”的原则，项目执行部门对项目资金执行情况和绩效目标完成情况进行总结，财务部门按照一定的绩效评价标准、评价方法和评价流程进行审核和评价，上级主管部门和财政部门对重点项目进行抽查评价。

结果应用是指对于开展预算绩效管理所形成的预算绩效目标、绩效监控、绩效评价等绩效信息，采取反馈整改、工作考核、激励约束、信息公开等方式，以提高资金使用效益。对于预算绩效监控和评价中发现和反馈的问题，财务部门牵头组织开展整改工作，项目执行部门负责人作为责任人，制订整改措施，确保按时保质保量完成整改。

七、预算管理一体化

财政部从2020年开始组织地方以省级财政为主体建设、实施预算管理一体化系统，

2021年对试点的中央部门和预算单位应用中央预算管理一体化系统。国务院《关于进一步深化预算管理制度改革的意见》（国发〔2021〕5号）要求，加快推进预算管理一体化建设；财政部《关于推广实施中央预算管理一体化建设的通知》（财办〔2022〕19号）要求，定于2022年在中央各部门和预算单位推广实施一体化系统，2023年度中央预算编制和执行等业务将全部通过中央预算管理一体化系统实施。

实施预算管理一体化是以系统化思维整合预算管理全流程，将预算管理各主体业务操作全部纳入信息系统，构建现代信息技术条件下“制度＋技术”的管理机制，推动了预算和财务管理工作数字化转型，是提高医院预算管理水平的有效途径。

预算管理一体化系统实现了资产管理、政府采购管理与预算编制、预算执行、会计核算等环节的深度融合，强化了预算编制与执行约束。医院应当做好项目储备工作，结合发展规划研究谋划项目，开展项目申报和评审论证工作，明确项目相关的新增资产配置和政府采购需求，为编制预算打好基础。

预算管理一体化系统实现了项目全生命周期管理，涵盖了项目储备入库、项目预算安排、项目实施以及项目终止；对每一笔资金支付、每一笔采购业务、每一件资产实行全流程管理。医院应当促进资产管理与预算管理、财务管理等业务的有机融合，建立健全预算资金形成资产的全链条管理机制。

医院在推进预算管理一体化的过程中，切实转变预算管理理念，成立预算管理一体化实施工作领导小组，组织协调财务、业务、人事、信息技术等部门，明确责任分工，加强统筹协调，形成工作合力。

本章小结

本章介绍了医院预算管理的基本概念、国家政策要求和预算管理实务。预算是管理者的一项工具，是为数不多的几个能把组织的所有关键问题融合于一个体系之中的管理控制方法之一，所以预算管理不仅是预测，还是一种控制手段、协调方法，以定量计划的方式配置医院的有效资源，保障医院战略的执行。了解预算管理的基础知识，掌握预算管理关键环节的管理要点，做好预算管理与国有资产管理、政府采购管理等工作的衔接，稳步推进预算绩效管理工作，能够帮助管理者更加有效地管理医院，助推医院高质量发展。

（李　春　王　旭　许楠楠　秦　玥）

第九章 医院收入、价格、结算与票据管理

学习目标

1. 掌握 医院收入、价格、结算与票据的概念；票据管理要求。

2. 熟悉 医院收入结构；价格、结算与票据管理对确保收入合规、准确、完整和优化的作用。

3. 了解 医嘱、计价、收入、医保结算和票据的关系，诊疗行为不规范可能出现的违规收费、被医疗保障行政部门处罚和医疗保障经办机构拒付风险。

医院的医疗、教学、科研等业务活动是收入形成的起点，收入管理服务和服从于业务活动。

当前，医院业务活动日益复杂，收入规模不断扩大，迫切需要医院由以往主要注重支出管理，向收支管理并重转变，加强内部控制，落实相关资质准入制度，依法依规组织收入，规范医疗服务收费，合法合规申请财政补助，防范收入实现风险。重点关注收入取得、确认的合规性、真实性、完整性、及时性风险，包括收入未严格执行价格政策和医保政策，诊疗行为不规范，没有合理收费依据，可能出现违规收费；未全部纳入医院统一核算管理，可能导致收入不真实；医疗结算管理制度不健全，执行不严格，可能造成经济损失等。本章主要介绍医院收入、价格、结算与票据的精细化、规范化管理，旨在促进医院依法组织收入，优化收入结构，合理补偿成本。

第一节 医院收入管理

收入作为医院生存和发展的基石，医院收入管理必须放在财务管理的首要位置。

一方面，随着发展带来的经济体量不断扩大以及业务、管理活动的日趋复杂，医院应当在落实财政拨款、医保和价格等政策的基础上，合法合规地组织收入；另一方面，医院要加强收入精细化管理，优化收入结构，防范经济运行风险，获得高质量发展。

一、医院收入管理概述

医院开展医疗、科研、教学及其辅助活动，应当坚持以收定支、保持收支平衡，严格执行国家相关政策，合法合规组织收入，优化收入结构，合理补偿运行成本。

（一）医院收入的概念及构成

1. 医院收入的概念 医院收入是指医院开展医疗、科研、教学及其辅助活动依法取得的，导致本期资产增加的经济利益或服务潜力的流入。

2. 医院收入的构成

（1）财政拨款收入：按部门预算隶属关系从同级财政部门取得的各类拨款。财政拨款收入包括财政基本拨款收入和财政项目拨款收入。①财政基本拨款收入，是指由同级财政部门拨入的符合国家规定的人员经费、公用经费、政策性亏损补贴等经常性拨款收入。②财政项目拨款收入，是指医院由同级财政部门拨入的主要用于基本建设和设备购置、重点学科发展、承担政府指令性公共卫生任务等的专项拨款。

（2）事业收入：医院开展医疗服务活动及其辅助活动、科研教学活动实现的收入。事业收入包括医疗收入和科教收入（图9-1）。

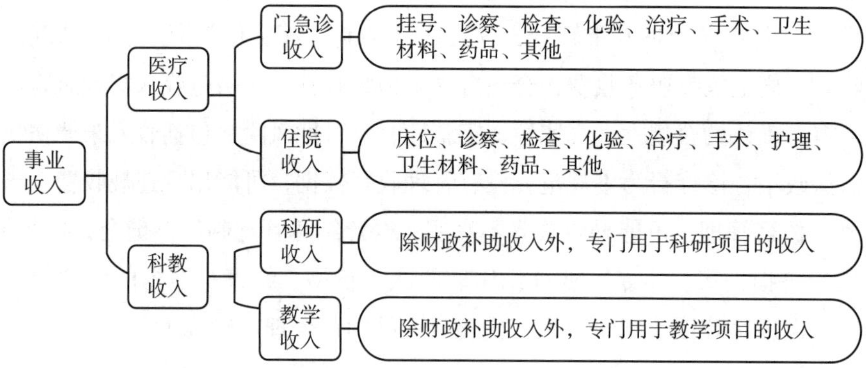

图9-1 医院事业收入结构

1）医疗收入：医院开展医疗服务活动及其辅助活动实现的收入。医疗收入分为门急诊收入和住院收入。①门急诊收入，是指为门急诊患者提供医疗服务所取得的收入，包括挂号收入、诊察收入、检查收入、化验收入、治疗收入、手术收入、卫生材料收入、药品收入、其他门急诊收入等。②住院收入，是指为住院患者提供医疗服务所取得的收入，包括床位收入、诊察收入、检查收入、化验收入、治疗收入、手术收入、护理收入、卫生材料收入、药品收入、其他住院收入等。

2）科教收入：医院开展科研教学活动取得的收入，包括科研收入和教学收入。

（3）上级补助收入：医院从主管部门和上级单位取得的非财政拨款收入。

（4）附属单位上缴收入：医院取得的附属独立核算单位按照有关规定上缴的收入。

（5）经营收入：医院在专业业务活动及其辅助活动之外开展非独立核算经营活动取得的收入。

（6）非同级财政拨款收入：医院从非同级政府财政部门取得的经费拨款，包括从同级政府其他部门取得的横向转拨财政款、从上级或下级政府财政部门取得的经费拨款等。

（7）投资收益：医院股权投资和债券投资所实现的收益等。

（8）捐赠收入：医院接受其他单位或个人捐赠取得的收入。

（9）利息收入：医院取得的银行存款利息收入。

（10）租金收入：医院经批准利用国有资产出租取得，并按照规定纳入本医院预算管理的租金收入。

（11）其他收入：医院取得的除上述收入以外的各项收入，包括现金盘盈收入、按规定纳入医院预算管理的科技成果转化收入、无法偿付的应付及预收款项、置换换出资产评估增值、食堂收入、培训收入等。

（二）收入的分类及确认

1. 收入的分类

（1）按核算基础分类：收入按核算基础不同，分为财务会计收入和预算会计收入。

财务会计收入核算基础为权责发生制，即提供服务取得款项或取得收款权利时确认收入（表2-3收入费用表）。预算会计收入核算基础为收付实现制，即实际收到现金流入时确认收入（表2-7预算收入支出表）。

知识拓展 / 权责发生制和收付实现制

医院财务会计实行权责发生制，预算会计实行收付实现制。其中，权责发生制是以应收应付作为标准来处理经济业务，确认本期收入和费用的会计核算基础。收付实现制是以款项的实际收付为标准来处理经济业务，确认本期收入和支出的会计核算基础。

在权责发生制基础上，凡属本期应计的收入，不管本期是否实际收到款项，均作为本期的收入处理；凡属本期应负担的费用，不管本期是否实际付出款项，均作为本期的费用处理。

在收付实现制基础上，凡在本期实际收到款项，不论其是否属于本期，均应作为本期收入处理；凡在本期实际支付的款项，不论其付款义务是否归属于本期，均应作为本期支出处理。

财务会计收入和预算会计收入的区别与联系：①财务会计收入的表现形式是经济资源的流入，可以是现金及现金等价物，也可以是债权；预算会计收入的表现形式仅仅是纳入预算管理的现金流入。②财务会计收入与预算会计收入存在一定的对应关系（表9-1）。

表9-1　财务会计收入类和预算会计收入类会计科目的对应关系

财务会计收入类		预算会计收入类	
科目编码	科目名称	科目编码	科目名称
4001	财政拨款收入	6001	财政拨款预算收入
4101	事业收入	6101	事业预算收入
4201	上级补助收入	6201	上级补助预算收入
4301	附属单位上缴收入	6301	附属单位上缴预算收入
4401	经营收入	6401	经营预算收入
4601	非同级财政拨款收入	6601	非同级财政拨款预算收入
4602	投资收益	6602	投资预算收益
4603	捐赠收入	6609	其他预算收入
4604	利息收入		
4605	租金收入		
4609	其他收入		
	短期借款、长期借款*	6501	债务预算收入

注：*预算会计的债务预算收入对应财务会计短期借款或长期借款。

（2）按实现方式分类：收入按实现是否及时，分为及时实现的收入和延期实现的收入。①及时实现的收入：一般通过包括现金、银行存款和微信、支付宝等第三方支付平台在内的货币资金形式直接取得。②延期实现的收入：一般通过应收医疗款和其他应收账款间接取得。

应收医疗款是指医院因提供医疗服务而应向医疗保险机构、门急诊患者、出院患者等收取的医疗款。其他应收账款包括医院因提供科研教学等服务，应按合同约定向接受服务单位收取的款项等。应收医疗款和其他应收账款只是代表收款的权利，是否能足额及时收回，直接关系到医院当期收入是否能真正实现。

2. 收入的确认　医院收入核算应“具备财务会计与预算会计双重功能，实现财务会计与预算会计适度分离并相互衔接，全面、清晰反映医院财务信息和预算执行信息”。

医院财务会计实行权责发生制，提供服务取得款项或取得收款权利时确认收入；预算会计实行收付实现制，实际收到现金流入时确认收入。

（三）收入管理的原则

1. 合法合规原则　按国家法律、法规、政策规定的收入范围和项目组织收入，不得自立项目收费、擅自提高收费标准和扩大收费范围。按病情诊疗需要，合理检查、合理施治、合理用药。

2. 真实完整原则　医院所有收入应纳入预算管理，足额收取、应收尽收、防止流失，做到业务真实、数额准确、入账完整。医疗收入原则上当日发生、当日入账，实现账表相符、账款相符。

3. 统一核算原则　医院各项收入由财务部门集中统一核算、统一管理，按规定确认收入并及时入账，严禁截留、隐瞒、挤占、挪用、坐支或私分，严禁设立账外账和“小金库”。

二、医院收入管理的政策体系

（一）规范诊疗行为的政策要求

医院应当按照临床诊疗指南、临床技术操作规范和行业标准以及医学伦理规范等有关要求，合理进行检查、用药、诊疗，加强医疗卫生安全风险防范，优化服务流程，持续改进医疗卫生服务质量。医院开展医疗卫生技术临床应用，应与其功能任务相适应，遵循科学、安全、规范、有效、经济原则，并符合伦理。

医疗保障行政部门对纳入基本医保基金支付范围的医疗服务行为、医疗费用进行监管，确保医保基金合理使用。医院应当按照规定提供医药服务，提高服务质量，合理使用医保基金，维护公民健康权益；规范诊疗行为，推行处方点评制度，促进合理用药。

（二）医院收入来源的政策要求

1. 医院收入来源渠道的变化 取消药品和耗材加成后，医院补偿由服务收费、药品加成收入和政府补助三个渠道，改为服务收费和政府补助两个渠道。通过调整医疗服务价格、加大政府投入、改革支付方式、降低医院运行成本等，建立科学合理的补偿机制。

2. 各级政府履行卫生健康职责对医院的投入 各级政府落实政府投入责任，对符合区域卫生规划的医院基本建设和设备购置、重点学科发展、人才培养、符合国家规定的离退休人员费用和政策性亏损补贴等投入，对医院承担的公共卫生任务给予专项补助，保障政府指定的紧急救治、救灾、援外、支农、支边和城乡医院对口支援等公共服务经费。

3. 公益事业捐赠收入 医院作为公益性社会组织可以接受国内外自然人、法人和其他组织的自愿无偿捐赠，为事业发展获得资金、物资等形式的公益性支持和帮助。接受捐赠资金、物资应用于以下方面：患者医疗救治费用减免、公共卫生服务和健康教育、人员培训和培养、学术活动、科学研究、公共设施设备建设等。

（三）医院调整收入结构的政策要求

按照国家深化医药卫生体制改革相关政策要求，医院应遵循“总量控制、结构调整、有升有降、逐步到位”原则，通过医疗服务价格动态调整，逐步提高诊疗、中医、护理、手术等医疗服务收入占医疗收入比例；通过取消药品和医用耗材加成、开展集中带量采购，降低药品、卫生材料收入占医疗收入比例。

三、医院收入管理实务

（一）规范诊疗行为，保证医院收入合法合规

医院收入的形成与诊疗行为直接相关，医院应将收入管控关口前移到临床医技科室，执行国家价格政策和医保政策要求，规范诊疗行为，完善病历记录和操作流程规范，保证收入合规。

1. 按诊疗指南和操作规范提供医疗服务

（1）组织临床、质控、价格等专业的专家，全过程、全方位检查科室人员执业资质，加强诊疗服务项目、医疗技术临床应用、医疗器械和药品使用、临床检验管理，完整保存病历处方。

（2）定期检查临床科室在药品、耗材、医疗设备引进过程中的行为规范以及各临床科室是否严格执行内部申请、采购和使用规定，确保收费与价格项目内涵、医保政策相符。

（3）将各病种诊疗规范、用药指南、临床路径加载集成、嵌入医师工作站，实现对不合理检查的自动预警、提醒和干预。

（4）建立大型设备检查适宜性点评制度，评估检查的适应证、必要性、检查结果阳性率，在院内公示结果。

2. 按照适应证规范合理使用药品和医用耗材

（1）建立健全药品、医用耗材管理制度、操作规程。加大处方审核和点评力度，重点审核医师处方、用药医嘱的规范性、适宜性，确保安全、有效、经济、合理用药。在尚无有效或更好治疗手段等特殊情况下，医师取得患者明确知情同意后，可以采用药品说明书中未明确但具有循证医学证据的药品用法实施治疗。建立医用耗材临床应用重点监控、超常预警和评价制度，对耗材临床使用安全性、有效性和经济性进行监测、监控、分析、评价，对耗材应用行为进行干预，促进耗材合理使用。

（2）在合理诊疗原则下，优先配备、使用医保目录内的药品和医用耗材，同等条件下优先选择使用集中带量采购中选品种。

（3）建立药品、医用耗材大数据平台，快速识别临床使用中的重点病种与关键品种。加强高值医用耗材使用院内点评机制和异常使用预警机制，开展对医务人员单一品牌高值医用耗材使用、单台手术高值医用耗材用量情况监测分析。探索开展病历点评、异常病例筛查、标准化术式用耗、适应证审查等形式临床耗材应用评价工作。

（4）适应“互联网+医疗服务”新模式，建立在线处方审核制度，建立和保存电子病历、处方、购药记录等信息，做到诊疗、处方、交易、配送、医保结算全程可追溯，满足患者查询检查结果、诊疗方案、处方和医嘱等资料，以及内外部监管的需要。

（二）多措并举，为医院运行增加合理收入

医院在开展业务活动过程中，在耗费各种资源的同时，也需要取得相应收入，只有取得的收入能够补偿资源消耗，才能实现良性运行和可持续发展。在合法合规的前提下，积极组织收入，对医院的运行和发展至关重要。医院合理增加收入的措施包括以下几方面。

1. 积极争取财政投入　公立医院充分发挥公益性，建立科学合理的补偿机制，始终离不开政府持续充足稳定的投入。

医院应根据自身的功能定位和发展规划，结合所处的不同地区、不同层次和不同类别，多方积极争取各级政府对其基本建设、设备购置、重点学科发展、人才培养、

符合国家规定的离退休人员费用和政策性亏损补贴等各项财政拨款专项资金的支持。

（1）承担了公共卫生任务的医院，应积极争取公共卫生专项财政补助，如参加了政府制定的紧急救治、救灾、援外、支农、支边和城乡医院对口支援等公共服务的专项经费。

（2）中医院（民族医院）、传染病医院、精神病院、职业病防治院、妇产医院、儿童医院及康复医院等专科医院，要结合自身的专科特点及财政的投入倾斜政策主动争取更多的财政拨款支持。

（3）承担国家医学中心、临床医学研究中心、区域医疗中心及中医药传承创新中心职能的城市公立医院，要以重大基地建设为契机，争取中央预算内投资资金的重点财政拨款支持。

（4）脱贫地区、三区三州、中央苏区、易地扶贫搬迁安置地区的县级医院，要以提标扩能为契机，争取专项财政拨款支持。

2. 提高内部资源的配置和使用效率 虽然财政拨款是医院补偿渠道之一，但由于在医院总收入中占比较低，医院收入来源的核心仍是医疗收入，医疗收入是医院良性运行和持续发展的命脉。

医院应以提高全方位全周期健康服务与保障能力为发展战略方向，通过提高内部资源的配置和使用效率，做到提高诊疗能力，合理增加收入，实现高质量发展。

（1）优化资源投入，提升医院医疗服务品质：①通过内部资源优先配置加强临床专科建设，以专科发展带动诊疗能力和水平整体提升，提高医疗服务水平。②通过内部资源优先配置加强重点专科和优势专科建设，发挥医院的技术优势和特色，突出医疗服务特色。③通过内部资源优先配置满足不同群体对医疗服务的差异化需求，在保障基本医疗服务的前提下，适度发展特需医疗，提供多元化的健康管理服务，拓展医疗服务范围。

（2）提高资源使用效率，满足患者需求、改善就医体验：①通过信息技术与医疗服务深度融合，建设“三位一体”的智慧医院，优化从挂号、诊疗、医嘱、检查化验、报告、计价到结算的医疗服务全流程，改善患者就医体验。②通过拓展诊疗的时间和空间，开设假日门诊、实行弹性门诊、大力发展远程医疗和互联网诊疗，方便患者就诊。③加强临床路径管理，规范诊疗行为，推广日间手术、缩短平均住院日、加快床位周转，缩短患者住院和手术的等候时间。

（3）积极申报科教项目经费，开展科学研究和临床教学工作，促进医院学科发展及新技术应用。努力争取中央和地方政府对卫生与健康科技创新的投入，积极参与重点科研计划、基地平台的建设与实施，推动科技成果转化及推广应用。

3. 适应医保支付方式改革，争取有效收入 医院收入的实现既有收到货币资金的及时方式，又有应收医疗款的延期方式。只有应收医疗款最终足额收回，确认的收入才能真正成为有效收入。若应收医疗款不能足额收回，会变为坏账，成为无效收入，构成对已确认收入的冲抵。

在全民医保背景下，医院就诊人群与医保结构逐步统一，医保身份的患者会形成就诊患者的主体，应收医保款也势必会在医疗收入的实现中占比日渐增长，甚至成为其主要方式。因此，医院应当主动作为，减少医保款的拒付，提高医保回款率，将已确认的收入尽可能转换为有效收入。

（1）按医保价格政策规范诊疗行为：医院要积极执行医保及价格相关政策，规范诊疗，避免不合理的诊疗、检查、用药等医疗行为发生，同时将医保智能审核系统检查出的问题定期总结，并及时反馈给临床科室，以此减少管理不善导致的拒付。

（2）改进医疗资源配置和成本控制：在按项目付费下，医院倾向于通过提供更多医疗服务增加收入。而在DRG/DIP付费体系下，医保经办机构不再是按患者在院的实际费用（即按服务项目）支付给医院，而是按病例所进入的DRG组/DIP病种付费标准支付。协议中明确DRG/DIP付费预算管理、数据管理、支付标准、审核结算、稽核检查、协商谈判、考核评价等要求，医院只有将成本控制在医保支付定额标准内，才能取得有效收入。

为控制DRG组/DIP病种成本，医院一方面按发展战略规划，整合学科、医疗技术、人才培养、业务及管理流程，对医院规模、床位、学科、技术资源进行合理配置；另一方面按临床路径将疾病检查、治疗、护理、药品耗材使用等医疗行为标准化，合理用药、合理检查，协调医疗、影像、检验、病理等科室，有效使用医疗资源，缩短检查、手术、治疗的等候时间，缩短住院天数，提高工作效率。

（3）加强医保协议管理：医院要重视与各级医保机构签订的医保合同，明确结算时限，细化结算规则，争取正当权益，同时日常管理中要重视与医保机构的对账与回款管理，积极催收，双管齐下，提高医保基金的回款率。

知识拓展 / 医保按疾病相关分组/按病种分值（DRG/DIP）付费和监管对医院收入的影响

我国以加快建立管用高效的医保支付机制为目标，分期分批加快推进，从2022—2024年，全面完成DRG/DIP付费方式改革任务。到2024年底，全国所有统筹地区全部开展DRG/DIP付费方式改革工作，先期启动试点地区巩固改革成果；

到2025年底，DRG/DIP支付方式覆盖所有符合条件的开展住院服务的医院，基本实现病种、医保基金全覆盖。在按DRG/DIP支付方式下，医保经办机构不再按患者在院期间的实际费用（按服务项目）支付给医院，而是按病例进入的DRG组/DIP病种付费标准支付。在医保普遍实施按病组、病种付费和智能监管形势下，医院必须重视医保支付和基金监管对收入的影响，分析来自医保基金收入占医疗收入的比例，关注医保回款情况。

医保患者费用占比、医保基金对医院的回款，体现了医保对医院经济运行的影响程度，而费用结算信息确认的时效性、结果的准确性直接决定医院的收入。为了加强应收医保款和医保回款管理，医院必须从源头把好关，规范诊疗行为，减少因违规治疗导致的应收医保款冲减，减少因违规治疗导致应收医保款被医保拒付而不能收回（坏账损失）和年度综合考核被医保扣除应拨付质量保证金；规范医保协议管理，细化结算规则，确保医保基金及时足额拨付；按医保结算清单填写，规范准确填报患者诊疗、医疗收费信息，在患者出院前完成诊疗信息、审核、上传、分组和支付标准的确认，及时、准确上传至医保信息系统，积极和医保经办机构沟通、对账，提高回款率。

4. 接受公益捐赠财产 公立医院除获得政府财政补助，取得医疗收入及科研教学收入以外，还可获得企业、事业单位及社会团体、公民个人的自愿无偿捐赠。为鼓励公益性社会捐赠，国家在税收等方面给予了优惠政策，医院可在合法合规的前提下，开拓捐赠渠道，鼓励公益性事业捐赠。

（1）制度建设与归口管理：医院应建立接受捐赠管理制度，明确承担捐赠组织协调管理的牵头职能部门（以下简称“捐赠管理部门”）。捐赠人向医院捐赠，由医院捐赠管理部门统一受理，其他部门或个人一律不得直接接受捐赠。

（2）捐赠预评估与协议：捐赠管理部门收到捐赠人捐赠书面申请或意向后，组织受赠科室、业务归口部门、实物归口部门及医院内部监督部门对捐赠项目开展综合预评估，将评估通过的捐赠项目上报医院领导进行集体决策，决策通过后，与捐赠人签订捐赠协议。

（3）使用管理与信息公开：医院应当尊重捐赠人意愿，严格按照捐赠协议约定开展公益非营利性业务活动，并真实、准确、及时、完整地向社会公开受赠相关信息，树立尊重捐赠人意愿、合理支配资金的可靠形象，提升社会各界对医院的信任，从而吸引更多社会公益性支持和帮助。

医院受捐赠流程见图9-2。

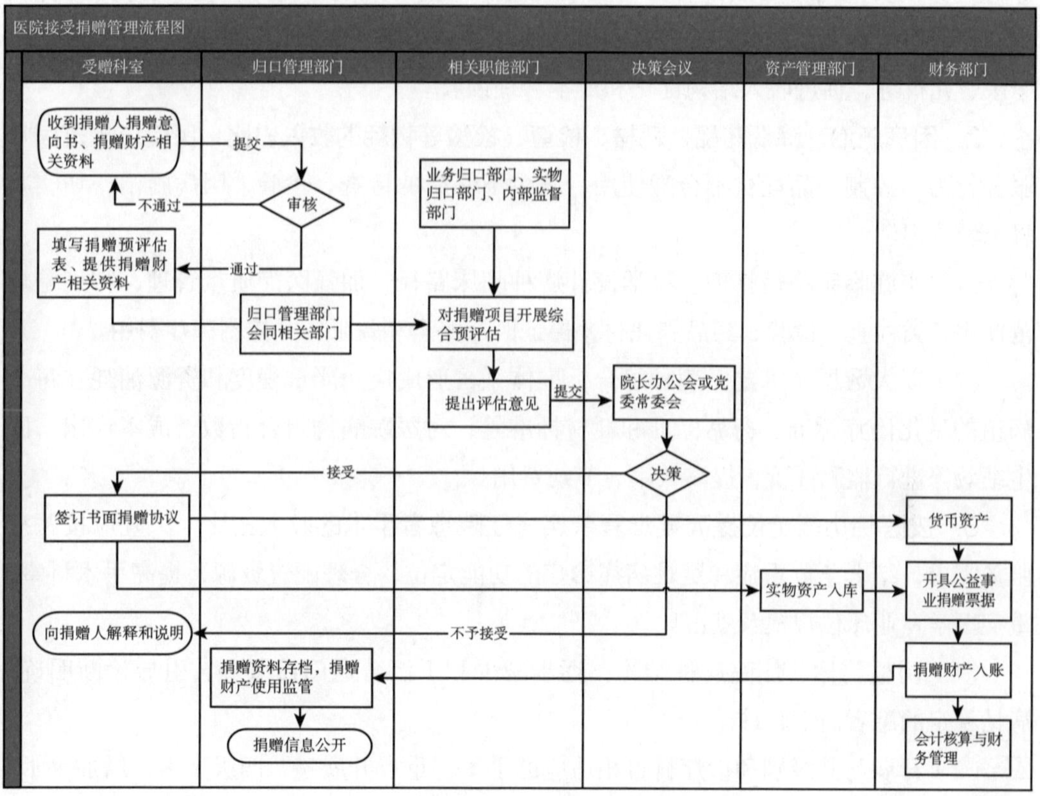

图9-2 医院接受捐赠管理流程

发生重大突发公共卫生事件时，公立医院接受捐赠行为具有紧急性、时效性等特点，可根据情况适当简化接受捐赠流程和捐赠协议，提高接受捐赠财产的效率，及时、高效发挥捐赠财产用途。

（三）控制费用不合理增长，优化收入结构

医院要以高质量发展为目标，注重技术创新、服务能力和质量提升，引导科室开展擅长的疾病诊疗，以更低成本、更好服务质量、适宜数量为群众提供高质量医疗服务，不断优化收入结构。

1. 推动价格合理动态调整，提高医疗服务的收入占比 合理的医疗服务价格形成必须综合考虑不同医疗服务项目花费的时间、劳动强度、操作难度和风险程度等因素。

（1）监测收费频次，分析医疗服务成本和收入结构变化，主动向所属医疗保障行政部门提出调整医疗服务价格建议。结合项目成本核算和价格结构分析，争取动态调价，理顺比价关系、发挥价格补偿功能。

（2）为所属医疗保障行政部门调整医疗服务项目价格提供真实可靠的数据支撑。考虑医务人员投入劳务成本、技术复杂程度、承担的风险，优先将技术劳务占比高、成本和价格严重偏离的医疗服务项目纳入成本核算范围，如诊疗、手术、护理、康复、中医、儿科等，促进收入结构优化和成本合理回收。

2. 因病施治，降低药品、耗材、检查、检验等物耗的收入占比 医院应规范医疗服务行为，控制药品耗材不合理使用，减少不必要的检查、检验，因病施治，切实减轻患者负担。

（1）实施临床路径管理，科学设计病种临床路径，加强医疗质量管理，特别是规范使用各类检查、检验、药品和耗材，保证医疗安全和效果，并控制医疗费用。

（2）以大数据技术建立病种组合标准体系，形成疾病严重程度和资源消耗在每个病组的量化治疗标准、药品标准和耗材标准等，对医院病例组合指数、成本产出、医生绩效等进行监测评价，提高效率、节约费用。

3. 按医院功能定位提高疑难复杂疾病住院患者手术的收入占比 医院应按医疗服务需求，结合急危重症和疑难病症诊疗的功能定位，合理配置资源，提高手术科室、重症医学专业床位规模及其占比。

（1）调整门诊、住院病种结构：逐步减少和下沉普通门诊服务，引导诊断明确、病情稳定的患者向下转诊。

（2）开展与其级别和诊疗科目相适应的手术：重点开展三、四级手术，增加手术、急危重症诊疗量占比，让优质医疗资源更好地为疑难杂症患者服务。

（3）推动医疗技术和管理创新：学科基础扎实、区域优势明显的大型三级甲等医院，应当体现功能定位，提高医院病例组合指数（CMI）、四级手术占比。从收入变动趋势及其影响因素、三四级手术术中效益、手术微创率、项目开展率等维度，开展全院、专科运营分析，使医院成本收益率、医疗收入结构、补偿机制更趋合理。

第二节　医院价格管理

价格对医患双方行为及其福利水平都有重要影响，价格水平、价格结构合理与否，关系医疗资源配置、医疗服务成本补偿、对学科和医务人员的激励，最终决定医疗费用高低和患者医疗服务利用水平。价格不仅是群众最关心、最直接、最现实的利益问题，而且关系医院和医疗事业高质量发展，影响着医院经济运行、医保基金使用、群众医药费用负担和健康福祉。为维护患者和医院合法权益，防范未严格执行诊疗规范、价格政策和医保政策带来的违规收费和不必要的经济损失，医院必须按有关法律法规政策，加强对诊疗活动中发生的医疗服务项目、药品和医用耗材等价格行为管理，定期分析诊疗服务过程中存在的执行价格、医保政策风险，对存在的问题及时组织整改。同时，为了让医疗服务价格项目更好计价、更好执行、更好评价，充分发挥价格调节资源配置杠杆与合理补偿成本功能，医院要参与成本调查、价格形成和小步快走、分批分步动态调整，在成本核算基础上提出专业化建议，通过价格杠杆，激发以技术劳务为主的临床学科创新动力，优化医疗资源配置和收入结构。

一、医院价格管理概述

医院价格管理涵盖新技术、新疗法收费立项准入、成本测算与价格确定、价格维护、医嘱执行计价、价格监督检查，与临床医技科室业务活动密切相关，贯穿事前、事中、事后全过程，强调科学化、规范化、信息化、智能化。

（一）价格管理的相关概念

1. 医疗服务价格 指医院在提供医疗服务时，向患者收取费用的标准。医疗服务价格是最能直接体现医务人员技术劳务价值的工具，同时直接关系医疗费用，关系民生。从成本构成角度，可将医疗服务价格分为两类。

（1）人力消耗占主要成本，体现医务人员技术劳务价值、技术难度和风险程度的医疗服务价格，如诊察、手术、护理等价格。

（2）体现物耗、设备折旧占比高的医疗服务价格，如检查、治疗、检验等价格。

2. 医疗服务项目技术规范 全国医疗服务项目技术规范由国家卫生健康委员会组织制定，旨在统一医疗服务项目编码、项目名称、项目内涵（医疗服务项目操作过程中常规使用的设施、设备，提供的操作过程、主要路径、方法或步骤等技术服务内容）、计量单位，项目之外单独计量的一次性医用耗材，低值耗材，基本人力消耗及耗时，技术难度，风险程度，说明等要素，以及医疗服务项目技术规范、医疗服务价格项目规范中各项目对应的会计科目、收费票据和病案首页费用分类归集口径，指导医院规范开展服务、科学设置收费项目，合理测算成本，体现技术劳务价值，规范收费行为，促进医学科学进步和适宜技术推广。

3. 医疗服务价格项目 是医疗服务收费的基本单元，是医疗服务计价、执行、评价的基础，包括项目编码、项目名称、项目内涵、除外内容、计价单位、价格、说明等要素。

4. 新增医疗服务价格项目 是指符合法律法规政策规定，直接面向患者，尚未列入医院所属省级现行医疗服务价格项目目录，以诊断和治疗疾病为目的，经临床试验和科学认证，通过采用新技术、新疗法能明显提高诊疗效果，体现技术先进性、临床安全性、经济合理性、社会需求的价格项目。

5. 医院价格行为管理 是为贯彻价格政策，维护患者和医院合法价格权益，在医院价格管理委员会统一领导、内部价格管理部门组织下，由专职、兼职价格工作人员对医院诊疗活动中发生的医疗服务项目、药品和医用耗材等价格行为的管理。

（二）价格管理的职能

医疗服务价格是技术劳务价值的“度量衡”，优化医疗资源配置的“信号灯”，公立医院高质量发展的“助推器”。加强价格管理，旨在遵循医疗事业发展规律，建立健全适应经济社会发展、更好发挥政府作用、医院充分参与、体现技术劳务价值的价格形成机制，发挥好价格工具的杠杆功能。

1. 指导临床、医技科室正确执行价格政策 医院价格管理部门通过政策宣讲、案例分析和典型经验推广等形式，加强价格培训，指导科室准确理解、严格执行价格政策和内部价格管理制度，严格按医疗服务价格项目内涵进行计价操作，不多收、不漏收费。

2. 发挥价格引导医疗资源配置的杠杆作用 价格管理部门作为价格行为的守门人，通过参与药品、医疗设备、医用耗材、临床检验试剂招标采购、价格谈判，事前核实是否有对应价格项目，促进新技术、新疗法临床应用，让价格引导资源流动和资金投向。

3. 参与经济管理，维护医院合法价格权益 价格管理通过全过程控制，规范诊疗和收费行为，将临床产出合格的医疗服务，按价格政策转化为合理收入，并监测医疗服务成本和收入结构变化，争取政策支持，促进成本合理补偿。

4. 规范收费行为，维护患者合法价格权益 价格管理通过培训宣传、明码标价、价格公示、知情同意、费用清单、投诉接待、价格自查，提高医务人员政治站位，增强“底线”“红线”意识，促进合理诊疗、检查、用药，规范医疗行为，打造“阳光收费”，为维护医院窗口形象和社会公信力护航，保障患者的知情权、选择权、获得感。

（三）价格管理的原则

医院及其医务人员应当按临床诊疗指南、临床技术操作规范和行业标准、医学伦理规范等要求，合理诊疗、检查、用药并收费，防止出现自立项目收费、分解项目收费、重复收费、串换项目收费、违反计价单位收费、超除外内容收费等不规范收费行为。

1. 合规性 医院提供各项医疗服务，收费以合法合规为前提，不得强制服务并收费，自立项目、串换项目和方法学收费，也不得采取自立项目或分解收费项目、重复收费、扩大收费范围等方式变相提高收费标准。

2. 合理性　医院提供医疗服务应遵循《临床诊疗指南》《临床技术操作规范》和医学伦理规范，提供安全、有效、经济的技术，按疾病指征用药、检查、检验，因病施治，诊疗与收费相符。为防止过度检查、治疗，部分项目限住院过程收费频次（如静脉血栓风险评估与出血风险评估一个住院过程收费不超过2次）。此外，计入定价成本按行业标准或公允水平反映正常消耗，如主任医师、副主任医师、主治医师劳务费用按平均操作时间测算。

知识拓展 / 医院常见违规收费行为类型界定

医保飞行检查和其他医疗服务收费检查发现医院常见的违规收费行为类型包括以下情况。

1. 分解项目收费：将一个诊疗项目一次实施过程按步骤分解成多个环节多个项目逐个收费，表现为在实施某一诊疗项目后，不收取该项目相对应费用，而是将该项目内涵或步骤分解为若干项目进行收费。例如，医嘱或麻醉（手术）记录描述为“麻醉中监测”，不对应收取“麻醉中监测”费用，而是收取“心电监测”“血氧饱和度”“无创血压监测”等费用；医嘱或手术记录描述为“甲状腺癌扩大根治术”，不以“甲状腺癌扩大根治术”项目收费，而是以“甲状腺癌切除术”“颈淋巴结清扫术”等项目收费；开展按次计费的“常规心电图检查附加导联加收”时，按附加的导联个数收费等。

2. 重复收费：对某一诊疗项目反复多次收费，表现为在已收取某诊疗项目费用的基础上，再单独收取该诊疗项目内涵或步骤已包含的相关项目费用。①将已有明确项目内涵的项目重复计费，例如，收取“重症监护”，同时收取“气管切开护理、吸痰护理、造瘘护理、动静脉置管护理”等各种管道与一般专项护理费；收气管插管护理、气管切开护理费同时收吸痰护理费，收中医辨证论治同时收取住院诊察费。开展经血管介入诊疗，另行收取局部浸润麻醉费用。需要和项目特定适用指征，以设置过多过大的项目套餐捆绑收费，如开展“粪便常规”检查时，套餐检查“粪便常规+粪寄生虫卵集卵镜检+粪寄生虫卵计数+一般细菌涂片检查”等多个项目；开展“尿常规”检查时，组套开展“尿液分析+尿沉渣定量”；开展一次手术时，已收取具体手术费用，同时又套餐式收取“××探查术”费用等。③互斥项目同时收费。如使用静脉微量泵时，既收了“静脉输液使用微量泵或输液泵加收”费用，又收了“静脉输液每增加一组加收”费用；开展“留置静脉针”时，又加收“动静脉置管护理”费用等。

3. 超标准收费：超出规定价格、数量、计价单位、限额标准收费，例如，中换药按特大换药创面大小和使用敷料多少收费；床位费、护理费、住院诊察费、气管切开护理、持续膀胱冲洗等按“日”计价项目结算天数超出实际住院天数（按“日”收费数量应小于住院天数，计入不计出）；计价单位为“次”，按日、小时收费项目累计结算数量超限定，如按小时计费的氧气吸入、心电监护、动态血压监测、指脉氧监测、血氧饱和度监测、持续有创性血压监测、持续呼吸功能检测、呼吸机辅助呼吸等一日收费超出24小时（按“小时”计价项目，收费总时长应小于住院天数×24小时）；眼底照相、眼前段照相等按“次”计费项目，实际按“每个位点、每部位、每眼”等收费；收费超出一天、一个住院过程或一个疗程限定最高金额、加收金额；经同一切口进行的两种及以上不同疾病手术，第二及以后的手术按全价收取等。

4. 扩大收费范围：扩大收费项目适用范围，如麻醉风险评分未达病情危急标准而按危急患者加收20%麻醉费；对超出6周岁患者仍执行“6周岁及以下儿童按相应价格基础加收30%”等。

5. 自立项目收费：未经所属医疗保障行政部门批准、自行设立价格项目收费。

6. 串换项目收费：①串换诊疗项目收费，如将护理人员开展的健康教育宣教，串换为对智力和行为有障碍患儿的“引导式教育训练”收费；开展降钙素原检测时，将荧光定量法串换为化学发光法收费；开展常规心电图检查时，收取心电事件记录费用等。②高套收费，将低价诊疗项目、耗材套用高价收费。如全住院过程均为一级护理或特级护理（未动态调整护理级别）；开展糖化血红蛋白测定时，将各种免疫学方法串换为色谱法收费；开展葡萄糖测定时，将各种酶法、酶电极法串换为干化学法收费；将红外线治疗（使用红外线原理的设备进行治疗，按每个照射区计价）串换为红光治疗（按每个部位计价）等。

7. 虚记、多记费用：病历记录与实际发生费用不符，如无紫外线治疗仪器但收紫外线治疗。

8. “三单”不符：医嘱单、检查检验报告单和费用清单不相符，如深静脉血栓风险筛查与测评无评估量表；引导式教育训练无引导式教育训练医嘱，没有具体的记录量表；康复评定无康复评定医嘱，没有具体评定量表等。

9. 药品、高值医用耗材进销存不符，如高值医用耗材“溢库”（收费大于领用）等。

二、医院价格管理的政策体系

按照医疗行业综合监管部门的职责分工，卫生健康行政部门依法负责医疗服务质量、安全和行为监管，医院、医务人员、医疗技术、大型医用设备行政审批和监管。中医药管理部门负责中医医院、中医医师、中医医疗服务监管。医疗保障行政部门负责组织制定和调整药品、医疗服务价格和收费标准，制定药品和医用耗材招标采购政策并监督实施，制定医院定点管理政策，会同银行保险监管部门按职责监管纳入医保基金支付范围内的医疗服务行为和医疗费用。药品监管部门负责药品、医疗器械的行政审批、监管，负责执业药师的管理。市场监管部门负责医院价格监督检查。

其中，国家卫生健康委员会负责制定全国医疗服务项目技术规范，统一项目名称和服务内容，指导医院开展服务，作为确定收费项目的依据。各地按全国医疗服务项目技术规范，确定本地医疗服务收费具体项目。国家医疗保障局组织制定城乡统一的药品、医用耗材、医疗服务项目、医疗服务设施等医保目录和支付标准，并动态调整；制定药品、医用耗材价格、医疗服务项目和医疗服务设施收费政策，建立医保支付医药服务价格合理确定和动态调整机制；制定定点医院协议和支付管理办法并组织实施，监管纳入医保范围内的医疗服务行为和医疗费用，依法查处医疗保障领域违法违规行为。国家市场监督管理总局负责监督管理市场秩序，组织指导查处价格收费违法违规、不正当竞争行为。国家中医药管理局参与医疗服务价格、药品价格、基本医疗保险费用等政策的研究。

（一）医疗服务价格项目规范

按照以医疗服务产出为导向、医疗人力资源消耗为基础、技术劳务和物耗分开原则，制定国家价格项目编制规范，完善全国医疗服务价格项目规范。

1. 更好计价监管的价格项目体系 明确医疗技术或医疗活动转化为价格项目的立项条件、管理规则，厘清价格项目和临床诊疗技术规范、成本要素、不同应用场景加收标准等政策边界，建立内涵边界清晰、适应临床诊疗、方便计价监管的价格项目体系。

2. 医疗服务价格项目的准入和退出 分类整合现行价格项目，增强现行价格项目对医疗技术、医疗活动改良创新的兼容性，实现价格项目与操作步骤、诊疗部位等技术细节脱钩；健全医疗服务价格项目准入、退出机制，加快审核新增、修订医疗服务价格项目。

3.“技耗分离”立项方式 考虑医疗服务作为技术劳务，与耗材作为物耗的价格形成机制有较大区别，将以往允许使用设备、耗材列入项目内容，以耗材合并在价格项目内打包收费方式，改为将耗材从价格项目中逐步分离，通过医保谈判和集中采购方式降低医院运行成本，并实行“零差率”销售。以“技耗分离”立项方式开展医疗服务定价，较好地兼顾技术创新与价格规律，更好地反映服务成本变化，医疗服务价格不再附着于耗材产品上，不用靠“物”的过度使用弥补医疗服务损失，充分体现医务人员的技术劳务价值。例如，部分立项的检验类项目将“试剂”列入在该医疗服务项目之外单独计量的一次性医用耗材等。

（二）医疗服务价格分级分类管理

1. 医疗服务价格分级管理 医疗服务价格实行国家、省级两级管理，国家医疗保障局负责制定医疗服务价格政策及项目、定价原则、方法；价格水平以设区市进行属地化管理为基础，由国家和省级医疗保障行政部门对基本医疗服务价格进行政策指导。为满足医疗服务定价需求，在医疗全成本基础上，按规定调整成本范围，调减有财政资金补偿的费用。基本医疗服务价格按扣除财政补助的服务成本制定，体现医疗服务合理成本和技术劳务价值。不同级别医院和医生提供的医疗服务综合确定其执行的价格等级。统筹考虑医院等级和功能定位、医务人员职级、市场需求，适度拉开各层级之间价格差异，有效促进分级诊疗和患者分流。探索特色科室按优质优价原则，经专家评审审核后，可突破等级定价。

2. 医疗服务价格分类管理

（1）公立医院提供的基本医疗服务实行政府指导价

1）通用型医疗服务的政府指导价：围绕统一基准浮动。医院普遍开展、服务均质化程度高的诊察、护理、床位、注射、清创缝合、换药、部分中医服务等通用型医疗服务，基于服务要素成本大数据分析，结合宏观指数和服务层级等因素，制定通用型医疗服务政府指导价的统一基准，不同区域、不同层级公立医院可在一定范围内浮动实施，对注射、输液、换药、采血，部分护理、康复、中医、检查检验项目等劳务或物耗为主、均质化程度高的医疗服务价格项目，逐步探索同城同价，定价不区分行政区域级别、医院等级、医务人员专业技术岗位等级；探索对诊察费、会诊费、中医辨证论治、中医辨证论治会诊等，按医师等级分级定价，不区分行政区域级别、医院等级，促进通用型医疗服务规范化、标准化和成本回收率均等化。

2）复杂型医疗服务的政府指导价：引入公立医院参与形成。建立复杂型医疗服务政府主导、医院参与的价格形成机制，尊重医院、医生的专业性意见，公立医院在成本核算基础上，按规则提出价格建议，由所属医疗保障行政部门统一制定并公布政府指导价。考虑医院等级、临床学科技术水平、诊疗效果，支持技术难度大、风险程度高、确有必要开展的医疗服务适当体现价格差异，引导公立医院加强成本管理。

（2）公立医院提供的试行期内立项新增价格项目、特需医疗服务及其他市场竞争充分、个性化需求强的医疗服务，实行市场调节价：控制公立医院提供由患者自愿选择的特需服务规模，实行市场调节价收费项目和费用占比不超过全部医疗服务的10%（如特需医疗服务量占比、特需医疗服务收入占比等）。公立医院实行市场调节价的医疗服务项目目录由省级医疗保障行政部门会同同级卫生健康行政部门共同公布，由公立医院综合考虑服务成本、患者需求等因素，自主确定执行价格标准，按规定报所属医疗保障行政部门备案，并根据医疗市场发展状况等因素对其动态调整。

（3）非公立医院提供的医疗服务实行市场调节价：非公立医院提供的医疗服务按公平合法、诚实信用、质价相符原则合理定价，纳入医保基金支付的按医保协议管理。加强非公立医院价格事中、事后监管，做好价格监测、信息披露，必要时采取价格调查、函询约谈、公开曝光等措施，维护良好价格秩序。加强对营利性医院盈利率的管控，依法公开医疗服务价格等信息。

（三）新增医疗服务价格项目管理

1. 新增医疗服务价格项目医院内部的技术准入审核论证　新增医疗服务价格项目以技术准入（许可）为先，进行新增医疗服务价格项目立项和价格申报。新增医疗服务价格项目经医院价格管理委员会审核论证，报省级卫生健康行政部门按医疗服务项目技术规范进行确认后，可向所属医疗保障行政部门申报价格项目。

2. 简化新增医疗服务价格项目申报受理流程　对医院申报的新增、修订价格项目，加强技术规范和价格规范的协同配合，加快受理审核进度，促进医疗技术创新发展和临床应用，让患者获得更具临床价值、成本效益的医疗服务。

3. 设置新增医疗服务价格项目分类立项审批通道　对资源消耗大、价格预期高的新增价格项目，进行创新性、经济性评价。对不同价值的新医疗服务技术，设置不同类型管理通道，对优化重大疾病诊疗方案或填补诊疗空白的重大创新项目，或临床效果、经济性优势突出，来源于古代经典、至今仍广泛应用、疗效确切的中医传统技术以及创新性、经济性优势突出的中医新技术，简化新增价格项目受理审核程序，开辟绿色通道，快速审批立项；对其他类新医疗服务技术，按常规通道进行受理审核。新增价格项目经专家立项评审通过，省级医疗保障行政部门官网公示，由省级医疗保障行政部门在履行签发程序前20个工作日将拟新增价格项目情况报告国家医疗保障行政部门。

4. 立项新增医疗服务价格项目试行期自主定价与备案　经专家立项评审、公开征求社会意见等程序，由所属省级卫生健康行政部门、医疗保障行政部门确定的立项试行新增医疗服务价格项目试行期为2年。试行期内由医院按预计服务量测算成本、参考外省市该项目价格，规定自主制订试行价格，并将其报省级卫生健康行政部门、医疗保障行政部门备查。试行项目需继续实施的，试行期届满6个月前，医院按原申报程序提出项目转正申请，将试行期项目执行情况、实际运行成本报省级卫生健康行政部门、医疗保障行政部门。

5. 新增医疗服务价格项目转正政府指导价制定 经资料初审、立项评审、立项公示、立项发文、成本调查、专家论证、集体审议等政府制定价格程序，确定正式价格（最高限价，不得上浮，下浮不限）的医疗服务项目，公立医院可依据其自身条件开展，非营利性非公立医院可通过市场竞争形成价格。

（四）医疗服务价格动态调整

长期以来，我国医疗服务价格制定重设备、耗材、试剂等物耗，轻人员技术劳务消耗，对临床技术劳务价值反映不充分。医疗服务价格总体水平偏低，医疗服务价格内部比价关系不合理，体现医务人员劳务价值的项目定价较低，而依赖高值耗材和大型设备的项目定价较高，各类服务中收费低于成本与收费高于成本的项目同时存在，医疗服务价格形成依赖静态成本定价，医院参与不足，价格调整相对成本变化明显滞后。医疗服务价格结构、水平的不合理直接影响了公立医院运行资源配置、运行成本补偿和高质量发展，也影响学科发展和医务人员积极性。

医疗服务价格改革是推进医疗保障和医疗服务协同发展的重要举措，价格调整牵动各方利益，关系民生，要准确把握改革总体要求和目标任务，开展多维度、多口径大数据分析，理论模型设计和实证研究，结合本地经济发展、医疗技术水平、医保支撑能力等实际情况，制定价格动态调整操作细则。统筹兼顾医疗事业发展和各方承受能力，按“区分医疗服务类型、综合设置触发机制、合理确定调价总量、科学制定调价方案、定期评价改革成效”思路，测算调价空间、选择调价项目、拟定调价方案，经部门协商、风险评估、价格听证或专家论证、报告省级和国家医疗保障行政部门，在“总量范围内突出重点，有升有降”，实质性启动调价，确保群众就诊费用负担总体稳定、医保基金可承受、公立医院健康发展可持续。公立医院要配合所属医疗保障行政部门开展的数据调查统计，报送规定年度医疗服务量、收入成本等运行数据。

1. 建立健全价格调整总量的确定规则和指标体系 改变以往将药品、耗材降价作为医疗服务价格调整总量来源的做法，消除医疗服务价格和药品耗材降价之间的“跷跷板”关系，将药品、耗材降价红利首先向患者传导。同时，对本地公立医院医疗服务价格调整总量实行宏观管理，充分考虑医院运行成本、群众负担、医保基金承受能力等重要指标，按照经济发展、医疗进步内在规律调控医疗服务价格总量。探索以本地公立医院医疗服务总费用、医疗服务收入（不含药品、耗材收入）、医保基金支付总额等指标为基数，以本地经济发展水平、医保基金筹资运行水平、公立医院运行成本和管理绩效等指标为系数，科学测算一定时期内公立医院医疗服务价格调整总量水平，统筹平衡不同等级、不同类别、不同定位医院价格总量分配。坚持扶助薄弱学科、中西医并重、促进分级诊疗原则，做好通用项目、复杂项目、专项任务总量分配，优先分配通用项目总量占比，逐年向复杂项目倾斜。年度价格调整总量作为本地公立医院本年度调整通用型、复杂型医疗服务价格金额上限，原则上未用尽部分不合并至下一年度使用。

2. 分类实施医疗服务价格调整

（1）通用项目价格按简明指标动态调整：对医院普遍开展、服务均质化程度和临床使用频率相对较高的通用型医疗服务项目，如诊察、护理、床位、注射、换药、清创缝合、部分符合通用特征的中医服务，设置上一年度或近三个年度城镇单位就业人员平均工资增长率、医保基金承受能力、本年度居民消费价格指数（CPI）预期值等定期评估指标，每两年开展一次动态调整评估，符合标准时按规则调整基准价格，达到触发标准可启动价格调整。同一类别的通用型项目尽量在同一轮次的调整中安排，保持项目间合理比价关系。充分考虑群众负担和感受，调整后的项目价格原则上不超过周边发达地区同等级公立医院价格，保持与经济、医疗条件相近区域的价格衔接，并在两年内保持相对稳定。

（2）复杂项目按综合指标定期调整：对技术难度大的复杂型医疗服务项目，政府主导、医院参与，建立包括费用变化、经济发展、要素成本、改革引导、承受能力等综合评估指标体系，定期对公立医院医疗费用增长率、服务性收入占比、最近3个月平均居民消费价格指数（CPI）、医务人员薪酬与社会平均工资比值、床位使用率、职工医保基金收入增长率、居民医保基金增长率等指标进行综合评分，明确动态调整触发标准、约束标准，每年开展一次调价评估，符合标准时集中启动、受理公立医院提出的价格建议。评分结果达到启动区间时，触发动态调整；评分结果在中性区间时，相应缩减调整总量；评分结果在约束区间或任意熔断指标被触发时，本年度不实施复杂型项目动态调整。复杂型项目触发调整的，由医疗保障行政部门向符合条件的公立医院公告本次调整总量、受理起止时间、接受报价项目范围、具体要求，由医院自主测算成本，自主报价；集中受理报价后，在价格调整总量、规则范围内形成价格，严格控制偏离合理价格区间的过高价格，统一公布政府指导价。各公立医院要加强成本管理和精算平衡、统筹把握调整项目数量、幅度，在成本核算基础上分别报价。医疗保障行政部门按规则剔除或校正不符合规则报价，以实际服务量为权重计算各有效项目的平均报价，并在调整总量范围内，按规则将排序靠前的平均报价确认为新的政府指导价、公布实施。

3. 灵活开展医疗服务价格专项调整 为落实药品耗材集中带量采购等重大改革任务、应对突发重大公共卫生事件、疏导医疗服务价格突出矛盾、缓解重点专科医疗供给失衡等，以及国家或省级医疗保障行政部门统一部署调整价格的，根据实际需要启动医疗服务价格专项调整工作，灵活选择调整窗口期，合理确定调整的项目范围，有升有降调整价格。医疗服务价格专项调整是对通用型项目、复杂型项目年度动态调整的补充，是特定条件下的例外情况。确定年度调整总量时，应预留一定比例用于可能需要专项调整的情形，实际未实施的可视情况用于通用型或复杂型项目的年度动态调整。药品、耗材集中带量采购重塑市场秩序、行业风气，挤水分、降价格，腾出了费用空间，为医疗服务价格改革迎来机遇期。深化医疗服务价格改革作为药品、耗材集中带量采购改革的“姊妹篇”，旨在重构医疗服务价格治理格局。经评估符合条件触发调价的地区，调价总量可向国家组织集中带量采购，使用高值医用耗材相关手术项目倾斜。国家组织集中带量采购和使用高值医用耗材的跨省患者占比大，使用集中带量采购高值医用耗材手术项目等核心项目价格明显低于全国中位价格和周边省份价格的地区，可专项调整相关项目价格。例如，经评估符合条件触发调价的地区，调价总量可向人工关节置换相关手术项目倾斜；置换关节的跨省患者占比大、“人工关节置换术”等核心项目价格明显低于全国中位价格和周边省份价格的地区，可专项调整相关项目价格。

4. 优化选择调价项目，将调价空间向价格项目进行合理分配 经评估，符合调整价格启动条件的，按成本调查、专家论证、风险评估、听取意见、集体审议等程序，测算调价空间，优选调价项目，确定调价幅度。坚持“总量控制、结构调整、有升有降、逐步到位”原则，以“重技术、重劳动，轻设备、轻耗材”为导向，分配调整额度，重点平衡好通用型项目和复杂型项目的比例，并适当向儿科、肿瘤、精神、传染、病理等学科、中医医疗服务和国家区域医疗中心新技术项目倾斜。

优先提高诊疗、手术、康复、护理等体现劳务价值、技术难度、风险程度，以及成本价格倒挂严重、价格明显偏低的医疗服务项目价格，降低部分偏高的物耗、折旧占比大的大型设备治疗和检查检验价格，引导医院合理检查检验、治疗，稳妥有序推动技术劳务与物耗分离，逐步理顺项目间、区域间比价关系，加快优化医疗服务价格结构和医疗资源配置，大幅提高医疗服务收入（不含药品、耗材、检查、化验收入）占医疗收入比例和医疗资源使用效率。

与成年人不同，儿童群体就诊时往往配合度更低，更需要医护人员的情绪支持。儿科属于“哑科”，儿童患病可能不会清晰完整表达，症状轻微时特别需要儿科医师的火眼金睛。同时，儿童疾病来得急、变化快，家长对治疗效果期望值较高，导致儿科专业医疗风险高、儿科医生面临巨大挑战。对于诊察费，护理费，抢救费，注射、清创缝合、换药等一般检查治疗，临床诊断中的有创活检和探查，经血管介入诊疗，临床手术治疗，中医骨伤、针刺、灸法、拔罐疗法等体现儿科医务人员技术劳务特点和价值的医疗服务项目，收费标准可高于成人。为儿童、婴幼儿提供服务，与已开展项目内涵相同的，但难度、强度和消耗显著高于向普通群体提供服务，必要时可作为已开展医疗服务价格项目的“计价说明”（6周岁及以下儿童在相应成人服务价格基础上加收不超过30%）。合理调整儿科医疗服务价格，支持医疗供给不足的儿科发展，缓解儿童医疗资源短缺问题，推动儿童医疗事业持续健康发展，不断满足人民群众对儿童基本医疗服务的需求，促进儿童健康成长。

中医诊疗服务依赖于医务人员知识、经验和技术，较少利用检查、检验设备耗材，人力成本占整个成本绝大部分，且多为疑难杂症，往往病情复杂，病程较长。为支持中医传承创新，促进中医医疗资源优化配置和中医医疗行业高质量发展，优先将功能疗效明显、患者广泛接受、特色优势突出、体现劳务价值、应用历史悠久，成本和价格明显偏离的中医医疗服务项目纳入调价范围。

5. 完善市场调节价项目分类形成和备案机制 省级医疗保障行政部门公布的特需服务、试行期内新增医疗服务项目实行市场调节价，新增项目试行期满后，按通用型或复杂型项目管理。公立医院以测算成本为基础，综合考虑医疗服务技术含量、风险程度、市场供求、患者和医保基金承受能力、当地经济发展水平和周边省份同级别医院价格水平等因素，自主确定实行市场调节价项目价格，定价要遵守政府制定的价格规则，和医院等级、专业地位、功能定位相匹配，和区域经济发展水平、医疗技术水平相适应。公立医院自主制定和调整实行市场调节价项目价格（调价周期不低于一年，调价前公示），应在10个工作日内将价格水平、定调价依据、成本测算情况等资料报所属医疗保障行政部门备案，自主定价增加的医疗服务收入占用本年度价格调整总量。

（五）医院价格监管与违规处罚

1. 医保对医院价格行为的监管检查形式 为规范价格行为，促进医疗保障基金合理有效使用，现行医保基金监管政策提出：建立日常巡查、专项检查、飞行检查、重点检查、专家审查等结合的检查制度，对规定年度日期以来纳入基本医保基金支付范围的所有医疗服务行为、医疗费用进行检查。引入信息技术服务机构、会计师事务所、商业保险机构等第三方力量，参与使用医保基金监管，提升监管的专业性。

医疗保障基金飞行检查是国家和省级医疗保障行政部门组织实施的，对定点医院等被检查对象不预先告知的现场监督检查。国家医疗保障行政部门负责组织实施全国范围内的飞行检查；省级医疗保障行政部门负责组织实施本行政区域内的飞行检查。

省级医疗保障行政部门开展的省际联合、交叉飞行检查，事先向国家医疗保障行政部门备案。医疗保障行政部门可以邀请卫生健康、中医药、财政等相关管理部门联合开展飞行检查。根据需要，医疗保障行政部门可以聘请符合条件的信息技术服务机构、会计师事务所、商业保险机构等第三方机构和专业人员协助开展飞行检查。

为深入贯彻落实党中央、国务院关于加强医保基金监管工作的决策部署，聚焦重点、靶向发力，依法查处医保领域违法违规行为，严守医保基金安全红线，保障参保人健康权益，增进人民健康福祉，国家医保局会同财政部、国家卫生健康委员会、国家中医药管理局等部门组成若干飞行检查组（飞行检查组由医疗保障行政执法人员和熟悉医保、医疗、医药、财务、信息等相关专业的其他人员组成），已联合开展多轮医保基金飞行检查。根据举报问题线索、智能监控疑点数据等，对被检定点医院规定时间范围以来纳入医保基金支付范围的医疗服务行为和医疗费用进行前期筛查（结合检查重点，提前提取指定范围内医保结算数据、医院HIS系统数据等开展分析）、现场检查、调查取证、沟通反馈、线索移交。检查内容包括基金使用内部管理、财务管理、病历相关资料管理、药品和医用耗材购销存管理情况，违规收费、串换项目等行为。国家医保局将飞行检查工作情况通报相关部门，视情况，公开查处结果；根据各省份整改情况或工作需要，国家医保局适时组织力量开展"回头看"。被检医院要高度重视，认真做好迎检准备，配合飞行检查工作，明确现场负责人，及时提供真实、有效、完整的文件、记录、票据、凭证、数据、病历等相关材料，如实回答飞行检查组的询问，压紧压实整改责任，定准落细整改措施，强化源头治理和长效机制建立。

2. 全面建立智能监控制度，实现医院价格智能审核全覆盖 加强对定点医院临床诊疗行为的引导、审核，实现基金监管从人工抽单审核向大数据全方位、全流程、全环节智能监控转变。禁止定点医院及医务人员通过伪造、变造、隐匿、涂改、销毁医学文书等有关资料或虚构医药服务项目等方式，骗取保险基金支出。要求定点医院及其工作人员不得重复收费、超标准收费、分解项目收费，串换药品、医用耗材、诊疗项目和服务设施。

3. 对定点医院区分不同违法行为，进行处分处罚 对检查发现的定点医院不同违法行为，现行医保基金监管政策分别规定了责令改正、约谈有关负责人、责令退回、处以罚款、吊销执业资格、限制从业、给予处分等。对骗保行为，除规定责令退回、吊销执业资格等处罚外，还规定了处骗取金额2倍以上5倍以下罚款，暂停涉及基金使用的医药服务及期限，以及解除服务协议等。为压实定点医院负责人的管理责任，医院因违法造成基金重大损失或严重不良社会影响的，对其法定代表人或主要负责人给予5年禁止从事定点医院管理活动。

三、医院价格管理实务

医院价格管理实务涉及医院价格管理体系与管理制度建设、新增价格项目管理、成本测算和成本控制、医疗服务价格调价管理、价格公示、费用清单、医疗服务价格自查、价格投诉管理、价格管理奖惩和价格信息化管理等。

（一）医院价格管理体系与管理制度建设

1. 价格管理体系 医院应当建立由院领导主管，由分管领导、医务管理部门、价格管理部门、临床科室和物资采供等部门组成的价格管理体系，科学管理、合理监控医疗服务成本，提升价格管理质量。医院应当设立价格管理委员会，委员会成员由分管价格的院领导、价格管理部门及财务、医务、护理、医保、信息、药事、物资管理、医技、设备等职能科室负责人组成，负责全院价格管理工作的领导、组织和决策。医院应加强价格管理部门建设和价格管理人才队伍建设，按床位数、工作量配备适宜专职、兼职价格人员，强化价格管理能力建设，提升价格管理信息化水平，指导临床、医技科室正确理解、掌握和执行价格政策，做好新增医价格项目申报、价格行为自查自纠，规范收费行为。

2. 价格管理制度 医院应建立医疗服务成本测算和成本控制管理、医疗服务价格调价管理、新增医疗服务价格项目管理、价格公示、费用清单、医疗服务价格自查、价格投诉管理、价格管理奖惩、价格政策文件档案管理、价格管理信息化等价格管理制度。

（二）新增价格项目申报立项、成本测算与定价

1. 新增医疗服务价格项目申报立项论证 技术实力、技术特色是医院发展的基石，新技术、新项目是医院发展的源泉。目前，国际环境日趋复杂，要求医院加快攻克重要医疗技术方面“卡脖子”的问题，在医药领域牢牢把握创新发展主动权，促进创新进步和有效供给。医院管理者应当从战略层面关注新技术对医院声誉、学科建设、医院间竞争力、患者就医流向、收入结构的影响。面向生命科学、生物医药科技前沿，锚定国家战略需求、医药卫生领域的重大科学问题，以技术创新为引擎，引领医院高质量发展。关注人工智能、5G通信、数字化技术、手术机器人等创新通用技术对医疗市场运行方式、医疗服务“产品化”发展的规律性作用，以及其对医疗服务价格机制的影响。其中，采用“手术机器人”等智能化系统辅助手术操作的，坚持劳务价值和设备贡献相平衡、收费与功能相匹配的原则，按照智能化系统的实际功能，以“人工关节置换术”项目价格为基础上浮一定比例加收。新增医疗服务价格项目管理由科室申报立项，医院价格管理和医务管理部门联合初审，经医院价格管理委员会审核通过

后，向所属省级卫生健康行政部门申请医疗服务价格项目技术规范确认。

（1）价格项目申报对新技术临床应用的影响：新医疗技术开展受医保收付费标准、耗材成本、试剂资质、设备采购等因素影响，科室拟购入和收费有关的新仪器设备、医用耗材、试剂，事前经医院价格管理部门确认有收费依据的，方可办理招标采购、入库和领用手续。为新技术、新疗法及时申报收费立项，可避免出现新项目开展后，由于没有价格政策支持，导致医院前期人力、设备、耗材、试剂投入成本难以回收的风险。价格管理部门要从新技术、新疗法需求分析和准入立项入手，鼓励临床医技科室了解配套设备设施配置规划许可、试剂、耗材、人员资质，及时申报新增、修订项目，丰富临床诊治手段，提高医院竞争力和医疗服务水平、医疗质量。

（2）申报立项的技术规范和价格项目要素审核：医院在引入前沿技术，提高学科影响力，引领区域内学科发展的同时，需要关注新技术的创新性、引领性、安全性、有效性、经济性。

1）医务管理部门审核：医院医务管理部门从技术规范角度审核，包括项目参加人员（主任医师、副主任医师、主治医师、护士、技师、药师）及其结构、医疗技术操作资质、平均耗时，配套支撑的设备设施、耗材、试剂，预计年服务量，侧重技术先进性、复杂程度和临床疗效、实施安全性等。

2）价格管理部门审核：医院价格管理部门从价格项目要素角度审核，指导申报科室规范填写项目名称、项目内涵、计价单位、除外内容和说明，测算成本结构合理性、数据准确性等。

3）价格管理委员会审议论证：医院价格管理委员会以召开例会的形式，根据申报科室陈述，对拟申报立项项目的必要性、可行性和经济性进行集中论证，审核项目操作人数、时间，技术难度、风险程度，测算成本和建议价格等。

2. 立项试行新增医疗服务价格项目成本测算、定价与执行 新医疗技术作为提高医疗服务质量、改善患者健康水平的支撑手段，其定价是否科学合理，将直接影响新技术的广泛应用。

（1）新增项目成本测算：为充分体现医务人员技术劳务价值，医院要组织相关临床医技科室，科学测算立项试行新增医疗服务价格项目成本。

（2）立项试行价格：以测算的项目成本为基础，综合考虑医疗服务项目技术难度、风险程度、质量状况和患者负担等因素，对比现有同类项目差异，参考其他省市该项目价格，按规定自主制定试行价格。

（3）试行期医疗服务量和成本监测：监测试行期项目年开展人次、年收入和实际运行成本，为项目按期申报转正的成本调查提供客观的数据支持，同时，防止项目未开展而不能转正。

（三）市场调节价医疗服务价格项目自主定价

医院提供的特需医疗服务及其他市场竞争充分、个性化需求强的医疗服务，炮制使用的中药饮片、中药制剂，实行市场调节价，遵循公平、合法和诚实信用原则，依法自主定价。

1. 实行市场调节价医疗服务项目的自主定价　医院价格管理部门组织临床医技科室，对已立项实行市场调节价的医疗服务价格项目等进行成本测算，综合考虑医疗服务项目技术难度、风险程度、市场供求及质量状况等因素，参考周边省份价格水平，提出价格建议，提交医院价格管理委员会审核，通过后将收费标准进行院内公示，公示时间不少于7个工作日，公示结束后将公示结果和收费标准报所属医疗保障行政部门备案，保持一定时期内价格相对稳定，并进行价格执行情况的监管。大型公立医院可在和普通区相对独立的区域、国家允许的比例范围内发展国际医疗部（国际医疗中心、国际医学中心等），由价格管理部门组织相关科室测算成本、加适当盈余同时兼顾市场供求情况，提出建议价格，经价格管理委员会审议通过，对国际医疗服务按相关规定自主定价、公示并向所属医疗保障行政部门备案，与签约商业健康保险公司合作，为在华外籍人士和社会各界人士提供优质、高效、便捷、温馨、舒适的高端个性化医疗服务，服务于城市大型涉外活动医疗保障，改善引才引智、外商投资生活环境。

2. 医院制剂自主定价　医院制剂纳入医疗保障行政部门管理价格的药品范围，实行市场调节价。医院为临床必需、安全有效、价格合理，市场上没有供应品种，医保基金可承受，取得省级药品监督管理部门批准文号或运用传统工艺配制中药制剂备案号的制剂申请纳入基本医疗保险基金支付范围时，应提交具备资质的会计师事务所审核出具的制剂配制成本调查结果及其佐证材料等相关资料。省级医疗保障政部门组织专家进行评审，经审定同意纳入基本医疗保险支付范围的制剂向国家医疗保障局备案后于次年1月1日起执行。医院价格管理部门组织药事管理部门，对按本单位临床需要，经批准而配制的具有治疗性、自用的固定处方制剂进行成本测算，提出价格建议，提请价格管理委员会讨论确定后公示执行，并监管价格执行情况。

（四）标准化医嘱和计价项目的匹配对照

医嘱是经治医生在医疗活动中为诊治患者下达的医学指令，护理、医技、药剂、财务、价格等部门的人员围绕医嘱展开工作。从经济管理角度看，医嘱是临床医疗信息的主要信息流之一，是诊疗信息收集、传递并转换为医院经济管理信息的关键和枢纽，价格管理在将业务转化为经济管理信息的过程中起承前启后的作用。

1. 标准化医嘱词库的建立　医院可组织清理医院HIS系统现行医嘱，搜集、整理各类检查、治疗、处理、检验等操作名称，确定医嘱的标准名称，应用临床路径，以循证医学证据和指南为指导，经各学科医护人员论证和医务、医保、价格等多部门审核，对医嘱名称、编码、操作规范等进行多维度统一，建立标准化医嘱词库，避免医生开立医嘱的随意性，为规范科室价格行为打好基础。

2. 可收费医嘱条目和计价项目对照关联 预先将审核规范的可收费医嘱条目与计价项目对照关联，实时动态维护，减少错收、漏收费，下达医嘱与计价的一键高效完成，确保医嘱执行和收费的一致性、准确性。以信息技术对医嘱从下达、执行记录、计价确认至费用查询统计的全过程形成闭环链路，实现从末端事后管理转变为事前、事中、事后全流程、各环节可追溯管理，提高医务人员执行医嘱的严谨性。

3. 医嘱组合与计价项目标准化对应 为方便医生下达医嘱，提高工作效率，医院部分临床科室在医生工作站设置基本组合医嘱，通常把常用检查检验、治疗等组合为和计价项目标准化对应的费用模板。该模板经科室申请，临床专家论证，医务、价格等管理部门审批后，将医嘱组合中对应的具体收费项目设置为可勾选状态，允许医生根据实际情况灵活选择减少项目，并在费用清单列明具体收费项目，防止以强制捆绑打包的常规化收费方式增加患者费用经济负担。

4. 医嘱、检查检验报告与费用的匹配 需要强调，不是每个患者都需要套餐式检查检验、治疗，因此，为规范收费行为，减少医保基金不合理支出，医院要防范脱离病情需要和适用指征，滥设过多过大的检查检验、治疗套餐，无临床意义设项收费，套餐式检查检验、治疗行为带来的各套餐项目间重复收费风险。医保飞行检查时发现，医院如果存在无医嘱或执行记录收费、重复收费、超标准收费、串换项目收费、超住院天数收费、捆绑收费、超量收费、套高收费、套餐式检查化验、治疗次数不合理等违规结算医保基金行为，就会按相关法律法规和协议规定，全部追回违规结算医保基金并处罚款，影响医疗收入的完整有效实现。

（五）基于PDCA循环和追踪方法学的价格自查

1. 开展多部门价格联检联查 为了解临床医技科室价格政策执行情况，医院应建立医务、护理、价格、财务、医保、药品、耗材、试剂、设备、信息等部门价格联检联查联防机制，按收费风险点设计自查方案，提供自查清单，定期组织兼职价格管理员，采用PDCA循环、追踪方法学等方法，进行交叉检查。抽调病案、比对费用清单、现场察看，结合大数据筛查结果，核查科室是否存在无医嘱或执行记录收费、重复收费、套高收费、分解项目收费、串换项目、超标准收费等违规收费行为。

2. 对发现的特定违规收费进行个案追踪 针对医保飞行检查反馈问题，成立整改领导小组，设立工作专班，明确职责分工，建立台账，列出问题清单、任务清单、责任清单，逐条梳理，剖析深层次原因，分类整改，对账销号：对能立即整改的事项，即知即改、立行立改；对需要逐步解决的问题，制订整改措施，明确进度时限，抓紧落实到位；对需要标本兼治的事项，系统追踪风险较高的计价流程或收费项目，寻找潜在执行价格政策风险，加强制度建设，及时申报新增、修订价格项目，优化业务和计价流程，引进费用智能监控系统，切实从源头解决问题。同时，组织临床医技科室进行深入自查自纠、举一反三和回头看检查、结果反馈、政策与内部价格管理流程培训，让受检科室知晓“哪里违规、为何违规”，将价格管理工作作为科室年度绩效考核的重要指标，督促其自我约束，规范诊疗和价格行为。

知识拓展 / 病历、医嘱、检查报告和价格、结算的关系

医疗收入形成过程与医疗护理行为直接相关，涉及多个环节，包括医生立医嘱、护士和医技科室执行医嘱并确认，资产采购与发放，费用复核与结算、收入确认与核算等。医保结算清单是医院向医保经办机构申请费用结算时提交的数据清单，应规范、完整填写，准确反映患者诊疗、医疗收费等信息，其中，诊疗信息数据指标填报主要来自住院病案首页。医疗收费信息数据指标填报口径与“医疗收费票据”信息保持一致。

在收费项目归集方面，“西药费、中药饮片费、中成药费、卫生材料费”与“医保药品分类与代码”“医保医用耗材分类与代码”标准相关联，可按实际发生数收费。医疗服务价格项目与收费项目（“床位费、诊察费、检查费、化验费、治疗费、手术费、护理费、其他费”）按统一口径映射归集。医嘱、病程记录、手术记录、治疗单、检查报告单是收费的依据，收费由医疗行为相关消耗决定，医院应按医嘱执行情况计费，确保医嘱单（业务发起）、检查化验报告单（执行记录）和费用清单（收款）“三单”相符，加强临床科室在药品、耗材、试剂、设备采购、使用过程中的管理，防范医疗业务获取收入、资源消耗潜在的执行价格政策风险，确保诊疗活动收费和价格项目内涵相符合。

（六）医疗服务价格成本监测与价格动态调整

1. 监测医疗服务价格　监测医院医疗服务价格项目使用频次、医疗服务价格、门诊住院人次、次均费用、医疗总收入、医药费用结构、薪酬分配、耗占比、检查检验收入占比等运行数据，分析医院运行状况，以统一数据口径报送有关价格政策对医院运行和临床医务人员行为的影响，为完善医疗服务价格政策提供数据支持和决策依据，促进比价关系理顺和医院补偿机制完善。

2. 主动向属地医疗保障行政部门报送调价建议 为防止价格成本长期倒挂，医院要保障药品医用耗材集中带量采购常态化制度化开展，降低虚高价格，在为调整价格腾出费用空间的窗口期，密切监测成本和收入结构变化，按上两年度财务报表和业务量进行测算，主动向属地医疗保障行政部门报送调整医疗服务价格意见。

3. 优化选择调价建议项目 优先将技术劳务占比高、成本和价格严重偏离、医疗技术创新发展和医疗器械更新换代的医疗服务价格项目纳入调价范围，支持儿科等薄弱学科发展，支持中医传承创新。通过动态调整医疗服务价格，体现技术劳务价值，逐步理顺医疗服务比价关系，保障医院良性运行，促进临床医疗服务有效供给。

4. 配合医疗服务项目成本调查相关数据报送 经评估，符合触发条件的，省级医疗保障行政部门会同卫生健康行政部门按程序启动调价，开展调价空间测算，优选拟调价项目，防止项目价格畸高畸低。在调价的价格成本调查环节，医院要向属地相关政府部门提供调查所需的收入、运行情况、调价项目及其上年业务量、测算成本、建议价格、调价理由，调研结果将作为动态调价的参考依据。

5. 稳妥有序落实属地调价政策 根据属地调价政策，及时制订院内调价方案、组织实施、部门协调、理顺流程，及时调整或通知相关部门调价。进行调价时，做好信息系统调试准备，保存调整记录，确保方案实施前后收费流程顺畅衔接。做好调价的公示宣传，跟踪调价后医院信息系统（HIS）运行和患者就医感受，监测价格补偿情况。

知识拓展 / 三明市医疗服务价格改革路径——“控总量、调结构”

“医改排头兵”，福建省三明市，2012以来先后实施多次医疗服务价格调整：摸底分析各公立医院收入项目、收费金额和运行成本各方面情况，确定调价总额、细分各项收入，筛选调价项目，测算服务项目成本，确定项目，核定价格，验证数据；通过提高诊察、护理、治疗、手术等技术劳务价格，转移增加医院医务性收入（不含检查化验收入、药品和卫生耗材收入），体现临床价值、促进比价关系理顺、规范收费项目。

《三明市实施“六大工程”推进医改再出发行动方案》（明委发〔2021〕14号）提出，深化医疗服务价格改革，力争到2025年，全市公立医院医药总收入增幅控制在9%以内，促进医疗服务性收入、药品耗材收入和检查检验收入达到5∶3∶2的良性结构。《三明市医疗保障局关于调整公立医院部分医疗服务项目价格有关问题的通知》（明医保〔2022〕10号）结合实际，调整公立医院部分医疗服务项目价格，进一步规范医院诊疗和服务收费行为。

（七）医疗服务收费的大数据智能审核监控

住院计费环节多、项目内涵复杂、涉及人员多、持续时间长，是价格管理的难点。为适应医保飞行检查和大数据智能监控新形势，提高违规收费筛查分析能力，医院价格管理部门可以医嘱为主线，在梳理全国医疗服务价格项目技术规范和属地价格项目目录的基础上，建立费用智能审核监控知识库、规则库，组织多方论证，争取信息部门支持，将费用审核拦截规则内置于HIS，让价格监管插上现代信息技术的“翅膀”，强化医嘱–检查（和/或治疗）结果报告–计价操作过程的一致性审核，提升监管效能，规范诊疗和收费行为。其中，知识库内容来源于价格和医保法律法规、全国医疗服务价格项目规范、属地价格项目目录、医疗器械注册证、管理规范等；规则库基于知识库产生，规则要素包括规则名称、定义、逻辑、参数、应用场景、判断等级、具体违规情形等。

1. 将价格政策转换为费用智能审核规则知识库 结合医保飞行检查发现问题，梳理医疗服务价格项目内涵、除外内容、计价单位、说明，调研、收集临床、医技科室价格政策执行难点，着眼于患者一个住院过程收费各环节，筛查、识别、分析、锁定计费差错高发风险点，尤其是转科计费，将价格政策转换为价格知识库，建立重复收费、分解项目收费、超标准收费等费用审核规则引擎。

2. 智能审核规则库嵌入HIS，拦截不合理收费 以大数据为依托，将费用审核规则库嵌入HIS，扩大收费智能监控系统应用业务场景和范围，贯穿医嘱（医生工作站）、执行记录确认（护理工作站、医技工作站）、计费全流程、各环节，对住院期间总体费用进行智能审核、拦截，强化事前警示提醒，严格事中控制、事后监督检查分析反馈，控制床位、护理、诊察等常规滚动性收费的逻辑性错误，监控评估等限制类项目的过度使用，保障计费的合规性。以智能审核监控扎牢医保基金使用安全“篱笆”，从业务发生源头精准拦截、过滤每天、每个疗程、一个住院过程的各项潜在不合理计费，提高价格管理规范化、标准化、智能化、精细化水平，防范违规结算医保费用风险，牢牢守好人民群众的“保命钱”“救命钱”。

第三节 医院门诊与住院结算管理

医院医疗收入通过医疗结算得以实现。医疗结算业务复杂、形式丰富、变化多样，特别是新支付技术、新支付方式在医疗结算领域的普及应用，给医院财务部门、信息部门和医保管理部门带来了巨大挑战。医院管理者须厘清医疗结算本质与内涵，梳理医疗结算基本形式、逻辑与流程，判断医疗结算发展变化趋势，合法合规、风险防控、改革创新、果断决策，不断满足患者医疗结算新需求。

一、医院门诊与住院结算管理概述

医院门诊结算和住院结算统称为“医疗结算”，其为患者所熟知的称谓是“收费”和“结账”。医疗结算要合法合规、高效便民，医疗结算管理要确保风险防控、数据准确。

（一）结算的概念

结算是对一个时期内商品交易、劳务供应等发生的收支往来进行核算和了结。本教材所称结算为医疗费用结算，指医院对患者就医过程中产生的医疗费用进行计费、款项收退、医疗收费票据开具等行为。

（二）结算的分类

医疗结算可按照业务内容、结算方式、结算渠道进行分类。

1. 按业务内容分类

（1）门诊结算：包括门急诊挂号，处方单、检查单和化验单等缴费、退费，预交金收退，医疗收费票据开具等业务。

（2）住院结算：包括预交金充值、退款，医疗费用计费、退费，医疗收费票据开具等业务。

2. 按结算方式分类

（1）自费结算：医疗费用全部由患者自己承担的结算方式。随着医疗保险制度的改革与逐步完善，患者自费结算的比例将会不断降低。

（2）医保结算：医疗费用由患者（参保人）和医疗保障基金共同承担的结算方式，分为即时结报和非即时结报。其中，即时结报指患者结算时，医院按照其参保地的医保报销标准垫付医疗费用，患者只需支付医保报销后的自付部分。非即时结报指患者结算时全额自付医疗费用，再凭医院出具的医疗收费票据、医疗费用清单明细、出院记录（小结）、病情证明等单据，在参保地医保经办机构进行医疗费用报销。

（3）特约单位结算：企事业单位、商业保险公司等特约单位与医院签订医疗服务协议，其职工或签约客户在医院享受医疗服务可直接记账，事后由医院直接与特约单位进行医疗费用结算。

3. 按结算渠道分类

（1）线下结算：结算操作在医院设置的软件、硬件或在医务人员、财务人员的辅助下完成的结算方式，包括人工窗口结算、自助设备结算、诊间结算、床旁结算等。

（2）线上结算：结算操作在移动设备端自助实现的结算方式。通过各类线上结算应用平台，如各医院自行开发的小程序（app）、微信公众号、支付宝生活号等，患者能实现线上预约挂号、电子处方缴费、医保在线支付、开具医疗电子票据等业务。随着电子身份证、电子医保卡、人脸识别、区块链、数字货币、大数据、人工智能、第五代移动通信（5G）、云计算、物联网等信息技术与医疗服务的深度融合，绝大部分医疗费用结算业务将转移至线上。

（三）结算管理的要求

1. 结算业务合法合规　合法合规是医院门诊和住院结算业务开展的前提条件。结算业务需要在医疗服务价格、医保、资金支付、财务会计相关法律法规和政策体系下开展，做到合法、合规。

2. 结算数据真实准确　真实准确是医院加强数据治理、提高数据质量最基本的保证。真实准确的结算数据能反映医疗业务活动成果，是医院管理层作出科学预测、决策的依据，是医院拥有的能够赋能运营管理的有效资产。医院要从源头控制、数据校验、自动质量控制、数据质量改进、结算报表管理、数据使用授权等方面加强数据治理。

3. 结算资金风险防控　货币资金是医疗业务活动的价值载体。结算员要遵守财经纪律、遵照从业规范和职业道德，守住资金安全底线。医院要构建结算资金收付、对账、转存全流程监管体系，从收付异常（单边账）管理、退费管理、备用金盘存、第三方支付业务对账、银行业务对账、信息系统安全、安防保卫等风险防控节点，加强结算资金安全管理，保障医院正常运转。

4. 结算服务高效便民　医疗结算要科学技术和人文关怀并举，结算效率和服务质量并重。医院应从结算业务信息化、便捷化，结算服务多元化、人性化等方面，提高结算效率和服务质量，满足群众日益提高的就医体验需求。

二、医院结算管理的政策体系

医院结算管理应符合医院财务、医保支付相关政策要求。随着互联网信息技术的兴起和发展，“互联网+医疗”相关政策也相继出台，引领医疗结算信息化、智能化发展。

（一）医院结算管理基础规范

医疗结算行为应符合医院财务管理的要求。《会计基础工作规范》《公立医院内部控制管理办法》等文件要求医院加强医疗收费、退费、票据等业务审核。医院要建立健全各项收费管理制度，加强医疗收入的每日、每月结算起止时间控制，及时、准确核算收入；加强银行账户管理、货币资金核查，做到“日清日结”“收支两条线”。

（二）医保结算管理

我国基本医疗保险实行社会统筹和个人账户相结合的模式，由城镇职工基本医疗保险和城乡居民基本医疗保险组成。国家医疗保障局制定相关政策，以期推进医保结算信息化、便捷化，推动实现全国统一的跨省异地就医基本医保直接结算。跨区域的、便捷的医保即时结报服务，与社会医疗保险的全民覆盖，相辅相成、相互促进。

（三）"互联网+医疗"结算管理

互联网进入医疗领域，主要在四个方面发挥着重要作用：远程医疗、互联网医院、便民惠民的服务措施和人工智能。随着我国互联网、大数据、人工智能等信息技术的快速发展，智能化服务得到广泛应用，就医方式也发生着深刻改变。为此，国家相继出台《关于做好公立医疗机构"互联网+医疗服务"项目技术规范及财务管理工作的通知》《关于深入推进"互联网+医疗健康""五个一"服务行动的通知》等文件，鼓励医院应用互联网等信息技术拓展医疗服务空间和内容，发展基于互联网的医疗服务，构建覆盖诊前、诊中、诊后的线上线下一体化医疗服务模式；探索互联网延伸医嘱、电子处方等网络医疗健康服务应用；开展网络支付，提供在线预约诊疗、候诊提醒、划价缴费、诊疗报告查询、药品配送等便捷服务，创新服务模式，提高服务效率。

三、医院结算管理实务

医院结算实务在变，医院结算管理也随之持续改变。对医院结算模式的选择与构建、对医院结算管理流程的优化，一直是医院结算管理的重中之重。

（一）医院结算模式

医院结算模式经历了手工收款找零、就医卡充值缴费、移动支付直接缴费和信用就医等发展阶段。医院结算模式最初为纯手工收款找零模式，结算员凭医生开具的处方直接收费。从2009年开始，部分医院开始运行就医卡充值缴费的预付模式。预付模式可应用于门诊结算和住院结算。随着互联网和移动通信技术的发展，大量医院引入移动支付，结算模式又趋于转向即付模式。医院结算模式受社会发展阶段、科技发展水平、信用建设体系、国家健康政策、医院历史沿革和发展战略等因素影响，医院应选择有利于患者便捷就医、促进自身可持续发展的最优结算模式。

1. 即付模式 患者在就医的各个环节直接缴费的资金收付模式，被应用于门诊结算。

2. 预付模式 患者就医前往医院资金账户预存医疗费用，医院在患者就医过程中进行医疗费用记账、就医结束后进行结算的资金收付模式。预付模式应用于门诊结算和住院结算。

3. 信用模式　患者凭借金融系统征信积分，在院就医时可享受免缴费或者少量缴费，约定信用期届满后医院与其进行医疗费用结算的资金收付模式。随着互联网金融的快速发展和信用体系的逐步健全，部分省市加强医疗、医保、公安、金融等部门之间信息的互联互通，在医院推出“信用就医”服务。

知识拓展　国外医院类型和收费模式

按所有制标准，国外医院一般有三类，公立医院、私立医院、非营利性医院。公立医院是指由政府资助的医疗机构，为患者提供免费服务和营利性较低的项目。私立医院是由私人投资者设立的以盈利为目的的医疗机构，以营利性较高的服务项目为主。非营利性医院的资金来源于慈善、宗教机构和研究、教育基金，服务内容和价格介于公立和私立医院之间，利润用在医院发展或储备基金上。

英国和加拿大是全民公费医疗的国家，以公立医院为主。20世纪80年代末，英国实行全民公费医疗。英国有少量私立医院，服务人口约为全国人口的8%。加拿大只有少量提供检查的私立医院。

美国和南非地区属于收费医疗体系。美国以非营利性医院为主，城市医院中2/3为非营利性医院，其余1/3是公立和私立医院。美国的公立医院除免费服务外，还对拥有老人医保、低收入补贴医保和私人医保的患者，收取一定费用。南非只有公立和私立医院。公立医院承担着超过全国80%的人口的医疗服务，其余将近20%的人购买私人医保，在城市里的私立医院就医。在美国和南非部分地区，就医无须当场支付费用，或者只需要支付固定且金额很少的费用。患者事后会收到医疗机构寄送的医疗账单。收费医疗下，部分患者无法负担一次性大额医疗开支，因此催生了医疗金融帮助计划，在南非可以申请金融帮助，在美国可以参加分期付款计划。这类贷款，按时还款，免收利息，只有逾期还款，才会产生利息。

（二）医院结算管理流程

1. 患者结算流程　门诊和住院患者结算流程见图9-3。

2. 门诊、住院一体化管理　结算前台支持办理门诊和住院所有结算业务，结算后台负责业务审核和科室管理。在信息化没有普及时，门诊和住院业务分开办理，效率相对较高。高标准的信息化建设，把结算员从繁重的重复工作中解放出来，为门诊和住院通窗结算、一体化管理奠定基础。

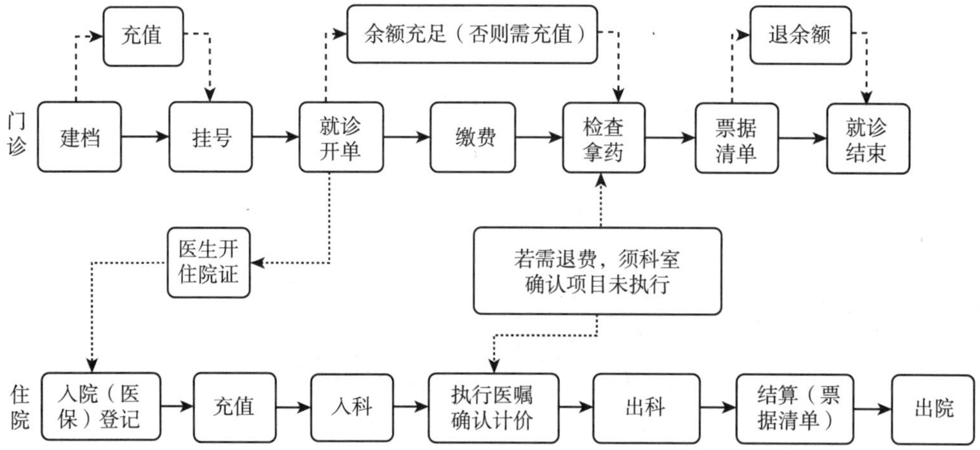

图9-3 门诊和住院患者结算流程

（1）前台业务：是直接面对患者的结算窗口类业务，分为结算操作和解释、引导等服务性工作。随着信息技术发展和应用，大部分结算业务都可在自助机和移动设备端完成，前台结算操作的重点转移到线上线下衔接业务、特殊人群的结算需求和急诊结算业务等。例如，根据急诊绿色通道管理要求，医院急诊科室必须配备人工结算窗口，为危急患者提供快捷的欠费记账服务，保证急救诊疗工作的顺畅进行。

（2）后台业务：后台业务分为单据（数据）审核业务和管理业务。审核业务包括结算单据审核、数据复核、支付业务对账和支付异常的确认处理等。管理业务包括人员管理（考勤记录、日常排班、员工档案等）、备用金盘存、结算系统建设等。常见的结算管理工具有PDCA循环管理、鱼骨图、品管圈等。

（三）医院智能结算管理

医院智能结算的关键词有自助、自动化、智能、智慧等，并有着各式各样的称谓，但究其本质，都是信息化。

1. 医院结算管理信息化建设 医院智能结算管理应做到高度自动化、高效便捷、风险可控。

（1）结算流程合理简洁清晰：全面梳理结算业务，分析业务实质和内控要求，明确各科室、部门权责，使结算流程更加合理、简洁、清晰。

（2）结算渠道、场景多样化：医院可通过与中国银联、第三方支付平台、聚合支付业务提供商等深度合作，实现结算渠道多样化；通过自建医疗类app、加大对自助结算终端的硬件投入、拓展社交媒体引流平台，分散自助支付结算接口，实现结算场景多样化。

（3）内部控制系统逻辑缜密：医院可在HIS自动确认费用，收付费业务产生的数据全程留痕，可查询、可追溯，如有退费，按内部管理要求发起审批流程，保障医疗收入的合法合规、安全完整。

（4）资金对账自动化建设智能：对账平台，集成处理人工结算窗口、自助机、移动端等支付结算数据，定期自动对账和处理单边账，提升结算资金管理效率，保障资金安全。

（5）结算数据准确安全：制定数据查询、数据修改、数据输出的制度规范，确保数据真实准确、数据使用合法规范。扩容存储设备、升级处理器、在内网放置前置机，采取数据防火墙、数据加密、数据脱敏、数字水印、数据追踪等技术，保障数据存储、调用安全。

2. 医院结算管理的发展趋势　信息化发展，充分解放了人力，结算员可以更多地参与结算规则制定、校验，数据分析、运用等工作，赋予结算更大价值。信息化发展，充分方便了广大患者。同时要注意，时代是多元的，医院仍应为部分患者群体，提供传统的、优先的医疗结算服务。以提升患者就医感受为目标，顺应“互联网+”医疗发展形势，兼顾传统与未来，建立便捷、安全、有温度的线上线下全方位结算体系，是医院结算管理的发展趋势。

第四节　医院财政票据和发票管理

财政票据和发票（以下简称“票据”）是医院财务收支和会计核算的原始凭证，也是院内外检查和审计监督医院经济业务真实、合法的重要依据。为保证各项经济活动的有序合规进行，医院要加强和规范对财政票据和发票的管理。

一、医院财政票据和发票管理概述

票据是医院运行中的重要收付款凭证，医院应严格按照各类票据的适用范围和要求进行使用，加强对票据领用、发放、使用、保管、核销、销毁及监督检查等全流程管理，保证票据使用合规。

（一）财政票据的概念、类别

财政票据是指由财政部门监（印）制、发放、管理，国家机关、事业单位、具有公共管理或公共服务职能的社会团体及其他组织（以下称“行政事业单位”）依法收取政府非税收入或从事非营利性活动收取财物时，向公民、法人和其他组织开具的凭证。

本节所称的财政票据主要是指医院从事非营利性活动收取财物时，对外开具的凭证。按用途不同，医院使用的财政票据分为医疗收费票据、资金往来结算票据和公益事业捐赠票据。

1. 医疗收费票据 是指非营利医疗机构从事为门诊、急诊、急救、住院、体检等患者提供医疗服务取得医疗收入时开具的收款凭证，是按国家有关规定申请医疗费用报销的有效凭证，包括门诊收费票据和住院收费票据。

2. 资金往来结算票据 是指行政事业单位在发生暂收、代收和单位内部资金往来结算时开具的凭证。

3. 公益事业捐赠票据 是指国家机关、公益性事业单位、公益性社会团体和其他公益性组织依法接受公益性捐赠时开具的凭证。

（二）发票的概念、类别

发票是指在购销商品、提供或者接受服务以及从事其他经营活动中，开具、收取的收付款凭证，包括纸质发票和电子发票。

本节所称的发票是指公立医院在购买商品、提供或接受服务，以及从事其他经营活动中对外开具和收取的增值税发票，分为增值税专用发票和普通发票。

二、医院财政票据和发票管理的政策体系

（一）财政票据和发票使用要求

1. 财政票据的适用范围

（1）医疗收费票据：门诊收费票据和住院收费票据应当按规定用途使用，不得串用。医院为门诊、急诊、急救、体检以及门急诊留院观察患者等患者提供医疗服务取得医疗收入，应当使用门诊收费票据；为住院患者提供医疗服务所取得医疗收入，应当使用住院收费票据。医院取得的其他收入，如住院押金、预收诊疗费等预收账款、财政补助收入、上级补助收入、科教项目收入以及其他收入不得使用医疗收费票据。

（2）公益事业捐赠票据：公立医院依法对外接受公益事业的捐赠，并将所接受的捐赠用于公益事业时，按规定向捐赠方开具公益事业捐赠票据。公益事业主要包括以下非营利事项：①救助灾害、救济贫困、扶助残疾人等困难的社会群体和个人的活动。②教育、科学、文化、卫生、体育事业。③环境保护、社会公共设施建设。④促进社会发展和进步的其他社会公共和福利事业。

（3）行政事业单位往来票据：医院发生以下不构成医院收入的行为时，可以使用资金往来结算票据。①暂收款项。由医院暂时收取，需退还原付款单位或个人的款项，

如押金、定金、保证金及其他暂时收取的各种款项等。②代收款项。由医院代为收取，需付给其他单位或个人的款项，如代收教材费、体检费、水电费、供暖费、电话费等。③医院内部各部门之间、医院与个人之间发生的其他资金往来款项。

2. 发票的适用范围 增值税发票是医院在购买货物、接受加工、修理修配劳务，购买或提供服务、无形资产、不动产以及进口货物收取和开具的收付款凭证。

增值税专用发票是购买方按照增值税有关规定，以抵扣增值税进项税额的凭证，一般限于增值税一般纳税人领用、使用，但纳入自开专票试点的行业中的所有小规模纳税人，均可以自愿使用增值税发票管理系统自行开具。增值税普通发票主要由增值税小规模纳税人使用，增值税一般纳税人在不能开具专用发票的情况下也可使用普通发票。

（二）财政票据和发票的管理要求

1. 财政票据的管理要求

（1）票据的开具：财政票据应当按照规定填写，做到字迹清楚、内容完整真实、印章齐全、各联次内容和金额一致。填写错误的，应当另行填写。因填写错误等原因而作废的财政票据，应当加盖作废戳记或者注明“作废”字样，并完整保存各联次，不得擅自销毁。

（2）票据的使用及保管：财政票据使用单位应当指定专人负责管理财政票据，建立票据使用登记制度，设置票据管理台账，按照规定向财政部门报送票据使用情况。财政票据使用完毕，使用单位应当按照要求填写相关资料，按顺序清理财政票据存根、装订成册、妥善保管。财政票据存根的保存期限一般为5年。保存期满需要销毁的，报经原核发票据的财政部门查验后销毁。保存期未满、但有特殊情况需要提前销毁的，应当报原核发票据的财政部门批准。

（3）电子票据管理要求：财政票据使用单位要适应电子票据改革的要求，主动改造信息系统，调整业务流程，实现与财政、卫生健康、医保部门系统对接，按规定启用全国统一的票据，积极推进电子票据管理使用。

2. 发票的管理要求

（1）发票的开具：开具发票应当按照规定的时限、顺序、栏目，全部联次一次性如实开具，并加盖发票专用章。购买方为企业的，需提供纳税人识别号或统一社会信用代码，开具普通发票时，需在“购买方纳税人识别号”栏填写购买方的纳税人识别号或统一社会信用代码；开具专用发票时，需完整准确填写购买方开票信息。

（2）发票的使用及保管：开具发票的单位和个人应当建立发票使用登记制度，设置发票登记簿，并定期向主管税务机关报告发票使用情况；应当按照税务机关的规定存放和保管发票，不得擅自损毁；已经开具的发票存根联和发票登记簿，应当保存5年；保存期满，报经税务机关查验后销毁。

（3）电子发票的管理要求：符合电子发票直接归档条件的单位，可直接进行归档管理；不符合要求的，可使用电子票据打印件入账，并对电子票据及版式文件打印件进行归档保管，同时建立版式文件打印件与电子票据的检索关系。同时，医院要建立健全相关内部控制制度，确保票据真实可靠，防止票据重复报销入账。

三、医院财政票据和发票管理实务

为防范票据管理风险，保证票据合法合规使用，医院应制定统一的票据管理办法，明确票据管理体制和部门职责。实务中，医院通常应建立“统一管理、分级授权、专人负责”的票据管理体制，明确财务部门、信息部门、票据使用部门职责。财务部门作为票据归口管理部门，负责全院各类票据的申领、存储、使用、传输、查验、核销、归档等工作，并按规定向有关部门报送票据使用情况。信息部门作为票据管理的技术支持和保障部门，应做好票据管理信息系统的建设和数据管理，保证电子签名设备和存储设备的安全。医院票据使用部门应指定专人负责本部门票据的申请、使用和核销。票据使用人应严格按规定用途、要求使用。

（一）纸质票据管理

医院使用的纸质票据包括医疗收费票据、资金往来结算票据和公益事业捐赠票据。其中，医疗收费票据使用量最大。实务中，对医疗收费票据实行分级管理，借助票据管理信息系统，明确票据管理员、二级票据管理员和结算员三个角色的职责权限，设置票据管理电子台账，对票据申领、发放等实行全程跟踪监管，提高票据信息化管理水平。资金往来结算票据和公益事业捐赠票据由于其特殊性，统一在财务部门管理，由开票员（出纳）在票据管理员处申请，根据业务合同、收款凭证等对外开具和冲红。票据管理员定期抽查盘点，保证票据台账与实际库存的一致性。

医院使用的发票包括增值税专用发票和普通发票。纸质发票由开票员（出纳）在票据管理员处申请，根据业务合同、收款凭证等对外开具和冲红。增值税专用发票需将抵扣联交票据管理员进行专票认证、抵扣；票据管理员认证后，还需根据专用发票的实际抵扣情况分类保存，供税务部门备查。

（二）电子票据管理

电子票据的基本特征是以数字信息代替纸质文件、以电子签名代替手工签章，通过网络手段进行传输流转，通过计算机等电子载体进行存储保管。由于开票便捷、源头可溯、全程可控、风险可防、责任可究、公众可查，适应了经济社会发展，以及提高票据使用便捷度和监管效率的需要，电子票据将会逐步取代纸质票据。国家医疗保障局明确提出要“加强医保与财政、税务部门数据共享，建立健全全国医疗费用电子票据库，实现与医保系统、医院端的对接”。医院作为票据使用单位，要适应票据电子化发展方向，更新票据管理制度，调整票据管理方式，实现对票据申领、存储、使用、传输、查验、核销、归档等业务的全流程管控，确保票据信息真实、完整、安全、合法。

1. 主动对接管理要求，搭建财政电子票据和电子发票管理平台。医院要借助信息化建设，做好信息系统改造和对接，搭建财政电子票据和电子发票管理平台，实现缴费开票一站式服务。根据财政电子票据和税务电子发票管理和归档要求，确定医院电子票据信息化建设的总体设计和应用方案，对内做好与业务系统、财务系统、电子档案系统的对接，对外做好与财政、税务、医保部门系统对接，并启用全国统一票据样式。做好系统分级授权管理，按各类票据管理过程中涉及的票据管理员、票据使用者等角色进行授权管理，明确职责权限，做好身份鉴别、访问控制、安全审计、通信完整和保密性等安全防护，确保系统安全。做好数据管理，通过电子签名技术增强电子票据防伪功能，使用多点备份、异地备份等多种技术手段，保障电子票据数据信息存储安全。

2. 及时更新票据管理制度，加强对电子票据开具、使用、接收、归档全流程管控。适应票据电子化要求，医院应及时更新票据管理制度，规范票据开具、使用、接收、归档操作流程和职责划分。电子票据开具应严格按规定用途和适用范围开具，保证票据传输渠道的畅通，并保证数据的存储安全。通过信息化手段，对电子票据的采集、查验、报销、入账、归档全流程进行管控，保证电子票据来源合法、真实，真正实现电子票据的电子归档。

知识拓展 / 医疗收费电子票据改革

为适应现代财政制度改革和信息化发展的需要，全面提高财政票据使用便捷度，提升财政票据监管水平和效率，2017年，财政部印发《关于稳步推进财政电子票据管理改革的试点方案》(财综〔2017〕32号)，正式启动财政电子票据管理改革试点工作。

2018年，财政部印发《关于全面推开财政电子票据管理改革的通知》(财综

〔2018〕62号），要求在充分总结改革试点经验的基础上，将财政电子票据管理改革推广至所在地区的全部单位和全部财政票据种类。

2019年，为深化“放管服”改革，落实个人所得税大病医疗专项附加扣除相关工作，财政部、国家卫生健康委员会、国家医疗保障局印发《关于全面推行医疗收费电子票据管理改革的通知》（财综〔2019〕29号），统一全国医疗收费票据式样、规范票据填列，并要求在2020年底前全面推行医疗收费电子票据管理改革，推广运用医疗收费电子票据。

本章小结

收入管理涵盖医嘱下达与执行记录、价格分类形成与动态调整、价格执行、结算、票据管理、收入核算、联检联查等，收入、价格管理是确保医院规范诊疗行为，合理投入资源、更好补偿成本，实现良性运营和持续健康发展的基石。

公立医院在坚持公益性的同时，也要坚持“以收定支、收支平衡”，依法依规组织各类收入、统一核算管理收入，规范医疗服务收费和其他收费，合法合规申请财政拨款和科研项目经费，严格落实业务开展相关资质准入制度，确保收入取得应收尽收、合规完整、及时入账，弥补购买药品、耗材、器械等物质要素的费用和投入人力资源成本，略有盈余，实现作为经济体的良性循环，体现医疗服务技术含量、风险、知识密集性和劳动强度，赋能高质量发展。

（田志伟　郑大喜　王　宇　周常蓉）

第十章 医院支出、费用、成本管理

学习目标

1. 掌握 医院支出、费用和成本的概念；分类原则和确认原则。

2. 熟悉 医院成本核算的内容与基本体系；科室成本、诊次与床日成本、项目成本、病种成本以及DRG、DIP成本表的内容与基本结构。

3. 了解 科室成本、诊次与床日成本、项目成本、病种成本以及DRG、DIP成本核算在医院运营管理的应用及作用。

第一节 医院支出、费用、成本

一、医院支出

（一）医院支出的概述

医院支出是指医院在开展医疗服务及其他活动过程中发生的资产、资金耗费和损失。如医院为购买材料、办公用品等支付或预付的款项；为偿还银行借款、应付账款发生的资金流出；为购置固定资产、支付工程费用所发生的支出等。医院借出备用金、退还质保金等产生的资产流出不属于支出。

（二）医院支出的分类

医院支出分为费用性支出和资本性支出。

1. **费用性支出** 是指某一项现金或非现金资产的减少而引起费用增加的支出，它使医院的资产和盈余同时减少，如医院运营中发生的人员经费、卫生材料费、药品费等支出。

2. **资本性支出** 是指医院用于房屋及建筑物构建，专用设备、一般设备、其他固定资产、无形资产购置，以及大型修缮等发生的支出。资本性支出形成医院的固定资产或无形资产，通过折旧、摊销等形式，在各个会计期间转为费用。

（三）医院支出控制

1. 支出控制要求 医院对各项支出的管理，应本着以下要求进行：①严格执行国家财政财务制度和院内支出、成本、全面预算管理等财务制度。②坚持以收定支、收支平衡、统筹兼顾、保证重点，科学合理编制费用支出预算，并严格执行。③勤俭节约，提高资金使用效率。④保持合理的费用支出结构。⑤科学、合理地做好费用支出的预测和决策。⑥加强项目资金的支出管理。

2. 医院支出面临的主要风险 ①支出申请不符合预算管理要求，可能导致医院预算失控或者经费控制目标难以实现的风险。②支出未经适当的审核、审批，重大支出未经单位领导班子集体研究决定，可能引发错误或舞弊的风险。③支出不符合国库集中支付、政府采购、公务卡结算等国家有关政策规定，可能导致支出业务违法违规。④采用虚假或不符合要求的票据报销，可能引发虚假发票套取资金等支出业务违法违规的风险。⑤对各项支出缺乏定期的分析与监控，对重大问题缺乏应对措施，可能导致单位支出失控。

3. 支出业务的关键控制环节及控制措施 ①明确各支出事项的开支范围和开支标准。②加强支出预算控制。③加强支出事前申请控制。④加强支出审批控制。⑤加强支出审核控制。⑥加强资金支付和会计核算控制。⑦加强重大项目支出业务分析控制和绩效评价，形成“花钱必问效”的管理机制。

二、医院费用

（一）医院费用概述

1. 医院费用的概念 医院费用是指报告期间内医院为开展医疗服务及其他业务活动所发生的、导致本期净资产减少的、含有服务潜力或者经济利益的经济资源的流出。费用发生的当期，确认一项费用的增加将导致当期净资产减少。而以银行存款（资产）偿还供应商应付账款（负债），并没有影响净资产，所以此项业务发生时不确认费用。

2. 医院费用的特征

（1）费用会引起资产减少或者负债增加（或者两者兼而有之），并最终导致医院资源的减少，包括经济利益的流出和服务潜力的降低，具体表现为医院的现金或非现金资产的流出、耗费或者毁损等。例如，医院将卫生材料用于患者治疗，导致存货（资产）的减少，消耗的卫生材料构成费用；固定资产随着不断地使用，其价值发生了损耗，财务则通过分期计提折旧的方式反映费用的发生；医院为职工发放职工薪酬、补贴、社保公积金等通过减少银行存款（资产）而形成费用。

（2）费用将导致本期净资产的减少。这里所指的“本期”是指费用的发生当期，即费用的确认时点。也就是说，只有在导致某一会计期间净资产减少时，才能确认一项费用。费用最终将减少医院的资产，根据“资产＝负债+净资产”的会计等式，引起资产总额减少的情况有负债的减少或者净资产的减少。但是只有同时引起净资产减少的经济利益或者服务潜力流出才是费用。例如，以银行存款（资产）偿还供应商应付账款（负债），并没有影响净资产，所以，此项业务不构成费用确认。

3. 医院费用确认

（1）确认条件：医院在确认费用时，应当同时满足以下条件。①与费用相关的含有服务潜力或者经济利益的经济资源很可能流出医院。②含有服务潜力或者经济利益的经济资源流出会导致医院资产减少或者负债增加。③流出金额能够可靠地计量。

（2）确认方式：①确认相关收入的当期确认费用。与本期收入有直接因果关系的费用，或由本期收入补偿的费用，应当在确认相关收入的当期确认为当期费用。例如，药品、卫生材料是直接与所产生的药品、卫生材料收入相联系的，相关药品费、卫生材料费应当在确认当期药品收入、卫生材料收入的同时被确认为当期费用（药品费、卫生材料费）。②直接作为当期费用确认。在医院的业务活动中，有些费用不能提供明确的未来经济利益或服务潜力，并且对这些费用加以分摊也没有意义（不能合理地进行分摊，或者分摊不符合成本效益原则等），这时，这些费用就应当直接作为当期费用予以确认，如固定资产日常修理费等。这些费用虽然与跨期收入（或提高以后期间的服务潜力）有联系，但由于存在不确定性因素，往往不能肯定地预计其带来利益及所涉及的期间，因而就直接列作当期费用。③按照合理的分摊方式确认。如果一项费用的发生预期在若干个会计期间带来经济利益或服务潜力，那么该项费用就应当按照合理的分摊方法，分期确认为费用。例如，固定资产折旧和无形资产的摊销，按照规定的折旧方法和摊销方法，在预计使用年限内，计提折旧和摊销时，应当按照计提的折旧和摊销金额，确认相同金额的费用。

（二）医院费用分类

1. 按照业务活动类型分类　医院费用按照业务活动类型可以分为业务活动费用、单位管理费用、经营费用、资产处置费用、上缴上级费用、对附属单位补助费用、所得税费用和其他费用，如图10-1所示。

（1）业务活动费用：医院为开展医疗服务及其辅助活动发生的费用。

（2）单位管理费用：医院行政及后勤管理部门为组织、管理医疗、科研、教学业务活动所发生的各项费用，包括医院行政及后勤管理部门发生的人员经费、商品和服务费用、资产折旧（摊销）费等。

（3）经营费用：医院在医疗、教学、科研等专业业务活动及其辅助活动之外开展非独立核算经营活动发生的各项费用。

（4）资产处置费用：医院经批准处置资产时发生的费用，包括转销的被处置资产价值，以及在处置过程中发生的相关费用或者处置收入小于相关费用形成的净支出。医院资产处置的形式包括无偿调拨、出售、出让、转让、置换、对外捐赠、报废、毁损以及货币性资产损失核销等。

（5）上缴上级费用：医院按照财政部门和主管部门的规定上缴上级单位款项发生的费用。

（6）对附属单位补助费用：医院用财政拨款收入之外的收入对附属单位补助发生的费用。

（7）所得税费用：医院因存在应税经营所得，按所得税法规定缴纳企业所得税形成的费用。

（8）其他费用：除业务活动费用、单位管理费用、经营费用、资产处置费用、上缴上级费用、对附属单位补助费用、所得税费用以外的各项费用，包括利息费用、坏账损失、罚没支出、现金资产捐赠支出以及有关税费、运输费等。

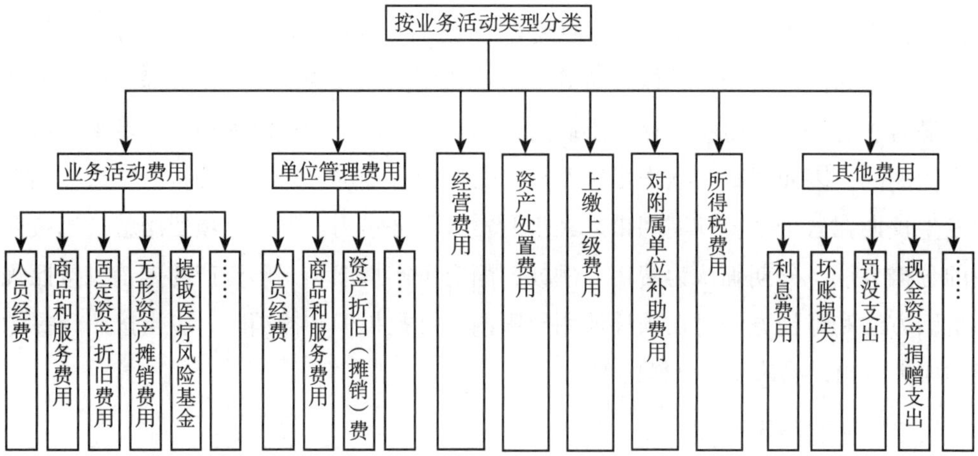

图10-1　医院费用按业务活动类型分类

2. 按照费用的经济属性分类　根据《2022年政府收支分类科目》中支出经济分类科目，可将费用分为工资福利费用、商品和服务费用、对个人和家庭的补助费用等，如图10-2所示。

（1）工资福利费用：反映医院支付给在职职工和编制外长期聘用人员的各类劳动

报酬，以及为上述人员交纳的各项社会保险费等。主要包括：基本工资、津贴补贴、奖金、伙食补助费、绩效工资、机关事业单位基本养老保险缴费、职业年金缴费、职工基本医疗保险缴费、其他社会保障缴费、住房公积金、医疗费和其他工资福利支出。

（2）商品和服务费用：反映单位购买商品和服务的支出，不包括用于购置固定资产、战略性和应急性物资储备等资本性支出。主要包括办公费、印刷费、咨询费、手续费、水费、电费、取暖费、物业管理费、差旅费、因公出国（境）费用、维修（护）费、租赁费、会议费、培训费、公务接待费、专用材料费（含耗材、药品、低值易耗、其他材料）、劳务费、工会经费、福利费、公务用车运行维护费、税金及附加费用等。

（3）对个人和家庭的补助费用：反映用于对个人和家庭的补助支出。主要包括离退休费、退职（役）费、抚恤金、生活补助、救济费、奖励金以及其他对个人和家庭的补助等。

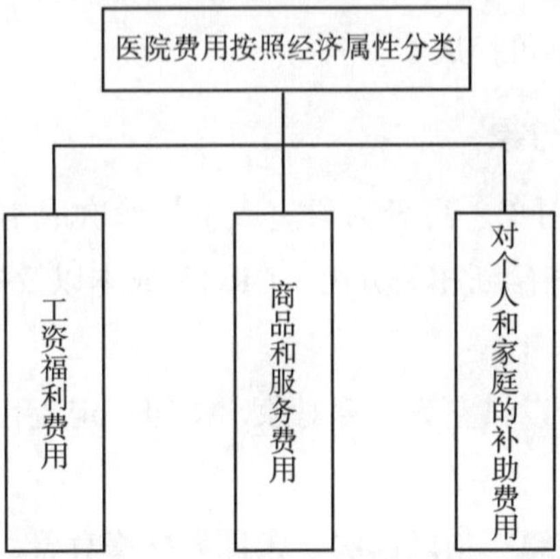

图10-2　医院费用按经济属性分类

三、医院成本

（一）医院成本的概述

医院成本是指医院特定的成本核算对象所发生的资源耗费，包括人力资源耗费，房屋及建筑物、设备、材料、产品等有形资产耗费，知识产权等无形资产耗费，以及其他耗费。

（二）医院成本的分类

1. 按照计入成本核算对象方式分类　按照计入成本核算对象的方式分为直接成本和间接成本。①直接成本：是指确定由某一成本核算对象负担的费用，包括直接计入和计算计入的成本。②间接成本：是指不能直接计入成本核算对象的费用，应当由医院根据医疗服务业务特点，选择合理的分配标准或方法分配计入各个成本核算对象。间接成本分配标准或方法一般遵循因果关系和受益原则，将资源耗费根据动因（工作量占比、耗用资源占比、收入占比等）分项目追溯或分配至相关的成本核算对象。同一成本核算对象的间接成本分配标准或方法一旦确定，在各核算期间应当保持一致，不得随意变动。

2. 按照成本习性分类 按照成本习性分为固定成本和变动成本。①固定成本：是指在一定期间和一定业务范围内，成本总额相对固定，不受业务量变化影响的成本。②变动成本：是指成本总额随着业务量的变动而呈线性变动的成本。

3. 按照成本可控性分类 按照成本可控性分为可控成本和不可控成本。①可控成本：是指能由各个成本核算单元在其职责范围内直接确定、计量和制约的成本，表现为各核算单元的直接成本。②不可控成本：是指由于受一定条件限制，成本核算单元无法直接掌握，或不受成本核算单元服务量直接影响的成本。例如，管理费用对于业务科室核算单元来说就是不可控成本。

（三）医院成本核算对象

按照成本核算的不同对象，可分为科室成本、诊次成本、床日成本、医疗服务项目成本、病种成本、按疾病诊断相关分组（DRG）成本以及按病种分值付费（DIP）成本等。

1. 科室成本核算 指以科室为核算对象，按照一定流程和方法归集相关费用、计算科室成本的过程。

2. 诊次和床日成本核算 指以诊次、床日为核算对象，将科室成本进一步分摊到门急诊人次和住院床日，计算出诊次成本和床日成本的过程。

3. 医疗服务项目成本核算 指以临床服务类、医疗技术类科室开展的医疗服务项目为对象，归集和分配各项支出，计算各项目单位成本的过程。

4. 病种成本核算 指以病种为核算对象，按照一定流程和方法归集相关费用，计算病种成本的过程。

5. DRG成本核算 指以DRG病种为核算对象，按照一定流程和方法归集相关费用，计算DRG成本的过程。

6. DIP成本核算 指以基于病种分值付费形成的病种为核算对象，按照一定流程和方法归集相关费，用计算DIP病种成本的过程。

四、医院支出、费用、成本的关系

医院支出、费用与成本三者是大小概念群的关系，三者的核算对象不同，列支范围不同，它们既有区别又有联系：支出是医院在进行业务活动中所发生的所有的资产的流出；费用是医院为开展医疗服务及其他业务活动所发生的、导致本期净资产减少的，含有服务潜力或者经济利益的经济资源的流出；成本是医院在开展医疗服务及其辅助活动发生的各项费用。费用与支出相伴随，但支出却不一定是当期的费用，支出要比费用有更广的内涵。支出、费用、成本三者有本质不同，三者既不能互相串用，也不能互相混淆（图10-3）。

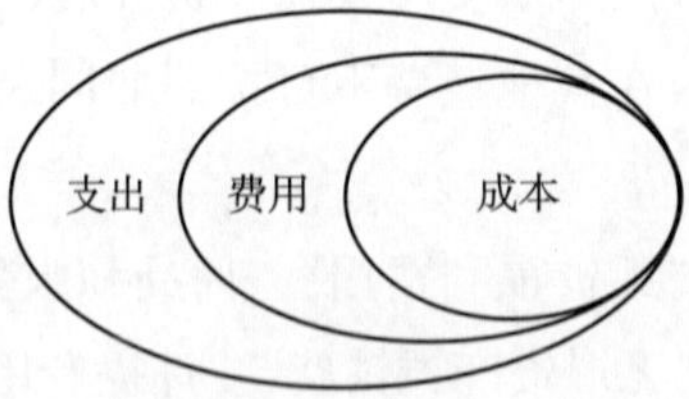

图10-3　医院支出、费用、成本的关系

1. 支出与费用的联系　支出比费用所含范围更广泛。只有那些报告期间内医院为开展医疗服务及其他业务活动所发生的为取得医疗收入而发生的各种支出，才形成费用。而其他原因发生的支出，如偿还借款、支付应付账款、为购买固定资产而支付的款项等都不能构成医院的费用，支出或早或迟最终会转化为费用，但并不是所有的支出在开始发生时就是费用。

2. 费用与成本的联系　成本是对象化的费用，费用的发生是成本形成的基础，没有费用的发生，也谈不上任何对象的成本问题。二者从本质上讲都是医院资源的一种耗费或减少。

第二节　医院费用管理

一、业务活动费用

（一）业务活动费用概述

业务活动费用是指医院在开展医疗、教学、科研及其辅助活动发生的各项费用。医院应当设置“业务活动费用”科目核算单位为实现其职能目标，依法履职或开展专业业务活动及其辅助活动所发生的各项费用。

（二）业务活动费用与成本核算管理

为满足成本管理的需要，本科目应当按照项目、服务或者业务类别、支付对象、经费性质（财政基本拨款经费、财政项目拨款经费、科教经费、其他经费）等进行明细核算。

财政基本拨款经费，反映医院本期使用财政基本拨款经费发生的各项业务活动费用；财政项目拨款经费项目，反映医院本期使用财政项目拨款经费发生的各项业务活动费用；科教经费，反映医院本期使用科教经费开展科研教学活动所发生的各项业务活动费用；其他经费，反映医院本期使用其他经费开展医疗活动所发生的各项业务活动费用。根据医院管理需要，在其他经费下可按照非同级财政拨款经费、捐赠、其他等明细科目设置。

医院还应在该科目下设“工资福利费用”“商品和服务费用”“对个人和家庭的补助费用”“固定资产折旧费”“无形资产摊销费”“计提专用基金”等成本项目的明细科目，并按照各具体科室进行明细核算，归集临床服务、医疗技术、医疗辅助类各科室发生的，能够直接计入或采用一定方法计算后计入各科室的直接成本。“工资福利费用”“对个人和家庭的补助费用”“商品和服务费用”明细科目下还应参照《2022年政府收支分类科目》中“支出经济分类科目”的相关科目进行明细核算。其中，在“商品和服务费用”明细科目下应设置“专用材料费”明细科目，并按照“药品费”“卫生材料费”明细科目进行成本项目归集。

二、单位管理费用

（一）单位管理费用概述

单位管理费用是指医院行政及后勤管理部门为组织、管理医疗、科研、教学业务活动所发生的各项费用，包括医院行政及后勤管理部门发生的工资福利费用、商品和服务费用、资产折旧（摊销）费等。医院应当设置“单位管理费用”科目核算医院行政及后勤管理部门开展管理活动发生的各项费用，包括行政及后勤管理部门发生的人员经费、商品和服务费用、资产折旧（摊销）费等，以及由单位统一负担的离退休人员经费、工会经费、诉讼费、中介费等。

（二）单位管理费用与成本核算管理

为了满足医院全成本核算需要，本科目应当按照项目、费用类别、支付对象、经费性质（财政基本拨款经费、财政项目拨款经费、科教经费、其他经费）等进行明细核算。本科目下还应该按照“工资福利费用”“商品和服务费用”“对个人和家庭的补助费用”“固定资产折旧费”“无形资产摊销费”等成本项目设置明细科目，归集能够直接计入单位管理活动或采用一定方法计算后计入单位管理活动的费用。

三、经营费用

（一）经营费用概述

医院应当设置“经营费用”科目，核算单位在医疗专业业务活动及其辅助活动之外开展非独立核算经营活动发生的各项费用，比如非独立核算的食堂、杂志社的费用、出租经营的费用等。本科目应当按照经营活动类别、项目、支付对象等进行明细核算。

（二）经营费用与成本核算管理

为了满足成本核算需要，本科目下可按照“工资福利费用”“商品和服务费用”“对个人和家庭的补助费用”“固定资产折旧费”“无形资产摊销费”等成本项目设置明细科目，归集能够直接计入单位经营活动或采用一定方法计算后计入单位经营活动的费用。经营费用将计入医院全成本核算。

四、资产处置费用

（一）资产处置费用概述

资产处置的形式按照规定包括无偿调拨、出售、出让、转让、置换、对外捐赠、报废、毁损以及货币性资产损失核销等。

医院单位在资产清查中查明的资产盘亏、毁损以及资产报废等，应当先通过“待处理财产损益”科目进行核算，再将处理资产价值和处理净支出计入本科目。

（二）资产处置费用与成本核算管理

为了满足医院全成本核算需要，医院应当设置“资产处置费用”科目，核算经批准处置资产时发生的费用，包括转销的被处置资产价值，以及在处置过程中发生的有关费用或者处置收入小于有关费用形成的净支出。医院应当按照处置资产的类别、资产处置的形式等进行明细核算。资产处置费用将计入医院全成本核算。

五、上缴上级费用

（一）上缴上级费用概述

上缴上级费用是医院按照财政部门和主管部门的规定上缴上级单位款项发生的

费用。

根据我国《事业单位财务规则》规定，财政补助收入超出正常支出较多的，事业单位的上级单位可会同同级财政部门，根据事业单位的具体情况，确定这些事业单位实行收入上缴的办法。收入上缴主要有两种形式：一是定额上缴，即在核定预算时，确定一个上缴的绝对数额；二是按比例上缴，即根据收支情况，确定按收入的一定比例上缴。事业单位按已确定的定额或比例上缴的收入即为上缴上级费用。事业单位上缴上级费用主要来源于事业单位的事业收入和经营收入，即事业单位利用自身资源取得的收入。

（二）上缴上级费用与成本核算管理

为了满足医院全成本核算需要，医院应当设置“上缴上级费用”科目，核算医院按照财政部门和主管部门的规定上缴上级单位款项发生的费用。本科目应当按照收缴款项单位、缴款项目等进行明细核算。上缴上级费用将计入医院全成本核算。

六、对附属单位补助费用

（一）对附属单位补助费用概述

对附属单位补助费用是指医院利用财政拨款之外的收入对附属单位补助发生的费用。

（二）对附属单位补助费用与成本核算管理

为了满足医院全成本核算需要，医院应当设置“对附属单位补助费用”科目，核算医院用财政拨款之外的收入对附属单位补助发生的费用。本科目应当按照接受补助单位、补助项目等进行明细科目核算。对附属单位补助费用将计入医院全成本核算。

七、所得税费用

（一）所得税费用概述

所得税费用是核算有企业所得税交纳义务的医院按规定交纳所得税所形成的费用。

医院作为事业单位，因其非营利性质，根据国家现行税法的有关规定可以享受一些税收优惠。但医院也可能发生应税行为，并需要按照税法的规定交纳相关税金，因此需要进行所得税的核算。目前，根据国家税收法规的有关规定，非营利性医院的所得税优惠政策主要包括如下内容。

对于符合《中华人民共和国企业所得税法》和《中华人民共和国企业所得税法实施条例》规定的属于非营利组织的医院，完成非营利组织认定后，下列收入免征企业所得税。

1．接受其他单位或者个人捐赠的收入。

2．除《中华人民共和国企业所得税法》第七条规定的财政拨款以外的其他政府补助收入，但不包括因政府购买服务取得的收入。

3．按照省级以上民政、财政部门规定收取的会费。

4．不征税收入和免税收入产生的银行存款利息收入。

5．财政部、国家税务总局规定的其他收入。

（二）所得税费用与成本核算管理

为了满足医院全成本核算需要，医院应当设置“所得税费用”科目，核算有企业所得税缴纳义务的医院，按照规定缴纳企业所得税所形成的费用。

八、其他费用

（一）其他费用概述

其他费用是医院发生的除业务活动费用、单位管理费用、经营费用、资产处置费用、上缴上级费用、对附属单位补助费用、所得税费用以外的各项费用，包括利息费用、坏账损失、罚没支出、现金捐赠支出及相关税费、运输费等。

（二）其他费用与成本核算管理

为了满足医院全成本核算需要，医院应按事业单位的要求设置“其他费用”科目，核算单位发生的除业务活动费用、单位管理费用、经营费用、资产处置费用、上缴上级费用、附属单位补助费用、所得税费用以外的各项费用，包括利息费用、坏账损失、罚没支出、现金资产捐赠支出以及有关税费、运输费等。本科目应当按照其他费用的类别等进行明细核算。如果医院发生的利息费用较多，可以单独设置“利息费用”科目。根据《医院财务制度》，其他费用中各种罚款、赞助和捐赠支出将不计入医院全成本核算。

第三节　医院成本核算管理

一、医院成本核算管理概述

医院成本核算是指医院对其业务活动中实际发生的各种耗费，按照确定的成本核算对象和成本项目进行归集、分配，计算确定各成本核算对象的总成本、单位成本等，并向有关使用者提供成本信息的活动。

（一）医院成本核算原则

1. **相关性原则** 医院选择成本核算对象、归集分配成本、提供成本信息等应当与满足成本信息需求相关，有助于使用者依据成本信息作出评价或决策。

2. **真实性原则** 医院应当以实际发生经济业务或事项为依据进行成本核算，确保成本信息真实可靠、内容完整。

3. **适应性原则** 医院进行成本核算应当与卫生健康行业特点、特定的成本信息需求相适应。

4. **及时性原则** 医院应当及时收集、处理、传递和报告成本信息，便于信息使用者及时作出评价或决策。

5. **可比性原则** 相同行政区域内不同医院，或者同一医院不同时期，对相同或相似的成本核算对象进行成本核算所采用的方法和依据等应当保持连续性和一致性，确保成本信息相互可比。

6. **重要性原则** 医院选择成本核算对象、开展成本核算应当区分重要程度，对于重要的成本核算对象和成本项目应当力求成本信息精确，对于非重要的成本核算对象和成本项目可以适当简化核算。

（二）医院成本核算项目

成本项目是指将归集到成本核算对象的按照一定标准划分的反映成本构成的具体项目。医院应当根据国家规定的成本核算口径设置成本项目，并对每个成本核算对象按照成本项目进行数据归集。医院成本项目包括人员经费、卫生材料费、药品费、固定资产折旧费、无形资产摊销费、提取医疗风险基金、其他费用七大类。

（三）医院成本核算范围

医院成本核算范围的界定应当与成本核算对象相适应。

当成本核算对象为医院整体时，其成本核算范围即医院全成本，包括医院发生的全部费用：业务活动费用、单位管理费用、经营费用、资产处置费用、上缴上级费用、对附属单位补助费用、所得税费用、其他费用。

当成本核算对象为业务活动时，其成本核算范围包括业务活动费用、单位管理费用。

当成本核算对象为医疗活动时，其成本核算范围即医疗全成本，包括业务活动成本中与开展医疗活动相关的全部耗费。

医院成本范围可以根据成本信息需求进行调整。

根据《公立医院成本核算规范》不属于成本核算对象的耗费，不计入成本核算对象的成本主要包括：①不属于医院成本核算范围的其他核算主体及经济活动发生的费用。②在各类基金中列支的费用。③国家规定不得列入成本的支出。

（四）医院成本核算单元

医院成本核算单元应当按照科室单元和服务单元进行设置。成本核算单元是成本核算的基础，根据不同的核算目的和服务性质进行归集和分类。

1. **科室单元** 是指根据医院管理和学科建设的需要而设置的成本核算单元。例如消化科、呼吸科、普外科、手术室、检验科、供应室、医务处等。主要用于科室成本核算、医疗服务项目成本核算、诊次成本核算、床日成本核算等。

2. **服务单元** 是指以医院为患者提供的医疗服务内容类别为基础而设置的成本核算单元，例如重症监护、手术、药品、耗材等服务单元。服务单元根据功能可细化为病房服务单元、病理服务单元、检验服务单元、影像服务单元、诊断服务单元、治疗服务单元、麻醉服务单元、手术服务单元、药品供应服务单元、耗材供应服务单元等。主要用于病种成本核算、DRG成本核算等。

（五）医院成本核算流程

医院成本核算的主要流程：在确定核算科室的基础上，归集科室直接成本，分摊科室间接成本，最后计算医院各成本对象的成本。

1. 各核算单元（核算科室）先进行医疗业务耗费归集，通过直接计入或分摊计入，形成科室直接成本。

2. 按照分项逐级分步结转的四类三级分摊方法，依次对行政后勤类科室耗费、医疗辅助类科室耗费、医疗技术类科室耗费进行结转，形成临床服务类科室医疗成本。

3. 根据核算需要，对财政项目拨款经费、非同级财政拨款项目经费形成的各项费用以及科教项目形成的各项费用进行归集和分摊，分别形成医疗全成本、医院全成本。

4. 在此基础上，通过归集和分摊，计算医疗服务项目成本、诊次和床日成本、病种成本等。

医院成本核算一般流程，如图10-4所示。

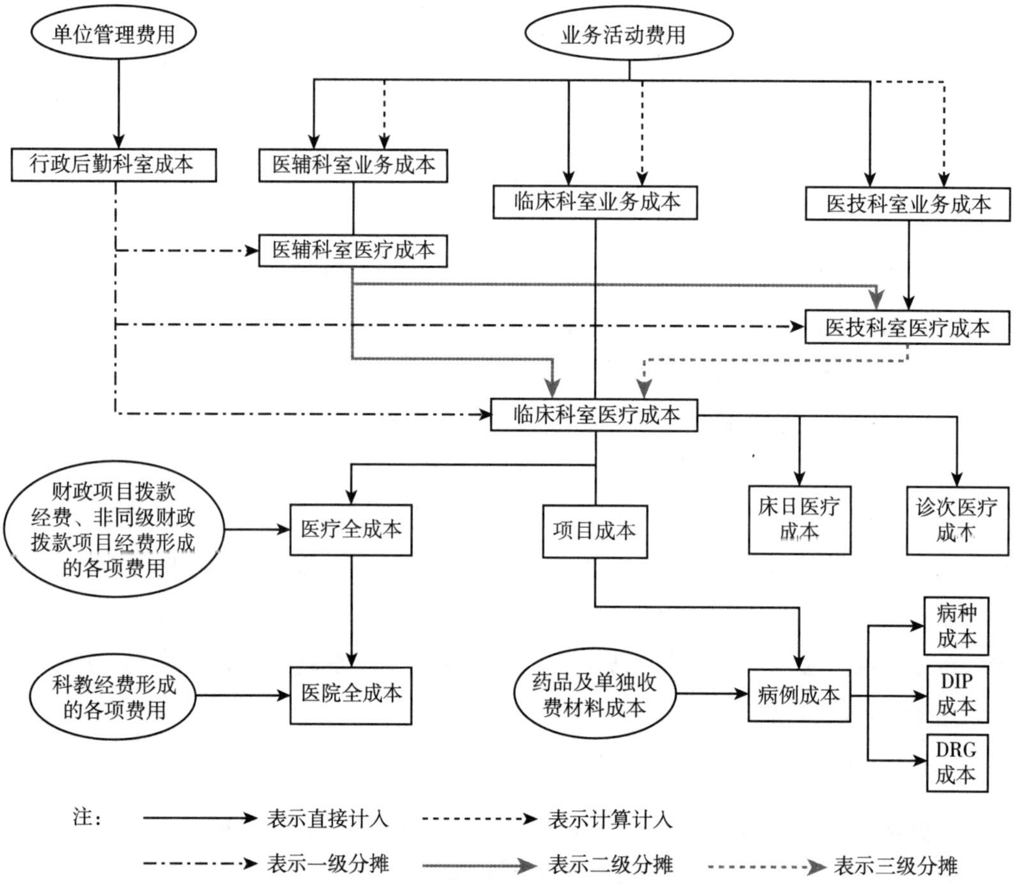

图10-4 医院成本核算一般流程

二、医院成本核算管理的政策体系

按照成本核算的不同目的，医院的成本可分为医疗业务成本、医疗成本、医疗全成本和医院全成本。

（一）医疗业务成本

医疗业务成本是指医院业务科室开展医疗服务业务活动发生的各种耗费，不包括医院行政后勤类科室的耗费及财政项目拨款经费、非同级财政拨款项目经费和科教经费形成的各项费用。

（二）医疗成本

医疗成本是指为开展医疗服务业务活动，医院各业务科室、行政后勤类科室发生的各种耗费，不包括财政项目拨款经费、非同级财政拨款项目经费和科教经费形成的各项费用。

（三）医疗全成本

医疗全成本是指为开展医疗服务业务活动，医院各部门发生的各种耗费，以及财政项目拨款经费、非同级财政拨款项目经费形成的各项费用。

（四）医院全成本

医院全成本是指医疗全成本的各种耗费，以及科教经费形成的各项费用、资产处置费用、上缴上级费用、对附属单位补助费用、其他费用等各项费用。

医院全成本核算各成本之间的关系如图10-5所示。

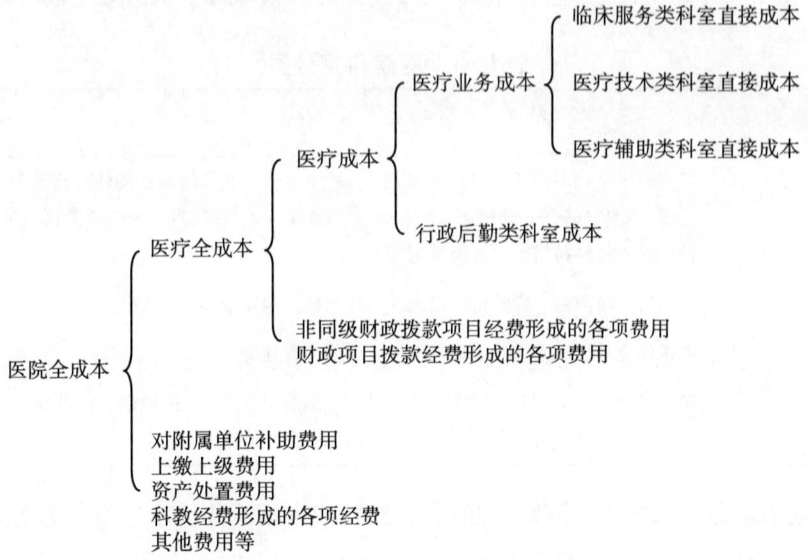

图10-5　医院全成本核算管理的政策体系

三、医院成本核算管理实务

（一）科室成本核算

科室成本核算是指以科室为核算对象，按照一定流程和方法归集相关费用、计算科室成本的过程。在医院实务操作过程中，一般以最末级科室作为核算单元进行归集和分配，计算出科室成本。

1. 科室分类　科室成本核算的对象是按照医院管理需要设置的各类科室核算单元。核算单元是基于医院业务性质及自身管理特点而划分的成本核算基础单位。每个核算单元应当能单独计量所有收入、归集各项费用。医院应当按照服务性质将科室具体划分为临床服务类、医疗技术类、医疗辅助类、行政后勤类，见表10-1。

（1）临床服务类科室：直接为患者提供医疗服务，并能体现最终医疗结果、完整反映医疗成本的科室。包括门诊科室、住院科室等。

（2）医疗技术类科室：为临床服务类科室及患者提供医疗技术服务的科室。包括放射、超声、检验、输血、药剂等科室。

（3）医疗辅助类科室：服务于临床服务类和医疗技术类科室，为其提供动力、生产、加工、消毒等辅助服务的科室。包括消毒供应室、病案室、门诊挂号收费、住院结算等核算科室。

（4）行政后勤类科室：除临床服务类、医疗技术类和医疗辅助类科室之外，从事行政管理和后勤保障工作的科室。例如人力资源处、科教处、财务处、总务处等科室。

表10-1　医院科室分类

科室分类	科室
临床服务类	某内科（某内科门诊、某内科病区）、某外科（某外科门诊、某外科病区）、妇科（妇科门诊、妇科病区）、儿科（儿科门诊、儿科病区）、肿瘤科（肿瘤科门诊、肿瘤科病区）、神经科（神经科门诊、神经科病区）等
医疗技术类	放射科、超声科、检验科、输血科、药剂科、内镜中心等
医疗辅助类	消毒供应室、病案室、门诊收费处、住院结算处等
行政后勤类	院办公室、党政处、人力资源处（科）、医务处（科）、护理部、科教处（科）、总务处（科）、信息处（科）、财务处（科）、离休、退休等

2. 成本项目　根据《医院财务制度》，医院成本核算的成本项目分为七大类。

（1）人员经费：医院各科室发生的工资福利费用、对个人和家庭的补助费用。工资福利费用包括基本工资、绩效工资、津贴补贴、基本养老保险缴费、基本医疗保险缴费、职业年金、住房公积金、其他社会保障缴费等。对个人家庭的补助费用包括退离休费、生活补助、助学金和其他对个人和家庭的补助费用。

（2）卫生材料费：医院各科室发生的卫生材料耗费。

（3）药品费：医院各科室发生的药品耗费。

（4）固定资产折旧费：按照规定提取的固定资产折旧。

（5）无形资产摊销费：按照规定计提的无形资产摊销。

（6）提取医疗风险基金：按照规定计提的医疗风险基金。

（7）其他费用：包括办公费、水电费、邮电费、取暖费、公用车运行维护费、差旅费、培训费、福利费、工会经费及其他费用等。

成本项目核算数据应与政府会计准则制度中“业务活动费用”“单位管理费用”等

科目的有关明细科目数据保持衔接，并确保与财务报表数据的同源性和一致性。

3. 成本归集　医院开展科室核算时，应当将医疗服务所发生的全部费用，按照成本项目归集到科室单元（核算科室）。通过“业务活动费用”“单位管理费用”等会计科目，按照成本项目归集实际发生的各种费用，据此计算确定各科室的成本，包括直接成本和间接成本。

（1）直接成本：科室直接成本分为直接计入成本与计算计入成本。①直接计入成本：在会计核算中能够直接计入到科室单元的费用。一般包括人员经费、耗用的卫生材料费、药品费、固定资产折旧费、无形资产摊销费以及其他运行费用中可以直接计入的费用。②计算计入成本：由于受计量条件所限无法直接计入科室单元的费用。应当根据重要性和可操作性等原则，将需要计算计入的科室直接成本按照确定的标准进行分配，计算计入相关科室单元。对于耗费较多的科室，医院可先行计算其成本，其余的耗费再采用人员、面积比例等作为分配参数，计算计入其他科室。

（2）间接成本：为开展医疗服务活动而发生的不能直接计入，需要按照一定原则和标准分配计入的各项支出。

1）间接成本分摊的原则：①尽可能将间接变为直接费用。②成本效益原则，谁受益、谁负担。③及时性原则，确保真实与准确。④相关性原则，费用与科室具有相关性。⑤多元性原则：成本分配标准、分配方法应具有多元性。

2）间接成本分摊的程序：①确定分摊科室。②归集共同费用。③选择分配基础。④确定分配系数。

（3）数据采集：核算单元按照规范路径采集成本核算的基础数据。例如通过医院成本管理系统与医院信息系统（HIS）、财务系统等的规范接口完成耗费、收入、工作量等基础数据的采集。

1）耗费数据：①人员经费。根据会计期间和权责发生制原则，按费用明细项目采集到担任相应角色的人员。其中，工资津贴、绩效工资按计提发放项目采集到个人；社会保障缴费按养老、医疗保险等项目采集到个人；住房公积金按实际发生数采集到个人。对在同一会计期间内服务于多个核算单元的多重角色人员，应当根据其实际工作量情况将其人员经费分摊到相应的核算单元。医院的人员经费应当作为直接成本按照工资项目采集到对应的成本项目，为后续的医疗服务项目成本核算、病种成本核算奠定基础。②卫生材料消耗。应当根据重要性原则，建立二级库房卫生材料管理制度，根据会计期间按计价收费与非计价收费、可计量与不可计量、高值与低值、植入人体与非植入人体、门诊与住院、一次性使用与可循环使用等因素对卫生材料进行分类核算，优先选择个别计价法，按单品种卫生材料采购成本和二级库房实际用量归集各科室的卫生材料成本。③药品消耗。以“临床开单、药房发药”信息为基础，分别按计价收费与非计价收费、西药、中成药与中草药，门诊用药与住院用药，医保患者与非医保患者等因素对药品进行分类核算，优先选择个别计价法采集各会计期间单品种药品的采购成本。④固定资产折旧。医院应当按照规定的固定资产分类标准和折旧年限建立固定资产管理制度，按会计期间、固定资产卡片将固定资产折旧核算到每一个成本核算单元，房屋折旧按科室占用面积计算计入。⑤无形资产摊销。医院应当按成本核算单元采集。⑥提取医疗风险基金。医院应当按成本核算单元采集。⑦其他费用。均按照权责发生制原则，从业务发生源头、按成本核算单元进行采集。

2）收入数据：①医疗服务收入，按照权责发生制原则，分别按门诊与住院、临床医生、护理与医技执行单元、医疗保险患者与非医疗保险患者和医疗服务项目，采集医疗服务收入数据。②卫生材料收入，按照权责发生制原则，分别按门诊与住院、临床医生、护理与医技执行单元、医保患者与非医保患者，采集计价收费的卫生材料收入。为使卫生材料收入与成本配比，医院应当建立卫生材料收费项目与物料编码的对应关系，以便根据收益原则核销不同材料、不同患者（病种）、不同成本核算单元的卫生材料成本。③药品收入，按照权责发生制原则，分别按药品品规、门诊与住院、核算单元、临床医生、医保患者与非医保患者采集药品收入数据。

3）服务量数据：①门诊人次，按就诊日期、挂号类别（普通、专家）、医保类型、专科进行明细统计，启用医生工作站的医院应当将工作量采集到医生。②住院占用床日，按住院日期、病区、专科、责任医生、医保类型等进行明细采集。③出院人次，按出院日期、病区、专科、医保类型等进行明细统计。④处方量，按患者、专科、医生、门诊、住院、病区、药房、发药人员统计处方张数和处方记录数。⑤手术工作量，按手术日期、患者、专科（病区）、医生、手术参与人员等进行明细统计。⑥大型医用设备检查工作量，按日期、专科（病区）、患者、设备编号、检查项目、技师等进行明细统计。

（4）归集校对科室为开展医疗服务活动发生的直接成本，直接计入或采用按内部服务量、内部服务价格等方法计算后计入科室成本；间接成本按照一定原则和标准分配后计入科室成本。具体计量方法如下。

1）人员经费：按核算科室对全院人员进行定位，将员工发生的各项人员经费直接计入该核算科室的成本。

2）药品费：按药品进价计入核算科室的药品成本。

3）卫生材料费：按各核算科室消耗的材料费用直接计入其成本；领用而未消耗的材料，视同库存管理，不计入成本。其中，对成本影响较大的低值易耗品可分期计入成本。

4）固定资产折旧：按会计核算方法计提固定资产折旧，不考虑预计净残值。房屋类固定资产可按核算科室的实际占用面积计提折旧；设备类资产按核算科室实际使用情况计提资产折旧。

5）无形资产摊销：医院无形资产应当自取得当月起，在预计使用年限内采用年限平均法分期平均摊销，按受益科室确认无形资产摊销费用。

6）提取医疗风险基金：以临床、医技科室当期医疗收入的1‰～3‰计提。

7）其他费用：①房屋、设备维修费。常规维修费用按科室（房屋、设备实际占用科室）实际发生数记录；设备维保费用按维保期间分期计入（符合大型修缮标准的固定资产维修支出增加固定资产原值，计提折旧）。②水电费。按核算科室实际水电用量计算确认费用；无实际计量的，可按照核算科室占用面积或收入等参数计算确认。③办公费、印刷费。按实际发生的办公性费用直接计入或按领用记录计量计入。④卫生材料以外其他低值易耗品。对成本影响较大的低值易耗品可分期计入成本。⑤其他。按核算科室的实际消耗量直接或采用一定方法计算后计入费用。例如物业管理费可以按照占用面积；洗涤、交通费用可以按照工作量，计算取得各核算科室费用。

知识链接 / 其他费用计入方法讨论

1. 直接计入　按照确定的核算科室，凡是能够直接计入的直接计入，例如差旅费、房屋设备常规维修、低值易耗品、办公用品费直接计入发生科室。

2. 计算计入　取暖费、生活垃圾清运费、保洁费等选择计算计入。

（1）按照人员数量进行分摊：例如生活垃圾清运费、污水运行服务费、清淤费等。

某科室垃圾清运费=（垃圾清运费总额/全院职工人员数量）×某科室人员数量

某科室污水运行服务费=（污水运行服务费总额/全院职工人员数量）×某科室人员数量

某科室清淤费=（清淤费总额/全院职工人员数量）×某科室人员数量

（2）按照科室面积进行分摊：例如取暖费、保洁费等。

某科室取暖费=（取暖费总额/全院房屋面积之和）×该科室房屋面积

某科室保洁费=（保洁费总额/全院房屋面积之和）×该科室房屋面积

（3）按照科室工作量进行分摊：例如病房运行服务费、门诊就诊卡等费用。

某科室运送服务费=（运送服务费总额/全院实际占用总床日之和）×该科室实际占用总床日

某科室门诊就诊卡费=（门诊就诊卡费总额/全院门急诊人次之和）×该科室

门急诊人次

3. 直接计入、计算计入相结合电费、水费等费用分两步计入。

（1）电费按照房屋面积分摊

1）有用电记录的科室的电费直接归集（若用电大户又无记录者可取其估计值）。

2）无用电记录的科室的电费归集和分摊分两步进行：某无用电记录的科室电费=[（医院电费总额-∑有用电记录科室电费）/无用电记录科室房屋面积之和]×该科室的房屋面积。

（2）水费按照人员数量分摊

1）有用水记录的科室的水费直接归集（若用水大户又无记录者可取其估计值）。

2）无用水记录的科室的水费归集和分摊分两步进行：某无用水记录的科室水费=[（医院水费总额-∑有用水记录科室电费）/无用水记录科室人员数量之和]×该科室人员数量。

数据采集完毕以后，校验各核算单元成本核算系统与财务数据的一致性。一致性通过以后，根据科室直接成本和间接成本明细数据编制形成科室直接成本表，见表10-2。

4. 分摊参数 医院的科室可以分为两类：有的直接为患者服务，有的间接为患者服务，间接为患者服务的科室的价值通过前一类科室的服务得以体现。因此，间接服务科室的成本需要分摊到直接服务类科室上，最终通过医疗服务项目收费得到补偿。间接服务科室（行政后勤类、医疗辅助类、医疗技术类）成本分摊到直接服务科室（临床服务类）成本需要对各级分摊参数进行设置，按照科室类别、成本项目分别选择合适的分摊参数。

（1）行政后勤类科室费用分摊：采用人员比例、工作量比重分摊参数向临床服务类、医疗技术类和医疗辅助类科室分摊，并实行分项结转。

（2）医疗辅助类科室费用分摊：将医疗辅助类科室费用根据科室性质采用收入比重、工作量比重（出院人数、门急诊人次、床位数）、专用设备数、供应室复消工作量、人员比例、面积比例等分摊参数向临床服务类和医疗技术类科室分摊；对于专项教研室，按相关性、成本效益原则采用定向分摊方式实行分项结转。

（3）医疗技术类科室费用分摊：将医疗技术类科室费用采用收入比重分摊参数向临床服务类科室分摊，分摊后形成门诊、住院临床服务类科室的成本。

表 10-2 XX医院各科室直接成本表

单位：元

科室名称	人员经费	卫生材料费	药品费	固定资产折旧	无形资产摊销	提取医疗风险基金	其地费用	合计
XX科门诊	263,284.74	29,088.06	669,059.61	25,846.42	0.00	6,110.73	19,849.59	1,013,239.15
XX科病区	753,863.65	69,895.59	473,581.92	41,021.71	0.00	6,003.88	32,572.33	1,376,939.08
……	……	……	……	……	……	……	……	……
一、临床服务类小计	101,151,360.89	21,587,544.28	143,389,741.23	12,836,334.29	68,031.50	941,564.70	10,249,029.20	290,223,606.09
放射科	2,096,533.67	2,016,489.15	135,090.32	816,674.28	0.00	0.00	814,596.28	6,879,383.70
检验科	1,386,665.82	7,479,728.97	0.00	133,595.48	0.00	0.00	79,544.00	9,079,534.27
……	……	……	……	……	……	……	……	……
二、医疗技术类小计	37,015,292.68	150,691,453.48	12,598,380.94	11,112,030.52	57,978.17	0.00	7,509,641.29	218,984,777.08
供应室	238,037.93	22,448.13	0.00	176,959.80	0.00	0.00	763,174.07	1,200,619.93
病案管理中心	614,526.26	0.00	0.00	3,424.67	0.00	0.00	39,127.86	657,078.79
……	……	……	……	……	……	……	……	……
三、医疗辅助类小计	8,239,703.83	108,049.67	0.00	1,933,382.55	635,428.15	0.00	3,814,637.52	14,731,201.72
医疗业务成本小计	146,406,357.40	172,385,876.63	155,989,292.97	25,881,747.36	761,437.82	941,564.70	21,573,308.01	523,939,584.89
人力资源部	422,177.74	0.00	0.00	1,719.34	0.00	0.00	1,864,678.77	2,288,575.85
医务部	2,148,636.18	0.00	0.00	37,604.18	666.67	0.00	46,240.08	2,233,147.11
……	……	……	……	……	……	……	……	……
四、行政后勤类小计	21,305,000.30	0.00	0.00	734,015.34	234,283.01	0.00	10,280,785.59	32,554,084.24
全院合计	167,711,357.70	172,385,876.63	155,989,292.97	26,615,762.70	995,720.83	941,564.70	31,854,093.60	556,493,669.13

5. 分摊计算 按照《医院财务制度》《公立医院成本核算规范》要求，医院核算科室发生的间接成本应本着相关性、成本效益关系及重要性等原则，运用阶梯分摊法原理，按照分项分步结转的方式进行分摊，最终将所有成本分摊到临床服务类科室，即四类三级分摊法。如图10-6所示。

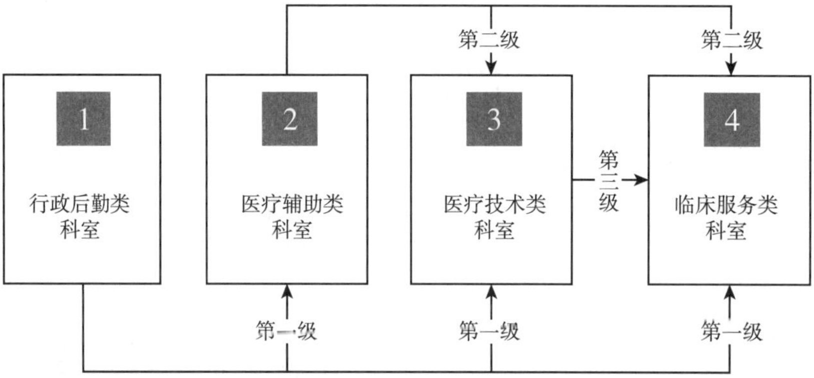

图10-6 四类三级分摊法

四类三级分摊法是将科室分为临床服务类、医疗技术类、医疗辅助类、行政后勤类四类科室，由于后三类科室间接地为临床服务类科室服务，采用逐级分摊的方法把后三类的成本结转到临床服务类科室中去。具体步骤如下。

（1）第一级分摊：行政后勤类科室的费用分摊。将行政后勤类科室成本按人员比例、工作量比重等分摊参数向临床科室、医技科室和医辅科室分摊，并实行分项结转。公式如下。

核算科室（临床、医技、医辅科室）分摊的某项行政后勤类科室的费用＝（当期行政后勤科室各项总费用/除行政后勤类外全院职工人数）× 该科室职工人数

（2）第二级分摊：医辅科室成本分摊。将医辅科室成本（包括该类科室直接成本和第一级分摊的部分）向临床科室和医技科室分摊，并实行分项结转，分摊参数可采用收入比重、工作量比重（如门急诊人次、实际占用总床日）和内部服务量（供应室工作量）以及定向分摊等参数。

1）按收入比重分摊（适用于门诊收费处、住院结算处等成本分摊）

某临床科室（或医技科室）分摊的某医辅科室成本＝（当期某医辅科室各项总成本/全院总医疗收入）× 该科室医疗收入

2）按工作量分摊（适用于门诊收费处、住院结算处、洗涤、供应室消毒、病案部门等成本分摊）

某临床科室（或医技科室）分摊的某医辅科室成本＝（当期某医辅科室各项总成本/
某医辅科室待分摊的工作总量）×该科室消耗工作量（或医疗工作量）

例如，某临床（医技）科室所分摊到的门诊收费处的成本=（当期门诊收费处总费用/全院总门急诊人次）×该科室门急诊人次。

3）按占用面积分摊

某临床科室（或医技科室）分摊的某医辅科室成本＝（当期某医辅科室各项总成本/
全院临床、医技科室建筑总面积）×该科室实际占用建筑面积

（3）第三级分摊：医技科室成本分摊。将医技科室成本（包括该类科室直接成本和第一、二级分摊的部分）向临床科室分摊，分摊参数采用收入比重，分摊后形成门诊、住院临床科室的成本。医疗收入数据采集按权责发生制原则，分别按门诊与住院、临床开单与医技执行单元，采集医疗服务收入数据。

某临床科室分摊的某医技科室成本＝（当期医技科室各项总成本/
某医技科室总收入）×该临床科室确认的某医技科室收入（按开单科室归集）

6. 科室成本报表体系　根据《政府会计制度——行政事业单位会计科目和报表》的补充规定、《医院财务制度》以及《公立医院成本核算规范》，医院应当按照统一格式和要求，定期编制科室成本报表和核算报告，并对成本核算结果和成本控制情况作出详细的说明（附表1-1至附表1-6）。医院应当按照月度或年度编制报表，也可以按照季度编制。成本报表数据应当真实、准确。医院应当至少每年产出年度成本核算报告。科室成本报表主要包括以下内容。

（1）医院科室直接成本表（医疗成本，科室01表）：反映在将医院的单位管理费用（行政后勤类科室成本）和医疗技术、医疗辅助科室成本分摊至临床服务类科室成本前各科室直接成本情况。直接成本是指科室开展医疗服务活动发生的能够直接计入或采用一定方法计算后直接计入科室成本的各种费用。

各科室直接成本需要按成本项目，即人员经费、卫生材料费、药品费、固定资产折旧费、无形资产摊销费、提取医疗风险基金和其他费用分别列示。

编制说明：医院各科室直接成本表的各栏目应根据“业务活动费用”“单位管理费用”科目所属明细科目的记录直接或分析填列。

“人员经费”项目应当根据“工资福利费用”和“对个人和家庭的补助费用”明细科目的本期发生额分析填列，“卫生材料费”项目应当根据“商品和服务费用-专用材料费-卫生材料费”明细科目的本期发生额分析填列，“药品费”项目应当根据“商品和服务费用-专用材料费-药品费”明细科目的本期发生额分析填列，“固定资产折旧费”

项目应当根据“固定资产折旧费”明细科目的本期发生额分析填列，“无形资产摊销费”项目应当根据“无形资产摊销费”明细科目的本期发生额分析填列，“提取医疗风险基金”项目应当根据“计提专用基金－医疗风险基金”明细科目的本期发生额分析填列，“其他费用”应当根据“业务活动费用”“单位管理费用”科目除以上明细科目外其他明细科目的本期发生额分析填列。

填报完成以后，满足下列关系。

医疗业务成本合计＝临床服务类科室成本小计＋医疗技术类科室成本小计
＋医疗辅助类科室成本小计

本月总计＝医疗业务成本合计＋管理费用

（2）医院科室直接成本表（医疗全成本和医院全成本，科室02表）：在医院科室直接成本表（医疗成本 科室01表）形成的基础上，加上财政项目拨款经费以及非同级财政拨款项目经费形成的各项费用、科教经费形成的各项费用、资产处置费用、上缴上级费用、对附属单位补助费用、其他费用形成的直接成本，填报表。

（3）医院临床服务类科室全成本表（医疗成本，科室03表）：反映医院根据《医院财务制度》规定的原则和程序，将单位管理费用、医疗辅助类科室直接成本、医疗技术类科室直接成本逐步分摊转移到临床服务类科室后，各临床服务类科室的全成本情况。临床服务类科室全成本包括科室直接成本和分摊转移的间接成本。

各临床服务类科室的直接成本、间接成本和全成本应当按照人员经费、卫生材料费、药品费、固定资产折旧费、无形资产摊销费、提取医疗风险基金和其他费用等成本项目分别列示。

编制说明：医院临床服务类科室全成本表中的“直接成本”栏应当根据“业务活动费用”“单位管理费用”科目及其所属明细科目记录直接或分析填列。该栏目金额应当与“医院科室直接成本表”中对应栏目金额保持一致。

本表中“间接成本”栏应当根据《医院财务制度》规定的分项逐级分级结转的方法计算分摊填列，最终将所有成本转移到临床类科室。本表中“全成本”栏应当根据本表中“直接成本”栏金额和“间接成本”栏金额合计数填列。

（4）医院临床服务类科室全成本表（医疗全成本和医院全成本，科室04表）：在医院临床服务类科室全成本表（医疗成本，成本医03表）形成的基础上，加上财政项目拨款经费以及非同级财政拨款项目经费形成的各项费用、科教经费形成的各项费用、资产处置费用、上缴上级费用、对附属单位补助费用、其他费用等在分摊转移到临床科室后的成本，填报本表。

（5）医院临床服务类科室全成本构成分析表（科室05表）：反映各临床服务类科

室的全成本中各项成本所占的比例情况，以及各临床服务类科室的床日成本、诊次成本情况。

编制说明：医院临床服务类科室全成本构成分析表各项目应当依据医院临床服务类科室全成本表的数据计算填列。

医院临床服务类科室全成本构成分析表用于对医院临床服务类科室全成本要素及其结构进行分析与监测。“##”为某一临床服务类科室不同成本项目的构成比，用于分析各临床服务类科室的成本结构，确定各科室内部成本管理的重点成本项目。“**”为全院临床服务类科室不同成本项目的合计，用于分析全院临床服务类科室的成本结构，确定医院成本管理的重点成本项目。

例：人员经费%（##）=（某一临床服务类科室人员经费金额/该科室全成本合计）×100%

人员经费金额合计（**）=各临床服务类科室人员经费之和

人员经费合计%=（各临床服务类科室人员经费之和/
各临床服务类科室全成本合计）×100%

（6）医院科室成本分摊汇总表（科室06表）：反映各临床服务类科室的医疗成本中直接成本和间接成本的构成情况，间接成本分别以分摊行政后勤类科室成本、分摊医疗辅助类科室成本、分摊医疗技术类科室成本分别列示。

临床科室间接成本小计=分摊行政后勤类科室成本+分摊医疗辅助类科室成本+分摊医疗技术类科室成本

临床科室医疗成本=直接成本+间接成本小计

（二）诊次与床日成本核算

1. 诊次成本核算　是指以诊次为核算对象，将科室成本进一步分摊到门急诊人次中，计算出诊次成本的过程。采用四类三级分摊后的临床门急诊科室总成本，计算出诊次成本。

全院平均诊次成本=（∑全院各门急诊科室成本）/全院总门急诊人次

某临床科室诊次成本=某临床科室门急诊成本/该临床科室门急诊人次

2. 床日成本核算　是指以床日为核算对象，将科室成本进一步分摊到住院床日中，计算出床日成本的过程。采用四类三级分摊后的临床住院科室总成本，计算出床日成本。

全院平均实际占用床日成本=（∑全院各住院科室成本）/全院实际占用总床日数

某临床科室实际占用床日成本＝某临床住院科室成本／
该临床住院科室实际占用床日数

3．诊次、床日成本报表体系 诊次成本报表（附表2-1、附表2-2）、床日成本表（附表3-1、附表3-2）、应当根据《医院财务制度》计算填列。各临床服务类科室的床日成本、诊次成本情况报表在医院临床服务类科室全成本构成分析表（科室05表）中列示。除此之外，根据《公立医院成本核算规范》分别编制以下报表。

（1）医院诊次成本构成表（诊次01表）：医院每诊次的医疗成本、医疗全成本和医院全成本应当按照人员经费、卫生材料费、药品费（西药费、中药饮片、中成药）、固定资产折旧费、无形资产摊销费、提取医疗风险基金和其他费用等成本项目分别列示。

（2）医院科室诊次成本表（诊次02表）：列示各临床服务类科室的门诊人次服务量以及每诊次成本，包括每门诊人次医疗成本、每门诊人次医疗全成本和每门诊人次医院全成本。

（3）医院床日成本构成表（床日01表）：医院每床日的医疗成本、医疗全成本和医院全成本应当按照人员经费、卫生材料费、药品费（西药费、中药饮片、中成药）、固定资产折旧费、无形资产摊销费、提取医疗风险基金和其他费用等成本项目分别列示。

（4）医院科室床日成本表（床日02表）：列示各临床服务类科室的床日服务量以及每床日成本，包括每床日医疗成本、每床日医疗全成本和每床日医院全成本。

（三）医疗服务项目成本核算

1．医疗服务项目成本核算的概念 医疗服务项目成本核算是指以各科室开展的医疗服务项目为对象，归集和分配各项费用，计算出各项目单位成本的过程。

2．医疗服务项目成本核算的对象 包括各地医疗服务价格主管部门和卫生健康行政部门、中医药主管部门印发的医疗服务收费项目，不包括药品和可以单独收费的卫生材料。医疗服务项目应当执行国家规范的医疗服务项目名称和编码。

3．医疗服务项目成本核算的范围 进行医疗服务项目成本核算首先需要确定项目核算范围，具体包括收入范围、科室范围以及成本范围。成本范围是从总成本中剔除药品成本和单独收费的材料成本；科室范围包括临床服务类科室和医疗技术类科室；用收入数据筛选确定核算的具体项目。

项目成本核算基础主要依据是科室成本（医疗成本、医疗全成本、医院全成本）。医疗服务项目成本核算总成本应当以临床服务类和医疗技术类科室二级分摊后成本剔除药品成本、单独收费的卫生材料成本作为医疗服务项目总成本。具体表达如下。

∑医疗服务项目成本＝∑临床服务类科室成本、医疗技术类科室成本（二级分摊后成本）–∑药品成本–∑单独收费的卫生材料成本

知识拓展 / 从科室类型看各医疗收费项目成本

具体到医院各临床、医技科室，根据项目执行科室及与其合作的科室的成本业务关系，临床服务类科室和医疗技术类科室一般分为以下三种情形。

1. 没有接受协作或对外协作的医疗技术类科室，如B超室、CT室、MRI室、检验科等。

∑B超室开展的各收费项目成本＝B超室医疗成本二级分摊成本之和–∑单独收费材料成本

2. 接受协作或对外协作的医疗技术科室，如手术室、导管室等。

∑手术室各服务项目成本＝手术室成本二级分摊成本之和–∑药品成本–∑单独收费材料成本+∑临床科室协作成本（人工、设备折旧）

3. 临床服务类科室，内科类科室通常不向其他医疗技术类科室提供协作，外科类科室通常向其他医疗技术类科室提供协作。

∑临床科室各医疗项目成本＝临床科室二级分摊成本之和–∑药品成本–∑单独收费材料成本–∑对外协作成本

4. 医疗服务项目成本核算方法 根据《公立医院成本核算规范》的要求，医疗服务项目成本核算分两步开展：首先确定医疗服务项目总成本，其次计算单个医疗服务项目成本。应当以临床服务类和医疗技术类科室二级分摊后成本剔除药品成本、单独收费的卫生材料成本作为医疗服务项目总成本，可选择采用作业成本法、成本当量法、成本比例系数法等方法计算单个医疗服务项目成本。医院可结合实际探索适当的计算方法。

（1）作业成本法：通过对某医疗服务项目所有作业活动的追踪和记录，计量作业业绩和资源利用情况的一种成本计算方法。该方法以作业为中心，以成本动因为分配要素，体现“服务消耗作业，作业消耗资源”的原则。提供某医疗服务项目过程中的各道工序或环节均可视为一项作业。成本动因分为资源动因和作业动因，主要包括人员数量、房屋面积、工作量、工时、医疗服务项目技术难度等参数。根据成本项目分类，主要可采用的动因参数见表10-3。

表10-3　项目成本动因参数

成本项目	资源动因	作业动因
人员经费	人员数量	人员工时
卫生材料	工作量	工作量
固定资产折旧	房屋：房屋面积 设备：设备工时	房屋：房屋面积 设备：设备工时
无形资产	工作量	工作量
提取医疗风险基金	收入比	收入比
其他费用	其他材料、低值易耗：工作量 房屋维修、电、暖：房屋面积 其他：工作量	其他材料、低值易耗：工作量 房屋维修、电、取暖：房屋面积 其他：工作量

作业成本法的核心是建立项目作业核算模型，作业成本法主要用于对人员费用、不收费卫生材料和设备资产折旧的归集，在梳理医院临床服务类科室和医疗技术类科室医疗业务流程基础上，将医疗服务过程划分成作业，形成医院统一、规范的作业库。

一般每一类项目有着相同的作业，作业即项目开展过程中的工作步骤，例如检查类项目中CT、MRI一般都分为登记、检查、出报告三个阶段，作业的划分要考虑核算的难易程度，实际核算过程中，为降低核算的难度，有的作业不建议过细，甚至有的项目也可以合并为一个作业。

（2）成本当量法：在确定的核算期内，以科室单元为核算基础，遴选典型的医疗服务项目作为代表项目，其成本当量数为“1”，作为标准当量，其他项目与代表项目进行比较，进而得到其他项目各自的成本当量值，再计算出各项目成本的方法。

成本当量法按照以下步骤开展核算。

1）选取代表项目：确定各科室单元典型项目作为代表项目，将其成本当量数设为“1”。

2）计算科室单元的总当量值：首先，以代表项目单次操作的资源耗费为标准，将该科室单元当期完成的所有医疗服务项目单次操作的资源耗费分别与代表项目相比，得出每个项目的成本当量值。

某个项目成本当量值＝某个项目操作的资源耗费／代表项目操作的资源耗费

其次，每个项目的成本当量值乘以其操作数量，得出该项目的总成本当量值。

某项目总当量值＝某个项目成本当量值×数量

最后，各项目总成本当量值累加得到该科室单元的成本当量总值。

$$该科室单元的成本当量总值=\sum 各项目总成本当量值$$

3）计算当量系数的单位成本

当量系数的单位成本=（该科室单元当期总成本－药品成本－单独收费的卫生材料成本）/该科室单元的成本当量总值

4）计算项目单位成本

项目单位成本=当量系数的单位成本×该项目的成本当量值

（3）成本比例系数法：将归集到各科室单元的成本，通过设定某一种分配参数，将科室单元的成本最终分配到医疗服务项目的计算方法。核算方法主要有收入分配系数法、操作时间分配系数法、工作量分配系数法。

1）收入分配系数法：将各医疗服务项目收入占科室单元总收入（不含药品收入和单独收费卫生材料收入）的比例作为分配成本的比例。

某服务项目成本=该服务项目医疗收入（不含药品收入和单独收费卫生材料收入）/该科室总医疗收入（不含药品收入和单独收费卫生材料收入）×（该科室二次分摊后成本－可以单独收费的药品及材料成本）

2）操作时间分配系数法：将各医疗服务项目操作时间占科室单元总操作时间的比例作为分配成本的比例。

某服务项目成本=该服务项目操作时间/该科室总操作时间×（该科室二次分摊后成本－可以单独收费的药品及材料成本）

3）工作量分配系数法：将各医疗服务项目工作量占科室单元总工作量的比例作为分配成本的比例。

某服务项目成本=该服务项目工作量/该科室总工作量×（该科室二次分摊后成本－可以单独收费的药品及材料成本）

5. 医疗服务项目成本核算流程　以作业成本法为例，介绍医疗服务项目成本核算流程。

第一步：划分作业。在梳理医院临床服务类科室和医疗技术类科室医疗业务流程基础上，将医疗服务过程划分为若干作业。各作业应当相对独立、不得重复，形成医院统一、规范的作业库。第二步：根据成本归集分配的过程划分直接成本和间接成本，直接成本应直接计入或计算计入医疗服务项目成本，间接成本应首先根据资源动因分配到有关作业计算作业成本，然后再将作业成本，根据作业动因分配到医疗服务项目成本。包括人员经费、卫生材料费、药品费、固定资产折旧费、无形资产摊销费和其他费用成本。其计算公式如下。

$$项目成本=\sum直接计入项目的成本+\sum分摊计入项目的成本$$

其中，直接计入项目的成本主要包括能够明确区分计入的不收费药品成本、不收费卫生材料成本和固定资产折旧成本以及人员经费成本。分摊计入的项目成本包括分摊的人员经费、不能明确区分的不收费卫生材料费、不收费药品费、固定资产折旧费、无形资产摊销费、医疗风险基金和其他费用。具体实施流程如下。

（1）数据采集：把某会计期间核算科室开展的医疗服务收费项目收入数据、成本数据归集到各医疗服务项目上。

1）收入数据：按项目成本的核算单元对收入明细数据进行统计，对总收入、不纳入核算科室的收入以及参与核算的项目收入进行统计。

2）成本数据：物资成本数据采集各科室实际耗用的卫生材料、低值易耗品、其他材料等物资；设备折旧是执行科室医疗设备按月计提的折旧，在计算项目成本时，需要将项目和使用的设备相关联，折旧信息要计入开展的医疗服务项目，每月的折旧额相对固定，使用某种设备开展的医疗服务项目数量越多，分摊的单位项目折旧成本越低，相反开展项目数量越少，分摊的项目折旧越多，因此，通过项目成本的核算可以判断购买的医疗设备是处于使用饱和状况，还是闲置状况；人员成本是为了精细化核算人员支出，核算每个类别人员的工资或将不同职称人员折合成可以比较的系数。

（2）直接成本：归集直接成本主要维护四个方面的信息，即人员经费成本、不收费卫生耗材成本、设备折旧成本以及对外协作。

1）人员经费成本：将科室执行项目与科室作业、人员建立关系，明确每个执行项目需要哪些作业，操作人员类别、数量以及操作时间。

2）不收费卫生耗材成本：维护科室执行项目消耗的材料情况；收费药品、耗材成本不计入项目成本，只需要将不收费的卫生材料等耗材计入项目成本。

3）设备折旧成本：维护科室执行项目占用的设备情况，固定资产折旧费计算项目使用的设备的折旧成本，按照设备的工作时间，设计操作时间分配系数。

4）协作情况：主要记录协作科室对被协作科室项目的支持情况。

（3）间接成本：分摊将无法直接计入或者计算计入某医疗服务项目的成本，首先按照资源动因将其分配至受益的作业，再按照医疗服务项目消耗作业的原则，采用作业动因将作业成本分配至受益的医疗服务项目。

1）人员费用计入及分摊：项目人员经费计算、分摊，首先按人员类别（医、技、护、其他）归集科室中人员费用总额，计算单位人员薪酬额，根据项目耗用的工时计算项目用人成本；人员经费分配系数设计按作业步骤确定，借鉴医疗服务项目的技术难度和风险程度进行。具体步骤如下。

第一，将人员分类：人员按类别不同划分为医师、技师、护士、其他四个类别。

第二，计算按作业步骤开展医疗服务项目所需要的平均人力和工时。

每分钟医师人力成本＝医师总人力成本／医师总操作时间

某医疗服务项目人力成本＝∑医师操作时间×每分钟医师人力成本

2）不收费耗材成本计入分摊：根据本期开展的单个项目数量计算该项目需要耗用的卫生材料数量。

本期单个项目耗材使用量＝单个需要数量×本期开展数量

本期所有项目使用该耗材数量＝∑本期单个项目耗材使用量

每单位该耗材成本额＝本期科室使用该耗材总金额／本期所有项目使用该耗材数量

项目耗材成本分摊额＝每单位该耗材成本额×该耗材需要数量

3）固定资产折旧费分摊：根据本期开展的单个项目数量计算该项目需要分摊的折旧。

本期单个项目设备使用总工时＝使用设备耗时×本期开展数量

本期所有项目使用该设备总工时＝∑本期单个项目设备使用总工时

使用该设备单位工时成本＝本期科室该设备折旧总额／
本期所有项目使用该设备总工时

计算项目设备折旧成本分摊额＝使用该设备单位工时成本×使用设备耗时

（4）医疗服务项目成本：计算二级分摊完成以后的科室成本核算是开展项目成本核算的基础，需要对不收费药品耗材、固定资产折旧和人力成本进行分类，然后按上述方法分别计入直接成本和间接成本。医疗服务项目成本可包含科室级成本和院级成本，不同科室单元开展的同一个医疗服务项目成本的确定方法是将各科室单元该医疗服务项目的核算成本通过加权平均法形成该医疗服务项目院内的平均成本。

1）计算各个科室单元（科室级）该医疗服务项目总成本。用该科室单元医疗服务项目的核算成本乘以其操作数量，得出该科室单元医疗服务项目总成本，再进一步核算单位成本。

某科室单元该项目总成本＝某科室单元项目的核算成本×数量

某科室单元该项目单位成本＝某科室单元项目总成本／该项目工作量

2）计算医院内（院级）该医疗服务项目的成本。将各个科室单元该医疗服务项目总成本除以当期内该医疗服务项目操作总数，得到项目成本。

医院该项目的成本＝∑科室单元该项目总成本／∑科室当期内该项目操作数量

医院该项目单位成本＝医院该项目的总成本／该项目总工作量

6. 医疗服务项目成本核算报表体系 按照《公立医院成本核算规范》医疗服务项目成本报表主要包括：医院医疗服务项目成本汇总表（附表4-1）和医院医疗服务项目成本明细表（附表4-2）。

（1）医院医疗服务项目成本汇总表（项目01表）：反映将医院所有医疗服务项目按照项目大类别（综合医疗服务、病理学诊断、实验室诊断、影像学诊断、临床诊断、临床手术治疗、临床非手术治疗、临床物理治疗、康复医疗、中医医疗服务）分别列示医疗成本、医疗全成本、医院全成本。具体见附表4-1。

（2）医院医疗服务项目成本明细表（项目02表）：列示医院各医疗服务项目的服务量以及每服务项目成本，包括医疗服务项目医疗成本、医疗全成本和医院全成本。

（四）病种成本核算

1. 病种成本核算概念 病种成本核算是指以病种为核算对象，按照一定流程和方法归集相关费用，计算病种成本的过程。医院开展的病种可参照临床路径和国家推荐病种的有关规定执行。

2. 病种成本核算方法 根据《公立医院成本核算规范》的要求，病种成本核算方法主要有自上而下法、自下而上法和成本收入比法（cost-to-charge ratio，CCR）。医院可结合实际探索适当的计算方法。

（1）自上而下法：以成本核算单元成本为基础计算病种成本。按照以下步骤开展核算。

1）统计每名患者的药品和单独收费的卫生材料费用，形成每名患者的药耗成本。

2）将成本核算单元的成本剔除所有计入患者的药品和单独收费的卫生材料费用后，采用住院天数、诊疗时间等作为分配参数分摊到每名患者。

3）将步骤1）和步骤2）成本累加形成每名患者的病种成本。

4）将同病种患者归为一组，然后将组内每名患者的成本累加形成病种总成本，采用平均数等方法计算病种单位成本。

病种总成本＝∑该病种每名患者成本

某病种单位成本＝该病种总成本／该病种出院患者总数

（2）自下而上法：以医疗服务项目成本为基础，将医疗服务项目成本、药品成本、单独收费的卫生材料成本对应到每名患者后，形成每名患者的病种成本。

某患者病种成本＝∑（该患者核算期间内某医疗服务项目工作量×该医疗服务项目单位成本）+∑药品成本+∑单独收费的卫生材料成本

将同病种患者归为一组，然后将组内每名患者的成本累加形成病种总成本，采用平均数等方法计算病种单位成本。

病种总成本＝∑该病种每名患者成本

某病种单位成本＝该病种总成本／该病种出院患者总数

（3）成本收入比法：以服务单元的收入和成本为基础计算病种成本，通过计算医院为患者提供的各服务单元的成本收入比值，利用该比值将患者层面的收入转换为成本。按照以下步骤开展核算。

1）计算各服务单元的成本收入比值。

某服务单元成本收入比＝该服务单元成本／该服务单元收入

2）计算患者病种成本。

某患者病种成本＝∑该患者某服务单元收入×该服务单元成本收入比

3）将同病种患者归为一组，然后将组内每名患者的成本累加形成病种总成本，采用平均数等方法计算病种单位成本。

病种总成本＝∑该病种每名患者成本

某病种单位成本＝该病种总成本／该病种出院患者总数

3. 病种成本核算流程　以自下而上法为例，介绍病种成本核算流程。病种成本核算选择自下而上法，医疗服务项目成本库和病案首页库成本是病种成本核算的基础。

（1）采集基础数据包括对应核算期间的项目成本、病案首页信息以及患者住院期间收费明细项目。病案首页信息包括患者的病案号、住院次数、诊断名称、手术名称、出院日期、住院天数等；患者住院期间收费明细项目包括药费、诊查费、护理费、手术费、治疗费等。

（2）计算患者病例成本，包括医疗成本、耗材成本和药品成本。

某患者病例成本＝（该患者核算期间内某医疗服务项目工作量×该医疗服务项目单位成本）+药品成本+单独收费的卫生材料成本

（3）根据病案首页主诊断和主操作，同病种患者归为同一组，计算病种成本。

病种总成本＝∑该病种患者病例成本

某病种单位成本＝院级某病种总成本／该病种出院患者总数

4. 病种成本核算报表体系　按照《公立医院成本核算规范》，病种成本报表主要包括：医院病种成本明细表（附表5-1）、医院病种成本构成明细表（附表5-2）、医院服务单元病种成本构成明细表（附表5-3）。

（1）医院病种成本明细表（病种01表）：列示医院各病种的服务量以及每病种成本，包括每病种医疗成本、医疗全成本和医院全成本。

（2）医院病种成本构成明细表（病种02表）：反映医院各病种成本中按成本项目，包括人员经费、卫生材料费、药品费、固定资产折旧费、无形资产摊销费、提取医疗风险基金和其他费用列示金额及所占的比例情况。

（3）医院服务单元病种成本构成明细表（病种03表）：反映医院各病种组成中每个服务单元金额及占比情况。主要反映了各服务单元对医院病种成本的贡献情况。

（五）DRG与DIP成本核算

1. DRG与DIP成本核算的意义与作用 2019年国家医疗保障局、国家卫生健康委员会、财政部等多部委联合颁发《关于按疾病诊断相关分组付费国家试点城市名单的通知》（医保发〔2019〕34号）确定了全国30个城市作为疾病诊断相关分组（DRG）付费试点城市，2020年模拟运行，2021年全面实行；2020年国家医保局颁发《关于印发区域点数法总额预算和按病种分值付费试点工作方案的通知》（医保办发〔2020〕45号）（即DIP付费）要求2021年底前，全部试点地区进入实际付费阶段。

DRG/DIP支付方式下按照分组确定的支付标准，则是医院的盈亏平衡点，超过支付标准的费用医保不予支付，而低于支付标准的部分则支付给医院，形成医院的盈余。这会促使医院将支付标准作为医院成本管理的目标，必须将成本控制在DRG/DIP支付标准以内，以低于DRG/DIP支付标准来提供医疗服务才能有盈余，否则就会出现亏损。因此，医院需要建设DRG/DIP病种成本核算体系，开展DRG/DIP病种成本核算，测算出各DRG/DIP分组病种成本的数据。通过DRG/DIP成本核算体系构建，以DRG/DIP为中心，对DRG/DIP病组进行精细化核算分析，合理资源配置，优化病种结构，将医疗过程与成本管理有效结合，指导临床科室有效控制成本，改善医疗服务行为。

2. DRG与DIP成本核算的概述

（1）DRG成本核算：以DRG组为核算对象，按照一定流程和方法归集相关费用计算DRG组成本的过程。

DRG是疾病诊断相关组，是用于衡量医疗服务质量、效率以及进行医保支付的一个重要工具，实际上是一种病例组合的分类方案，即根据年龄、疾病诊断、合并症、并发症、治疗方式、病症严重程度及转归和资源消耗等因素，将患者分入若干诊断组进行管理的体系。

DRG是实现病例标准化管理的有效工具，首先，DRG分组的过程是把不同的病例按照临床过程相似资源消耗相近的原则进行分类，经过DRG分组后，同一个DRG组中的病例具有良好的可比性。其次，综合考虑疾病严重程度和复杂性，同时考虑医疗需求和医疗资源的使用强度，DRG能够反映病例的临床实际情况、诊断需求和临床服务的利用，并能够比较客观地反映治疗效果。最后，医疗服务提供的过程伴随着医疗资源的消耗，所以反映临床实际的DRG能真实地反映医疗资源的真实消耗，特别能够有效地区分不同疾病的病例类别之间的资源消耗的差异程度，从而对医院的产出作出评估。

（2）DIP成本核算：以DIP组为核算对象，按照一定流程和方法归集相关费用计算DIP组成本的过程。

DIP是按病种分值付费，它是利用大数据优势所建立的完整管理体系，发掘“疾病诊断+治疗方式”的共性特征对病案数据进行客观分类，在一定区域范围内的全样本病例数据中形成每一个疾病与治疗方式组合的标化单位，客观反映疾病严重程度、治疗复杂状态、资源消耗水平与临床行为规范，可应于医保支付、基金监管、医院管理等。

DIP是具有中国特色的支付方式。DIP的指导思想：在总额预算机制下，根据年度医保支付总额、医保支付比例及各医疗机构病例的总分值计算分值单价。医保部门基于病种分值和分值单价形成支付标准，对医疗机构每一病例实现标准化支付，不再以医疗服务项目费用支付。

DRG与DIP二者皆属于病种支付方式在实际当中的应用，DRG组一般小于1,000个组，而DIP分组一般超过10,000个组，DRG以权重作为结算指标，DIP则以分值作为结算指标。但无论是DRG还是DIP，其本质都是根据病案首页进行病例组合的一种技术，都是适应于住院医疗费用结算。

3. DRG与DIP成本核算的方法　根据《公立医院成本核算规范》DRG/DIP成本核算方法主要可以采用：自上而下法、自下而上法（即项目叠加法）和成本收入比法。下面以DRG病组核算为例。

（1）自上而下法：以成本核算单元成本为基础计算DRG病组成本。按照以下步骤开展核算。

1）将药品和单独收费的卫生材料费用对应到每名患者，形成每名患者的药耗成本。

2）将成本核算单元的总成本剔除已经计入患者的药品和单独收费的卫生材料费用后，采用住院天数、诊疗时间等作为分配参数分摊到每名患者。

3）将步骤1）和步骤2）成本累加形成每名患者的成本。

4）将每名患者归入到相应的DRG组，然后将组内每名患者的成本累加形成该

DRG组总成本，采用平均数等方法计算该DRG组单位成本。

DRG组总成本=∑该DRG组每名患者成本

某DRG组单位成本＝该DRG组总成本/该DRG组出院患者总数

（2）自下而上法：将医疗服务项目成本核算结果作为核算基础，根据临床路径下的医疗服务项目构成，将构成病种的医疗服务项目成本进行叠加计算DRG组成本。按照以下步骤开展核算。

1）将医疗服务项目成本、药品成本、单独收费的卫生材料成本对应到每名患者后，形成每名患者的成本。

某患者成本＝∑（患者核算期间内某医疗服务项目工作量×该医疗服务项目单位成本）+∑药品成本+∑单独收费的卫生材料成本

2）将每名患者归入到相应的DRG组，然后将组内每名患者的成本累加形成该DRG组总成本，采用平均数等方法计算该DRG组单位成本。

DRG组总成本＝∑该DRG组每名患者成本

某DRG组单位成本＝该DRG组总成本／该DRG组出院患者总数

（3）成本收入比法：以服务单元的收入和成本为基础计算DRG组成本，通过计算医院为患者提供的各服务单元的成本收入比值，利用该比值将患者层面的收入转换为成本。按照以下步骤开展核算。

1）计算各服务单元的成本收入比值。

某服务单元成本收入比＝该服务单元成本／该服务单元收入

2）计算患者成本。

某患者成本＝∑该患者某服务单元收入×该服务单元成本收入比

3）将每名患者归入到相应的DRG组，然后将组内每名患者的成本累加形成该DRG组总成本，采用平均数等方法计算该DRG组单位成本。

DRG组总成本＝∑该DRG组每名患者成本

某DRG组单位成本＝该DRG组总成本／该DRG组出院患者总数

DIP病组核算方法可参照DRG病组核算方式进行核算。

4. DRG与DIP成本核算的框架 根据上述不同的DRG/DIP核算方法，DRG/DIP病组核算框架如图10-7所示。

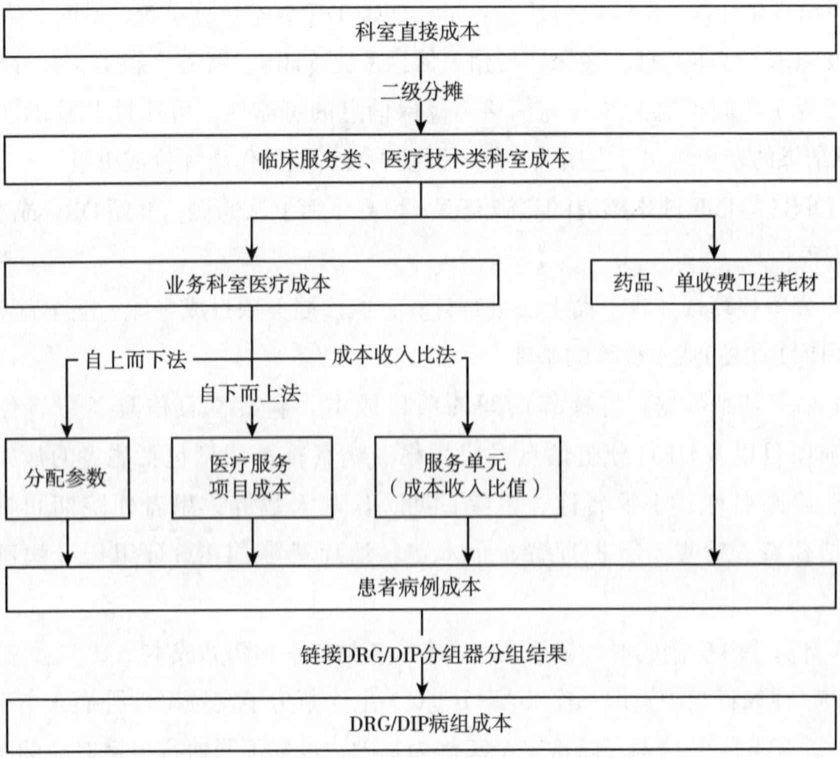

图10-7　DRG/DIP成本核算的框架

由图10-7可见，DRG/DIP成本核算是基于医院已经开展的科室成本的基础上构建的，根据医院自身实际，选择适合的核算方法，计算出患者成本，然后根据患者所在的DRG/DIP分组，累加该组内所有患者的成本形成DRG/DIP组总成本。采用平均数等方法计算该DRG/DIP的单位成本。

5. DRG与DIP成本核算的资源配置

（1）制度保障：根据《公立医院成本核算规范》《事业单位成本核算具体指引——公立医院》医疗机构应及时修订成本核算管理制度，从组织架构、岗位职责、职能科室分工、业务流程等方面为DRG/DIP成本核算提供保障。

（2）人力资源配置：DRG/DIP成本核算项目涉及业务广、科室多，医院应成立专门成本核算领导小组，明确各职能部门职责。成本核算工作领导小组应当由医院主要负责人担任组长，总会计师或分管财务的副院长担任副组长，成员包括财务、医保、物价、运营管理、医务、药剂、护理、信息、人事、后勤、设备、资产、病案统计等相关职能部门负责人以及部分临床科室负责人。各业务科室设兼职成本核算员，参与DRG/DIP成本核算工作。

（3）信息化配置：医院应当开发与完善DRG/DIP成本核算系统，及时收集、处理、传递和报告相关成本信息，确保其与相关信息系统（HIS、财务、病案、人力资源、物流、资产等）之间信息的统一与衔接，确保信息的可靠性、可比性及精确性，DRG/DIP核算结果的真实性和可应用性，便于医院管理者及时作出评价或决策。

6. DRG与DIP成本核算的实施流程 以自下而上法为例，介绍DRG成本核算实际操作流程。

DRG成本核算选择自下而上法进行计算，医疗服务项目成本库、病案首页库以及DRG分组库是DRG成本核算的基础。

（1）采集基础数据：将核算期间的项目成本、病案首页信息、患者住院期间收费明细项目以及DRG分组信息对应采集。病案首页信息包括患者的病案号、住院次数、诊断名称、手术名称、出院日期、住院天数等；患者住院期间收费明细项目包括药费、诊查费、护理费、手术费、治疗费等；DRG分组记录病例的分组归属。

（2）计算患者病例成本，包括医疗成本、耗材成本和药品成本。

例如，在妇科当中选取三个（A、B、C）主诊断为子宫颈恶性肿瘤，主手术为经腹子宫广泛切除术的病例，以这三个病例为基础，根据不同执行科室对应的医疗服务项目成本，归集出每个病例成本。见表10-5至表10-7。

表10-5 病例A病例成本

执行科室	项目类别	项目名称	数量	单位成本/元	总成本/元
妇科	床位成本	单人间	9	109.00	981.00
	床位成本合计				981.00
妇科	护理成本	Ⅰ级护理	2	166.13	332.26
	护理成本	……	……	……	……
	护理成本合计				1,840.34
检验科	化验成本	全血细胞计数+5分类检测	1	9.25	9.25
	化验成本	凝血酶时间（TT）测定	1	11.91	11.91
	化验成本	活化部分凝血活酶时间（APTT）测定	1	9.16	9.16
	化验成本	……	……	……	……
	化验成本合计				2,006.30
妇科	检查成本	无创指脉血氧饱和度监测	17	13.54	230.18
放射科	检查成本	X线数字化摄影（CR、DR）片	1	84.24	84.24
病理科	检查成本	手术标本病理诊断	1	86.68	86.68
	检查成本	……	……	……	……

续　表

执行科室	项目类别	项目名称	数量	单位成本/元	总成本/元
	检查成本合计				3,114.15
手术室	手术成本	经腹子宫广泛切除术	1	2,996.09	2,996.09
麻醉科	手术成本	全身麻醉	1	920.57	920.57
	手术成本	……	……	……	……
	手术成本合计				5,834.41
妇科	诊察成本	住院诊察费	9	25.69	231.24
	诊察成本合计				231.24
妇科	治疗成本	换药（中）	1	48.47	48.47
	治疗成本	……	……	……	……
	治疗成本合计				2,888.58
妇科	卫生材料成本	带非吸收性外科缝线缝合针	2	28.00	56.00
	卫生材料成本	……	……	……	……
	卫生材料成本合计				1,344.79
药品调剂科	药品成本	5%葡萄糖氯化钠	8	6.46	51.68
	药品成本	……	……	……	……
	药品成本合计				3,722.65
	其他成本合计				147.38
	病例A成本合计				22,110.84

表10-6　病例B病例成本

执行科室	项目类别	项目名称	数量	单位成本/元	总成本/元
妇科	床位成本	三人间床位费	13	86.63	1,126.19
	床位成本合计				1,126.19
妇科	护理成本	静脉置管护理	13	27.44	356.72
	护理成本	……	……	……	……
	护理成本合计				1,967.26
检验科	化验成本	血浆凝血酶原时间（PT）测定	1	6.39	6.39
	化验成本	血浆纤维蛋白原测定	1	8.48	8.48
输血科	化验成本	Rh血型C抗原鉴定	1	26.26	26.26
	化验成本	……	……	……	……

续 表

执行科室	项目类别	项目名称	数量	单位成本/元	总成本/元
	化验成本合计				2,516.85
妇科	检查成本	无创心电监测	6	17.02	102.12
放射科	检查成本	下腹部X线计算机断层扫描（CT）	1	120.92	120.92
病理科	检查成本	手术标本病理诊断	3	86.68	260.04
	检查成本	……	……	……	……
	检查成本合计				4,779.17
手术室	手术成本	经腹子宫广泛切除术	1	2,996.09	2,996.09
麻醉科	手术成本	全身麻醉	1	920.57	920.57
	手术成本	……	……	……	……
	手术成本合计				12,405.14
妇科	诊察成本	住院诊察费	13	25.69	333.97
	诊察成本合计				333.97
妇科	治疗成本	静脉采血	8	13.71	109.68
	治疗成本	……	……	……	……
	治疗成本合计				3,733.42
妇科	卫生材料成本	三通管	3	4.93	14.79
	卫生材料成本	……	……	……	……
	卫生材料成本合计				1,506.09
药品调剂科	药品成本	甲硝唑氯化钠注射液	11	5.03	55.33
	药品成本	……	……	……	……
	药品成本合计				5,047.42
	其他成本合计				82.94
	病例B成本合计				33,498.45

表10-7 病例C病例成本

执行科室	项目类别	项目名称	数量	单位成本/元	总成本/元
妇科	床位成本	三人间床位费	19	86.63	1,645.97
	床位成本合计				1,645.97
妇科	护理成本	引流管护理	6	21.23	127.38
	护理成本	……	……	……	……
	护理成本合计				2,166.08

续　表

执行科室	项目类别	项目名称	数量	单位成本/元	总成本/元
检验科	化验成本	全血细胞计数+5分类检测	1	9.25	9.25
	化验成本	凝血酶时间（TT）测定	1	11.91	11.91
	化验成本	活化部分凝血活酶时间（APTT）测定	1	9.16	9.16
	化验成本	……	……	……	……
	化验成本合计				2,261.20
腹部超声	检查成本	经阴道彩色多普勒超声检查	1	31.88	31.88
病理科	检查成本	免疫组织化学染色诊断	12	164.55	1,974.60
	检查成本	……	……	……	……
	检查成本合计				4,941.12
手术室	手术成本	经腹子宫广泛切除术	1	2,996.09	2,996.09
麻醉科	手术成本	全身麻醉	1	920.57	920.57
	手术成本	……	……	……	……
	手术成本合计				8,603.75
妇科	诊察成本	住院诊察费	19	25.69	488.11
耳鼻咽喉	诊察成本	院内会诊	1	51.59	51.59
	诊察成本合计				539.70
妇科	治疗成本	换药（小）	1	28.74	28.74
	治疗成本	……	……	……	……
	治疗成本合计				2,627.17
妇科	卫生材料成本	留置针	2	20.00	40.00
	卫生材料成本	……	……	……	……
	卫生材料成本合计				1,149.89
药品调剂科	药品成本	雷贝拉唑钠肠溶片	9	7.38	66.42
	药品成本	……	……	……	……
	药品成本合计				2,417.61
	其他成本合计				130.59
	病例C成本合计				26,438.08

（3）根据DRG分组信息，每位患者归入对应的DRG组中。根据所选分组器的分组标准，以上主诊断为子宫颈恶性肿瘤，主手术为经腹子宫广泛切除术的三个病例应归入NA19（女性生殖器官恶性肿瘤含有广泛性、廓清手术、清扫术等手术）这一DRG组中，通过以下公式计算出妇科该DRG病组成本（表10-8）。

DRG组总成本＝∑该DRG组患者病例成本

DRG组单位成本＝某DRG组总成本／该DRG组出院患者总数

表10-8　妇科DRG（NA19）组成本核算表　　单位：元

核算科室	项目类别	病例A总成本	病例B总成本	病例C总成本	科室DRG总成本	科室DRG平均成本
妇科	床位成本合计	981.00	1,126.19	1,645.97	3,753.16	1,251.05
	护理成本合计	1,840.34	1,967.26	2,166.08	5,973.68	1,991.23
	化验成本合计	2,006.30	2,516.85	2,261.20	6,784.35	2,261.45
	检查成本合计	3,114.15	4,779.17	4,941.12	12,834.44	4,278.15
	手术成本合计	5,834.41	12,405.14	8,603.75	26,843.30	8,947.77
	诊察成本合计	231.24	333.97	539.70	1,104.91	368.30
	治疗成本合计	2,888.58	3,733.42	2,627.17	9,249.17	3,083.06
	材料成本合计	1,344.79	1,506.09	1,149.89	4,000.77	1,333.59
	药品成本合计	3,722.65	5,047.42	2,417.61	11,187.68	3,729.23
	其他成本合计	147.38	82.94	130.59	360.91	120.30
	合计	22,110.84	33,498.45	26,438.08	82,047.37	27,349.12

对于实施DRG支付方式的医院，其他DRG病组可参照以上流程计算出各自病组成本，进而汇总出DRG成本报表。

DIP成本核算流程根据DIP入组情况，其成本核算流程参照DRG成本核算流程进行。

7. DRG与DIP成本核算的报表体系　按照《公立医院成本核算规范》医院DRG成本报表主要包括：医院DRG成本明细表（附表6-1），医院DRG组成本构成明细表（附表6-2），医院服务单元DRG成本构成明细表（附表6-3）。

（1）医院DRG成本明细表（DRG 01表）：本报表列示医院各DRG组的服务量以及每DRG组成本，包括每DRG组医疗成本、医疗全成本和医院全成本。

（2）医院DRG组成本构成明细表（DRG 02表）：本报表反映医院各DRG组成本

中按成本项目，即人员经费、卫生材料费、药品费、固定资产折旧费、无形资产摊销费、提取医疗风险基金和其他费用列示金额及所占的比例情况。

（3）医院服务单元DRG成本构成明细表（DRG 03表）：本报表反映医院各DRG组成中每个服务单元金额及占比情况。主要反映了各服务单元对医院DRG组成本的贡献情况。

DIP成本报表可参照DRG成本报表同步设置。

四、医院全成本核算管理的应用

（一）成本分析

医院应根据成本核算结果，定期编制成本分析报告，对照目标成本或标准成本，采取趋势分析、结构分析、量本利分析等方法及时分析实际成本变动情况及原因。把握成本变动规律，提高成本效率。

1. 趋势分析　针对医院和科室的收入、成本相关指标，通过对若干个连续期间的报告资料进行相关指标的比较分析，确定其增减变动的方向、数额或幅度，以掌握有关成本数据的变动趋势或发现异常的变动，说明报告资料的变化过程及其发展趋势。典型的趋势分析是将本期成本数据与上期成本数据进行比较，更为复杂的趋势分析则涉及多个期间的比较。在具体运用趋势分析法时，一般有两种分析的方式。

（1）绝对数趋势分析：通过编制连续数期的报表，并将有关数字并行排列，比较相同指标的金额或数据变动幅度，以此说明其发展变化。

（2）相对数趋势分析：会计报表中有许多重要的百分比指标，如成本收益率指标等。可采用环比动态比率、定期动态比率、环比动态指标分析等方法。

2. 结构分析　具体讲解见第三章医院财务分析。它通常采用计算成本中各组成部分占总成本比率的方法，用以分析医院成本的内部结构特征和合理性。

结构分析可以分析医院（或科室）人员经费、卫生材料费、药品费、固定资产折旧、无形资产摊销、提取医疗风险基金等成本要素占医疗成本的比重；各核算科室的科室成本占医院总成本的比重，以及直接成本、间接成本占总成本的比重，单位管理费用占总成本的比重等，找出影响成本的重要因素及其关键控制点，为成本控制及管理提供依据。

3. 本量利分析　具体见第三章医院财务分析。保本点是指医院收入和成本相等的运营状态。结余等于零的业务量即为保本点的业务量（盈亏临界点业务量）如图10-8所示。

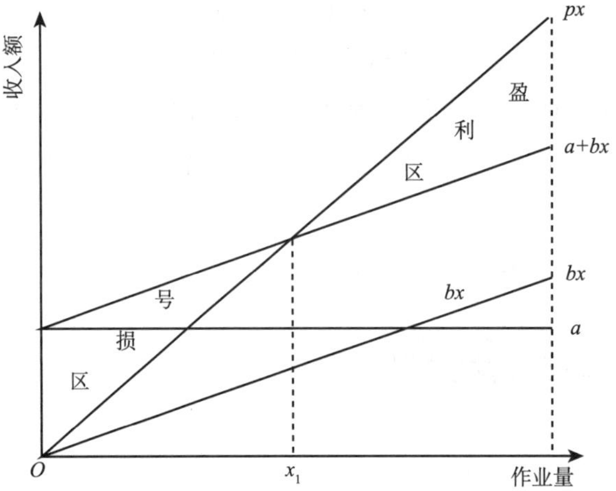

图10-8　本量利分析

医院通过对保本点的计算，反映出业务量、成本间的互动关系，用以确定保证医院正常有序发展所达到的保本点业务量和保本收入总额，进一步确定所必需的目标业务量和目标收入总额，同时固定成本和变动成本的改变也会影响医院的运营发展。

4. 比较分析　医院应根据实际需要确定目标成本，并采用历史最好水平、历史同期水平、同类医院平均水平、同类科室平均水平、预算目标、定额目标等，计算医院（科室、项目）会计期间的成本数据与目标成本的差异，找出产生差异的因素。

5. 指标分析　医院应当健全成本分析的指标体系，通过对指标的构成分析、比较分析、趋势分析，反映医院的总体运营状况，医疗管理和费用控制的情况和医院经营的成果，体现医院的补偿能力和未来的发展能力。包括以下指标。

（1）业务量指标包括门诊人次、住院人次、手术人次等指标。

（2）效率指标包括百元医疗收入药品消耗、百元医疗收入卫生材料消耗、平均住院日、病床使用率等指标。

（3）运营能力指标包括收入增长率、设备使用率、收支结余率等指标。

（4）收益能力指标包括人均收支结余、成本收益率、平均每床收益等指标。

（5）控制能力指标包括每门诊人次收费、每门诊人次支出、门诊收入成本率、每住院人次收费、每住院人次支出、住院收入成本率等指标。

（6）结构指标包括人员经费支出比率、公用经费支出比率、管理费用率、药品、卫生材料支出率、药品收入占医疗收入比重等指标。

（7）发展能力指标包括总资产增长率、净资产增长率、固定资产净值率等指标。

（二）医院成本的分析应用

核算只是一个过程，管理才是成本核算的目标。

1. 科室成本　可以应用到科室业绩评价。例如通过科室专题报告的形式将临床服务类和医疗技术类科室的经济运行状况客观反馈。科室可以根据报告有针对性地改进管理。

医院对临床服务类科室、医疗技术类科室进行评价时，可考虑服务量、经济运行状况和当前医院管理重点等方面的指标。服务量根据门诊和住院进一步细分，经济运行状况包括科室执行收入与科室可控成本以及当前医院管理重点，可以按照国家医改要求设置各项指标。

2. 医疗服务项目、病种成本　基于医疗服务项目、病种成本核算结果，实际工作中可以如下运用。

（1）全局把握医院医疗服务项目、病种整体盈亏状况。例如一年内，医院开展医疗服务项目与病种情况、在用医疗服务项目和病种数量与占比情况、单个项目或病种收费与成本以及收益情况及医院总体情况等。

（2）精细化内部管理，通过科室间横向比较，同一个医疗服务项目或病种在不同科室的盈亏情况以及与全院平均值的差异，可以引导科室从工作量、人员配置、工作效率、耗材使用等方面查找差距原因，指导科室内部管理。

（3）关注亏损项目，为寻求政策支持、提供数据支撑，医院应重点关注亏损项目，对于政策性亏损，可以利用医院实际测算的成本数据结果，寻求财政、物价等政策支持，建立与各类医疗保险经办机构公开、平等的谈判协商机制和风险分担机制。

3. DRG与DIP成本　通过开展DRG/DIP成本核算，可以建立基于DRG/DIP的医院精益管理体系。结合全面预算管理，进行事前成本计划，事中借助预算的管控力度，强化成本控制；事后结合绩效考核，通过CMI、DRG/DIP组数、总权重、药耗占比、平均住院日、中低风险死亡率等可量化指标，以绩效考核作为成本管理抓手，以成本核算结果促进绩效考核更加公开透明，绩效与成本管理发挥协同作用。

本章小结

本章首先介绍了医院支出、费用、成本管理相关知识，以及成本与财务会计的衔接。其次，以医院全成本核算管理体系构建为切入点介绍了医院的科室成本、医疗服务项目成本、病种成本、DRG/DIP病种成本总体框架的构建。

（田立启　宋　松　于　蔚）

第十一章　医院政府采购管理

学习目标

1. 掌握　医院政府采购的概念。
2. 熟悉　医院政府采购的方式。
3. 了解　医院政府采购的管理实务。

第一节　医院政府采购概述

一、政府采购的基本概念

（一）采购与采购管理

采购是指个人、企业、组织等为了满足自身使用的需求，通过购买、租赁、交换等不同途径获得物品及劳务的使用权或所有权的过程。采购管理，是企业、政府部门等组织对整个采购活动的计划、组织、协调和控制，以保证采购活动顺利进行的行为。

（二）政府采购

政府采购也称“公共采购”，是各级国家机关、事业单位和团体组织，使用财政性资金采购依法制定的集中采购目录以内或采购限额标准以上的货物、工程和服务的行为。

政府采购模式分为集中采购和分散采购，见图11-1。

集中采购，是指采购人将列入集中采购目录的项目委托集中采购机构代理采购或进行部门集中采购的行为。采购人普遍使用，技术、服务等标准统一的项目，列为集中采购机构采购项目；采购人本部门、本系统基于业务需要有特殊要求，可以统一采购的项目，列为部门集中采购项目。例如部分大型甲乙类设备就被列入了国家卫生健康委员会的部门集中采购项目。

分散采购，是指采购人将采购限额标准以上的未列入集中采购目录的项目自行采购或者委托采购代理机构代理采购的行为。

政府采购目录是有关政府采购主管部门依据提高采购质量、降低采购成本的原则，对一些通用的、大批量的采购对象应纳入政府采购管理和进行集中采购而确定的，并由政府部门公布的货物、工程、服务的范围和具体的名称清单。

政府采购目录可分政府集中采购目录和部门集中采购目录。属于中央预算的政府采购项目，其政府采购目录由国务院确定并公布；属于地方预算的政府采购项目，其政府采购目录由省、自治区、直辖市人民政府或者授权的机构确定并公布。

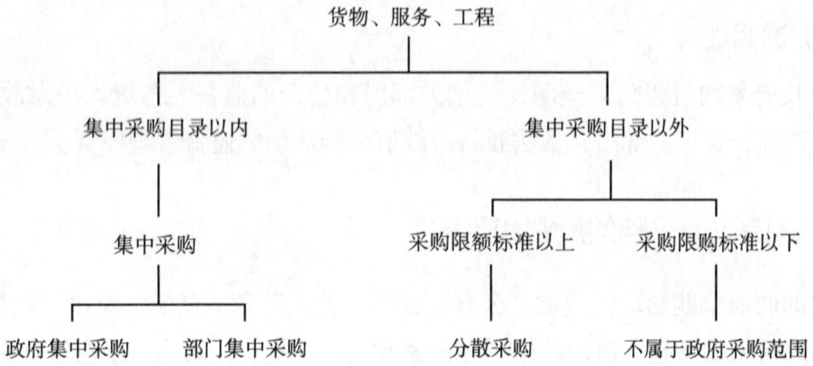

图11-1　政府采购模式

（三）财政性资金

财政性资金是指纳入部门预算管理的资金。从2011年1月1日起，预算外收入全部纳入预算管理，全面取消预算外资金。公立医院资金不论来源（预算拨付、经营收入或其他等），都纳入预算管理。

二、医院政府采购的特征

公立医院作为中国医疗服务体系的主体，在实施政府采购管理实务时涉及采购资金管理、采购过程管理、国有资产管理等方面，专业性强、涉及范围广，主要有以下四方面的特征。

（一）规范性

为了规范政府采购行为，提高政府采购资金的使用效益，维护国家利益和社会公共利益，促进廉政建设，国家出台了一系列法律法规，对医院的政府采购行为进行规范、引导。

（二）集中性

集中的政府采购更能体现价格与效益优势，节省交易成本，还便于监督管理。其中大型甲乙类医疗设备按规定有部分品目纳入了国家卫生健康委员会的部门集中采购项目，国家卫生健康委员会设立了专门的采购部门汇集各医院的需求，进行集中采购。

（三）计划性

使用财政性资金的公立医院在采购前必须做好采购计划，按照下达的预算资金及采购计划实施采购行为，无预算不采购。必须遵循国家政策的要求，最大限度地节约支出，结合本单位发展规划、实际需求和功能定位，做好采购前的市场调研工作等。

（四）透明性

整个政府采购过程公开透明，受相关部门和公众的监督。各级人民财政部门是负责政府采购监督管理的部门，依法履行对政府采购活动的监督管理职责。

三、医院政府采购的原则和范围

医院的政府采购活动，遵循“公开、公平、公正”和“竞质、竞价、竞售后服务”的原则，政府采购管理人员须严格遵守国家政策、法规，认真执行采购管理制度。

政府采购的范围包括两个方面：一是依法制定的集中采购目录以内的货物、工程和服务；二是虽未列入集中采购目录，但采购金额超过了规定的限额标准的货物、工程和服务。

集中采购目录中的采购内容一般是通用的货物、工程和服务，如计算机、打印机、复印机、传真机、公务车、电梯等货物，房屋修缮和装修等工程，以及会议服务、汽车维修、物业外包等服务。政府集中采购目录中的采购内容，都属于政府采购的范围。

集中采购目录以外的采购内容，例如医疗设备，采购金额超过政府采购的最低限额标准的，也属于政府采购的范围。

第二节　政府采购的流程与方式

一、政府采购的当事人

政府采购当事人是指在政府采购活动中享有权利和承担义务的各类主体，包括采购人、供应商和采购代理机构等。

（一）采购人

采购人是指依法进行政府采购的国家机关、事业单位、团体组织。

（二）供应商

供应商是指向采购人提供货物、工程或者服务的法人、其他组织或者自然人。

（三）采购代理机构

采购代理机构（简称“采购机构”）是指具备一定条件，经政府有关部门批准而依法拥有政府采购代理资格的机构。采购机构可分为集中采购机构和集中采购机构以外的采购机构。

二、政府采购的程序

政府采购程序有广义与狭义两层含义。广义的政府采购程序是指一个政府采购项目从一开始确定立项采购直至采购活动完全结束的完整的运作过程。狭义的政府采购程序是指为实现政府采购的目标，执行法律规定的政府采购方式所应遵循的步骤。

不同的采购方式有不同的采购程序，总体而言，任何一项政府采购都要经历以下几个步骤。

（一）采购计划的制订

采购人在既定的采购原则下，制订采购计划。

采购计划要明确采购的具体类型、采购的预算金额、采购要达到的目标、采购所选用的方式以及各项规则，甚至合同的主要内容都要在计划中确定下来。采购计划确定后，采购人应委托采购代理机构公开相关信息。

（二）采购方式的选择

采购方式的选择主要依据采购项目的总金额确定，不同的采购方式有不同的步骤和程序。结合采购的性质、数量、时间要求等因素，遵循通过有效竞争实现采购人效率和效益最大化的原则。

（三）采购合同的签订

采购合同的签订指通过采购代理机构完成采购程序，确认采购结果，采购人与供应商签署法律合同的过程。

采购代理机构应保障采购程序的规范、投标供应商的资格资质合格以及采购结果的择优推荐。合同签订时可以要求供应商按照标准缴纳一定数额的履约保证金，作为其履行合同规定义务的必要保证。

（四）采购合同的执行

采购合同的执行指供应商实际满足采购人采购需求的过程和结果，包括验收、结算和效益评估等过程。采购代理机构有义务监督供应商履行合同。

三、政府采购的方式

（一）公开招标

公开招标是政府采购的主要采购方式，是指采购人按照法定程序，通过发布招标公告，邀请所有潜在的不特定的供应商参加投标，采购人通过招标文件确定的评分标准，从所有投标供应商中评选出得分最高的为中标供应商的一种采购方式。

公开招标应当按照法律规定在指定媒介发布资格预审公告或招标公告，符合条件的潜在投标人不受所在地区、行业限制，均可申请参加投标。

公开招标方式体现了市场机制公开信息、规范程序、公平竞争、客观评价、公正选择以及优胜劣汰的本质要求；公开招标因为投标人较多、竞争充分，且不容易串标、围标，有利于招标人选择合适的中标人。

单项采购金额达到公开招标数额标准的，必须采用公开招标方式。采购人严禁以化整为零或其他任何方式规避公开招标采购。

（二）邀请招标

邀请招标也称“选择性招标”，是由采购人根据供应商的资信和业绩，选择不能少于三家的法人或其他组织，邀请其参加投标，从中选定中标供应商的一种采购方式。

邀请招标能够按照项目需求特点和市场供应状态，选择具有与招标项目需求匹配的资格能力、价值目标以及对项目重视程度均相近的投标人参与投标竞争。这种采购方式招标工作量和招标费用相对较小，既可以省去招标公告和资格预审程序及时间，又可以获得较好的竞争效果。

但是与公开招标相比，邀请招标的投标人数量较少，竞争开放度较弱。对投标人信息了解的局限性，有可能会损失应有的竞争效果，得不到最合适的投标人和获得最佳效益。

因此，邀请招标的适用范围有限制性。

（三）竞争性谈判

竞争性谈判是指采购人或采购机构通过与多家供应商（不少于三家）进行谈判，以“最低价成交”为标准确定供应商的一种采购方式。其核心一是要有竞争，二是要有谈判。

竞争性谈判的适用范围：①招标后没有供应商投标且重新招标仍未能成立的。②技术复杂或者性质特殊，不能确定详细规格、具体要求的。③采用招标所需时间不能满足采购人紧急需要的。④不能事先计算出价格总额的。

（四）单一来源采购

单一来源采购也称“直接采购”，是指达到了限额标准和公开招标数额标准，但所购商品的来源渠道单一，或属专利、首次制造、合同追加、原有采购项目的后续扩充和发生了不可预见紧急情况不能从其他供应商处采购等情况。

该采购方式的最主要特点是没有竞争性。除发生了不可预见的紧急情况外，采购人应当尽量避免采用单一来源采购方式。如确有必要采取单一来源采购，应当深入了解供应商提供的产品性能和成本，尽量减少采购支出。

单一来源采购的适用范围：①只能从唯一供应商处采购的。②发生了不可预见的紧急情况不能从其他供应商处采购的。③必须保证原有项目一致性或者服务配套的要求，需要继续从原供应商处添购，且添购资金总金额不超过原合同总金额百分之十的。

（五）询价采购

询价采购是指采购人向有关供应商发出询价单让其报价，在报价基础上进行比较并确定最优供应商的一种采购方式。

邀请报价的供应商数量至少为三家。采购合同一般授予符合采购需求的最低报价的供应商。

采购的货物规格标准统一、现货货源充足且价格变化幅度小的政府采购项目，可以采用询价方式采购。

（六）其他采购方式

政府采购监督管理部门认定的其他采购方式，如竞争性磋商、协议供货、网上采购、采购卡等方式。其中，竞争性磋商成为一种越来越常用的采购方式。

1. 竞争性磋商　竞争性磋商是指采购人或采购代理机构通过组建竞争性磋商小组与符合条件的供应商进行磋商，依据磋商文件的要求对供应商响应的情况进行“综合评分”，根据评分高低而不是价格高低确定成交供应商的采购方式。

竞争性磋商和竞争性谈判在“明确采购需求”阶段，二者要求基本一致；但在“竞争报价”阶段，竞争性磋商采用“综合评分法”，竞争性谈判采用“最低价成交”。

竞争性磋商可以避免最低价成交可能导致的恶性竞争，从而聚焦到“物有所值”的价值目标。

2. 协议供货 协议供货一般是指在一年中所确定采购的设备、货物和服务，由定点供应商依合同按需供货或提供服务，定期结算与支付。这种采购方式主要适用于标准定型的货物类项目和部分服务类项目，一般单次采购量较小，但采购次数多。定点采购产品的价格以及型号更新不快。

3. 网上采购 网上采购一般是指需求方在互联网上发布采购需求信息，供应方在网上直接报价，需求方按事先确定的成交原则，直接在网上确定成交供应商的一种采购方式。它不受供应商人数、地域的限制，方便快捷，对于采购一些金额小、批量多、规格标准统一、现货货源充足且价格变动幅度小的项目，具有明显的优势。

4. 采购卡 采购卡类似于信用卡，是电子采购的一种工具。持卡人不需要任何审批手续，可以直接向指定的供应商采购，采购过程无纸化。如近年推行的用于个人出差的“公务卡”。

第三节 医院政府采购管理实务

一、医院货物类政府采购管理实务

（一）医院货物类采购的内容

医院政府采购货物，包括集中采购货物和自行采购货物两部分。

集中采购货物包括集中采购机构采购项目和部门集中采购项目。集中采购机构集中采购目录包括各单位通用的货物，如计算机、打印机、复印机、传真机、公务车、电梯、空调、办公家具等；部门集中采购项目如国家卫生健康委员会集中采购大型医用设备，包括正电子发射计算机断层扫描仪（PET-CT）、正电子发射磁共振成像系统（PET-MR）、内镜手术器械控制系统等。

除集中采购机构采购项目和部门集中采购项目外，各部门自行采购单项或批量金额达到限额以上的货物应按《中华人民共和国政府采购法》和《中华人民共和国招标投标法》有关规定执行，这里包含医疗设备和耗材。

（二）货物类采购的关键因素

1. 预算编制 医院预算根据事业发展计划和任务编制的年度财务收支计划，是医院财务活动的基本依据。

（1）因集中采购目录内货物的到货周期较长，应充分考虑采购周期，提前编制采购目录内货物的预算，并上报采购计划，有利于货物到货使用，避免影响预算执行进度。

（2）预算编制中项目预算决定了采取何种采购方式，科学合理制定和执行预算，避免化整为零。

2. 信息公开 《中华人民共和国政府采购法实施条例》不仅完善了采购制度，还提高了采购环境的整体透明度及诚信度。根据采购过程中信息全公开的原则，主要做了以下规定：第一，采购所有信息需公开、透明。应将政府采购项目信息在指定媒体上公开发布，且在采购文件中公开注明采购项目预算金额。第二，采购文件需公开、透明。如采购详单、计划等。第三，采购合同需公开、透明。双方在签订合同后，应在省级以上人民政府财政部门指定的媒体或网络上对政府采购合同进行公示。第四，投诉处理结果应公开、透明。财政部门对供应商或采购其他问题作出的投诉事项或建议的决定，应在指定媒体上进行公示明确。

3. 档案保管 《中华人民共和国政府采购法》第四十二条规定，采购人、采购代理机构对政府采购项目每项采购活动的采购文件应当妥善保存，不得伪造、变造、隐匿或者销毁。采购文件的保存期限为从采购结束之日起至少保存十五年。《医疗器械临床使用安全管理规范（试行）》第十三条规定，医疗机构应当对医疗器械采购、评价、验收等过程中形成的报告、合同、评价记录等文件进行建档和妥善保存，保存期限为医疗器械使用寿命周期结束后五年以上。

二、医院工程类政府采购

（一）医院工程类采购的主要内容

本文所称“工程”是指建设工程，包括建筑物和构筑物的新建、改建、扩建、装修、拆除、修缮等。从事工程建设活动的单位主要包括工程勘察、设计、施工和监理单位，工程类政府采购包括建设工程的勘察、设计、施工、监理以及与工程建设有关的重要设备、材料。

（二）工程类采购的关键因素

医院建设工程在实际运行过程中时常会面临评审过程有失科学、合理、公平、公正，多个供应商串通围标等风险。因此工程类政府采购应加强以下关键因素控制。

1. 构建严谨采购领导小组 为了能够全面提升采购水平，进一步优化采购质量，避免在采购过程中出现徇私舞弊等现象，首先应该构建具有较强综合素质、严谨认真态度的采购领导小组，对建设工程采购各项工作开展进行全面统筹规划。结合建设工程实际采购需求对各项管理机制进行统一协调，在整个采购过程中充分发挥出自身的监督职能。与此同时，对领导小组内部成员具体职责进行进一步明确，在此基础上，针对整个采购过程具体环节实施严格的监督审查，全面提升采购活动质量。

2. 制定科学细致采购文件 由于医院建设工程系统复杂、技术含量高、社会影响广泛，要求采购文件编制精确、科学，特别是作为工程量报价基础的工程量计算清单应尽可能详尽、减少偏差。采购文件中任何一处疏漏，都可能给采购工作带来隐患，或成为中标单位后期索赔的理由。采购文件质量会对整个采购质量产生重要影响，同时也是采购活动合法合规进行的主要依据。采购文件在编制的过程中必须要对供应商资质、项目评审标准及方法、合同条款、采购文件标准格式进行严格要求，要按照法律法规的相关要求进行严格编制。另外，采购文件编制还要与采购人实际需求和工程项目建设状况进行有效结合。

3. 优化采购工作规范性 建设工程采购过程中，为了全面提升采购活动质量，并进一步提高采购效率，必须严格落实科学系统评审体系，并充分保障评审工作开展的规范性。评审委员会或小组在具体开展评审工作的过程中，应该严格遵照我国招投标法等相关法律法规及采购文件的明确要求，保障采购工作开展的合规合法和科学性。与此同时，还需要针对具体评审过程，构建起科学完善的评审监督机制，并将所有的评审结论进行公开公示，以此保障评审工作开展的公平公正性，让评审过程接受社会监督。此外，评审前应严格保密评审人员名单，杜绝供应商与评审人员串通。

三、医院服务类政府采购

（一）医院服务类采购的内容

服务类采购是指组织对除货物和工程以外的其他政府采购对象进行获取的过程。包括印刷出版、专业咨询、工程监理、工程设计、信息技术和信息管理软件的开发设计、维修、保险、租赁、交通工具的维护保障、会议、培训、物业管理和其他服务等。

随着医院服务社会化外包的逐步推进，除原有普遍的物业服务外，医院保洁、医疗导引、护理陪护、医废清运、绿植养护等专业化劳务服务也成为医院服务类采购的重要内容。

（二）医院服务类采购的关键因素

1. 采购方式的选择 服务作为一种特殊商品，大多具有无形、成本不确定、周期长、专业性强的特点，尤其是综合物业服务项目。因此，应根据服务类品目的不同特点，灵活选择采购方式。

（1）日常发生频繁、技术要求不高且采购金额较小的服务类项目，如会议、培训等，可采取类似于批量采购或协议供货的方式确定服务商。

（2）车辆维修、保险、印刷等有政策要求且易于标准化的服务项目，应使用定点采购，能有效提高效率节约成本。

（3）技术复杂或性质特殊，不能确定详细规格或具体要求的服务项目，如专业性咨询服务等，宜采用竞争性谈判方式。

（4）技术复杂、成果要求高的服务项目，如规划、方案设计等，只能从有限范围的供应商处采购，邀请招标更为适合。

（5）一体化程度高，市场相对成熟，服务内容可量化、标准化的项目，如物业管理等则可以采用公开招标的方式。

2. 采购风险控制

（1）招标文件中的分值权重体现采购人的重点关注，应合理设置各项评审因素及其分值。

（2）招标文件中各项指标应尽量细化、量化，严格把握评价尺度，体现“服务方案、服务质量、服务措施、验收标准”重点。

（3）严格执行政府采购相关规定，坚持价格合理与服务质量并重的原则，合理设定供应商资格门槛。

3. 健全长效评价监督机制

（1）合理设置合同条款：通过合同条款约定，将服务标准、服务人员、服务时间、服务质量等要求完善细化，对工作量及服务付费的条款进行关联，服务更易量化。

（2）完善信息反馈制度：广泛征求服务主管部门、服务使用者、代理机构、评审专家及相关供应商意见，通过综合分析对服务类采购活动的信息反馈，掌握服务类采购履约情况。

（3）构建跟踪评价体系：将服务类供应商的履约表现通过指标量化打分，根据分值的高低将供应商区分为不同等级，作为决定供应商是否继续提供服务的主要参考依据之一。

（4）健全监督制约体系：服务采购不仅要对采购招标过程进行有效监督，也要对服务的提供过程进行监督。对于重大的项目，应充分发挥财政、审计、纪检监察的合力，强化法纪约束，不断提高服务的质量和效果。

本章小结

政府采购也称“公共采购”，是各级国家机关、事业单位和团体组织，使用财政性资金采购依法制定的集中采购目录以内或采购限额标准以上的货物、工程和服务的行为。政府采购主要有公开招标、邀请招标等六种方式。执行政府采购是公立医院的重要业务之一。本章介绍了医院政府采购管理的基础知识，采购方式和管理实务。医院的政府采购管理实务按照采购品目的不同，分为货物、工程和服务三个大类。在实际操作过程中，每个类别的采购流程和适用的法规都不尽相同，需要分别掌握与应用。

（唐蔚蔚　周　君　郑　婧　任　远）

第十二章　医院财政、科教项目管理

学习目标

1. 掌握　医院财政、科研项目管理实务。
2. 熟悉　医院财政、科教项目管理框架。
3. 了解　项目管理内涵。

第一节　项目管理

一、项目概述

项目是为创造特定的产品、服务或成果而开展的临时性工作，是在限定的时间和限定的资源约束条件下，利用特定的组织形式来完成具有明确预期目标的一次性任务。

项目成果可能是有形的，一项基建工程的项目成果是一座门诊楼；项目成果也可能是无形的，如医院对某种疾病治疗方法开展研究的项目成果是一套治疗方案。

项目不是周而复始的日常工作，而是为了特定目标设立的一次性活动，是临时的。每个项目在立项时都规定了明确的起止时间，即具有项目周期。当目标达成或由于某些原因无法达成时项目即被宣告结束。

项目实施过程同时也是达到新状态的过程。项目设立方通过开展项目，预期达到某种未来状态，项目成果必然是对现时状态进行的变革与改进。

二、项目管理概述

项目管理，是指通过项目各参与方的合作，运用专门的知识、工具和方法，对各项资源进行计划、组织、协调、控制，使项目能够在规定的费用预算、时间进度和质量范围内，实现或超过既定目标的管理活动。

项目管理通常涉及立项机构、承担单位项目组、承担单位归口管理部门、承担单位财务部门等责任主体。各方对项目都负有在项目全生命周期内提早预防、及时发现并规避潜在风险，严格规范项目业务活动在各项法律法规允许范围内顺利运行的管理责任。费用、进度、质量控制是项目各方管理的核心。其中立项机构作为项目发包方，管理责任包括按照客观需求设立项目目标、建立经费分配与使用制度体系、监管项目业务活动与财务活动、项目成果审核等。承担单位归口管理部门的管理责任包括组织申报、从业务活动角度监管项目全过程、向立项机构反馈、项目进度管理等。财务部门管理责任包括经费管理、项目全过程经济活动管理等。项目组作为项目承包方，其管理责任是保证项目业务、资金两个维度的履约进度与质量。医院项目管理责任主体间的关系见图12-1。

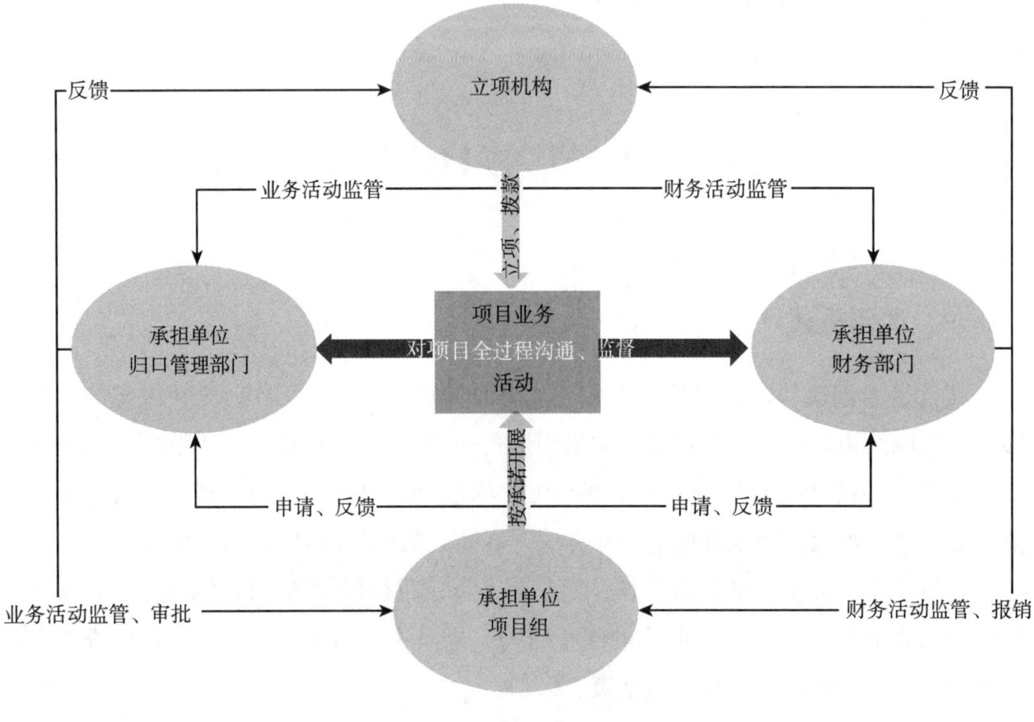

图12-1　医院项目管理主体关系

知识链接 / 项目管理发展

项目管理在20世纪中期开始成为一项职业，并组成了国际项目管理协会IPMA、美国项目管理协会有限公司PMI、英国项目管理协会APM等行业组织。

项目经理在工作中持续运用一系列关键技能和知识来满足或影响项目相关方的需求，从而取得项目成果，同时提炼形成知识体系，对项目管理达成一致意见。对某个项目而言，立项机构、项目团队、承担单位项目归口管理部门及财务部门等从不同的管理角度都需要对项目实施管理，每个角度的管理者都是本管理角度的项目经理、其他管理角度的项目相关方。正是这种综合管理体系模式保证了项目最终成功。

三、项目管理的方法和工具

（一）项目管理方法

项目管理包括阶段化管理、量化管理和优化管理三个方面。

1. 阶段化管理　是指从立项之初直到项目结束的全生命周期过程，根据项目的特点将项目管理分为若干个小的阶段，遵循每个阶段不同特点及管理重点，进行有针对性地管理。是对项目的定性管理。项目管理一般按照可行性研究、项目立项、项目计划、项目实施、项目验收和项目后评价等阶段划分，其中每个阶段还可再细分为若干个环节。

2. 量化管理　是指将各管理方在每个阶段的管理目标、人财物投入、成果等，分别尽可能地进行量化并落实到具体环节，以便在项目执行中发生问题时，迅速确定问题产生的环节、责任方、责任大小，快速解决问题、保证按照项目进程推进项目。是对项目的定量管理。

3. 优化管理　分析总结项目每个阶段或环节在执行中所蕴含的知识、经验和教训，从而在项目进程中、项目完成后借鉴、发扬。

（二）项目管理工具

项目管理工具包括挣值法、成本效益法、价值工程法等。科学的项目管理可以保证项目管理者合理安排项目的进度、有效使用项目资源。

1. 挣值法　挣值法（earned value analysis，EVA）是一种通过分析项目实施与项目目标期望值之间的差异，判断项目实施成本、进度、绩效的工具。属于事后控制的方法。通过对项目进行中各阶段实际情况，在内容、时间、质量、成本等方面与进度计划和预算进行比较与效果分析，实现对进度和费用进行综合控制，从成本基准和进度基准检测实际绩效与评价基准之间的偏差。根据产生的差异对项目中剩余的任务进行预测、调整和控制，从而对绩效实现测量。挣值法广泛适用于项目管理中的项目实施、项目后评价等阶段。挣值（earned value，EV）表示实际完成的工作所对应的预算成本。

2. 成本效益法　成本效益法即成本效益分析法（cost-benefit analysis，CBA），是通过比较项目的全部成本和效益，评估项目价值的一种方法。成本效益分析作为一种经济决策方法，针对某项支出目标，提出若干实现该目标的方案，运用一定的技术方法，计算出每种方案的成本和收益并进行比较，依据一定的原则选择出最优的决策方案，以寻求在投资决策中如何以最小的成本获得最大的收益。其中，成本指标可以包括项目的执行成本、社会成本等；效益指标可以包括项目的经济效益、社会效益等。属于事前控制方法，适用于项目可行性研究阶段。

3. 价值工程法 价值工程法（value engineering，VE）又称为“价值分析（value analysis，VA）”，是指通过集体智慧和有组织的活动对产品或服务进行功能分析，而以最低的总成本有效实现产品或服务的必要功能，即以最少投入获得最大产出，提高产品或服务的价值并反映费用支出与收益之间的比例。本方法下的功能，是指对象满足某种需求的效用或属性；成本，是指按功能计算的全部成本费用；本方法下的价值，是指对象所具有的功能与获得该功能所发生的费用之比。本方法可广泛适用于项目设计与改造、项目实施等阶段。

第二节 医院财政、科教项目管理框架

一、医院财政、科教项目管理节点

医院财政、科教项目的财务管理贯穿项目的整个生命周期。项目的生命周期通常包括立项、启动、实施、完成四个阶段，每个阶段又是由多个项目管理活动，可行性研究、项目立项、项目计划、项目实施、项目验收和项目后评价等组成。项目财务管理在每个节点的关注点见表12-1。

表12-1 项目财务管理各节点的关注点

管理节点	立项阶段		启动阶段	实施阶段	完成阶段	
	可行性研究	项目立项	项目计划	项目实施	项目验收	项目后评价
项目整合管理	—	预算编制	—	预算执行 预算调整	项目结题 项目审计	分析评价 总结反馈
项目范围管理	投资必要性	列入计划	考核规划	范围控制	—	绩效评价
项目进度管理	—	拨款计划	进度规划	进度控制	—	绩效评价

续　表

管理节点	立项阶段		启动阶段	实施阶段	完成阶段	
	可行性研究	项目立项	项目计划	项目实施	项目验收	项目后评价
项目成本管理	财务可行性	—	制定制度	合法审核 制度控制	—	绩效评价
项目质量管理	技术可行性	—	制定制度	执行批复 质量控制	—	绩效评价
项目资源管理	经济可行性	—	资金规划	资金控制	资金结余	绩效评价
项目沟通管理	责任主体沟通	—	沟通规划	情况通报 问题通报	—	绩效评价
项目风险管理	风险识别、评估、应对	列入计划	风险识别、评估、应对	风险识别、评估、应对	—	绩效评价
项目采购管理	组织可行性	列入计划	采购规划	控制采购 实施采购	资产处置	绩效评价
项目相关方管理	环境可行性 社会效益可行性	—	—	管理相关方 监督相关方	—	绩效评价

项目各管理主体应当遵循医院项目业务活动的规律与项目立项机构管理要求，通过制定医院具体执行办法、细则，明确各项标准、范围，优化管理流程，将项目实施过程中可能出现的问题，及早识别、评估与应对，严肃查处违法违纪问题，构建动态全方位的管理框架。

二、医院财政项目管理

（一）医院财政项目管理概述

财政支出划分为基本支出和项目支出。广义上的财政项目支出范畴涵盖财政专项资金和财政专项转移支付，狭义的财政项目支出即财政专项资金。

鉴于公立医院实际工作中多发生财政专项资金业务，本教材以狭义财政项目支出为基础，主要针对公立医院财政专项项目，进行相关知识以及存在的共性问题介绍。财政科研、财政教育类项目纳入科研、教育项目进行讲解。

（二）财政项目管理发展历程

2000年前，我国财政项目管理采取先有经费预算指标，然后再落实具体财政支出项目的管理模式。这种管理模式造成“为了花钱而花钱”“为了花钱而突击花钱”或

“资金沉淀”等非理性管理。严重制约了财政资金的使用效率与效益，不利于发挥预算的宏观政策工具作用。

2000年起我国开始推行中央部门预算改革，将部门预算支出划分为基本支出与项目支出，采取不同模式进行有针对性地管理。

2016年底中央全面深化改革领导小组第三十一次会议作出的深化预算管理制度改革的有关部署，构建了以宏观政策目标为导向、以规范的项目库管理为基础、以预算评审和绩效管理为支撑的、基于业务需求的全生命周期管理新模式。建立了业务与预算、业务活动与经济活动的紧密关联。

（三）医院财政项目管理相关政策

中央财政资金项目管理的不同发展阶段有不同的管理要求和管理重点，这是财政项目管理政策非常重要的内容。当前，我国深化预算管理进入新阶段，管理重点是加强项目库建设，改进项目支出预算管理，建立事前有目标、事中有监控、事后有评价、结果要运用的全过程绩效运行机制。现代医院管理制度也提出要把绩效管理理念和要求融入项目管理各环节。

1．加强预算编制管理 财政项目预算编制有着既定的程序和要求，公立医院需要按照综合预算、科学论证、合理排序、追踪问效的原则，按照项目的保障顺序、成熟程度和轻重缓急等进行合理排序，围绕重大战略任务进行规划和预算编制。

项目库是对项目规范化、程序化管理的数据库系统。入库项目的预算编制应当基于充分的可行性研究论证、具体的实施计划等各项前期工作形成的立项依据、实施期限、资金需求，以及指向明确、具体细化、合理可行的绩效目标。绩效目标是公立医院使用财政资金预期达到的产出和效果，是预算安排的前提与基础，也是预算执行、绩效运行监控和绩效评价的重要依据。医院申请财政项目预算，必须从项目库中选取。

2．严格预算执行管理 为切实抓好财政预算执行管理，提高预算执行的及时性、均衡性和有效性，预算执行过程中应当从业务与资金两方面进行管理。

业务方面一是要做到严格按照“无预算、不支出”的原则，加强预算刚性约束，杜绝开展超预算、无预算的业务活动。二是预算内的业务活动要严格履行预算审批程序和支出标准。

资金方面要严格按照预算指标直接控制资金支付。

3．完善预算绩效管理 绩效相关政策的管理目标是通过制度建设，提高财政项目的资金使用效率和社会效益水平。通过对照预算编制时设定的可测量、可实现的绩效指标，客观评价项目目标是否达成，财政项目取得的社会效益情况。财政部门将评价结果作为今后安排预算、完善政策和改进管理的重要依据，对绩效评价好的项目原则上优先保障，一般的项目督促改进，执行进度慢所形成长期沉淀的资金收回统一安排使用。

三、医院科研项目管理

（一）医院科研项目概述

科研项目又称“科研课题”，是政府部门、企事业单位、基金会等机构根据科研发展规划及具体需要设立的可供研究的选题，是科研活动最主要的组织形式、起点与基础。根据科研项目设立单位的不同可以划分为纵向科研项目和横向科研项目。

纵向科研项目也称为“纵向课题”，是指由各级政府部门主导、立项，并以各级政府财政资金为保障的科研项目，发挥着引领科研方向的作用。纵向科研项目具有申报规范、管理严格、经费稳定等特征。根据国家战略需求、政府科技管理职能和科技创新规律，中央各部门管理的科技计划（专项、基金等）如今整合形成五类科技计划（专项、基金等）：国家自然科学基金、国家科技重大专项、国家重点研发计划、技术创新引导专项（基金）、基地和人才专项。

横向科研项目也称为“横向课题”，是指纵向科研项目以外的各类科研项目，包括党政机关、企事业单位、科研机构、国际机构、各类团体等委托或合作研究的科研项目。双方以委托协议、研究合同的形式协商确定研究题目、内容、周期、成果、资金使用等问题，协议或合同一经签订，项目即成立。项目管理、资金管理（除政府资金外）与纵向科研项目相比具有灵活、自主、周期短等特征。

（二）科研经费管理发展历程

1949—1978年，科研经费采用国家资助模式，分为科研事业费、科技基建费、科技三项费用。其中科技三项费用是实施国家和地方各类重点科技计划的重要经费来源，是国家财政科技拨款的重要组成部分。

1978—2000年，开始建立有偿合同制等管理形式，原有的事业费制与其他管理形式并存。以中央财政预算体制改革为契机，对科研经费着手进行改革。

2001年12月20日，《关于国家科研计划实行课题制管理的规定》要求对以财政拨款资助为主的各类科技计划实施课题制管理，课题负责人负责从课题的立项、组织、经费管理、项目验收以及课题涉及的资产和成果的全过程进行管理。同时建立与科研活动相适应的预算管理机制，对课题实行全额预算管理。由课题依托单位对课题进行成本核算。

2016年，《关于进一步完善中央财政科研项目资金管理等政策的若干意见》，要求各地区各部门结合实际认真贯彻落实。从经费比重、开支范围、科目设置等方面提出了一系列“松绑+激励”的措施，激发科研人员创新创造活力。

（三）医院科研项目管理相关政策

党的十八大以来，党中央、国务院出台了一系列优化科研经费管理的政策文件和改革措施。财政对科技投入不断增加，科研项目和资金管理不断改进，有力地激发了科研人员的创造性和创新活力，促进了科技事业发展。

党的十九届五中全会强调坚持创新在我国现代化建设全局中的核心地位，把科技自立自强作为国家发展的战略支撑，摆在各项规划任务的首位。

从《国务院关于改进加强中央财政科研项目和资金管理的若干意见》（国发〔2014〕11号）、《关于进一步完善中央财政科研项目资金管理等政策的若干意见》（中办发〔2016〕50号）、《国务院关于优化科研管理提升科研绩效若干措施的通知》（国发〔2018〕25号）、《国务院办公厅关于抓好赋予科研机构和人员更大自主权有关文件贯彻落实工作的通知》（国办发〔2018〕127号）以及《国务院办公厅关于改革完善中央财政科研经费管理的若干意见》（国办发〔2021〕32号）等文件中可以明确，尊重科研活动规律、落实“放管服”理念、赋予科研人员更大经费管理自主权，进一步激励科研人员多出高质量科技成果，是当前科研项目的管理要求及趋势。

然而“放管服”并非放任不管，在科研项目管理的具体过程中，要求强化项目承担单位的法人责任以及项目管理部门的服务、监督责任，完善对科研项目的绩效管理。

1. 科研经费预算管理 在预算管理方面，一是扩大预算编制的自主权，进一步精简合并预算编制科目，按设备费、业务费、劳务费三大类编制直接费用预算，同时精简费用测算说明。二是扩大预算调剂的自主权，如除设备费外的其他费用调剂权则全部下放给项目负责人。

2. 科研经费支出管理 在支出管理方面，一是逐步扩大经费使用包干制范围，不再编制项目预算。二是减轻科研人员事务性负担，如提供预算编制、财务报销等专业化人员及服务，改进财务报销管理方式、推行无纸化报销、优化科研仪器设备采购流程等。三是提高科研资金对科研人员的激励力度，如提高间接费用比例、扩大劳务费开支范围、合理核定绩效工资总量、加大科技成果转化激励力度等。

3. 科研经费结余管理 在结余管理方面，扩大结余资金留用自主权。之前受限于科研经费需纳入中央财政经费结余管理政策，在实际执行中存在“突击花钱”、资金收回难度大等问题，而最新规定科研项目完成任务目标并通过综合绩效评价后，结余资金可以留归项目承担单位使用，则能解决这一问题。

4. 科研经费绩效与监督管理 在绩效与监督管理方面，一是要进一步强化绩效导向，健全差异化的绩效评价指标体系，同时强化对绩效评价结果的运用。二是加强审计监督、财会监督与日常监督的贯通协调，增强监督合力，提高监督效率，同时加强事中事后监管，减少过程检查，以顺应科研活动规律，有效减轻科研人员负担。

四、医院教学项目管理

（一）医院教学项目管理概述

国际一流的综合性大学都设有医学院，国际一流的高水平医学院都设在综合性大学。按此国际惯例，我国高校体制改革中，大批医学院连同其附属医院一起并入综合性大学，形成了“大学-医学院-附属医院”的基本格局。高校附属医院是医学人才培养主阵地，承担临床教学、指导医学生见习实习等医学教育任务。医学教育决定着医学卫生健康事业的未来。高校附属医院的主要责任是要健全临床教学组织机构、稳定教学管理队伍，围绕人才培养整合优化临床科室设置，设立专门的教学门诊和教学病房，着力推进医学生早临床、多临床、反复临床。为履行上述责任，高校附属医院收到的相应经费，形成了医院教学项目。

（二）教学经费管理发展历程

从1985年开始，高等教育的国家拨款方式从之前的“基数+发展”向“综合定额+专项补助”转变，这也是高等教育以项目的形式和思维来推动改革的起点。此后，随着一系列教育改革举措的推进，如“211工程”“985工程”等均遵循了“综合定额+专项补助”的拨款方式。随着拨款方式的改变，“项目”或“工程”等概念逐渐被引入高等教育治理中来并与财政体制改革相对应。

教学专项资金为引进、培养高素质人才、加强基础建设、推进国际交流与合作、深化教学改革、提升科研水平、加强实验室建设等提供了有力的资金支撑。中央高校预算拨款项目支出体系进一步优化项目设置，重构为中央高校改善基本办学条件专项资金、中央高校教育教学改革专项资金、中央高校基本科研业务费、中央高校建设世界一流大学（学科）和特色发展引导专项资金、中央高校捐赠配比专项资金、中央高校管理改革等绩效拨款。

（三）医院教学项目管理相关政策

近年来，中央高校预算拨款制度不断完善，促进提升了中央高校办学质量和服务经济社会发展能力。为解决中央高校预算拨款制度项目设置交叉重复、内涵式发展的激励引导作用尚需加强等问题，2015年财政部、教育部发布《关于改革完善中央高校预算拨款制度的通知》（财教〔2015〕467号），一方面完善基本支出体系，另一方面重构项目支出体系。2016至2018年间陆续发布的各项资金管理办法，逐渐完善了教学项目管理体系。

国务院办公厅2020年9月印发《关于加快医学教育创新发展的指导意见》，就加快推进医学教育改革创新，全面提高医学人才培养质量作出系统部署。医学生的教育过程离不开临床实践。高校要把附属医院教学、科研建设纳入学校发展整体规划，根据人才培养规模、科学研究和医学生临床实践教学需求，科学规划设置附属医院的数量，防止盲目增设附属医院；强化附属医院临床教学主体职能，增加对附属医院教学工作的经费投入。

教育、卫生健康、中医药部门要医教协同加强和规范高校附属医院管理；抓紧制定完善高校附属医院等临床教学基地标准，将人才培养质量纳入临床教学基地绩效考核和卫生专业技术人员医疗卫生职称晋升评价的重要内容。

当前教学经费主要来源于高校预算拨款，由主管部门按照客观公正的原则，根据高校教育教学方面实际情况，采用因素法分配，确定分校预算额度，中央高校根据专项资金预算批复额度，在规定范围内统筹规划、自主安排使用资金。与科研项目相比，不同的教学经费有与之对应的明确的支出范围及标准。在教学项目财务管理中，中央高校应当建立全过程管理制度，加强预算管理，规范支出行为，注重绩效导向，提高资金使用效益。

第三节　医院财政、科教项目管理实务

一、医院财政项目管理实务

（一）医院财政项目立项管理

1．项目库管理

（1）项目库设置：项目库是对行政事业单位项目支出进行规范化、程序化管理的数据库系统。以中央级预算单位为例，从上至下分为三级，分别是财政部项目库、中央部门项目库、中央部门本级和所属单位项目库。所有的财政项目预算都应通过项目库逐级进行申报、论证、审核，中央部门预算的编制必须以项目库建设作为基础和前提，未进项目库项目不得编入部门预算，无法获得财政资金。

中央部门本级和所属单位项目库由本单位立项和实施的项目构成，实时或定期经逐级审核后纳入中央部门项目库，作为部门预算备选项目。

中央部门项目库由本级和下级单位上报的项目构成。中央部门编制年度部门预算

和部门三年滚动规划时，结合财政部下达的支出控制数，在部门项目库预算备选项目中择优选取项目报财政部项目库。

财政部项目库由中央部门上报的项目构成，各部门申报项目汇总形成财政部项目库，作为财政部进行项目管理、审核年度部门预算和部门三年滚动规划的基础。

中央部门和所属单位如需对财政部已入库项目进行调整，须编制项目调整计划，按上述审核程序报批。

案例讨论（一）

【案例】财政项目支出的项目库设置

国家卫生健康委员会委属管A医院项目库中已立项的预算备选项目有：①门诊楼改造工程。②远程医疗信息系统建设。③重症医学仪器设备购置。A医院按规定审批流程报上级主管部门国家卫生健康委员会。

根据行业发展规划，国家卫生健康委员会将“A医院远程医疗信息系统建设”“A医院重症医学仪器设备购置”，两个项目纳入国家卫生健康委员会中央部门项目库，作为部门预算备选项目。此时国家卫生健康委员会中央部门项目库中已立项的预算备选项目有：①国家卫生健康委员会冷链食品生产经营新冠病毒防控技术指南研究，拟列入2021年预算。②A医院远程医疗信息系统建设，拟列入2022年预算。③A医院重症医学仪器设备购置，拟列入2022年预算。

【讨论】按规定审批后，国家卫生健康委员会择优选取：①国家卫生健康委员会冷链食品生产经营新冠病毒防控技术指南研究。②A医院远程医疗信息系统建设。③A医院重症医学仪器设备购置，报财政部审批。财政部审批后将上述三个项目纳入财政部项目库。A医院纳入财政部项目库的两个项目在2022年可以获得财政资金支持。

（2）项目库用途：项目库是实现项目全周期滚动管理的载体。对于纳入预算安排的项目，中央部门和医院要在项目库中对项目的执行、调剂、结转结余、绩效等信息及时进行更新和维护。纳入预算安排的延续性项目，原则上滚动纳入下年度预算。未纳入预算安排的预算备选项目，可滚动进入以后年度项目库。

2. 预算编制 对财政部已入库的项目，医院需编制项目支出预算，逐级审核汇总后由中央部门向财政部申报预算和项目类别。财政部对部门报送的项目支出预算进行审核下达预算控制数，由部门按照审核后的项目类别和排序安排项目预算。项目纳入预算安排后，项目类别在项目实施周期内不得调整。

（二）医院财政项目执行管理

1. 资金管理 财政项目资金要纳入医院财务统一管理，单独核算，专款专用。财政资金使用过程中，医院应坚持预算执行进度和财政资金使用的安全性、规范性和有效性并重原则。加快预算执行进度要建立在确保资金安全、规范、有效使用的基础上，不能因为盲目追求进度而减少规定流程，放松审核条件，更不可为快而快，要确保资金使用合规安全。在保持预算支出进度均衡性的同时，坚决防止超预算、超进度拨款和违规“以拨作支”等行为，以及各种违法违规和不讲效益的“突击花钱”行为。

案例讨论（二）

【案例】沿用本章案例讨论（一）。

【讨论】A医院在收到财政立项批复后，分别建立了“A医院远程医疗信息系统建设”“A医院重症医学仪器设备购置”两个医院内部账户，由项目归口管理部门与财务部门管理。财务部门在收到财政项目资金后，分别增加两个项目账户的到款额度，以保证后期项目使用资金时能够单独记账、专款专用。

2. 执行进度 财政项目与政府宏观政策联系紧密，与部门职能密切衔接。在保障项目质量的前提下，科学合理使用资金、保证项目执行进度是医院的责任与义务。

（1）预算批复与政策执行：严格按照预算批复的功能分类科目、项目进度、有关合同和规定审批程序等做好项目支出预算执行工作，涉及政府采购的应严格执行政府采购有关规定。

（2）执行进度时点要求：医院要强化预算执行主体责任意识，转变“重分配、轻管理”的观念，建立预算执行管理责任制。

医院项目归口管理部门、财务部门应着力完善预算执行管理制度，切实负起严格预算执行的责任和义务，履行预算执行管理职责，提升预算执行管理水平。项目组应做好预算执行的前期准备，特别是重大项目的准备工作，如程序复杂、实施周期长、风险高的进口审批、供应商招标等工作。通过各部门通力协作，结合年初预算按照财政项目预算执行时点要求落实项目实施进度。

（三）医院财政项目绩效管理

绩效管理是一个由绩效目标管理、绩效运行跟踪监控管理、绩效评价实施管理、绩效评价结果反馈和应用管理共同组成的综合系统。

1. 绩效目标管理　绩效目标是医院使用财政资金预期达到的产出和效果，是预算安排的前提与基础，也是预算执行、绩效运行监控和绩效评价的重要依据。医院要以绩效目标为对象，以绩效目标的设定、审核、批复等为主要内容开展预算管理活动。

2. 绩效运行跟踪监控管理　绩效运行跟踪监控管理是绩效管理的重要环节。对绩效目标运行情况进行跟踪管理和督促检查，发现绩效运行目标与预期绩效目标发生偏离时，要及时采取措施予以纠正。

在项目实施过程中，医院应当科学安排项目实施计划，倒排支出时间表，并围绕绩效目标实现过程开展分析。医院还应当采集项目管理和绩效运行信息，监督财政项目资金使用情况和项目执行情况，如资金拨付、政府采购、资产管理等制度执行情况，项目实施过程中的偏差和影响，纠偏措施制定和整改落实情况，查找财政项目预算执行中的薄弱环节，改进预算执行工作的方式方法，将预算执行序时进度要求落实到项目、环节和时间节点，确保资金支付安全、合规和预算执行进度目标实现。

案例讨论（三）

【案例】对项目预算执行进度、绩效目标实现程度进行跟踪管理是甲医院绩效管理的一项重要内容。甲医院成立财政项目管理小组，运用ABC分类管理法开展项目支出审核，提高审核工作成效。

1. 建立台账，收集分析数据　建立甲医院财政项目数据库。统计分析执行中的项目实施周期、项目申报金额等，并分别按照上述类别进行排序汇总。按照ABC分类管理法，绘制了重点审核项目ABC分析表，并计算出各类项目的累计比率。

2. 科学分类，突出审核重点　根据ABC分析表，将项目金额较大的少数项目和当年新增项目列为A类项目，将预算金额小的项目列为C类项目，其余的项目为B类项目。A类项目数占比32%，涉及金额占比63%；B类项目数占比21%，涉及金额占比27%；C类项目数占比47%，涉及金额占比10%。

3. 有的放矢，提高审核成效　①采取线上线下资料比对、线下资料核实等方式，将项目预决算数比对分析。②按照项目分类，针对不同类别项目确定相应的审核方式，合理地分配审核工作量。A类项目要求项目组将预算金额分解编列，并提供根据项目结束时间制订的倒排详细执行计划，将预算执行序时进度要求落实到项目、环节和时间节点并作为重点项目现场审核；B类项目重点关注结转项目的实施进度、预算执行情况等。

【讨论】通过运用ABC分类管理法，既对项目的完整性、必要性、可行性、合理性作出定性分析，又对重点项目预算进行了数据定量分析。在保证监督审核质量的同时，提高了监督审核的效率，也为下一年度项目支出预算审核打下良好的数据基础。

3. 绩效评价实施管理 绩效评价是预算绩效管理的核心。预算执行结束后，要及时对预算资金的产出和结果进行绩效评价，重点评价产出和结果的经济性、效率性和效益性。

绩效评价分为单位自评、部门评价和财政评价三种方式。单位自评是指预算部门组织部门本级和所属单位对预算批复的项目绩效目标完成情况进行自我评价。单位自评的内容主要包括项目总体绩效目标、各项绩效指标完成情况以及预算执行情况。对未完成绩效目标或偏离绩效目标较大的项目要分析并说明原因，研究提出改进措施。作为单位自评主体，医院按照要求具体负责自评工作，对自评结果的真实性和准确性负责，自评中发现的问题要及时进行整改。医院自评结果主要通过项目支出绩效自评表的形式反映，做到内容完整、权重合理、数据真实、结果客观。部门评价是指预算部门根据相关要求，运用科学、合理的绩效评价指标、评价标准和方法，对本部门的项目组织开展的绩效评价。财政评价是财政部门对预算部门的项目组织开展的绩效评价。财政和部门评价结果主要以绩效评价报告的形式体现，绩效评价报告应当依据充分、分析透彻、逻辑清晰、客观公正。

绩效评价工作和结果应依法自觉接受审计监督。财政评价结果作为安排政府预算、完善政策和改进管理的重要依据。各级财政部门、预算部门应当按照要求将绩效评价结果分别编入政府决算和本部门决算，报送本级人民代表大会常务委员会，并依法予以公开。

（1）绩效评价应当遵循以下基本原则：①科学公正。绩效评价应当运用科学合理的方法，按照规范的程序，对项目绩效进行客观、公正地反映。②统筹兼顾。单位自评、部门评价和财政评价应职责明确，各有侧重，相互衔接。单位自评应由项目单位自主实施，即“谁支出、谁自评”。部门评价和财政评价应在单位自评的基础上开展，必要时可委托第三方机构实施。③激励约束。绩效评价结果应与预算安排、政策调整、改进管理实质性挂钩，体现奖优罚劣和激励相容导向，有效要安排、低效要压减、无效要问责。④公开透明。绩效评价结果应依法依规公开，并自觉接受社会监督。

（2）绩效评价的主要依据：①国家相关法律、法规和规章制度。②党中央、国务院重大决策部署，经济社会发展目标，地方各级党委和政府重点任务要求。③部门职责相关规定。④相关行业政策、行业标准及专业技术规范。⑤预算管理制度及办法，项目及资金管理办法、财务和会计资料。⑥项目设立的政策依据和目标，预算执行情况，年度决算报告、项目决算或验收报告等相关材料。⑦本级人大审查结果报告、审计报告及决定，财政监督稽核报告等。⑧其他相关资料。

对使用财政资金严重低效或无效并造成重大损失的责任人，要按照相关规定追责问责。对绩效评价过程中发现的资金使用单位和个人的财政违法行为，各级财政部门、预算部门、医院及其工作人员在绩效评价管理工作中存在违反相关政策的行为，以及其他滥用职权、玩忽职守、徇私舞弊等违法违纪行为的，依照国家有关规定追究相应责任；涉嫌犯罪的，依法移送司法机关处理。

4. 绩效评价结果反馈 按照财政部关于建立“预算编制有目标、预算执行有监控、预算完成有评价、评价结果有反馈、反馈结果有应用”的全过程预算绩效管理机制的有关要求，医院针对预算绩效评价发现的问题要进行反馈整改工作。在整改完善中需要坚持问题导向，针对绩效评价反馈的问题和建议，逐条明确整改完善的目标、措施、时限等，切实采取有效措施，确保建议有回应、问题有对策、整改有效果。

5. 评价结果应用管理 绩效评价的重点并不在于评价本身，更关键的在于结果的应用，将评价结果作为安排预算、完善政策和改进管理的重要依据，要充分发挥绩效评价激励约束作用，对绩效好的项目原则上优先保障，绩效一般的项目督促改进。同时可以将绩效评价结果作为医院内部薪酬奖励、职位调整或项目安排顺序的重要参考因素。奖优惩劣，并切实保证各项奖励措施落到实处。不断增强支出部门应用评价结果、提高项目绩效的自觉性和主动性。在部门内部引入竞争，树立典范，激励和促进各部门形成持续动力。

（四）医院不同类别财政项目管理节点

1. 仪器设备类项目 医院仪器设备类财政项目通常涉及采购大型医疗专用仪器设备，具有价值高、专业性强的特征。

（1）前期申报环节：医院应对仪器设备类项目前期申报实施过程监督管理。严格把关项目申报数量和质量，细化每个项目绩效目标、实施内容和预算明细，对项目内容合理性和可行性进行论证，保证申报项目质量。

（2）设备采购环节：医院应建立健全仪器设备类项目采购、验收的内部监督检查、绩效考核等各项管理制度，严格规范监理和验收程序，及时总结、严格审计。

建立仪器设备类项目采购执行情况定期反馈机制，确保院领导、归口管理部门等及时了解项目进展情况，与项目负责人积极主动协商解决执行工作中存在的困难和问题，促进采购顺利实施。

（3）设备使用环节：医院应对仪器设备的规范化使用进行管理，建立设备档案，包含仪器操作流程、使用说明、使用记录、维护记录等设备信息管理制度。配备相关专业管理和设备操作人员，提高仪器设备使用效率。

（4）设备使用效益评价环节：医院应当制定大型仪器设备使用效益评价办法，对项目实施效益进行评价，实行全周期跟踪问效，强化绩效评价结果反馈与运用，评价结果作为医院内部申报项目的重要参考依据。

2. 基建类项目 由于基建工程项目建设投资大、周期长，财务部门可配备专门人员负责工程项目，全过程参与、监督和控制项目的合法合规并做好资金调配。

（1）合同签订环节：合同签订之前，基建财务人员应了解合同的相关条款，可重点从财务角度对工程的付款方式进行审阅，包括工程预付款的支付比例及扣回方式、进度款的支付时间及计算方法、质保金的扣除比例及质保期限等。主动发挥财务人员在基建项目中的管理与监督作用。

（2）资金调配环节：加强预算管理控制，根据工程概预算，科学、合理地按月编制财务计划，防止计划与概算、工程进度脱节，保证工程项目资金及时到位、建设过程中收支平衡，保障工程顺利建设。

（3）资金支付环节：完善资金审批程序，严格按照合同约定的支付条件和支付节点支付进度款。支付申请须经监理单位、审计单位确认或复核，要与项目的实际进度相吻合，要核对收款单位是否为合同约定单位，既要预防施工单位预支工程款，又要按进度及时付款，防止拖延工程。

（4）竣工结算环节：建设项目完工可投入使用并且完成结算后，应当在3个月内编报竣工财务决算，竣工结算是做好基建财务管理的最后一个环节，也是避免财务风险的关键。在基建项目竣工后，落实好基建工程决算部门，做好各项清理工作，按照基建项目成本的构成内容整理好资料，并保证资料的完整性，及时完成竣工财务决算报表的编制工作。

3. 信息系统建设类项目

（1）供应商选择：信息化建设是医院和供应商合作的产物，所以关于供应商的选择尤为重要。在招标前分析现有供应商的优、缺点，充分考虑日后合作中可能出现的问题，尽量将预见的问题体现在招标文件和合同书中，有效利用条款解决系统建设和维保过程中的突发事件。

（2）需求管理：需求管理是信息化项目建设的核心工作。信息系统建设项目涉及面广泛，使用者从各自管理角度会对系统提出多维度需求，随着管理流程的改进，需求也会不断变更，这些因素对信息系统建设项目效率与效果造成影响。医院可以通过在院内成立项目管理委员会，负责对项目实施的把控、需求变更审批和管理等，医院还可以通过利用专业的管理工具进行需求管理，促进项目的顺利进行。

二、医院科研项目管理实务

医院科研项目管理需要医院科研管理部门、财务部门、人事部门、资产管理部门等共同配合。科研管理部门作为项目承担单位归口管理部门负责组织项目申报、立项后项目跟踪、成果鉴定等工作。财务部门负责审核经费使用的合理性及效益性。人事部门负责组织科研项目的人员配备等。资产管理部门负责科研项目的政府采购及资产管理工作。各部门各司其职，在做好本职能范围内工作的同时，还要加强联系与配合。

（一）医院科研项目立项管理

纵向科研项目，以国家自然科学基金科研项目立项为例，一般立项程序为：申请人填写申请书，科研管理部门组织审查、统一申报。提交科技部初审后，经同行评议，科技部对同行评议结果进行综合分析，经学科评审组评审，由国家自然科学基金委员会会议批准资助项目，项目确立。

横向科研项目，以医院对某种药物进行四期临床研究为例，一般立项程序为：研究者与申办方签订项目计划书，交科研管理部门组织审查，经由医学、药学及其他人员组成的专家委员会论证通过后，项目确立。

1. 可行性论证 纵向科研项目可行性论证中主要包括项目研究的必要性，研究的技术方案和路线，项目研究所需的条件以及研究预期达到的目标等。

横向科研项目主要侧重项目方案及相关文件、研究所用的方法和材料等是否合法合规，确保研究安全可靠。

随着近年来国家推行科研经费的“放管服”政策，简化预算编制，扩大科研项目经费管理自主权，项目预算的目标相关性、政策相符性、经济合理性、可执行性是编制工作应关注的重点。

2. 签订合同 纵向科研项目确立后，严格按照项目任务书执行，立项机构与项目承担单位（医院）不再另行签订合同。

横向科研项目则需要项目承担单位（医院）与项目立项机构就研究方案、研究质量控制以及研究中的职责分工、产出的知识产权成果归属等问题协商一致，签订合同，对各方主体的责任、权利和义务进行明确约定。

为降低科研项目合同订立及履行过程中的风险，医院对立项合同审查可以实行相关科室负责人、科研管理部门、法务部门、财务部门、主管院领导审核的多级审批制度。

（二）医院科研项目执行管理

科研项目研究周期通常为一至三年，科研管理部门应持续跟进科研项目的进展情况，对于在研项目阶段性成果进行考察监督。研究期间科研项目经费的收入、支出，财务部门应单独核算、专款专用。项目组应根据科研项目工作量的情况，合理确定投入项目的资源及相对固定的科研财务助理人员，必要时人事部门可协助项目组临时聘用科研人员，以保证科研项目按进度、高质量执行。下面以中央财政安排的、采用前补助方式支持的国家重点研发计划项目为例进行介绍。

重点研发计划资金实行分级管理、分级负责。财政部、科技部负责研究制定重点研发计划资金管理制度，组织重点专项概算编制和评估。财政部按照资金管理制度，核定批复重点专项概预算。财政部、科技部、审计署、相关主管部门根据职责和分工，组织开展对重点研发计划资金的监督和绩效评价。专业机构是重点专项资金管理和监督的责任主体，负责组织重点专项项目预算申报、评审、下达和项目综合绩效评价，组织开展对项目资金的监督。承担单位是项目资金管理使用的责任主体，负责项目资金的日常管理和监督工作。项目负责人是项目资金使用的直接责任人，对资金使用的合规性、合理性、真实性和相关性负责。

1. 项目收入 由于医院全部收入必须纳入财务部门统一管理，医院财务部门在收到立项机构拨付的项目资金后应及时与项目组联系办理单独建账、确认项目收入。

对于医院财务部门尚未收到立项机构拨付的项目资金，但确有支出需求的科研项目，项目承担单位（医院）应当满足其资金需求，保证项目进度与质量，科研管理部门核实真实性后可按规定流程请财务部门垫付。待收到立项机构拨付的项目资金后，及时偿还。

2. 项目支出 由直接费用和间接费用组成。直接费用是指在项目实施过程中发生的与之直接相关的费用，间接费用是指承担单位在组织实施项目过程中发生的无法在直接费用中列支的相关费用。科研项目支出管理中，科研管理部门应审核每笔支出的合理性及与课题的相关程度，财务部门主要审核每笔支出的财务规范性。

（1）直接费用：分为设备费、材料费、劳务费三类。

1）设备费：是指在项目实施过程中购置或试制专用仪器设备，对现有仪器设备进行升级改造，以及租赁外单位仪器设备而发生的费用。计算类仪器设备和软件工具可在设备费科目列支。应当严格控制设备购置，鼓励开放共享、自主研制、租赁专用仪器设备以及对现有仪器设备进行升级改造，避免重复购置。科研项目购置设备要经医院资产管理部门统一采购，作为国有资产纳入医院资产部门统一管理，所有权归属医院，按期计提折旧，并由医院资产部门管理处置。

2）业务费：是指在项目实施过程中消耗的各种材料、辅助材料等低值易耗品的采购、运输、装卸、整理等费用，发生的测试化验加工、燃料动力、出版/文献/信息传播/知识产权事务、会议/差旅/国际合作交流等费用，以及其他相关支出。①材料费：是指项目组在项目实施过程中消耗的各种原材料、辅助材料、低值易耗品等费用。对于项目组研究中特殊需要的大额、大批量材料应由采购部门统一采购、纳入医院库存统一管理。对于小额零星采购项目组可直接采购。日常办公用品等医院库房中常备的材料，项目组从医院库房中按需领用、按实际用量计入科研项目支出。②测试化验加工费：项目组在项目实施过程中支付给项目组以外的检验、测试等费用。医院承担的科研项目通常与医疗业务活动相关，项目组所在医院自身具有相应检查、化验能力的，项目组可以将本院作为测试化验加工的受托单位列入项目任务书。项目实施过程中严格按照批复的任务书中列明的工作量、费用开展测试化验加工活动。③会议/差旅/国际合作交流费：会议费是在项目实施过程中项目组为了组织开展学术研讨、咨询以及协调项目研究工作等活动而发生的会议费用。差旅费是指项目实施过程中项目组必须开展的科学实验、科学考察、业务调研、学术交流等所发生的市内交通费及外地差旅费。国际合作与交流费是项目实施过程中研究人员所必须的出国及赴港澳台、外国专家来华及港澳台专家来内地工作的费用。④出版文献与信息传播及知识产权事务费：项目实施过程中需要支付的出版费、资料费、专用软件购买费、文献检索费、专业通信费、专利申请及其他知识产权事务等费用。

3）劳务费：是指在项目实施过程中支付给参与项目的研究生、博士后、访问学者和项目聘用的研究人员、科研辅助人员等的劳务性费用，以及支付给临时聘请的咨询专家的费用等。项目聘用人员劳务费开支标准，参照当地科学研究和技术服务业从业人员平均工资水平，根据其在项目研究中承担的工作任务确定，其由单位缴纳的社会保险补助、住房公积金等也纳入劳务费科目开支。管理按照国家有关规定执行。

案例讨论

【案例】某医院课题负责人S于2020年5月支付给某医药科技公司测试化验加工费20万元，其中10万元由S的国家自然基金项目A支付，10万元由S的科技部重大专项项目B支付，项目组只提供了一张发票，无其他相关材料，请问这种做法合规吗？

【讨论】不合规，仅凭一张发票不能证明此项测试化验加工费与科研项目的相关性、必要性以及支出的合理性。应当补充合同或委托协议等其他反映明细内容的原始单据，由科研管理部门进行初步审核。目前国家进一步简政放权、放管结合、优化服务，改革和创新科研经费使用和管理方式，在经费比重、开支范围等方面提出了一系列松绑和激励政策，但并不等于科研经费可以乱花、随便花。医院应制定内部管理办法，规范支出行为，防范风险。

（2）间接费用：主要包括承担单位为项目研究提供的房屋占用，日常水、电、气、暖等消耗，有关管理费用的补助支出，以及激励科研人员的绩效支出等。

结合承担单位信用情况，间接费用实行总额控制，按照不超过课题直接费用扣除设备购置费后的一定比例核定。

间接费用由承担单位统筹安排使用。承担单位应当建立健全间接费用的内部管理办法，公开透明、合规合理使用间接费用，处理好分摊间接成本和对科研人员激励的关系。绩效支出安排应当与科研人员在项目工作中的实际贡献挂钩。承担单位可将间接费用全部用于绩效支出，并向创新绩效突出的团队和个人倾斜。

课题中有多个单位的，间接费用在总额范围内由课题承担单位与参与单位协商分配。承担单位不得在核定的间接费用以外，再以任何名义在项目资金中重复提取、列支相关费用。

（3）拨款转账：某些科研项目会由多家医院或单位共同参与研究，立项机构通常将研究经费全部拨至牵头医院，再由牵头医院下拨至其他合作方（课题承担单位）。牵头医院应只确认属于本院项目组的经费为科研收入，其他参与方的经费作为往来款转拨。其他参与方收到转拨款后确认收入。

（三）医院科研项目综合效益评价

1. 项目质量评价 医院科研管理部门可以建立专门负责项目质量管理的专业队伍，将质量管理工作纳入目标管理和内控体系建设，根据项目计划书，将项目分解成若干质量控制点，对结题项目进行质量评价。

2. 项目结题验收申请

（1）项目执行期满后，项目牵头单位应当及时组织课题承担单位清理账目与资产，如实编制课题资金决算。课题承担单位应当聘请会计师事务所，开展课题结题财务审计。

（2）项目牵头单位组织课题承担单位完成项目综合绩效评价材料准备工作，然后向专业机构提出综合绩效评价申请。专业机构严格依据项目任务书（含预算），在项目实施期末进行一次性综合绩效评价。结题财务审计报告是项目综合绩效评价的重要依据。

3. 综合绩效评价　专业机构按照有关规定组织项目综合绩效评价，核定各课题的中央财政资金结余，形成项目综合绩效评价结论。其中，资金使用出现严重违法违规问题的，给予取消项目评优资格、收回项目或课题资金、项目综合绩效评价不通过等处理。对于项目周期长的科研项目需进行项目中期绩效评价，促进项目及时保质保量完成。

4. 结余资金　课题承担单位应当在项目综合绩效评价完成后一个月内及时办理财务结账手续。

课题完成任务目标并通过项目综合绩效评价的，结余资金留归承担单位使用，统筹用于科研活动直接支出。承担单位应优先考虑原项目团队科研需求，加强结余资金管理，健全结余资金盘活机制，加快资金使用进度。

课题未完成任务目标，或项目未通过综合绩效评价的，结余资金由专业机构收回，统筹用于重点研发计划后续支出。

本章小结

项目管理是医院财政、科教活动进行的重要形式，在项目管理的过程中，医院作为项目承担单位要做到各环节合规高效，保证项目质量与进度。本章从项目管理的概念入手，旨在使读者了解医院财政、科教项目发展历史与现状，熟悉财政、科教项目的相关管理政策，掌握财政、科研项目管理的关键过程与方法。

（陈　隽　杨逢玥　陈　诗　陈嘉惠）

第十三章　医院税务管理与合同管理

学习目标

1. 掌握　医院税务管理和合同管理的基本概念与基础知识。
2. 熟悉　医院税收征管和合同管理所涉及的法律政策体系。
3. 了解　医院税务管理与合同管理的实务和风险识别与控制。

税收是一个国家财政收入的主要来源，也是国家发展科教文卫等公共事业的基础。医院既是纳税义务人，也是获益者。医院职工个体是个人所得税的纳税义务人。违反申报和缴纳义务，纳税义务人需要承担相应的经济损失和法律责任。因此，培养良好的纳税意识，依法依规纳税，是对医院承担法律和社会责任的基本要求。

医院对外的经营行为，基本都以合同形式展开，合同既是医院权益的保障，也是医院法律义务的重要依据。因此，构建完善高效的医院税务、合同管理体系是贯彻法治理念的必然要求，税务管理和合同管理知识也是医院管理者的基本素养和领导力的知识基础。

第一节　医院税务管理概述

医院税务管理围绕医院运营管理中的涉税行为展开，并服务于医院的运营管理。鉴于医院在组织形式和运营管理上都明显有别于其他主体，因此，医院的税务管理在管理目标、职能和政策依据等方面都具有其独特的内在要求。

一、医院税务管理的概念、目标与职能

（一）医院税务管理的概念

医院税务管理是基于人们对经济与税收分配规律的认识，采取符合客观实际的必要措施，对税务活动的全过程自觉地进行计划、组织、协调和监督，使税务机关和纳税义

务人在征纳过程中遵循国家规定的政策、法令、制度，以达到实现国家税收职能的目的。

（二）医院税务管理的目标

医院税务管理的目标主要包括恰当履行纳税义务、规避涉税风险、控制纳税成本三个方面的内容。对于规模大、业务复杂的大型综合公立医院来说，有效防止纳税风险的发生是进行税务管理的首要目标，而这个目标的实现也离不开恰当履行纳税义务和控制纳税成本。

（三）医院税务管理的职能

医院税务管理职能是管理职能的细化与具体化，是对医院纳税活动进行决策、计划、组织、调控的内在职责与功能。

1. 医院税务管理的计划职能　医院税务管理的计划职能是指为了执行医院整体发展中生产、经营、分配等重大问题的抉择，依据医院的未来发展目标及经营特点，在国家法律允许的范围内，从医院整体发展出发，对医院生产、经营、分配中的纳税事宜作出相应计划的职能。

2. 医院税务管理的组织职能　医院税务管理的组织职能是指为了保证纳税管理目标的实现和计划的执行，对各管理要素进行合理的配置，包括对医院纳税管理方式的确立、对纳税管理人员的组织与配备、对纳税计划的实施与调控、对纳税具体事项的协调与安排。组织职能的有效实现可以保证决策与计划的顺利执行。

3. 医院税务管理的领导职能　医院税务管理作为医院管理的组成部分，必然会对医院的发展起到领导作用，有助于调动成员的积极性和主动性。

4. 医院税务管理的控制职能　医院税务管理部门在进行税务管理的过程中，通过对相关活动的分析和比较，能够发现医院运行中的一些问题，能够有效地推动医院税务管理制度的完善，从而有利于医院管理水平的提高和发展。

二、医院税收征管的法律和政策体系

医院税务管理制度的构建要以法律为基本依据，同时也要遵循有关管理机构的管理要求，我国现行医院税务管理规范体系主要以税法和国家税务总局发布的有关医疗机构涉税系列的规范性文件为依托，包括《中华人民共和国税收征收管理法》《中华人民共和国税收征收管理法实施细则》，以及《关于医疗卫生机构有关税收政策的通知》（财税〔2000〕42号）。

（一）《中华人民共和国税收征收管理法》及其实施细则

《税收征收管理法》及其实施细则对我国纳税人履行纳税义务的方式和程序、标准和规范以及有关税收征管中的原则、制度、程序等作出了全面规定，是税收征收管理的基本法律依据，也是协调征纳关系的基本法律规范，涉及基层税收征管的方方面面，也涉及广大纳税人的权利。

（二）《关于医疗卫生机构有关税收政策的通知》（财税［2000］42号）

1. 非营利性医疗机构的税收政策

（1）对非营利性医疗机构按照国家规定的价格取得的医疗服务收入，免征各项税收。不按照国家规定价格取得的医疗服务收入不得享受这项政策。

医疗服务是指医疗服务机构对患者进行检查、诊断、治疗、康复和提供预防保健、接生、计划生育方面的服务，以及与这些服务有关的提供药品、医用材料器具、救护车、病房住宿和伙食的业务。

（2）对非营利性医疗机构从事非医疗服务取得的收入，如租赁收入、财产转让收入、培训收入、对外投资收入等应按规定征收各项税收。非营利性医疗机构将取得的非医疗服务收入，直接用于改善医疗卫生服务条件的部分，经税务部门审核批准可抵扣其应纳税所得额，就其余额征收企业所得税。

（3）对非营利性医疗机构自产自用的制剂，免征增值税。

（4）非营利性医疗机构的药房分离为独立的药品零售企业，应按规定征收各项税收。

（5）对非营利性医疗机构自用的房产、土地、车船，免征房产税、城镇土地使用税和车船使用税。

2. 营利性医疗机构的税收政策

（1）对营利性医疗机构取得的收入，按规定征收各项税收。但为了支持营利性医疗机构的发展，对营利性医疗机构取得的收入，直接用于改善医疗卫生条件的，自其取得执业登记之日起，3年内给予下列优惠：对其取得的医疗服务收入免征营业税；对其自产自用的制剂免征增值税；对营利性医疗机构自用的房产、土地、车船免征房产税、城镇土地使用税和车船使用税。3年免税期满后恢复征税。

（2）对营利性医疗机构的药房分离为独立的药品零售企业，应按规定征收各项税收。

第二节　医院税务管理实务

医院税务管理是对公立医院及员工的涉税活动实施的管理活动。无论是医院还是个人都必须积极履行承担的义务，依照法律法规的规定缴纳税款，或尽职地履行代扣代缴、代收代缴税款义务。违反税法规定的，会受到主管税务机关的行政处罚，构成犯罪的还会被依法追究刑事责任。医院经济活动涉及缴纳的税种主要包括：增值税、关税等流转税类；企业所得税、个人所得税等所得税类；水资源税等资源税类；房产税、契税、车船使用税等财产税类；土地增值税、城镇土地使用税、印花税、车辆购置税、城市维护建设税、耕地占用税等行为税类。本章主要介绍医院普遍适用的增值税、环境保护税、城市维护建设税和教育费附加、个人所得税。

一、医院增值税管理

（一）增值税的概念

增值税是对商品生产、流通和劳务服务中多个环节新增的价值或商品附加值征收的一种流转税。销售货物需要缴税，提供劳务需要缴税，销售不动产也需要缴税。基本上涉及“经营活动”就需要缴纳增值税。

在实际的生产流通过程中，商品的理论增值额是很难精确计算的，这种情况就会导致增值税的计算无法进行。为此，我国也采取了国际上普遍应用的税款抵扣方法，即先按当期销售额和适用税率计算出销项税额，然后将当期准予抵扣的进项税额进行抵扣，从而间接计算出当期增值额部分的应纳税额。

增值税可以有效避免商品在流转过程中的重复征税问题，还具备保持税收中性、普遍征收、税收负担由最终消费者承担等特点，已成为我国目前税收收入占比最大的一个税种。

（二）增值税纳税人

增值税的纳税人，是指在中华人民共和国境内销售或者进口货物，销售劳务、服务、无形资产和不动产的单位和个人。其中的单位是指企业、行政单位、事业单位、军事单位、社会团体及其他单位，个人是指个体工商户和其他个人。

按照经营规模的大小，以及会计核算是否健全等标准，增值税纳税人又可以分为一般纳税人和小规模纳税人。小规模纳税人是指年应征增值税销售额500万元及以下，并且会计核算不健全，不能够按照相关规定报送有关税务资料的增值税纳税人；一般纳税人通常是指年应征增值税销售额大于500万元，会计核算健全，并能够提供准确税务资料的增值税纳税人。公立医院大多数属于增值税一般纳税人。

（三）计税方法

增值税的计税方法，包括一般计税方法、简易计税方法和扣缴计税方法。

一般计税方法的计算公式：

当期应纳增值税税额 = 当期销项税额 − 当期进项税额

简易计税方法的计算公式：

当期应纳增值税税额 = 当期销售额（不含增值税）× 征收率

本书重点介绍与医院日常经营活动关系密切的一般计税方法和简易计税方法。

（四）增值税税率与增值税征收率

针对按照一般计税方法计税的一般纳税人发生的不同应税销售行为，我国设置了13%、9%、6%和零税率四档增值税税率；对于小规模纳税人和选择简易计税方法的一般纳税人的应税销售行为，我国设置了5%和3%两档征收率。纳税人采用一般计税方法时可以抵扣进项税额，采用简易计税方法时不得抵扣进项税额。为保证税负公平，税率高于征收率。

公立医院作为一般纳税人时，所属行业为生活服务业中的医疗服务业，适用6%的增值税税率。

（五）纳税期限

增值税的纳税期限分别为1日、3日、5日、10日、15日、1个月或者1个季度。纳税人的具体纳税期限，由主管税务机关根据纳税人应纳税额的大小分别核定。小规模纳税人可选择以1个月或1个季度为纳税期限，一经选定，一个会计年度内不得变更。一般纳税人通常以1个月为纳税期限。纳税人以1个月或者1个季度为1个纳税周期的，自期满之日起15日内申报纳税。

（六）增值税发票

增值税发票是医院记账的依据，也是缴税的一种费用凭证。增值税普通发票由基本联次或者基本联次附加其他联次构成。其中，基本联次为二联，分别为发票联和记账联。增值税专用发票同样由基本联次或者基本联次附加其他联次构成，但基本联次为三联，分别为记账联、抵扣联和发票联。

增值税专用发票的发票联，主要是作为买方核算采购成本和增值税进项税额的记账凭证；抵扣联，是作为买方报送主管税务机关认证和留存备查的凭证；记账联，则是销售方作为核算销售收入和增值税销项税额的记账凭证。

增值税专用发票不同于增值税普通发票，其不仅是一种商事凭证，还是一种完税凭证。在购进扣税法下，增值税专用发票有利于保持增值税链条的完整性，而且在税率不一和存在减免税的情况下，增值税专用发票为企业扣税提供了最为简明可靠的依据。

二、环境保护税、城市维护建设税和教育费附加的管理

（一）环境保护税

环境保护税是对在我国领域以及管辖的其他海域直接向环境排放应税污染物的企业事业单位和其他生产经营者征收的一种税。公立医院的柴油、天然气锅炉等污染排放，以及基建工程产生的扬尘污染均须缴纳环境保护税。

（二）城市维护建设税和教育费附加

城市维护建设税是对从事经营活动，缴纳增值税、消费税的单位和个人征收的一种税，以纳税人实际缴纳的增值税、消费税税额为计税依据。它具有附加税的性质，是附加于增值税、消费税的税额，其税额专门用于城市公用事业和公共设施的维护建设。教育费附加也是一种附加税，其纳税人是缴纳增值税、消费税的单位和个人。其目的是多渠道筹集教育经费，改善中小学条件，所以，教育费附加也是具有专款专用性质的一种税。缴纳增值税的公立医院均须缴纳附加税。

三、个人所得税管理

（一）个人所得税的基本知识

1. 个人所得税的征收范围及税率　个人所得税主要针对下列各项个人所得征收所得税：①工资、薪金所得。②劳务报酬所得。③稿酬所得。④特许权使用费所得。⑤经营所得。⑥利息、股息、红利所得。⑦财产租赁所得。⑧财产转让所得。⑨偶然所得。

在具体税率上，第1至4项内容统称为“综合所得”，适用3%到45%的七级超额累进税率，居民个人的劳务报酬所得除外。经营所得适用5%到35%的五级超额累进税率。利息、股息、红利所得，财产租赁所得，财产转让所得和偶然所得，适用比例税率，税率为20%。在公立医院中，综合所得的发生较为常见，需依法缴纳个人所得税。

2. 个人所得税的减免规定《中华人民共和国个人所得税法》规定了一些具体的个人所得税减免情况，对于符合具体条件的纳税人，可以在计算应纳税额时减除减免的部分。

免征个人所得税的情况：①省级人民政府、国务院部委和中国人民解放军以上单位，以及外国组织、国际组织颁发的科学、教育、技术、文化、卫生、体育、环境保护等方面的奖金。②国债和国家发行的金融债券利息。③按照国家统一规定发给的补

贴、津贴。④福利费、抚恤金、救济金。⑤保险赔款。⑥军人的转业费、复员费退役金。⑦按照国家统一规定发给干部、职工的安家费、退职费、基本养老金或者退休费、离休费、离休生活补助费。⑧依照有关法律规定应予免税的各国驻华使馆、领事馆的外交代表、领事官员和其他人员的所得。⑨中国政府参加的国际公约以及签订的协议中规定免税的所得。⑩国务院规定的其他免税所得。

减征个人所得税的情况：①残疾、孤老人员和烈属的所得。②因自然灾害遭受重大损失的。减征个人所得税的具体幅度和期限，由省、自治区、直辖市人民政府规定，并报同级人民代表大会常务委员会备案。

公立医院属于卫生领域，外国组织颁发的卫生行业的奖金与部分医院员工享受国家发放的补贴、津贴均可享受免税政策，医院税务管理工作中对个人所得税的减免情况应加强关注。

（二）个人所得税申报扣除

在2018年新修改的《中华人民共和国个人所得税法》中，除了原有的个人基本养老保险、基本医疗保险、失业保险、住房公积金等专项扣除项目外，还规定了子女教育、继续教育、大病医疗、住房贷款利息或住房租金、赡养老人支出等专项附加扣除。专项附加扣除的设立，不仅能够进一步减轻纳税人的税负，还体现出了《中华人民共和国个人所得税法》的公平性。

（三）纳税义务与法律责任

依法纳税是每一位纳税人应尽的责任和履行的义务。作为医院的员工，在主动履行纳税义务的同时，也应积极配合医院履行代扣代缴义务。医院作为扣缴义务人应当协助员工做好个人所得税申报缴纳工作。

医院或医院的员工作为扣缴义务人或纳税人时，必须依照法律、行政法规的规定缴纳税款、代扣代缴、代收代缴税款；必须按照国家有关规定如实向税务机关提供与纳税和代扣代缴、代收代缴税款有关的信息；必须接受税务机关依法进行的税务检查。

无论医院或医院员工，都需对纳税申报数据的真实性、准确性、完整性负责。未按规定办理纳税申报、不缴或少缴税款、提供虚假资料申报享受税收优惠、不配合税务检查、虚假承诺等行为，都会对医院和个人信用产生影响。根据《中华人民共和国税收征收管理法》的规定，纳税人采取隐瞒收入、编造虚假信息等手段逃避缴税的，由税务机关追缴其不缴或少缴的税款、滞纳金，并处以相应罚款；构成犯罪的，依法追究刑事责任。

案例讨论

【案例】某市属公立医院工作人员甲，2020年度取得综合所得198,000元，专项扣除15,000元，专项附加扣除36,000元，其他扣除32,000元（其中年金扣除20,000元，交通补贴扣除12,000元），应纳税所得额55,000元，应纳税额2,980元，已缴税额6,180元，申请退税3,200元，税务系统风险监控异常。

税务部门在向甲了解其他扣除项目内容及性质时，甲表示是听信了网上小视频，模仿网上的退税攻略申请退税，虚假填报其他扣除项目年金和交通补贴扣除金额。税务部门联系医院财务人员询问情况，院方回复：医院没有年金扣除项目，且未进行公务用车改革、向工作人员发放公务交通补贴。甲的不实申报行为属个人行为，医院并不知情。

税务部门对甲开展相关扣除政策宣讲，指出不如实申报是违法行为，影响个人纳税信用。辅导甲进行了更正申报后，税务部门要求医院广泛宣传、通知和引导职工如实申报，自行纠正。

不久，媒体报道某市公安机关和税务部门对在网上录制传播个人所得税汇算清缴虚报其他免税项目获取退税，误导纳税人跟风操作申请退税的始作俑者进行了依法调查，并作出处理。

【讨论】根据《个人所得税专项附加扣除操作办法（试行）》规定，纳税人有报送虚假专项附加扣除信息、重复享受专项附加扣除、超范围或标准享受专项附加扣除、拒不提供留存备查资料等情形之一的，由税务机关责令其改正；情形严重的，应当纳入有关信用信息系统，并按照国家有关规定进行联合惩戒；涉及违反法律法规的，税务机关依法进行处理。本案中，工作人员甲在汇算清缴时虚报其他扣除项目申请退税，未实际收到退税款项，因此税务机关采取了教育、自行纠正、更正申报的处理。网上制作和传播虚假退税视频的人员，造成较大影响，情节严重，被依法处理。

四、医院涉税风险识别

医院的税务风险不仅影响医院的经济效益，还关系着医院的声誉。如果处理不当，不仅会给医院带来严重的经济损失，还会对医院的社会信用造成不利影响。因此，医院在税收遵从的前提下，对税务风险进行合理预测、评估、规避和化解，将税务风险控制在合理范围内是非常必要的。

（一）医院税务风险产生的原因

医院税务风险是指医院的涉税行为因未能正确有效地遵守税法规定，而导致医院未来利益的可能损失，通常包括两个方面：一是指医院的涉税行为不符合税收法律法规的规定，应纳的税未纳、少纳，从而面临补税、罚款、加收滞纳金、刑责以及声誉损害等风险；二是指医院在经营行为中对税法理解不准确，没有合理利用相关税收政策，从而多缴纳了税款，承担了不必要的税收负担。医院税务风险防控的归口管理部门大多数是财务部门，其他各部门应按财务部门要求开展涉税相关工作。

（二）医院税务风险的防控措施

医院若能积极防范税务风险，不仅会减少因违规而受到税务机关处罚的情况发生，还可以及时享受到国家的税收优惠。具体来说，医院可从以下六大方面进行税务风险防范。

1. 提高医院管理者的税务风险意识 目前，公立医院的管理者对医院税务风险的防范意识普遍不高，而管理者对于医院的经营活动至关重要。医院管理者只有重视税务的风险，才会及时了解国家的税收政策，并根据医院自身经营的特点采取相应的合法措施，这对税务风险规避的指导性会更强。

2. 完善医院税务内控的制度建设 建立完善的医院税务内控制度是风险控制的重要内容。只有健全的税务内控制度才能保证会计信息质量，才能有效控制涉税风险。医院的税务内控制度，包括税务会计核算、税款计算、纳税申报、税款缴纳以及发票管理等具体工作的标准化、规范化、法制化。

3. 关注医院税收政策的适用条件 医院要随时关注财税政策的变化，随时掌握与本单位相关的税收信息，建立税收风险信息提示和预警机制，让国家的税收政策成为医院发展的助力。

医院要保证财务会计系统的设置、更改与法律法规的要求同步，让医院会计信息的输出能够反映法律法规的最新变化；并要根据自身业务的特点和成本效益原则，将税务风险管理应用于医院的各个环节，做到防患于未然。

4. 建立医院和税务机关的沟通渠道 各地的税收征管方式不同，并且税务执法机关拥有较大的自由裁量权。因此，医院在了解国家最新税收法规的基础上，还要与当地的主管税务机关进行积极沟通，以免错误地解读或者使用有关政策。

5. 提高医院税务人员的专业素质 提高医院内部税务人员的专业素质是医院有效预防税务风险的基础。医院应加强对内部税务人员的培训和面向全院员工的税收政策宣讲等，帮助员工提高其专业能力，随时了解掌握最新的税务知识与政策，降低和防范医院的税务风险。

6. 树立医院依法纳税的法治理念　医院应将税务风险的防范与控制提高到医院发展的战略高度，统筹、规划和管理，使医院依法纳税。

（三）税务稽查

税务稽查是稽查局代表国家依法对纳税人、扣缴义务人和其他涉税当事人的纳税情况进行检查监督的一种形式。具体内容包括日常稽查、专项稽查和专案稽查。

税务稽查的范围包括税务法律、法规、规章等的贯彻执行情况，纳税人生产经营活动及税务活动的合法性，以及是否涉及偷税、逃税、抗税、骗税等情况。

若医疗机构为了自身利益，不惜铤而走险进行偷税、逃税、骗税、抗税等违反税收遵从的行为，都会面临被稽查的风险，到时不仅要补缴税款，还要缴纳滞纳金并受到行政处罚；构成犯罪的，还要承担刑事责任。

第三节　医院合同管理概述

一、医院合同管理的概念和目标

（一）医院合同管理的概念

医院合同管理是指医院为了保证业务活动合法合规，防范经营风险和财务风险，维护医院的合法权益，通过制定制度、实施措施和执行程序，对医院与其他自然人、法人或其他组织之间合同的签订、履行等行为进行规范和管控的过程。

（二）医院合同管理的目标

医院合同管理以规范医院业务活动，避免和防范合同中的法律风险，维护医院合法权益为总体目标。

1. 保证业务活动合法合规　医院除了为患者提供医疗服务外，还会涉及多种多样的业务活动，如：科学研究、药品耗材采购、设备采购、工程建设、后勤服务采购等。在开展这些业务活动的过程中，通过和合作方签订合同，明确双方的权利义务，可以使业务活动的开展更加合法合规。

2. 防范合同风险　医院在合同的签订、履行、纠纷处理、档案保管过程中都存在着风险。如在合同签订过程中，合同申请部门未对对方单位的资质、履约能力、资信情况进行充分的调查，导致合同本身存在着商业欺诈风险。通过加强医院合同管理，规范合同从立项到归档的全生命周期的活动，防范合同风险。

3. 维护医院合法权益 合同条款会明确规定合同双方的权利和义务，规定违约责任和解决争议的方法。当医院与合同相对方发生业务纠纷，医院可以根据合同条款最大限度地维护自身合法权益。

二、合同管理基础知识

医院合同管理制度是以基本的合同法律制度为依托。因此，医院管理者要掌握合同管理制度，首先要具备合同法律制度知识的基础。

（一）合同的订立与效力

合同的订立是指两个或两个以上的当事人，依法就合同的主要条款经过协商一致达成协议的法律行为。合同当事人可以是自然人，也可以是法人或者其他组织，但都应当具有与订立合同相应的民事权利能力和民事行为能力。当事人也可以委托代理人订立合同。

1. 合同的形式 当事人订立合同，可以采用书面形式、口头形式或者其他形式。法律规定或者当事人约定采取书面方式的，应当采取书面方式，否则可能导致合同不能成立的后果。

（1）书面形式：合同书、信件、电报、电传、传真等可以有形地表现所载内容的形式。以电子数据交换、电子邮件等方式能够有形地表现所载内容，并可以随时调取查用的数据电文，也视为书面形式。

（2）口头形式：是指当事人双方就合同内容面对面或以通信设备交谈达成协议的形式。除书面形式和口头形式外，合同还可以以其他形式成立。

2. 合同订立的方式 根据《中华人民共和国民法典》规定，当事人订立合同，可以采取要约、承诺方式或者其他方式。

要约是希望与他人订立合同的意思表示，该意思表示应当符合下列条件：①内容具体确定。②表明经受要约人承诺，要约人即受该意思表示约束。

承诺是受要约人同意要约的意思表示。

承诺的内容应当与要约的内容一致。受要约人对要约的内容作出实质性变更的，为新要约。有关合同标的、数量、质量、价款或者报酬、履行期限、履行地点和方式、违约责任和解决争议方法等的变更，是对要约内容的实质性变更。

承诺对要约的内容作出非实质性变更的，除要约人及时表示反对或者要约表明承诺不得对要约的内容作出任何变更外，该承诺有效，合同的内容以承诺的内容为准。

3. 合同成立的时间 一般来说，合同谈判成立的过程，就是要约、反要约、新的要约直到承诺的过程。承诺生效时合同成立。但是法律另有规定或者当事人另有约定的除外。此外，根据合同订立形式的不同，合同成立的时间也有不同的规定。

（1）当事人采用合同书形式订立合同的，自当事人均签名、盖章或者按指印时合同成立。在签名、盖章或者按指印之前，当事人一方已经履行主要义务，对方接受时，该合同成立。

法律、行政法规规定或者当事人约定合同应当采用书面形式订立，当事人未采用书面形式但是一方已经履行主要义务，对方接受时，该合同成立。

（2）当事人采用信件、数据电文等形式订立合同要求签订确认书的，签订确认书时合同成立。

当事人一方通过互联网等信息网络发布的商品或者服务信息符合要约条件的，对方选择该商品或者服务并提交订单成功时合同成立，但是当事人另有约定的除外。

4. 合同成立的地点　一般来说，承诺生效的地点为合同成立的地点。此外，根据合同订立形式的不同，合同成立的地点也有不同的规定。

（1）采用数据电文形式订立合同的，收件人的主营业地为合同成立的地点；没有主营业地的，其住所地为合同成立的地点。当事人另有约定的，按照其约定。

（2）当事人采用合同书形式订立合同的，最后签名、盖章或者按指印的地点为合同成立的地点，但是当事人另有约定的除外。

5. 合同的生效　依法成立的合同，自成立时生效，但是法律另有规定或者当事人另有约定的除外。

6. 合同的效力　合同的效力主要从主体的行为能力、意思表示的真实性以及内容是否合法、是否有悖公序良俗三个方面来考察。除此以外，对合同的效力有下述特别规定需要注意。

（1）合同中的下列免责条款无效：造成对方人身损害的；因故意或者重大过失造成对方财产损失的。

（2）合同不生效、无效、被撤销或者终止的，不影响合同中有关解决争议方法的条款的效力。

（二）合同的履行与担保

1. 合同履行的原则

（1）当事人应当按照约定全面履行自己的义务。

（2）当事人应当遵循诚信原则，根据合同的性质、目的和交易习惯履行通知、协助、保密等义务。

（3）当事人在履行合同过程中，应当避免浪费资源、污染环境和破坏生态。

2. 合同约定不明确时的补正 合同生效后，当事人就质量、价款或者报酬、履行地点等内容没有约定或者约定不明确的，可以协议补充；不能达成补充协议的，按照合同相关条款或者交易习惯确定。

当事人就有关合同内容约定不明确，依据以上规定仍不能确定的，适用下列规定。

（1）质量要求不明确的，按照强制性国家标准履行；没有强制性国家标准的，按照推荐性国家标准履行；没有推荐性国家标准的，按照行业标准履行；没有国家标准、行业标准的，按照通常标准或者符合合同目的的特定标准履行。

（2）价款或者报酬不明确的，按照订立合同时履行地的市场价格履行；依法应当执行政府定价或者政府指导价的，依照规定履行。

（3）履行地点不明确，给付货币的，在接受货币一方所在地履行；交付不动产的，在不动产所在地履行；其他标的，在履行义务一方所在地履行。

（4）履行期限不明确的，债务人可以随时履行，债权人也可以随时请求履行，但是应当给对方必要的准备时间。

（5）履行方式不明确的，按照有利于实现合同目的的方式履行。

（6）履行费用的负担不明确的，由履行义务一方负担；因债权人原因增加的履行费用，由债权人负担。

3. 合同的担保 担保是指依照法律规定，或由当事人双方经过协商一致而约定的，为保障合同债权实现的法律措施。

根据《中华人民共和国民法典》，担保的方式包括保证、抵押、质押、留置和定金5种方式。其中，保证属于人的担保，定金属于金钱担保，其余为物的担保。

担保合同是主债权债务合同的从合同，主债权债务合同有效，担保合同有效；主债权债务合同无效，担保合同无效。

（1）保证：保证是指第三人为债务人的债务履行做担保，由保证人和债权人约定，当债务人不履行债务时，保证人按照约定履行债务或者承担责任的行为。

（2）抵押：抵押是指为担保债务的履行，债务人或者第三人不转移财产的占有，将该财产抵押给债权人，债务人不履行到期债务或者发生当事人约定的实现抵押权的情形，债权人有权就该财产优先受偿。

（3）质押：质押分为动产质押和权利质押。

1）动产质押：以动产作为标的物，指为担保债务的履行，债务人或者第三人将其动产交付给债权人占有，债务人不履行到期债务或者发生当事人约定的实现质权的情形，债权人有权就该动产优先受偿。

2）权利质押：以财产权利为标的物，指为担保债务的履行，债务人或者第三人将其财产权利交付给债权人，债务人不履行到期债务或者发生当事人约定的实现质权的情形，债权人有权依照法律规定，以该财产权利折价或者以变卖、拍卖该财产权利的价款优先受偿。

（4）留置：留置是指债务人不履行到期债务，债权人可以留置已经合法占有的债务人的动产，并有权就该动产优先受偿。

（5）定金：定金是指合同当事人约定一方向对方给付一定数额的货币作为债权的担保。给付定金的一方不履行约定债务的，无权要求返还定金；收受定金的一方不履行约定债务的，应当双倍返还定金。定金的数额不得超过主合同标的额的20%。

知识拓展 / 几个法律概念的区分

1. 定金与订金："定金"是法律上的概念，"订金"不具有"定金"的性质，交付订金的一方主张定金权利的，人民法院不予支持。在我国的司法审判实践中，订金一般被视为预付款。

2. 关于合同担保的主要内容集中在《中华人民共和国民法典》物权编和合同编中的"保证合同"。除法定的五种担保方式外，《中华人民共和国民法典》及最高法院的司法解释也确认了"非典型担保"的担保效力。

（三）违约责任

违约责任是指当事人一方或双方不履行合同义务或者履行合同义务不符合约定时，依照法律法规规定或者合同约定所承担的民事责任。

承担违约责任的形式有以下几种：

1．继续履行。

2．采取补救措施。

3．赔偿损失。

4．支付违约金。当事人约定了违约金的，可以主张违约金，但除非违约金不足以弥补损失的，违约金和损失赔偿原则上不得同时主张。

三、医院合同管理的法律和内控规范体系

医院合同管理制度的构建要以法律为基本依据，同时也要遵循有关管理机构的管理要求，我国现行医院合同管理规范体系主要以两部法律和管理机构制定颁布的一系列内控规范为依托。

（一）主要法律规范

1.《中华人民共和国民法典》 2020年5月28日第十三届全国人民代表大会第三次会议审议通过了《中华人民共和国民法典》，自2021年1月1日起施行，有关合同的规范内容集中规定在该法第三编“合同”中。《中华人民共和国民法典》是合同管理最基本的法律依据。

2.《中华人民共和国政府采购法》 医疗机构，尤其是公立医院大量的采购行为都属于《中华人民共和国政府采购法》的调整范围。因此，《中华人民共和国政府采购法》也是医院合同管理的重要法律依据。

（二）内控规范体系

1.《行政事业单位内部控制规范（试行）》 为了进一步提高行政事业单位内部管理水平，规范内部控制，加强廉政风险防控机制建设，财政部组织制定了《行政事业单位内部控制规范（试行）》，自2014年1月1日起实施。该规范在风险评估和控制方法、单位层面的内部控制、业务层面的内部控制等方面都涉及合同管理。

2.《公立医院内部控制管理办法》 为规范公立医院经济活动及相关业务活动，有效防范和管控内部运营风险，建立健全科学有效的内部制约机制，国家卫生健康委员会和国家中医药管理局组织制定了《公立医院内部控制管理办法》，自2021年1月1日起开始实施。《公立医院内部控制管理办法》中与合同管理相关的规定与《行政事业单位内部控制规范（试行）》基本一致，但在业务层面的内部控制建设中对合同管理的规定更加突出了医院的特点。

3. 其他与医院合同管理相关的政策规范体系 主要包括《卫生部关于进一步加强经济合同管理工作的通知》（卫规财发〔2010〕89号）和《管理会计应用指引第502号——项目管理》（财政部财会〔2017〕24号）。

第四节 医院合同管理的原则和具体内容

医院合同管理既是流程管理，也是内容管理，管理制度的构建既要规范、全面，也应契合医院运营管理的实务需求。

一、医院合同管理的原则

医院合同管理是医院的一种自我管理行为，是医院管理的重要组成部分，涉及医院业务活动的各方面。医院合同管理应遵循下列原则。

1. 依法依规管理原则　医院合同管理应依据《中华人民共和国民法典》《行政事业单位内部控制规范（试行）》《公立医院内部控制管理办法》等法律法规的规定。

2. 切合实际原则　医院合同管理应从医院实际情况出发。医院类型包括综合医院、专科医院、中西医结合医院等，同一类型的医院规模也有差异。大型公立医院的业务活动除医疗活动外，还包括科学研究和临床教学。医院合同管理应充分考虑医院的个体实际情况。

3. 全程管理原则　医院合同管理应涵盖从合同立项到合同起草、审批、签订、执行、归档等的全过程。

4. 全员管理原则　医院合同管理不仅仅是合同归口管理部门或者法务部门的职责，医院应树立全员管理的理念，从医院的领导人员到医院的普通职工、从行政管理人员到临床科室人员，都要具有合同管理的意识，树立全员管理的理念。

5. 分工管理原则　医院合同管理应注重分工合作，应明确各个部门的职责和权限，不同的环节、不同的部门应各有侧重。

6. 公益性和效益兼顾原则　公立医院合同管理应坚持医院的公益性属性，以人民健康为中心，同时也要注重管理的效率和效益，不能为了管理而管理。

二、医院合同签订管理

合同的签订无论在形式上还是内容上，都要符合规范完整的要求。在实务中，尤其要关注以下几个方面。

（一）合同内容规范

合同内容规范，具体包含以下几个方面的要求。

1. 表述规范　合同文本中的当事人称谓等前后表述和指代应统一，且应该和相应的支持性文件保持一致；使用的简称、缩略用语、专业词汇应符合专业规范；使用的单位及大小写金额应一致，并符合财务的规范要求。

2. 文义准确　所表述的意思不能出现歧义、多义的文义解释。如果文字表述难以避免歧义和多义的文义解释，则应以示例的方式确定其准确含义。

3. 内容确定　合同中条款的内容应明确，不应使用模糊性，或者含义不确定的表述，诸如“最优惠价格”“及时”“力争”“最佳时间”等内容无法确定的用语和表述。确有无法确定具体内容的，则应明确规定确定该等内容的具体方法。例如在签订合同时尚无法确定具体价格的，则应在价格条款中采取诸如下述方法作为确定价格的方式：以当事人共同选定的机构作出的价格评估结果为准；无法选定共同机构的，则以各自选定的机构作出的评估结果的平均值作为最终价格标准。

（二）合同期限约定明确

有明确期限的事项，应在合同中载明期限；以某一事项的完成为主要内容的，则应对事项完成的标准予以明确；无期限限制的合作等事项的合同，应明确赋予一定条件下单方终止合同的权利。涉及合同延续的，则应明确延续的条件和延续的确认程序。

（三）违约责任约定具体明确

合同中的违约责任，不得仅以任何一方违反合同义务的，应赔偿对方损失，承担违约责任等模糊性语言予以表述，应以违约金或者损失计算方法的方式明确规定各种违约行为的具体责任。

（四）合同书不得留白

如果有留白部分，则应在留白部分注明“无正文”的标注。

（五）补充协议签署规范

签署补充协议的，则应明确其对应的主协议编号，且应明确补充协议与主协议的效力关系，无论补充协议是否涉及主协议所有当事人的权利义务，均应有主协议的所有的当事人签章确认。

（六）合同文本完整

完整的合同不仅指合同书，而且应该包括各方当事人的主体资格证明文件（法人营业执照、个人身份证、法律要求的股东会决议、董事会决议等）、资质证明文件（特许经营许可文件等）、授权签字代表的授权书等支持性文件。合同中应注明文本数量，如存在两种以上语言的，则应明确哪种语言效力优先。

（七）合同签章完整真实

作为法人或者组织的，合同应加盖骑缝印章，作为自然人签字的，应在合同书的每页签字，且原则上对个人签字应有见证程序。

三、医院合同履行过程管理

合同履行涉及业务、财务等各个部门，需要对整个履行行为进行全过程的管理和控制。实务中，尤其要注意以下几个方面。

（一）合同履行进度确认

根据合同条款的规定，确认合同履行进度，如货物类合同，货物是否发出、是否到货、是否验收合格、是否安装等；工程类合同，工程进度是否按照计划推进等；服务类合同，是否按规定、按标准提供服务等。

（二）合同付款或收款

付款类合同，达到合同付款要求的，可以进行合同付款。付款时应按照合同规定的付款比例和金额，严禁脱离合同随意付款；应核对该合同的付款记录，特别是履行期限长的合同，谨防重复付款。收款类合同，应根据收款条件及时收回款项，业务部门与财务部门要及时核对，确保收入及时入账。

（三）合同变更

合同签订后，医院和合同对方当事人根据客观情况的变化，依照法律规定的条件和程序，经协商一致，可以对原合同内容进行修改、补充或者完善。需要变更的合同，应发起合同变更申请，合同变更审批结束后，就变更后的合同重新进行签署。

（四）合同终止

合同因履行完毕终止，应有合同对方的履行确认文件；如果合同因协议解除而终止，则应有规范的解除协议；如果合同由医院一方行使法定或约定的单方解除权而终止，应有医院一方向对方发出的解除通知，并应有通知到达对方的证明文件。无论何种情形终止的，都应按照内控程序向相关部门通报或报告合同终止的事实，并执行相应的内部程序。

（五）合同续签

合同到期经合同双方协商同意，可以续签。续签合同应发起合同续签申请，续签申请审批结束后，签署续签的合同。

（六）履行证据保全

在合同履行过程中，涉及的部门和个人都应当对形成的涉及合同履行的文档按照归口管理的原则予以妥善备存。

四、医院合同纠纷处理管理

无论多么齐备的合同，都存在当事人违约的可能和风险，并由此而引发争议，而纠纷处理的过程和结果直接涉及医院合同权益是否可以得到有效维护。合同管理制度的成效不仅体现在对合同签订和履行过程的有效管理，还体现在对纠纷处理上的管理效果。

（一）合同纠纷解决条款

不同合同解决争议的方式和解决争议的管辖地点，对解决争议所需要花费的时间成本、经济成本，乃至对最终的结果都可能产生不同的影响。因此，医院签订合同时，应根据不同的交易性质和交易内容，在合同中约定适当的纠纷解决方式，未约定的应及时补充。在纠纷解决条款中，属于法律允许约定司法管辖的，应力争将管辖法院约定至医院一方所在地。

（二）医院发生合同纠纷时的处理

纠纷处理应以可查证的事实为基础，依据责任划分确定对结果的预期，并依据具体情况制订适当的解决方案。因此，在纠纷处理过程中，要围绕下述几点展开。

1. 收集违约证据（违约证据保全） 在某种程度上，纠纷解决的结果取决于各方的证据优势。因此，在合同对方当事人发生违约行为时，负责合同履行的部门和个人应注意及时收集违约证据并向主管部门报告。

2. 预判法律责任、损失 当合同发生争议时，应当及时评估合同争议中各方当事人的法律责任划分，以及就可能发生的损失进行评估。

3. 及时制订纠纷解决的方案 在必要时，应及时寻求外部法律意见，就纠纷的解决制订合理的整体解决方案。

案例讨论

【案例】某市属公立医院作为采购方于2010年10月采购CT机一台。《采购合同》第十条约定："设备发生故障的，供应商应在收到采购方通知起至迟48小时内派员到场维修。"同时该《采购合同》第十五条约定："未经供应商同意的，采购方有擅自拆卸、更换设备部件等行为的，则供应商不再承担质保责任。"合同中未载明双方的通知地址和通知方式，也未载明联系人信息。

该设备在使用中发生故障，医院称其通过拨打供应商工作人员黄某手机和向黄某手机发送短信的方式通知了供应商，告知其设备发生故障，请求及时派员维修。在约定时间内，供应商未能派员到场维修，医院遂自行寻找了第三方对设备进行了维修，总计花费15万余元。后医院向供应商索赔遭到拒绝。供应商称，其并未接到医院的维修通知。医院遂将供应商诉至法院，要求赔偿损失总计18万元（含实际支出的维修费用及设备不能使用期间造成的损失）。供应商提出反诉称，医院违反合同规定，在未经其同意的情况下，擅自同意第三方拆卸并更换设备配件，请求法院判令其不再承担质保责任。

医院向法院提交了两部手机的通话时长记录以及发送的短信，以证明其履行了通知义务，但供应商否认呼入电话和接收短信的电话号码为其工作人员黄某所有。医院向法院提交了调取证据申请，申请法院调取该电话的机主信息。法院后调取的该机主信息表明该部手机并非黄某名下手机。医院也未能提供其他证据证明该手机的是使用者为黄某。

该案一审法院认定，医院无法证明其已经依照合同履行了通知义务，被告供应商的反诉理由成立，判决驳回医院诉讼请求，支持了供应商不再承担质保责任的反诉请求。医院不服提出上诉，二审法院终审驳回上诉，维持原判。

【讨论】合同应当条款完备。在民商事法律关系中，意思表示的生效一般采取到达主义。即，意思表示在到达对方时生效，且就举证责任而言，是否作出意思表示以及意思表示是否到达对方，需要作出意思表示的一方承担举证责任，这种举证责任在实务中是比较困难的。

在合同的履行中，常常需要向对方当事人传递意思表示。因此，将通知的方式和送达效果规定在合同中是极为必要的，一般的表述：

本合同项下的任何通知与送达，均可以以快递，或者电子邮件，或者手机短信息的方式发送至如下地址。以快递方式作出的，一经寄出，5个工作日后，无论对方是否实际收到，均视为到达对方；以电子邮件或者短信息方式作出的，一经发送成功，无论对方是否实际收到，均视为到达对方。然后列明各方的邮寄地址和收件人信息、电子邮件地址、接受短信的电话号码等信息。

本案中，如果在采购合同中能够将上述通知与送达的方式和效果明确规定在合同中，医院无疑完全可以避免损失。遗憾的是，该《采购合同》的内容不完备，使得医院难以证明自己履行了合同项下的通知义务，不仅导致其诉请未能获得法院支持，还进而导致供应商质保责任的免除。

五、医院合同管理的信息化建设

在合同管理中要强化信息化的支撑作用，利用网络的便捷性实现对合同的全过程动态管理，推进公立医院智慧管理。

医院要逐步建立起集合同拟定、审批、签署、变更或终止、收付款、归档、分析于一体的合同管理系统。

合同发起部门根据系统中预置的合同模板拟定合同，合同模板不符合要求的，发起人也可以自行拟定，系统可以通过设置必要条款的方式，如合同中必须存在的违约责任条款、合同争议解决条款，解决合同条款不齐全的问题。

系统根据不同的合同类别设置不同的审批流程，合同起草完毕后，合同发起人提交合同，合同根据预置的审批流程在审批部门之间流转，审批部门提出修改意见的，合同被驳回至发起人进行修改，通过“审批—修改—再审批”的过程，完成合同的审批工作。

合同审批结束后，开始合同的签署。合同双方签字盖章后，合同发起人需要上传合同文本扫描件，实现合同档案电子化，方便后续的合同归档、查询、付款申请等工作。

合同签订后若涉及合同的变更或终止，合同发起人需要发起合同变更或合同终止流程，完成合同的变更或终止。

合同管理系统需要与医院的财务系统相连接，达到合同付款条件时，合同发起人在线上发起付款请示，付款审批结束后，完成合同付款工作。通过将合同的审批、签署、执行一体化，解决合同签订和合同执行割裂的问题，避免重复付款和遗漏付款的问题。

此外，合同管理系统还可以根据合同的到期时间进行合同预警，对即将到期的合同进行合同执行情况检查；可以自动生成合同台账；可以进行合同签订情况、执行情况分析等。

总之，信息化手段可以极大地提高合同管理的精细化，发挥合同管理的效能，是现代医院合同管理建设中必不可少的重要方面。

第五节　医院特殊合同的管理

医院不仅要提供医疗服务，而且还常常涉及教学和科研等诸多业务和活动，合同种类较为繁杂。下述几类合同和业务对医院而言既有共通性，实务中存在的问题也有普遍性，应重点关注。

一、工程、后勤服务类合同

工程建设和维护、设备维护以及后勤服务合同在医院合同中占有相当的比例，对于此类合同，应重点关注以下内容。

（一）施工方、维护方和服务提供方的资质审查

医院的设备和某些服务需求的特殊性往往需要行政许可的特殊资质，因此，在此类合同中，应注意审查法律、行政法规对该类合同的对方当事人是否有行政许可的资质要求，如果存在要求，则应注意审查对方是否存在合格的资质，并注意核实对方所

提供文件的真实性。

（二）导致第三者损害的责任排除

此类合同中，可能会发生施工方、维护方和服务方在履约过程中造成其他第三者（包括其员工或者雇佣人员）的人身伤害和财产损害。因此，在此类合同中，应明确规定由施工方、维护方和服务方承担该等侵权的法律责任，排除医院的法律责任。

（三）明确工作成果不合格导致的人身伤害或者财产损害的赔偿责任

此类合同存在医院在对最终工作成果使用过程中导致人身伤害财产损害的情形，对此，应在合同中明确规定，发生此类事故时合同对方应承担的法律责任。

（四）保密和医院声誉维护

此类合同的履行中，存在合同对方获取医院商业秘密、技术秘密等保密信息的可能，也存在服务方工作人员利用其服务机会进行倒号等损害医院声誉的可能，因此，在此类合同中应明确约定合同对方的保密义务和违法义务时的责任，以及对有损医院声誉行为的惩罚性措施。

二、对外合作协议

《中华人民共和国基本医疗卫生与健康促进法》第四十条规定："国家鼓励政府举办的医疗卫生机构与社会力量合作举办非营利性医疗卫生机构。政府举办的医疗卫生机构不得与其他组织投资设立非独立法人资格的医疗卫生机构，不得与社会资本合作举办营利性医疗卫生机构。"公立医疗机构如果与院外机构合资设立非营利性医疗卫生机构，则在投资合同和相应章程中应重点关注以下内容。

（一）控制权安排

在对外股权投资中，如果医院为控股股东，则应重点控制董事会，提名的董事应过半数，且原则上应控制法定代表人和财务负责人岗位。如果医院为小股东，则应在股东会和董事会表决规则上设置一定的否决权，以避免控股股东利用控制权损害作为小股东的医院权益。

（二）退出安排

医院在股权投资中应关注其未来退出的便利性，以防范可能出现的合作无法顺利进行，或者出现经营不理想情况下的及时退出。诸如在合同和章程中约定合作方收购股权条件和价格，公司应减资的情形和方式，公司解散的事由等。

案例讨论

【案例】某省属公立医院和民营企业某乙和某丙三方合资设立了甲有限责任公司（与医疗有关的研发机构），其中，医院持股60%，某乙和某丙分别持股20%。各方在《投资协议》中约定："未来任何时候，如果院方（指医院）要求公司现有股东将其所持公司股权的5%以公司设立时的出资为对价转让给院方指定的第三方时，现有股东应按照院方要求予以转让"（本条内容亦原文规定在公司章程中）。

在合资公司设立三年后，院方按照前述约定，要求各位股东将其所持股权的5%转让给院方指定的某丁。三方就应该转让的股权数量产生了如下争议：院方认为，每位股东应转让的股权数量为公司总股权的5%，即转让完毕后，某丁持有的甲公司的股权总计为15%；而某乙与某丙认为，其应转让的股权数量为其所持股权（20%）的5%（20%×5%=1%），即转让完成后，某丁持有的甲公司的股权总计为5%，而非15%。协商无果后，院方诉至法院，要求判令某乙和某丙按照院方理解的数量将其所持股权转让给某丁。

本案一审法院认为院方对该条款的理解符合当事人的真实意思表示，判决支持了院方的诉请，二审法院支持了某乙和某丙对该条款的理解，撤销了原判。

【讨论】合同的条款表述应准确、完整、唯一，避免存在任何文义上的不同理解。在当事人就合同内容发生争议时，就必然涉及合同的解释。合同表述的意思当然可以按照交易惯例、公平诚信、合同目的等方法进行解释，但首要的解释方法是文义解释，即从所使用的文字和表达方式本身来解释。一般而言，只有合同在文义上存在两种以上合理的解释时，才考虑其他的解释方法。这就要求在拟定合同时，充分考虑合同文义表述的严谨性，避免出现文义表述上的"歧义"。

就本案争议而言，该5%的理解，从文义本身说，双方的解释都具有文义合理性，而且此种交易很难存在所谓的交易惯例和公平诚信等其他解释方法。这种不严谨不仅造成了当事人的争议，而且给法院解决争议也留下了较大的裁量空间。

不同的解释和裁判所产生的后果和影响也极为明显：如果院方主张成立，则某乙和某丙合并持股将降低到三分之一以下，基本丧失了对甲公司重大事项的控制权，院方和某丁将合并持股超过了三分之二，将完全掌控甲公司；如果某乙和某丙的主张成立，则两者对甲公司的重大事项仍有掌控力。院方当初订立该条款的初衷就是考虑到未来如果股东之间合作不顺利，会导致公司的运作受到实质影响，通过该条款将乙和丙的合并持股降低到三分之一以下，由自己和选定的第三方共同实质掌控公司。事实上，该案例中，院方之所以要求转让股权，也正是因为甲公司效益和产出良好，大大超出三方预期，引发了股东之间的控制权争夺。但遗憾的是，因为该条款的表述不够严谨，导致院方的主张最终未能获得法院的支持，院方当初的设想未能达成。

三、大型设备的购置、租赁合同

医院大型设备一般采取购置或者租赁的方式获得，此类设备一般都具有价格高，涉及后续耗材供应、维护保养和软件升级等较为复杂的事项。因此，在此类合同中，应重点关注此类事项的责任划分和费用承担，尤其要关注不能按照合同履行义务时的法律责任。比如，按照约定完成维修保养或者软件升级，导致设备无法正常使用时的违约金和赔偿的计算方式。

四、人力资源类合同

医院核心竞争力是医护人员，而人力资源管理的基础就在于人力资源类的合同。此类合同应重点关注如下内容。

（一）注意区分不同合同的法律性质和法律适用

医院人力资源类合同可以大致分为劳动合同、人事聘用合同和雇佣合同。劳动合同适用范围是针对和用人单位建立了固定劳动关系的人员，人事聘用合同是事业单位与其工作人员之间订立的合同，此处工作人员是指依据国家人事管理规范，符合事业单位岗位和任职条件，通过规定程序聘用并依照相关人事管理规范进行管理的人员。符合雇佣合同和委托合同是针对不建立固定劳动合同关系或者不具有事业单位人事关系的人员，仅以完成特定事项和任务，并支付约定报酬的合同关系。劳动合同具有人身债权性质，适用《中华人民共和国劳动法》和《中华人民共和国劳动合同法》调整，人事聘用合同主要由国务院2014年5月15颁布的《事业单位人事管理条例》（国务院令第652号）调整，而雇佣合同由《中华人民共和国民法典》予以调整。在医院人力资源管理中，首先要严格区分不同的对象，建立正确的法律关系，准确适用不同的法律规范。

（二）劳动合同

除依照《中华人民共和国劳动合同法》相关规定，要和劳动者签署书面的劳动合同，足额按期缴纳社会保险，提供安全的工作环境，确保劳动者的劳动权益等基本的法律要求外，首先，应注意将解除劳动合同的条件约定清楚，尤其是因劳动者违反医院管理制度而解除的情形，在劳动合同中应明确载明违反哪些具体的管理制度，医院有权据此解除劳动关系。在签署劳动合同时，应将医院的管理制度完整汇编成册，作为劳动合同的附件由劳动者签署收存。同时，医院相关管理部门还应在劳动合同履行过程中注意保全劳动者的违约证据。实践中，劳动合同纠纷中，争议最大且对用人单位最不利的情形更多地就发生在这两个方面；医院应对劳动者的劳动报酬有明确的界定。

（三）事业单位人事聘用合同

如前述所述，事业单位的人事聘用合同并无专门的法律层级的规范，依据主要为《事业单位人事管理条例》。该条例属于国务院的行政管理规范，对单位和被聘用人员之间的权利义务内容界定并不具体。依照最高法院的相关解释，在处理该等合同纠纷时，双方之间的具体权利义务，诸如加班，劳动条件等，准用《中华人民共和国劳动法》中的规定。

（四）雇佣合同

就雇佣合同而言，要关注下述三点。

1. 如果是长期雇佣，要注意被雇佣人员和第三方是否已经存在合法的劳动关系，由第三方承担其社保缴纳义务，且雇佣人员已经获得第三方同意被雇佣，否则容易引发以雇佣关系规避建立劳动合同关系的风险；如果未征得第三方同意，也容易引发竞业、技术秘密等方面的争议。所以在签署该类雇佣合同时，应由被雇佣对象出具保证和承诺书，对前述事项予以披露和保证。

2. 所要完成的工作事项或者任务要明晰，同时要注意在合同中排除雇佣过程中发生的非医院过错而导致的雇佣者自身伤亡事故的责任，或者雇佣者行为导致的第三人人身伤害的责任。

3. 医院对已经退休人员的返聘，医院常常签署聘用合同，但就法律性质而言，此类合同应属于雇佣合同范畴，而非签署人事聘用合同。因此，在签订合同时，应遵循雇佣合同的规范要求，而非依据人事聘用合同的相关法律规范。

五、研发类合同及知识产权保护

医院作为医疗服务体系的主体，除提供日常的诊疗服务外还承担着大量的科研工作，以及将医学研究成果转化的任务，大型综合性医院尤其如此。因此，注意和加强对医院的知识产权保护也是医院合同风险识别与控制的重要内容。

（一）院内研发活动

对于院内研发活动，医院应与参与研发的人员签署合同，重点应关注以下内容。

1. 知识产权的归属　对于研发活动所形成的知识产权归属以合同方式予以明确约定。

2. 参与研发人员的权利义务　在研发活动中，医院应和参与研发的人员签署合同，对参与人员的下述权利义务予以明确：参与研发人员是否给予奖励，以及给予奖励的条件和办法；参与研发人员是否参与将来成果转化所形成的经济利益分配以及分配的方法；参与研发人员的具体保密义务和违法保密义务应承担的法律责任。

（二）院外合作研发活动

对于院外合同研发活动，医院应与院外合作单位签署合同，在合作合同中应重点关注以下内容。

1. 研发活动的投入、知识产权的归属　应在合同中明确各方在资金、设备、人员、数据等方面应承担的责任，以及科研成果最终归属。

2. 各方对研发成果的权利范围　无论成果归属于院外、院内或者是各方共有，在合同中均应明确各方对研发成果的权利范围，诸如是否可以自己使用、单方授权第三方使用，以及使用的具体方式、范围。

3. 对医院在研发中投入的知识产权的保护范围和方式　医院在研发中，可能会提供已有的知识产权作为对研发活动的支持。在合作研发合同中，对这方面知识产权的保密、使用方式和范围，权利载体可否复制以及载体的保管、返还等事项都应在合同中予以明确规定。

六、信息建设合同

信息化是现代医院管理和运营的重要保障，在此类合同中应重点关注以下内容。

（一）确保信息安全

信息建设合同涉及医院的重要数据，安全性是此类合同要考虑的首要因素。因此，在购置设备和安装维修服务商的选择上，要进行必要的安全背景和技术能力的审查，并在合同中明确涉密信息的边界范围，确保数据安全的承诺，合同对方对数据安全的具体义务和违反该项义务应承担的责任，以及如果发生信息泄露的补救措施等。

（二）明确建设周期

信息建设周期对医院的管理和运营存在较大影响。因此，在此类合同中，应明确规定具体的建设周期，并具体化未能按期完成应承担的法律责任。

（三）软硬件环境等技术细节的要求

信息化涉及的技术要求较多，在此类合同中，技术和应用部门应尽可能考量所需的技术信息，并将此类信息反映在合同主文或者以附件方式予以列明。

本章小结

本章介绍了医院税务管理和合同管理的相关知识。在税务管理方面，主要涉及与医院税务管理密切相关的增值税、个人所得税等税种，重点介绍了税收征收管理法及税收政策在医院税务管理实务中的应用；在合同管理方面，涉及医院合同管理的原则、目标、法律和内控规范体系，重点介绍了医院在合同签订、履行、纠纷处理中应如何加强合同管理和防范风险，并对医院合同管理中具有普适性的实务问题进行了概括总结。

（陈志武　陈　政　姜　凡　崔媛媛）

第十四章　医院内部控制管理

学习目标

1. 掌握　内部控制的一般定义和医院内部控制的定义。

2. 熟悉　医院实施内部控制的目标、意义、方法、流程等关键要素；单位层面内部控制建设内容以及业务层面内部控制建设主要内容等。

第一节　内部控制的发展与基本概念

内部控制是现代管理理论的重要组成部分，是在实践中逐步产生、发展和完善起来的。学习医院内部控制管理，首先需要了解内部控制发展的过程，进而弄清什么是内部控制。本节即围绕这个问题展开讨论，以帮助大家更好地理解内部控制的内涵与外延。

一、内部控制的发展历程

现代内部控制产生与发展，是组织管理实践驱动的产物，经历了较长的发展时期，概括地讲，从中外古代内部牵制制度萌芽产生，至今经历了以下五个发展阶段。

（一）内部牵制阶段

内部控制作为一个专用名词和完整概念，直到20世纪30年代才被人们提出、认识和接受。但在此前的人类社会发展中，早已存在着内部控制的基本思想和初级形式，即内部牵制（internal check）。例如，在我国古代社会中，内部控制制度就已出现并广泛运用。已有文献表明，中国早在周朝时期（公元前1046—前256年）就有“一毫财赋之出入，数人之耳目通焉”记录等，不仅对其种类进行划分，还对每种资金的收入与使用做了十分严格的规定和限制，有着完整的财务报告制度，包括年度报告、月度报告和旬报等。同时，发现其官职设置中已体现了不相容职务分离控制、财产保护控制、“量入为出”的预算控制等控制措施。

在古罗马时代，对会计账簿实施的“双人记账制”——某笔经济业务发生后，由两名记账人员同时在各自的账簿上加以登记，定期核对双方账簿记录，以检查有无记账差错或舞弊行为，进而达到控制财务收支的目的，即是典型的内部牵制措施。综观内部牵制阶段的特征，是以查错防弊为目的，以职务分离和账目核对为手法，以钱、账、物等会计事项为主要控制对象。

（二）内部控制阶段

1934年美国证券交易法，首先提出了“内部会计控制”制度，内部控制这一概念受到了进一步的重视。美国注册会计师协会审计程序委员会下属的内部控制专门委员会经过两年研究，于1949年发表了一项专题报告，对内部控制首次作出了如下权威定义“内部控制是企业所制定的，旨在保护资产、保证会计资料可靠性和准确性、提高经营效率、推动管理部门所制定的各项政策得以贯彻执行的组织计划和相互配套的各种方法及措施”。该内部控制定义及其解释，当时被普遍认为是对内部控制这一重要概念的重大贡献。

（三）会计控制与管理控制阶段

1958年，上述内部控制专门委员会对内部控制定义重新进行表述，将内部控制划分为会计控制和管理控制，将保护资产和保证会计资料可靠性和准确性有关的控制划分为内部会计控制，而将提高经营效率、保证管理部门所制定的各项政策得到贯彻执行的控制归入内部管理控制。此后，人们为完善定义作了不懈的努力，逐步形成了如今的内部控制概念。

（四）内部控制结构阶段

20世纪80年代以后，西方会计审计界研究的重点逐步从一般含义向具体内容深化。从1990年1月起，美国注册会计师执业组织以“内部控制结构”（internal control structure）一词取代原有的“内部控制”一词，指出：“企业的内部控制结构包括为合理保证企业特定目标的实现而建立的各种政策和程序。”并且明确了内部控制结构的内容，包括控制环境、会计系统及控制程序三个部分。

（五）内部控制整体框架阶段

进入20世纪90年代后，人们对会计控制的研究进入了一个全新的阶段。1992年，美国“反对虚假财务报告委员会”所属的内部控制专门研究委员会——发起机构委员会（Committee of Sponsoring Organizations of the Treadway Commission，简称“COSO委员会”）提出专题报告：《内部控制——整体架构》，也称“COSO报告”或“COSO

整合框架”。经过两年的修改，1994年COSO委员会提出对外报告的修改篇，扩大了内部控制涵盖范围，增加了与保障资产安全有关的控制。与此同时，美国注册会计师协会则全面接受COSO报告关于内部控制定义及其内容。2013年，COSO委员会对1994年的整合框架进行了较大幅度的修订和完善，但其基本逻辑和要素没有变化。COSO整合框架对内部控制的具体定义和目标内容，在下文详细介绍。

二、现代内部控制的一般定义

（一）COSO的定义

根据2013年COSO委员会对1994年发布的《内部控制——整合框架》进行了修订和完善，内部控制的定义（COSO，2013）：“内部控制是一个由主体（一般指公司）的董事会、管理层和其他员工实施的、旨在为实现运营、报告和合规管理目标提供合理保证的过程。”

实现这一过程涉及五个工作要素，即“内部环境、风险评估、控制活动、信息沟通、监督改进”，因此，COSO框架通常简称为“五要素框架”，如图14-1所示。

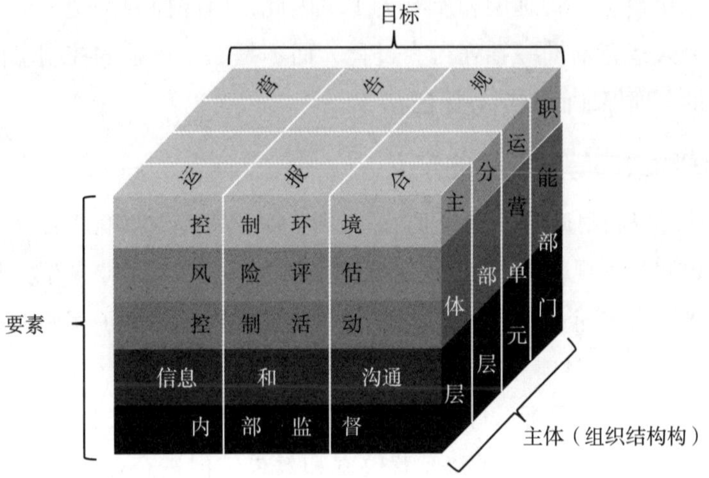

图14-1　COSO企业内部控制整合框架

图14-1表明该框架定义了以下三项内容。

1．内部控制的三个目标　即运营目标、报告目标和合规目标，其中：运营目标是指组织运营的效率和效果，包括运营和财务业绩目标、保护资产安全以避免损失；报告目标是指由内外部的财务和非财务报告的可靠性、及时性、透明度以及监管者、标准制定机构和组织政策所要求的其他方面；合规目标是指遵守组织所适用的法律法规和规章。

2. 内部控制的工作方法论 即“五要素”：①控制环境。控制环境主要指企业内部的文化、价值观、组织结构、管理理念和风格等。这些因素是企业内部控制的基础，将对企业内部控制的运行及效果产生广泛而深远的影响。②风险评估。风险评估是指识别和分析与实现目标相关的风险，并采取相应的行动措施加以控制。这一过程包括风险识别和风险分析两个部分。③控制活动。控制活动是指企业对所确认的风险采取必要的措施，以保证企业目标得以实现的政策和程序。一般来说，与内部控制相关的控制活动包括职务分离、实物控制、信息处理控制、业绩评价等。④信息与沟通。信息与沟通是指为了使管理者和员工能够完好地行使职权和完成任务，企业各个部门及员工之间必须沟通与交流相关的信息。这些信息既有外部的信息，也有内部的信息。⑤监控。监控是指评价内部控制的质量，也就是评价内部控制制度的设计与执行情况，包括日常的监督活动和专项评价等。通过定期或不定期地对内部控制的设计与执行情况进行检查和评估，与有关人员就内部控制有效与否进行交流，并提出整改意见，保证内部控制随着环境的变化而不断改进。

3. 内部控制行为主体 即处于单位整体经营层面和各项业务活动层面的管理主体和活动主体——董事会、管理层和所有员工。因此，内部控制是受一个单位人员影响的、持续的、融入运营活动一系列行为过程，而不是一个单独的控制事件，是为实体的目标实现提供合理保证而非绝对保证。

（二）中国财政部等五部委的定义

2008年6月，我国财政部联合证监会、银监会、保监会、审计署等五部委，发布了《企业内部控制基本规范》。该规范在整体框架上借鉴了COSO框架，其给出的内部控制定义：“内部控制是企业董事会、监事会、经理层和全体员工实施的、旨在实现控制目标的过程。”该定义具体界定了以下三项内容。

1. 内部控制的五个目标 即合理保证企业经营管理合法合规、资产安全、财务报告及相关信息真实完整，提高经营效率和效果，促进企业实现发展战略，可简称为合规合法目标、资产安全目标、财报完整目标、经营效率效果目标和战略实现目标。

2. 保证内部控制有效性的工作方法论 即内部控制五要素：①内部环境。内部环境是企业实施内部控制的基础，一般包括治理结构、机构设置及权责分配、内部审计、人力资源政策、企业文化等。②风险评估。风险评估是企业及时识别、系统分析经营活动中与实现内部控制目标相关的风险，合理确定风险应对策略。③控制活动。控制活动是企业根据风险评估结果，采用相应的控制措施，将风险控制在可承受度之内。

④信息与沟通。信息与沟通是企业及时、准确地收集、传递与内部控制相关的信息，确保信息在企业内部、企业与外部之间进行有效沟通。⑤内部监督。内部监督是企业对内部控制建立与实施情况进行监督检查，评价内部控制的有效性，发现内部控制缺陷，应当及时加以改进。

3. 内部控制的主体　即企业董事会、监事会、经理层和全体员工。根据该定义，内部控制具有全员控制、全面控制和全程控制的特征。①全员控制，强调全员参与，其主体涵盖了企业内部各部门、各单位、各岗位。②全面控制，强调控制范围控制对象要做到全覆盖。③全程控制，强调每个层面、每项业务的控制都是以流程为基础的、完整的闭环控制过程。

（三）中国财政部关于行政事业单位内部控制的定义

2014年中国财政部正式颁布了《行政事业单位内部控制规范（试行）》，就行政事业单位（简称“单位”）建立健全和实施内部控制作出规定。“内部控制，是指单位为实现控制目标，通过制定制度、实施措施和执行程序，对经济活动的风险进行防范和管控。”该定义界定了以下三项内容。

1. 单位内部控制的目标　主要包括：合理保证单位经济活动合法合规、资产安全和使用有效、财务信息真实完整，有效防范舞弊和预防腐败，提高公共服务的效率和效果。

2. 内部控制的责任主体　即单位负责人对本单位内部控制的建立健全和有效实施负责。

3. 内部控制的内容　即单位应当根据本规范建立适合本单位实际情况的内部控制体系，并组织实施。具体工作包括梳理单位各类经济活动的业务流程，明确业务环节，系统分析经济活动风险，确定风险点，选择风险应对策略，在此基础上根据国家有关规定建立健全单位各项内部管理制度并督促相关工作人员认真执行。

三、医院内部控制的定义及医院内部控制的特点

（一）医院内部控制定义

2020年，国家卫生健康委员会、国家中医药管理局颁布的《公立医院内部控制管理办法》（国卫财务发〔2020〕31号，以下简称《办法》），医院内部控制“是指在坚持公益性原则的前提下，为了实现合法合规、风险可控、高质高效和可持续发展的运营目标，医院内部建立的一种相互制约、相互监督的业务组织形式和职责分工制度；是通过制定制度、实施措施和执行程序，对经济活动及相关业务活动的运营风险进行有

效防范和管控的一系列方法和手段的总称”。

根据该定义，医院内部控制的目标主要包括：保证医院经济活动合法合规、资产安全和使用有效、财务信息真实完整，有效防范舞弊和预防腐败、提高资源配置和使用效益。医院内部控制主要工作包括：风险评估、内部控制建设、内部控制评价、内部控制报告四大部分。

（二）现阶段公立医院内部控制特点

1．医院的内部控制根据《办法》扩展了内部控制的范围，不仅包含经济层面的内部控制，同时包含医疗、教学、科研、互联网医院及医联体等内容，对医院的内部控制提出了较高的要求。

2．大多数公立医院在一定程度上实施了内部控制，但内部控制还不成体系，部分与经济相关的科室和员工对内部控制有所了解，但大部分医院员工对内部控制的认识不足，不了解内部控制的意义及方法，甚至认为在医院实施内部控制会影响日常正常的业务，在医院全面实施内部控制存在困难。

3．医院管理层，要求实施内部控制，但对内部控制重视程度仍然不足，国务院办公厅《关于推动公立医院高质量发展的意见》将“健全运营管理体系，加强全面预算管理，完善内部控制制度，健全绩效评价制度”作为提升公立医院高质量发展新效能的重要措施，但医院在实施内部控制时，往往不能像运营，绩效、预算等有专人的部门或人员进行推动，同时，因医院内部控制的基础较差，业务面广，需要深入临床业务、科研、教学等层面，分析业务流程，将内部控制嵌入到各个风险点，都需要专人专职大量人力和时间的投入，甚至需要借助会计师事务所的外部力量来实施医院内部控制，医院对内部控制的投入不足也一定程度上制约了医院实施内部控制的效果。

第二节　医院内部控制风险评估

一、风险评估的含义

风险评估，是指医院全面、系统和客观地识别、分析本单位经济活动及相关业务活动存在的风险，确定相应的风险承受度及风险应对策略的过程。

二、风险评估的组织

医院内部审计部门或确定的牵头部门应当自行或聘请具有相应资质的第三方机构开展风险评估工作，风险评估结果应当形成书面报告，作为医院完善内部控制的依据。

风险评估至少每年进行一次；外部环境、业务活动、经济活动或管理要求等发生重大变化的，应当及时对经济活动及相关业务活动的风险进行重新评估。

三、风险评估重点领域

医院风险评估的重点领域，包括两大方面：一是单位层面的风险评估；二是业务层面的风险评估。做好风险评估，首先要做好单位层面的风险评估，在做好单位层面风险评估的基础上，可以根据医院的实际情况有针对性地选择业务层面的风险评估对象。风险评估对象可以是整个单位或某个部门（科室），也可以是某项业务、某个项目或具体事项。

（一）单位层面风险评估的重点领域

1. 医院层面的决策机制及各部门设置及分工及岗位胜任是否合理

（1）医院层面决策机制是否合理：是医院风险的因素之一。医院层面决策机制是否合理是影响医院风险的重要因素之一，在评估医院风险时，最关键的是首先评估医院层面的决策机制是否合理。是否建立“三重一大”制度，是否实施集体决策机制，严格按规则和程序办事；“三重一大”制度和集体决策制度，是否覆盖医院所有重要事务，是否存在某些方面、某个领域一人审批的现象；“三重一大”制度和集体决策制度是否始终坚持执行，是否有未执行的特殊时间段。同时做好医院“一把手”的监督工作，完善监督体系，落实监督职责。

（2）医院内部管理部门设置及职责分工是否合理。医院管理部门设置及其职责分工是否合理是影响医院风险的重要因素。医院在设置管理部门及对其进行分工时应根据医院发展需要及上级部门要求合理设置部门并进行职责分工，这是医院实施有效管理的基础。在设置部门及其分工时，要明确工作范围及其职责分工，使各部门清晰认知本部门职责及工作范围及工作要求，各管理部门负责人对本部门的内部控制建设和实施有效性负责，部门负责人应对相关业务和事项进行梳理，确定主要风险、关键环节和关键控制点，全院各管理部门共同努力，确保医院规范运行，完成医院管理使命。

案例讨论

【案例】“田陶陈腐败帮”是由某医院院长田某某、人事处处长陶某某和前院长陈某某构成的腐败集团。

陈某某主管采购、物资、后勤、基建。“田陶陈”指定同一家监理公司负责监理又负责项目管理，且费用超出常规的100%。80%的基建工程材料不通过正常程序采购而是私定。对于材料的验收，陈某某不准医院负责基建材料监督验收科的工程师和负责人参与把关验收。同时，他还擅自撤销了医院基建指挥部，并取消了工程师验收程序，取消了一些工程师参与监督工程质量的资格。陈某某一人独自控制着建筑面积达28万平方米的新医疗大楼的工程项目，主管基建的副院长和主管纪检监察的纪委书记毫无发言权。

医疗设备内部操控现象严重。“田陶陈腐败帮”垄断医院设备、器材、药品供应达9亿多元。“田陶陈”伙同田某某的弟弟联合开办“某药品器械有限公司”“某医药公司”强行垄断销售全院药品、医疗设备、输液制剂、消耗材料。设备价格均远远高于市场价格。田某某还另立公司在基建装修、基建工程方面对医院进行盘剥。社会上许多公司新设备要进医院推销，田某某要提取70%或80%的纯利。医院购置医疗设备不通过公开招标，禁止纪检监察部门审计，通常是直接发货给医院设备科“自己人”，而不是主管部门，不通过验收，待收货后将收货单撕掉。

【讨论】

1. 本案中，医院层面内部控制存在重大漏洞，未遵守“三重一大”制度。建筑面积达28万平方米的工程项目，属于医院的重大事项，属于需要院领导班子集体决策事项，但在执行过程中，却由陈某某独自控制工程项目。“田陶陈”在医院集采购、物资、后勤、基建管理于一身的管理模式，主管基建的副院长和主管纪检监察的纪委书记毫无发言权，基建工程项目实质上未履行集体决议。

2. 本案中，业务层面内部控制未执行到位，各部门未在职责分工范围内履职并且未向上级报告。基建部门未按照正常内部控制程序及流程进行工程监督、工程材料采购及验收，任由陈某某擅自撤销基建指挥部，监理公司负责监理又负责项目管理，都属于违反内控要求事项，基建部门未履行应尽职责；医疗设备违反设备采购程序，不通过公开招标，不按正常流程进行验收，器材处存在未在其职责分工内尽职的责任；“田陶陈腐败帮”垄断医院设备、器材、药品供应达9亿多元，属于医院运行中“非正常事件”器材处，药剂科是否提出过异议，向院领导进行报告；纪检监察部门负有监督职责，在“医院购置医疗设备不通过公开招标，禁止纪检监察部门审计”的情况下应提出异议，进行监督。

整个事件一方面反映了该医院内部控制存在重大缺陷，另一方面反映了医院虽建立了内控制度，但在各部门工作中内部控制未得到足够的重视且未有效实施，结果给医院造成了不可挽回的损失。最终导致医院深陷腐败窝案，百年声誉，一落千丈。

（3）医院管理部门的部门负责人是否拥有相匹配的岗位胜任能力：医院管理部门在医院发展中起着至关重要的作用，各管理部门负责人属于医院的“关键少数”，是决定所负责管辖领域是否规范、有序，是否能与医院发展相适应，助力医院发展的重要因素。如果各个部门负责人不具备岗位所需要的岗位胜任能力，则无法有效地完成医院分配的工作任务，更不能带动所负责管辖领域处于不断前进的状态，同时存在因管理部门负责人失职引起的各种管理风险。好的医院管理，可以使医院的资源有效配置和使用，为医院创造更多的社会价值和自我价值，与医院发展不相适应的管理，不仅不能促进医院各项临床业务的开展，反而会制约和阻碍医院各项事务的发展。

2. 内部控制的组织、机制、制度、人员、流程的情况

（1）内部控制组织建设情况。包括是否建立领导小组，是否确定内部控制职能部门或牵头部门；是否建立部门间的内部控制沟通协调和联动机制等，内部控制组织的有效设置是医院实施内部控制的基础。

（2）内部控制机制建设情况。包括经济活动的决策、执行、监督是否实现有效分离；权责是否对等；是否建立健全议事决策机制、岗位责任制、内部监督等机制。

（3）内部控制制度建设情况。包括内部管理制度是否健全，内部管理制度是否体现内部控制要求，相关制度是否有效执行等。

（4）内部控制队伍建设情况。包括关键岗位人员是否具备相应的资格和能力；是否建立相关工作人员评价、轮岗等机制；是否组织内部控制相关培训等。

（5）内部控制流程建设情况。包括是否建立经济活动及相关业务活动的内部控制流程；是否将科学规范有效的内部控制流程嵌入相关信息化系统；内部控制方法的应用是否完整有效等。

（二）业务层面风险评估的重点领域

业务层面的风险评估主要包括以下12个方面：预算管理情况、收支管理情况、政

府采购管理情况、资产管理情况、建设项目管理情况、合同管理情况、医疗业务管理情况、科研项目和临床试验项目管理情况、教学管理情况、互联网诊疗管理情况、医联体管理情况、信息系统管理情况。

在进行风险评估时，重点关注是否实现了归口管理，沟通协调是否充分，流程是否合理，是否符合相关规范等等，更具体的内容参见《办法》。

风险评估程序应具有完整性和相关性。医院在进行风险评估时，应当采用定性与定量相结合的方法，按照风险发生的可能性及其影响程度等，对识别的风险进行分析和排序，确定关注重点和优先控制的风险。医院进行风险分析，应当充分吸收专业人员，组成风险分析团队，按照严格规范的程序开展工作，确保风险分析结果的准确性。

第三节　医院内部控制建设

医院的内部控制，主要是以业务管理和经济管理的重大风险、重大事件、重要流程为重点，开展风险评估和内部控制评价，强化内部授权审批控制、预算控制、资产控制、会计控制、政府采购控制、信息公开控制等，防范财务风险、业务风险、法律风险和廉政风险。

一、医院内部控制实施原则

医院内部控制范围因既涉及医院的经济活动，又覆盖医院医疗、教学、科研活动、医联体、互联网医疗、信息等活动，在实施内部控制过程中要把内部控制要求融入单位制度体系和业务流程中，贯穿内部权力运行的决策、执行和监督全过程，形成内部控制监管合力。因内部控制的涵盖内容的丰富性和实施过程的复杂性，医院在实施内部控制过程中要坚持以下原则。

（一）全面性原则

内部控制应当贯穿决策、执行和监督全过程，覆盖医院及其所属单位的各种业务和事项重要性原则内部控制应当在全面控制的基础上，关注重要业务事项和高风险领域。

（二）制衡性原则

内部控制应当在治理结构、机构设置及权责分配、业务流程等方面形成相互制约、相互监督，同时兼顾运营效率。

（三）适应性原则

内部控制应当与医院的规模、发展状况和风险水平等相适应，并随着情况的变化及时加以调整。

（四）成本效益原则

内部控制应当权衡实施成本与预期效益，以适当的成本实现有效控制。

二、医院内部控制要求

根据《办法》，医院内部控制的要求：以规范经济活动及相关业务活动有序开展为主线，以内部控制量化评价为导向，以信息化为支撑，突出规范重点领域、重要事项、关键岗位的流程管控和制约机制，建立与本单位治理体系和治理能力相适应的、权责一致、制衡有效、运行顺畅、执行有力的内部控制体系，规范内部权力运行、促进依法办事、推进廉政建设、保障事业发展。

（一）目标明确

单位在建设内部控制过程中，会受到很多客观条件的限制和现实的困难，但实施内部控制是实现医院的高质量发展的必由之路，医院应持续做好内部控制工作。

（二）内部控制工作的质量与医院的重视和决心密切相关

医院管理层，作为医院运营管理中的“关键少数”，提高医院高、中管理层人员内部控制意识和重视程度，对于保证内部控制的顺利实施有着决定性的影响。医院管理层应将医院内部控制工作与医院战略发展相结合，与医院年度发展规划相结合，进行内部控制工作的布局，充分认识医院实施内部控制工作的重要性与必要性，确保内部控制工作有效执行。

（三）内部控制工作需要人力和财力的支撑，医院在实施中要兼顾经济效益

医院应当提供必要的人力、财力、物力的支持，强化员工培训，提高员工整体内控意识，创造适合医院自身实际、持续向上的医院内部控制环境。

（四）内部控制是复杂的系统工程，需要分步骤重点推进

内部控制要结合医院实际，考虑其长久性和延续性，适合医院长期战略和长远发展目标，也要考虑内部控制的适宜性、充分性和可操作性，这样才能使内部控制活动真正发挥其作用。

三、医院内部控制的方法与措施

（一）内部控制方法措施概述

1. 建立单位内部控制制度 包括单位层面的内部控制制度及各部门的内部控制制度，内部控制制度的建立要符合国家层面、行业层面的要求并与医院的业务活动和经济活动相适应。

2. 规范内部控制流程 内部控制流程既包含院级层面的内部控制流程，又包含各部门之间的内部控制流程和各部门内部的内部控制流程，内部控制流程设置的规范性和适应性影响内部控制的可实施性及实施效果。

3. 建立内部控制系统 内部控制系统，是实施内部控制的重要方面，内部控制系统建设时应注意信息系统建设的归口管理，信息系统建设的总体规划，符合信息化建设相关标准规范，将内部控制流程和要求嵌入系统，实现各系统之间的互联互通，信息共享和业务协同，采取有效措施强化信息系统安全。在建立内部控制系统时，要关注三个层面的内部控制系统建设：①院级层面的信息系统是否与医院发展相适应。②医院内部各部门信息系统之间的内部控制是否实现。③各部门内部的内部控制是否实现了系统控制。

（二）单位层面内部控制方法与措施

医院内部控制主要包括风险评估、内部控制建设、内部控制评价、内部控制报告四大部分。医院在实施内部控制的过程中，可将内部控制评价作为医院实施内部控制的基础，在内部控制评价的基础上了解医院内部控制的实际情况及薄弱点，对单位的内部控制进行风险评估，在风险评估的基础上制定单位的内部控制建设方案，并按照工作方案进行实施，年底出具内部控制工作报告，使医院内部控制工作处于循环提升的状态。

医院也可根据实际情况，在实施内部控制过程中，将内部控制评价、风险评估与内部控制建设同时实施，然后按照评价结果及风险评估结果和建设情况出具内部控制报告。

（三）业务层面内部控制方法与措施

业务层面内部控制，包括建立内部控制制度，制定内部控制流程，建立内部控制系统，建立部门内部控制工作小组，配备内部控制关键岗位人员及人员的评价、轮岗、培训机制等。

四、单位层面内部控制建设

单位层面内部控制建设主要包括：单位内部控制决策机制，内部管理机构设置及职责分工，决策和执行的制衡机制；内部管理制度的健全；关键岗位管理和信息化建设等。

（一）单位内部控制决策机制

党委要发挥在医院内部控制建设中的领导作用；主要负责人是内部控制建设的首要责任人，对内部控制的建立健全和有效实施负责；医院领导班子其他成员要抓好各自分管领域的内部控制建设工作。健全党委（党组）领导班子权力运行制约机制，合理分解、科学配置权力。防止以专题会议代替常委会会议作出决策，防止以党委集体决策名义集体违规，不允许领导班子成员将分管工作、分管领域变成不受集体领导和监督的“私人领地”。完善领导班子议事规则，重要事项须提交领导班子会议讨论，领导班子成员应当充分发表意见，意见分歧较大时应暂缓表决，对会议表决情况和不同意见应如实记录、存档备查。

（二）建立单位内部控制制度

内部控制制度是医院实施内部控制的纲领性文件，医院在建立内部控制制度过程中需参照国家层面如财政部颁布的关于内部控制的相关文件，同时要参照医疗行业内颁布的内部控制相关文件，并结合医院实际进行内部控制制度的制定，内部控制制度制定过程中应明示内部控制的含义、目标、内容、各主体分工、要求等内容。

（三）明确内部控制组织职责

按照医院内部控制管理要求，医院应明确内部控制相关主体职责。

1. 设立医院内部控制领导小组，医院院长、书记任组长，其他院领导作为领导小组成员。领导小组主要职责包括：建立健全内部控制建设组织体系，审议内部控制组织机构设置及其职责；审议内部控制规章制度、建设方案、工作计划、工作报告等；组织内部控制文化培育，推动内部控制建设常态化。

2. 明确医院内部控制建设职能部门或确定牵头部门，组织落实医院内部控制建设工作，包括研究建立内部控制制度体系，编订内部控制手册；组织编制年度内部控制工作计划并实施；推动内部控制信息化建设；组织编写内部控制报告等。

3. 由内部审计部门或确定其他部门牵头负责医院内部控制风险评估和内部控制评价工作，制定相关制度；组织开展风险评估；制定内部控制评价方案并实施，编写评价报告等。

4. 由内部纪检监察部门负责本单位廉政风险防控工作，建立廉政风险防控机制，开展内部权力运行监控；建立重点人员、重要岗位和关键环节廉政风险信息收集和评估等制度。

5．医务管理部门负责本单位医疗业务相关的内部控制工作，加强临床科室在药品、医用耗材、医疗设备的引进和使用过程中的管理，规范医疗服务行为，防范相关内涵经济活动的医疗业务（即实施该医疗业务可以获取收入或消耗人财物等资源）风险，及时纠正存在的问题等。

6．医院内部各部门（含科室）是本部门内部控制建设和实施的责任主体，部门负责人对本部门的内部控制建设和实施的有效性负责，应对相关业务和事项进行梳理，确定主要风险、关键环节和关键控制点，制定相应的控制措施，持续改进内部控制缺陷。

（四）确定单位内部控制关键岗位

医院内部控制关键岗位主要包括：运营管理、预算管理、收支管理、采购管理、医保结算管理、资产管理、基建项目管理、合同管理、绩效奖金核算管理、人力资源与薪酬管理、医教研防业务管理、后勤保障管理以及内部监督管理等经济活动的关键岗位。

医院应当加强关键岗位人员的管理和业务培训，明确岗位职责和业务流程，关键岗位人员应当具备与其工作岗位相适应的资格和能力，建立定期轮岗机制。

（五）明晰单位内部控制流程

单位内部控制流程建设情况。包括是否建立经济活动及相关业务活动的内部控制流程；是否将科学规范有效的内部控制流程嵌入相关信息化系统；内部控制方法的应用是否完整有效等。单位内部控制流程如下。

1．**建立单位内部控制架构** 包括内部控制领导小组、内部控制牵头单位、内部控制评价组织部门、内部控制监督部门，明确各部门职责。

2．**确定内部控制工作方案** 内部控制方案需经内部控制领导小组和医院党委会审批。内部控制方案需明确内部控制各项工作启动时间完成时间节点和要求。

3．**实施内部控制** 包括内部控制评价，内部控制风险评估，内部控制建设及内部控制监督。

4．**编写内部控制报告** 内部控制报告应综合反映医院内部控制建立和实施的总结。

五、业务层面内部控制

公立医院实施内部控制时，可根据上级文件要求和医院实际情况增加相关业务层面进行内部控制，医院在梳理业务层面内部控制时，可重点抓住制度、流程、系统、关键岗位四个层面进行梳理。

1．**制度梳理** 可重点关注四个方面：①制度是否存在缺失，如果存在制度缺失，要及时补充建立相关制度。②制度本身是否合理，是否在制定制度时没有体现内部控制的“决策、执行、监督”相分离的原则，是否存在制度本身就不合理的状况。③是否与国家行业最新的相关政策文件相适应，是否存在与国家、行业要求偏离的现象。④实际业务是否按照医院所制定的制度实施，是否存在制度与业务“两张皮”的现象。

2. 流程梳理　可运用流程图和控制矩阵作为工具，从岗位、业务入手进行流程梳理，将业务分解到每一个工作节点，在每一个工作节点上进行风险梳理和风险控制，通过各部门的业务流程梳理，形成医院内部纵横交错的内部控制网，进行医院整体运行的风险把控。

3. 系统梳理　可重点关注三个方面：①系统是否满足本部门当前业务发展需要，是否存在频繁报错，报错频率及报错性质是否影响系统的继续使用。②部门业务系统与医院其他部门系统之间的适配性，系统所体现的管理的精细度和有效性是否能够满足医院层面统一管理的需要，是否能与其他管理系统有效衔接。③系统是否具备开放性，随着医院发展的需要，能够进行升级和优化，满足更高管理需求。

4. 关键岗位梳理　可重点关注三个方面：①要评估关键岗位人员的岗位胜任能力。②单位是否匹配了与工作需要相适应的关键岗位数。③单位是否存在某些关键岗位设置缺失的问题。在医院实施内部控制时，部门内部的关键岗位的岗位胜任能力在医院实施内部控制时往往被予以关注，后面两点在医院实施内部控制时容易被忽略，但有无关键岗位和岗位数是关键岗位实施内部控制的基础和保障。

《办法》中医院实施内部控制包括12个业务层面的内部控制，本章节重点介绍以下7个业务层面的内部控制。

（一）预算业务内部控制

医院实施全面预算管理，以医院战略发展规划和年度计划目标为依据，实行全口径、全过程、全员性、全方位预算管理；全面预算管理包括预算编制、审批、执行、监控、调整、决算、分析、考核等各环节；从数量、质量、实效、成本、效益等方面实施预算绩效管理，强化预算约束，促进资源有效分配和使用；定期公开财务信息，主动接受社会监督。

预算业务内部控制包括建立预算管理制度，明确预算管理组织职责，确定预算业务关键岗位，明晰预算管理流程，突出预算管理的关键控制点。

预算业务实施内部控制时，主要有以下几点应予以关注：①预算分配需服务于医院战略，充分运用预算手段开展医院内部各类经济资源的有效配置。②将预算管理与成本管理相衔接，建立预算管理与成本管理相互促进的管理模式。③强化预算硬约束，业财深度融合。做到“无预算、不执行”。

（二）收支业务内部控制

收支业务内部控制包括建立收支业务管理制度，明确收支业务管理组织职责，确定收支业务关键岗位，明晰收支业务管理流程，突出收支业务管理的关键控制点。

门诊收入的内部控制，主要业务包括收费员的收退费、金库（备用金）管理和票据管理三项。门诊收入的内部控制主要是实现资金流、票据流、信息流的一致性。现以医院门诊收入为例，通过风险矩阵的形式对各项业务进行梳理，找出风险点，及风险管控措施，及相应岗位及相应的管理制度等，达到加强内控建设，防范资金风险、票据风险的目的。具体如表14-1~表14-3所示。

表14-1　收退费业务管理（含app、自助机）

<table>
<tr><th>业务类型</th><th>风险描述</th><th>风险管控</th><th>责任岗位</th><th>控制频率</th><th>对应制度</th></tr>
<tr><td>领取备用金</td><td>核对领取金额是否准确</td><td>总出纳与收费员签字确认，登记台账</td><td>收费员、总出纳</td><td>每年</td><td rowspan="14">《**门诊收费票据管理办法》
《**门急诊退费管理规定》
《**现金管理规定》
《**长短款管理规定》</td></tr>
<tr><td rowspan="3">票据领取及使用</td><td rowspan="3">是否及时领用、正确使用并妥善保管</td><td>使用时核对票据信息是否与系统一致</td><td>收费员</td><td>每日</td></tr>
<tr><td>监督是否及时领用并妥善保管</td><td>票据管理岗</td><td>按需</td></tr>
<tr><td>审核票据与报表记录是否一致</td><td>收费处后台审核岗一</td><td>每日</td></tr>
<tr><td rowspan="4">收费、退费业务</td><td>是否选择正确收款方式</td><td rowspan="4">1.收费员当日与报表核对
2.后台审核岗一：次日复核收费员日报与银行电子回单是否一致
3.后台审核岗二：次日起复核全院门诊收入是否完整
4.财务门诊收入记账岗：门诊日报与相应收入单据是否一致
5.门诊收入上交及时性</td><td>收费员</td><td>每日</td></tr>
<tr><td>金额是否准确</td><td>收费处后台审核岗一</td><td>每日</td></tr>
<tr><td rowspan="2">票据与HIS记录一致（金额及票号）</td><td>收费处后台审核岗二</td><td>每日</td></tr>
<tr><td>财务处收入记账岗</td><td>每日</td></tr>
<tr><td>日结账</td><td>是否按时、准确结账</td><td>收费处后台审核岗一：次日复核收费员结账、交账完整性</td><td>收费处后台审核岗一</td><td>每日</td></tr>
<tr><td rowspan="5">交账</td><td>是否按时上交款包、填写收款明细表</td><td>核对款包与收款明细表数量是否一致</td><td rowspan="2">总出纳岗和区域负责人</td><td>每日</td></tr>
<tr><td>是否按时上交个人日报表及对应单据</td><td>核对日报表与对应单据是否上交</td><td>每日</td></tr>
<tr><td rowspan="3">备用金是否完整</td><td>1.收费员每日盘点</td><td>收费员</td><td>每日</td></tr>
<tr><td>2.后台岗定期或不定期抽查</td><td>后台岗</td><td>定期或不定期</td></tr>
<tr><td>3.财务处及审计处定期抽查</td><td>财务处、审计处</td><td>每年</td></tr>
</table>

表14-2 金库（备用金）业务管理

业务类型	风险描述	风险管控	责任岗位	控制频率	对应制度
备用金申领	核销申领	按OA流程逐级审批	总出纳岗	每年	《**现金管理规定》《**长短款管理规定》《**就诊卡退卡销毁规定》
换零钱业务	总出纳与收费员兑换金额是否准确	进行盘点，双人核对	总出纳、收费员、审核岗一	每日	
	总出纳与银行工作人员兑换金额是否准确		总出纳、审核岗一	每周二次	
金库管控	备用金完整性	盘点	总出纳、审核岗一	每日	
		抽盘	后台岗、财务处、审计处	定期或不定期	

表14-3 票据管理

业务类型	风险描述	风险管控	责任岗位	控制频率	对应制度
票据申领	是否及时申领	按OA流程逐级审批	收费处票据管理岗、财务处票据管理岗	按需	《**票据管理办法》
票据保管	是否防盗、防火、防潮、防蛀、防爆、防腐等	专用库房、专人管理、定期巡查	收费处票据管理岗	按需或定期	
票据发放	是否及时、准确发放	设专用登记表，建立票据发放记录	收费处票据管理岗、收费员	按需	
票据信息上传	是否及时、准确上传	核实HIS信息是否上传及上传信息与票据信息是否一致	收费处票据管理岗、信息相关岗位、财务处票据管理岗	每日	

（三）采购业务内部控制建设

采购业务内部控制包括建立采购业务管理制度，明确采购业务管理组织职责，确定采购业务关键岗位，明晰采购业务管理流程，突出采购业务管理的关键控制点。

医院在实施内部控制时重点包括：采购论证流程是否合理；基建、医工、后勤、信息、人事、财务、内部审计、纪检监察部门的相互协调和监督机制是否有效运行；采购关键人员是否胜任，是否定期轮岗，有无有效监督。如表14-4所示。

表14-4　采购业务管理

业务类型	风险描述	风险管控责任部门					对应制度
		需求部门	采购部门	财务部门	审计部门	资产管理部门	
采购需求提出	1.需求部门对采购产品型号及厂家作出限定 2.需求部门对医疗设备价格作出限定	需要提出设备功能要求及设备数量	1.进行需求确认，是否合理，是否与临床业务需求相适应 2.有无采购预算	—	—	—	《**医学设备管理工作制度》 《**医学设备采购管理制度》 《**固定资产管理制度》
采购实施	1.流程是否合理 2.是否满足相关法规要求	—	1.组织技术交流 2.进行招标相关工作 3.合同签署	合同付款条款是否合理，流程是否合理	1.设备采购流程是否合理 2.审批手续是否完整 3.是否满足相关法规要求	—	
验收入库	1.设备是否及时安装 2.设备是否满足需要 3.是否建立设备台账 4.是否进行资产上账手续	1.确认设备安装使用时间及能否满足需求 2.使用是否正常	1.设备是否到达使用科室，达到使用状态 2.各种验收资料是否齐全 3.在资产管理系统进行上设备上账工作	是否及时进行账务处理，资料是否完整，进行转固	—	在资产管理系统进行增资	

（四）资产业务内部控制

资产业务实施内部控制时，可根据资产类型及资产管理特点，包括建立资产业务管理制度，明确资产业务管理组织职责，确定资产业务关键岗位，明晰资产业务管理流程，突出资产业务管理的关键控制点。

医院应当加强对外投资管理。对外投资应当进行可行性论证，按照规定报送相关主管及财政部门审核审批；加强项目和投资管理，开展投资效益分析并建立责任追究制度。

现以流动资产为例，列举实施内部控制关键点。

1. **货币资金** 是否做到日清月结，入账是否及时，医院现金持有量是否满足医院需求，是否做到定期或不定期盘点等。

2. **银行存款** 银行印鉴的分人保管制度，支票汇款的审核签发制度，不相容岗位分离制度，未达账项定期检查制度；是否存在签发空头支票风险等。

3. **其他货币资金** 医院信息系统（HIS）与第三方支付平台明细信息是否相符，银行对账明细是否与HIS和第三方支付平台信息系一致，从信息流和资金流进行三方核对，确保一致性等。

4. **应收账款** 在院医疗款和应收医疗款应做到按患者及医疗保险单位明细核算，建立应收账款及时对账机制，及时清理往来账等。

5. **库存物品** 区分药品、卫生材料、低值易耗品、其他材料分类管理，采购需求是否合理，满足医院使用需求，验收入库手续是否完备，库存保管和分发是否进行有效监督，是否做到账实相符，是否进行定期或不定期盘点等。

（五）基本建设业务内部控制

基本建设业务内部控制包括建立基本建设业务管理制度，明确基本建设业务管理组织职责，确定基本建设业务关键岗位，明晰基本建设业务管理流程，突出基本建设业务管理的关键控制点。

1. **建立基本建设业务管理制度** 医院应当建立健全基本建设项目管理制度，建立项目议事决策机制、项目工作机制、项目审核机制和项目考核监督机制。

2. **明确基本建设业务组织职责** 明确建设项目决策机构、归口管理部门、财务部门、审计部门、资产部门等内部相关部门在建设项目管理中的职责权限。

3. **确定基本建设业务关键岗位** 合理设置建设项目管理岗位，明确岗位职责权限，确保项目建议和可行性研究与项目决策、概预算编制与审核、项目实施与价款支付、竣工决算与竣工审计等不相容岗位相互分离。

4. **明晰基本建设业务管理流程** 优化建设工程的立项、设计、概预算、招标、建设和竣工决算的工作流程、业务规范，建立沟通配合机制；强化建设工程全过程管理、资金支付控制、竣工决算办理。

5. 突出基本建设业务关键控制点 工程立项是否合理，概预算是否科学，工程建设过程质量的监督与资金制度的审批与竣工决算是否按期实现。

（六）合同业务内部控制

合同业务的内部控制包括：建立健全合同管理制度，明确合同归口管理部门及其职责权限，确保合同签订与合同审批、合同签订与付款审批、合同执行与付款审批、合同签订与合同用章保管等不相容岗位相互分离，明晰合同业务管理流程。优化合同前期准备、合同订立、合同执行、合同后续管理的工作流程、业务规范，建立沟通配合机制。

合同业务实施内部控制时，除流程签订过程中各部门需按照分工各司其职外，以下几点应予以重点关注。

1. 是否实现合同管理与预算管理、收支管理、采购管理相结合。

2. 合同变更及合同终止是否规范、合理。

3. 合同审批流程是否合理，合同审批是否及时，是否存在因合同审批时间过长影响医院业务，对于常规付款合同，是否有简化流程。

4. 合同是否有效履行，是否有效发挥资金使用效率。

5. 是否定期或不定期对合同业务进行点评分析，做资金效益评价。

（七）信息化建设内部控制

信息化建设内部控制包括：建立信息化建设管理制度，明确信息化建设归口管理部门，确定信息化建设业务关键岗位，明晰信息化建设业务管理流程，突出信息化建设业务管理的关键控制点。

信息业务实施内部控制时，以下几点应予以重点关注。

1. 信息管理制度是否合理。医院信息化是近几十年新生的事物，内部信息管理制度一般是医院信息管理部门自行制定，可参照的国家、行业层面的上位信息制度不够健全，医院自行出台的信息制度合理性及科学性须重点关注，为避免制度缺陷，可由医院管理委员会或借助外部力量进行制度审核。

2. 信息系统适用性是医院信息系统的核心，在信息系统的建设和维护及评估过程中，须将信息系统的规划与医院总体规划相衔接，并广泛征集临床业务人员、职能处室人员、患者及患者家属各个层面的意见和反馈。

3. 医院信息系统的核心技术是否为医院所掌握，是否存在医院核心系统掌控在外包公司手中的情况，医院员工有无查找系统问题能力及解决信息系统问题的能力，是否日常的维护存在受制于所外包的信息公司的状况。

4. 医院信息系统立项、建设、验收、评估、使用是否实现了决策权、执行权、监督权“三权”的有效分离，是否存在立项、建设、验收、评估等有一个部门全权管理的状况。

5. 系统报错情况是否频繁，是否存在深层问题，系统是否满足管理及临床业务需求，每年维护费用是否合理。是否建立系统日志记录存档工作制度，形成规范的工作流程，如系统更新流程，系统上线流程等。

6. 系统安全，数据质量及安全问题是否得到关注和保障。

医院在实施内部控制时，也可根据本医院实际情况增加业务层面的内容，如在《办法》的12个业务层面的基础上，根据医院实际情况增加医院运行保障内部控制及医院人力资源及绩效分配内部控制等等。

第四节　医院内部控制评价、监督

一、医院内部控制评价

（一）医院内部控制评价的含义

医院内部控制评价，是指医院内部审计部门或确定的牵头部门对本单位内部控制建立和实施的有效性进行评价，出具评价报告的过程。

（二）医院内部控制评价的组织

医院内部控制评价工作可以自行组织或委托具备资质的第三方机构实施。已提供内部控制建设服务的第三方机构，不得同时提供内部控制评价服务。

（三）医院内部控制评价的内容

1. 医院内部控制设计有效性评价　应当关注以下几方面：医院内部控制的设计是否符合国家相关政策文件要求；是否覆盖本单位经济活动及相关业务活动、是否涵盖所有内部控制关键岗位、关键部门及相关工作人员和工作任务；是否对重要经济活动及其重大风险给予足够关注，并建立相应的控制措施；是否重点关注关键部门和岗位、重大政策落实、重点专项执行和高风险领域；是否根据国家相关政策、单位经济活动的调整和自身条件的变化，适时调整内部控制的关键控制点和控制措施。

2．医院内部控制运行有效性评价 应当关注以下几方面：各项经济活动及相关业务活动在评价期内是否按照规定得到持续、一致地执行；内部控制机制、内部管理制度、岗位责任制、内部控制措施是否得到有效执行；执行业务控制的相关人员是否具备必要的权限、资格和能力；相关内部控制是否有效防范了重大差错和重大风险的发生，以医院业务层面的信息化建设业务内部控制评价示例，结合内控管理要求及医院实际制定内部控制评价表，如表14-5。

表14-5 信息化建设业务内部控制评价表

序号	评价指标	负责部门
1	是否建立健全信息化建设管理制度	信息中心
2	信息化建设管理制度是否涵盖信息化建设需求分析、系统开发、系统改造、运行维护、信息安全和数据管理等方面内容	信息中心
3	信息化建设是否实现归口管理	信息中心
4	是否明确归口管理部门和信息建设项目牵头部门、建立相互合作与制约的工作机制	信息中心、财务处、医工处、药剂科等
5	是否合理设置信息系统建设管理岗位	信息中心
6	是否明确信息系统建设管理岗位的职责权限，是否实现不相容岗位分离	信息中心
7	是否制定信息系统建设总体规划	信息中心
8	是否符合信息化建设相关标准规范	信息中心
9	是否将内部控制流程和要求嵌入信息系统	信息中心、财务处、医工处、药剂科等
10	是否实现各主要信息系统之间的互联互通、信息共享和业务协同	信息中心、财务处、医工处、药剂科等
11	是否采取有效措施强化信息系统安全等	信息中心
12	信息系统中涉及财务管理的相关功能、业务流程、操作授权、数据结构和数据校验等方面是否符合财务会计内部控制要求	信息中心、财务处、医工处、药剂科
13	药品管理、物资管理、设备管理、门诊收费和住院收费系统是否符合《医疗机构信息系统基本功能规范》的要求	信息中心、财务处、医工处、药剂科
14	是否建立系统灾难恢复预案	信息中心、财务处、医工处、药剂科
15	数据是否及时备份，是否由专人保管存放	信息中心、财务处、医工处、药剂科

3．医院内部控制评价报告 至少应当包括：真实性声明、评价工作总体情况、评价依据、评价范围、评价程序和方法、风险及其认定、风险整改及对重大风险拟采取

的控制措施、评价结论等内容。

医院内部控制职能部门或牵头部门根据内部控制评价报告的审批结果组织整改，完善内部控制，落实相关责任。

二、内部控制监督

（一）内部控制监督的含义

内部控制监督，是指内部审计部门、内部纪检监察等部门对医院内部控制建立和实施情况进行的监督。

（二）内部控制监督的组织

医院内部控制监督应当与内部控制的建立和实施保持相对独立，内部控制监督不能由具体组织实施和日常管理的工作部门承担。医院内部审计部门和纪检监察部门应当制定内部控制监督制度，明确监督的职责、权限、程序和要求等，有序开展监督工作。

（三）内部控制监督的主体与定位

内部控制监督的主体为医院内部审计部门和纪检监察部门。

医院内部审计部门和纪检监察部门在实施内部控制监督时，要从促进医院内部控制的角度出发，实施内部控制监督时，不能将本部门只作为医院的职能部门之一，而要高于部门职责，站在全院的角度，定期或不定期检查医院内部管理制度和机制的建立与执行情况，以及内部控制关键岗位及人员的设置情况等，切实找出医院内部控制中存在的不足和缺陷，对医院内部控制提出建设性意见和建议。同时根据医院实际情况确定内部监督检查的方法、范围和频率，通常不能少于一年一次。

第五节　医院内部控制报告

一、医院内部控制报告的含义和编制原则

内部控制报告，是指医院结合本单位实际情况，按照相关部门规定编制的、能够综合反映本单位内部控制建立与实施情况的总结性文件。

内部控制报告的编制应当遵循下列原则。

1. **全面性原则** 内部控制报告应当包括医院内部控制的建立与实施、覆盖单位层面和业务层面各类经济业务活动，能够综合反映医院的内部控制建设情况。

2. **重要性原则** 内部控制报告应当重点关注医院重点领域和关键岗位，突出重点、兼顾一般，推动医院围绕重点开展内部控制建设，着力防范可能产生的重大风险。

3. **客观性原则** 内部控制报告应当立足于医院的实际情况，坚持实事求是，真实、完整地反映医院内部控制建立与实施情况。

4. **规范性原则** 医院应当按照财政部规定的统一报告格式及信息要求编制内部控制报告，不得自行修改或删减报告及附表格式。

二、医院内部控制报告的责任主体

医院是内部控制报告的责任主体。单位主要负责人对本单位内部控制报告的真实性和完整性负责。

医院应当结合本单位内部控制建立与实施的实际情况，明确相关内设机构、管理层级及岗位的职责权限，按照规定的方法、程序和要求，有序开展内部控制报告的编制、审核、报送、分析使用等工作。

三、医院内部控制报告的主要内容

医院应当根据本单位年度内部控制工作的实际情况及取得的成效，以能够反映内部控制工作基本事实的相关材料为支撑，按照财政部门发布的统一报告格式编制内部控制报告。

反映内部控制工作基本事实的相关材料一般包括：会议纪要、内部控制制度、业务流程图、风险评估报告、内部控制培训材料等。

四、医院内部控制报告的作用

医院应当加强对本单位内部控制报告的使用，通过对内部控制报告反映的信息进行分析，及时发现内部控制建设工作中存在的问题，进一步健全制度，提高执行力，完善监督措施，确保内部控制有效。同时，医院应加强对内部控制报告的分析，强化分析结果的反馈和使用，切实规范和改进医院管理，更好地发挥内部控制建设的促进和监督作用。

本章小结

本章内容简要介绍了内部控制的发展历程、内部控制的一般概念以及医院内部控制概念，重点讨论了医院内部控制所涉及的风险评估、内部控制建设、内部控制评价与监督、内部控制报告四部分内容。近年来，随着国家对公立医院高质量发展的要求，内部控制成为公立医院实现高质量发展的重要管理手段，公立医院有一定的内部控制基础，但内部控制的体系和方法还不完善，公立医院的内部控制尚处于起步阶段，在实施中还需要不断地探索和提升。

（贺颖奇　王爱青　山其君　马中文）

第十五章　医院财务业务一体化管理

学习目标

1. 掌握　医院财务业务一体化的内涵、特征。
2. 熟悉　医院财务业务一体化建设的总体思路和基础过程。
3. 了解　医院财务业务一体化管理实务的应用。

第一节　医院财务业务一体化管理概述

《中华人民共和国基本医疗卫生与健康促进法》提出，国家推进全民健康信息化，运用信息技术促进优质医疗卫生资源的普及与共享。医院信息化、数字化建设的发展使医院管理的规则、流程、制度发生了根本转变，医院的管理模式必须不断创新，同时降低风险管控难度以及管理成本。要实现现代医院规范化、精细化发展，必须实现财务与业务的一体化管理，通过流程的规范化、数据的标准化，实现医院业务流程、财务流程和管理流程的统一协调。现代智慧医院的管理和建设必定是业务活动与财务管理的数据融合、数字化转型的结晶。

一、医院财务管理信息化的现状和主要问题

（一）医院财务管理信息化现状

财务业务一体化是财务管理信息化的一个重要组成部分。我国医院财务管理信息化已经经历了数十年的发展，从信息化的建设历程来看，共经历了以下四个阶段。

第一，单项目管理阶段。主要围绕医院财务管理的单个具体项目进行信息化建设和管理。

第二，多项目综合信息管理阶段。是将财务管理整个系统多个项目进行集约式的整合管理。

第三，跨部门信息共享管理平台建设阶段。是医院跨部门的信息共享管理平台建设，将医院经营管理的信息进行聚集和汇总，构建信息化管理平台，实现全院整体业务流程的信息化管理。

第四，以患者为中心的综合性统一信息管理及决策智能平台建设阶段。是以患者为中心，重构医院业务流程、管理流程和财务流程，实现统一的数据平台与智慧化管理。

我国医院信息化建设经过近些年的发展，目前大致的情况是大型医院的发展水平处在多项目综合管理系统向跨部门信息共享平台过渡的发展阶段，中型医院多处在多项目综合管理系统建设阶段，而小型医院和偏远地区的医院尚处在单一信息系统建设阶段甚至尚未启动信息化建设阶段。要实现现代医院管理应用，必须大力加强信息化建设，并在信息技术应用的基础上，通过财务业务一体化过程，实现医院的高质量发展。

近10年以来，医院财务管理信息化得到了飞速发展。目前医院已经建成了以医院信息系统（hospital imformation system，HIS）为基础的全院级集成信息系统。HIS是指利用计算机软硬件技术、网络通信技术等现代化手段，对医院及其所属各部门的人流、物流、财流进行综合管理，对在医疗活动各阶段产生数据进行采集、存储、处理、提取、传输和汇总等操作，加工生成各种信息，从而为医院的整体运行提供全面的自动化管理及各种服务的信息系统。HIS是管理信息系统（management information system，MIS）在医院环境的具体应用。在具有MIS的特征和要求的同时，基于医学信息特点又具有个性化的特征与要求。

具体来说，医院信息系统的典型应用主要有临床信息系统（clinical information system，CIS）和医院管理信息系统（hospital management information system）。

1. 临床信息系统　该系统以电子病历（electronic medical record，EMR）为核心、以临床医务人员的诊疗活动为基础，对在医疗活动各阶段产生的数据进行采集、储存、处理、提取、传输和汇总，加工生成各种医疗信息，支持医院医护人员的临床活动，丰富和积累临床医学知识，并提供临床咨询、辅助诊疗、辅助临床决策，以提高医疗质量和工作效率。临床信息系统主要实现了临床业务处理的过程化、实时化和移动化，可进一步细分为医生工作站系统、护理工作站系统、医技工作站系统、辅助科室工作站系统、临床决策支持系统等。

2. 医院管理信息系统　该系统以医院管理者为主体，根据医院的具体特点和实际情况，对医院各项活动产生的信息进行收集、传输、加工、存储和维护的综合性管理系统。系统以先进的管理思想为指导，通过标准、科学的管理工具，支持高层管理者的战略决策、中层管理者的管理实践以及基层工作者的业务处理。

医院管理信息系统可进一步细分为资源管理系统（hospital resource planning system，HRP）、医疗管理系统、管理决策支持系统、管理辅助系统。其中资源管理系统包括人事管理、财务管理、后勤管理、药库管理、设备管理等，实现实名建档、病区（房）床位管理、住院患者入/出/转、业务结算与收费、成本核算、预算管理、高值耗材管理、药品物流管理、物资管理、固定资产管理、医疗设备管理、医疗废物管理、人力资源管理、绩效考核等功能。医疗管理系统包括医疗质控管理、护理管理、院感管理、药事服务与管理等。药事服务与管理系统包括门急诊处方和处置管理、住院医嘱管理、静脉药物配置管理、输液管理、药品医嘱执行、合理用药监测、抗菌药物管理、处方点评、基本药物监管等。

（二）医院财务管理信息化主要问题

虽然我国医院财务管理信息化经过数十年的发展，已经取得了长足的进步，但也存在着很多问题。当前医院更多的系统建设还是解决业务处理问题和日常管理工作的需要，对于数据分析和辅助决策支持很少。总体来说，当前的医院财务管理信息化建设存在以下问题与不足。

1. 医院财务管理信息化缺乏整体规划 医院财务管理是医院整体管理的一部分。财务管理信息化需从医院管理信息化的大局出发，从顶层进行总体规划和科学决策。医院财务信息化规划应与医院管理系统的信息化建设相协调。但是，由于财务信息化始于财务核算，受传统管理思想和模式的影响，最初的财务信息化并未从整体上进行规划，更多是基于财务部门核算的需要。而在医院整体信息化建设的过程中，往往又忽略财务管理信息化的重要性和整体性，从而导致医院财务管理信息化缺乏科学合理且设计思路清晰的完整规划方案，更多是对集成系统进行的削足适履的应急性改造和应用。随着医院财务管理应用的深入，管理会计的日益成熟，医院对计划、控制、预算、成本、绩效等的要求越来越高，财务管理信息化在计划、控制、决策、考核、分析、预测等工作上的缺失问题日益凸显，财务管理信息化整体规划的缺失问题日趋严重，给医院财务管理工作的深入造成了很大的障碍。

2. 传统组织制约了财务管理信息化的发展 通常医院管理组织结构采用的是职能型组织结构（图15-1），按职能进行专业化分工。这种结构的优点在于各部门能够集中完成医院内部某一类型的所有活动。部门的任务为常规和重复性任务，因而单一部门工作效率高、工作效果好。其缺点在于部门间业务流程为单向串行方式，从而导致财务部门的活动往往滞后于各业务部门的业务活动，仅限于实现财务核算对业务活动结果的事后记录职能，无法实现财务管理对业务活动过程的监督职能。在实践中，单一部门在管理过程中会因为注重部门利益，各自为政、合作性差；进而导致财务管理协调成本高、难度大、效率低、准确性差。

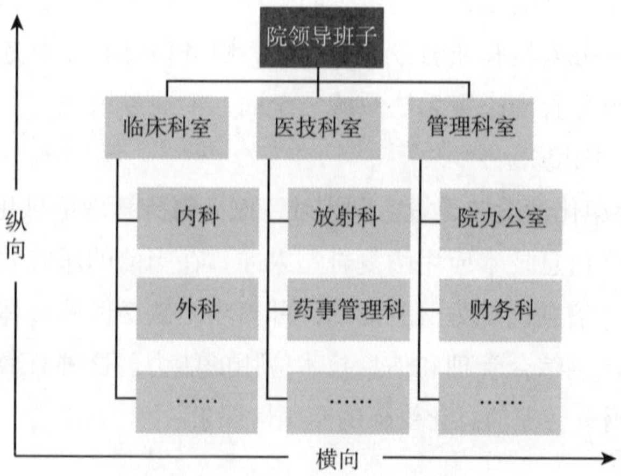

图15-1 医院职能型组织结构

财务管理和控制是医院综合管理的核心职能，现代的财务管理应深入业务系统，贯穿业务流程的全过程，这不仅需要信息技术的支持，更需要各部门通力合作，打破固有的传统组织模式，实现更为灵活的管理组织方式。

3. 财务与业务分离，导致财务缺乏及时管控 医院财务管理系统与多个业务系统如住院系统、药品管理系统、门诊系统等都具有密切的关联性，但长期以来医院信息化建设缺乏统一的领导和整体规划，使得各个部门和具体的业务流程之间，以及业务流程与财务流程和管理流程之间缺乏有效的衔接，各个部门独自进行信息系统的建设开发，导致技术标准、系统框架和数据接口无法统一，各个系统处于相对封闭的孤岛状态。业务系统产生的数据很多无法及时传导到财务系统中，导致财务系统无法及时获取到所需的信息，财务监督和控制过程更无法嵌入到业务流程中去，从而导致财务管理职能没有发挥真正的效用，整个信息系统的使用价值也大打折扣。

4. 财务信息化缺乏统一数据标准 由于各个部门的管理系统处于相对封闭的孤岛状态，系统数据缺乏统一的标准，信息编码不规范，而医院财务信息数据覆盖范围较广，涉及医院各个部门，并与各个业务环节紧密相连。统一数据标准的缺乏，导致部分数据信息无法兼容，信息资源共享不充分，即便是相同事物，在不同部门也可能出现不同数据编码的情况，导致数据的整合性、调用度和利用率不高，并影响了信息的传递速率和准确性。数据结构的不合理，不能充分地实现信息共享，这些情况都将造成相关工作重复率高，极大地制约财务工作的管理效率。

5. 数据分析功能缺失，决策支持作用受限 在传统的会计系统中，会计信息是以高度汇总的方式呈现给管理者的。高度汇总的数据信息，难以直接反映经济业务的本来面目。在传统的财务会计系统模式下，财务系统并不采集原始业务活动的全部数据，只采集符合会计事项定义的数据子集合，同一项经济业务相关数据因属性和用途等不同，被分别保存在财务人员和非财务人员手中，财务信息和非财务信息的隔阂使得数据分析大打折扣，财务管理决策无法系统、全面，而业务系统与财务系统的相对封闭和分离，加剧了这一困境。

6. 财务管理信息化建设缺乏复合型人才 医院财务管理信息化的建设需要大量既懂财务专业知识又懂信息技术应用的复合型人才。在当前的医院财务信息系统建设的过程中，往往将财务信息化视为财务部门内部事项，缺乏医院整体的有效组织，而财务人员也更多缺乏医院综合管理和信息技术应用的能力。这种有效组织和复合型人才的缺乏是目前医院财务管理信息化受阻的瓶颈性因素。

二、医院财务业务一体化内涵及特点

当前医院财务管理信息化的主要问题在于信息系统割裂，业务财务数据分离，业务流程、财务流程和管理流程缺乏有机的融合，这一问题的解决必须借助财务业务一体化过程。

（一）财务业务一体化

财务业务一体化是指在集成的计算机系统（包括硬件、软件、数据库和网络）环境下，融合组织经营中的三大流程，即业务流程、财务流程和管理流程，以“事件驱动”为流程设计思想，建立基于业务事件驱动的财务和业务一体的信息处理过程；以数据统一为基础目标，使财务数据、业务数据和管理数据融为一体，以便相关人员简便、及时地从数据库中获取所需的财务和非财务信息，更好实现对业务、财务和管理活动的全面支持和辅助决策。

“业务流程”是输入各种人、财、物等各项资源，经过业务转换活动，输出产品或服务的过程。“财务流程”是输入“业务流程”中涉及的经济事项货币形式表达，经过会计方法的加工处理，形成财务会计信息的过程。“管理流程”是输入业务流程和财务流程中生成的各种财务和非财务信息，经过管理和决策加工，输出各种具体的计划、组织、控制和评价等综合信息以完成管理和决策目标的过程。业务流程、财务流程和管理流程是不可分割的，业务流程是财务流程和管理流程的基础。财务信息来源于业务流程，最终又作用于业务流程，实现财务控制和监督的作用。管理活动处于组织的顶端，管理的计划、组织，控制和监督等职能内嵌在业务流程和财务流程活动中，实现从业务中来，到业务中去的闭环管理过程。从本质上讲，业务、财务和管理活动物理上是分离的，但逻辑上是一体的。只有这样，才能真正实现整个组织系统的一体化和稳态化。这就是财务业务一体化的基本内涵。

业务、财务和管理活动物理上的分离，导致了其具有各自的运行轨迹和流程，形成了系统上的复杂性；而逻辑上的一致性又要求物理上分离的流程必须紧密融合，实现有序性。这一问题的解决就是在财务业务一体化中通过业务事件驱动方法，实现流程的对接和数据的无障碍流动。业务事件驱动是指原始业务流程中需经财务信息系统确认、反映或控制、监督的经济事项，直接在信息技术的支持下，第一时间触发财务系统执行相应的操作，实现业务流程执行和财务流程执行的并发和一致处理。基于事件驱动的财务信息系统与业务流程系统形成一个集合体，集成了包括财务数据与非财务数据在内的所有业务数据，形成了一个逻辑数据集合，既能提供财务会计确认流程所需的全部信息，又不会产生数据重复存储、数据不一致之类的问题。

（二）医院财务业务一体化

医院财务业务一体化是财务业务一体化思想在医院系统中的具体应用。一方面，医院财务业务一体化要实现医院内外部各项业务活动的数据化。业务活动实现从分散走向集中，打破“信息孤岛”。医院通过信息化建设将分散在各个系统间的患者全流程医疗信息重新整合；同时实现从固定走向移动（移动护理、互联网医疗、医生工作站等）的过程，打破医护人员工作的时间地域限制，形成“一切业务数据化”，为财务管理通过数据采集整理、分析预警、预测决策等职能与医教研防等业务活动紧密结合奠定基础。另一方面，医院财务业务一体化要实现财务管理前延至业务发起端，随着业务活动开展实施控制和监督，同时获取所需信息，缩短数据流转时间，降低舞弊等潜在风险的概率与差错，使得财务管理从基础的收费、物流等辅助服务活动，转变为可以利用人工智能辅助治疗决策系统（clinical decision support system，CDSS）、运营管理平台、人工智能（artificial intelligence，AI）等赋能临床，实现从事务性处理走向智能化支持的过程，形成“一切数据业务化”，不同管理维度数据均基于可视化、可追溯的同一业务活动，从而打破线下组织结构的个体性管理局限，在线上将管理职能贯通、无缝对接，减少交叉冗余、弥补漏洞空白，更好地适应医院业务活动发展和新时代的要求。

医院财务业务一体化管理是加强和提升医院财务管理精细化水平的重要途径，将财务和业务进行有机整合，能够进一步优化管理能力，统筹各类资源配置，助力医院实现发展目标和远景。

（三）医院财务业务一体化的特征

1. 综合性 医院财务业务一体化管理涉及医院所有管理部门、业务科室及所有相关因素的管理、业务活动，不是简单的信息智能效能的传递，而是医院治理的逻辑重构，是为提升医院组织管理能力而打造的工具，是搭建医院医疗健康生态环境的重要手段。医院财务业务一体化要解决的核心问题不是技术问题，而是科室部门之间形成的数据分割、条块掣肘，即互联互通难、数据共享难、业务协同难的“三难”如何变为“三通”的问题。这种逻辑重构，既有纵向的围绕目标、人、信息三个核心方向，将部门内部流程拓展至组织升级的场景，也有横向的与其他业务科室打通的连接。这个成效的达成需要医院战略规划能力与科室部门之间整体协作、统一部署。

2. 高层次性 与医院日常管理和职能管理不同，医院财务业务一体化管理必须由医院的高层领导来推动和实施。在现有医疗服务能力基础上，搭建以医院自身资源为核心的更具创造性、竞争力的医疗健康生态，逐步实现业务在线实时化、管理数字化、服务智能化，从而提升医院经济运营效率。这不仅是关键一步，更是必经之路。医院领导的接受度和认知度对医院财务业务一体化建设乃至数字化转型起着决定性作用。

3. 适宜性 医院属于专业化程度高、知识密集型机构。医院财务业务一体化管理必须依托医院的实际业务场景需求和业务流程再造，与医疗服务场景、业务模式相适宜、符合医院转型升级的整体思路与发展规律。医院财务业务一体化系统应建设成一个包括各种软硬件集成设施，且具有线下与线上密切联动的、端与端全面协同的数字化运营系统。

4. 统一性 医院财务业务一体化的关键在于实现业务流程、财务流程和管理流程的融合，以“作业”为中心，摆脱传统组织分工理论的束缚，合理利用信息技术，充分发挥信息技术的优势，打破传统的财务会计流程，建立基于事件驱动的财务业务一体化信息处理流程，将财务控制、企业管理等活动内嵌到业务活动中，实现业务、财务、管理的有机统一。

5. 集中性 医院财务业务一体化的核心目标之一是实现数据的集中化，将医院所有与业务、财务和管理相关的数据集中为一个逻辑数据库，最大程度地存储财务和非财务信息，在整个医院范围内最大限度实现数据的共享，各类“授权”人员都可以通过报告工具等自动获取到所需信息，从而满足所有信息使用者的需求，避免数据的不完整和重复情况的发生。

6. 灵活性 美国会计学家迈克尔·查特菲尔德在《会计思想史》中写道：“会计的发展是反应性的。”这同样也适用于医院财务业务一体化管理。医院财务业务一体化对内需要更好地与微观主体经营管理有机融合，对外需要更好地与宏观经济管理、社会环境有机融合。财务业务一体化系统应具备足够的灵活扩展性，能及时对环境、业务、组织和流程等的变化作出响应，满足医院内部管理的需要。

第二节　医院财务业务一体化管理实务

一、医院财务业务一体化的基础

医院财务业务一体化的过程不仅是一个技术应用的过程，更是一个管理变革的过程，其不仅需要具备一定的技术基础，更需要医院具有扎实的管理基础和人才基础。

（一）管理基础

要实现医院财务业务一体化的过程，必须在管理上具备以下基础条件。

1. 院级领导的重视　与单个信息系统建设和管理模式不同，医院财务业务一体化的过程是一个将各医疗业务系统与人财物资源管理系统集成的过程，是一项院级的工程。只有院级领导高度重视，以系统的思维为指导，财务业务一体化才有成功的可能。

2. 业务流程的梳理　医院财务业务一体化会改变很多工作习惯和操作流程。对传统流程进行系统梳理才可能发现业务流程与业务流程之间、管理流程与业务流程之间的重合与交集，实现重新站在全局的角度考虑流程优化和重构，从而实现将各个业务流程和财务流程以及管控流程无缝衔接起来的目标。

3. 组织架构与制度体系的重建　医院财务业务一体化过程首先是各项业务流程、管理流程再造的过程。流程的改变必然打破原有部门间藩篱，带来组织架构重组和责权再造，不可避免会涉及部门间职责和分工的调整。重建适合的组织架构、完善相关的制度体系，可以有效推动一体化的进程，也是财务业务一体化的重要基础保障之一。

4. 财务部门的中心作用　不论是人财物的消耗还是医疗业务产生的收支数据都会反映在财务核算中，打通各业务流程与财务流程之间的数据传递路径，需要由财务部门制定各种数据统计计量以及传输的规则，包括口径、节点等，确保各系统间数据的一致性，同时还需要通过预算、成本核算、绩效评价等管理工具实现管理对业务的监督与控制职能，提升监管力度。这就必须树立财务部门的中心作用，以财务部门为数据管理中心和决策支持核心，实现流程的无缝衔接和数据的集中管理。

（二）技术基础

信息技术是医院财务业务一体化的手段。要实现财务业务一体化，医院必须具备一定的技术基础，具有一定的财务和业务信息系统应用条件，包括实现相对成熟的业务信息系统、基础管理系统和财务会计系统的应用，如在一定程度上实现经营计划管理、采购管理、销售管理、库存管理、人力资源管理、财务会计核算、临床辅助系统等基础业务和财务管理职能的信息化。

据国家卫生健康委员会统计信息中心调查数据显示，截至2020年，我国二级以上医院信息系统中HIS的使用率高达93.8%，其中有43.0%的医院同时使用HIS、影像归档和通信系统（picture archiving and communication system，PACS、临床信息系统（clinical information system，CIS）和EMR核心信息系统，39.4%医院建设了医院信息平台。其他如实验室/检验科信息系统（laboratory imformation system，LIS）、放射信息系统（radiology information system，RIS）、超声影像管理系统、内镜影像管理系统、病理信息管理系统（pathology information system，PIS）、透析管理系统、重症监护系统、麻醉监护信息系统、数字化手术室、院前急救信息系统、急诊管理信息系统、输血管理系统、合理用药监测系统（prescription automatic screening system，PASS）等在三级医院中得到普遍应用。这些都为财务业务一体化的实现奠定了坚实的技术基础。

（三）人才基础

医院财务业务一体化的实现需要具备财务管理能力、信息技术应用能力、综合管理创新能力的复合型人才，这是医院财务业务一体化成功的基础保障。国家卫生健康委员会等各级管理部门大力推动卫生健康经济管理队伍建设，实现了医院财务管理人才从专业型向专业创新型、复合型、交叉学科人才的转变。卫生健康经济管理人才队伍的不断壮大，人员结构的不断优化，业务素质能力的稳步提高，能为医院财务业务一体化、医院建立面向合理流程的扁平化管理模式提供人才队伍的保障。

二、医院财务业务一体化的应用

医院的财务业务一体化关键要解决在医院的运营过程中，如何实现财务管理和监督融合到业务活动系统中，同时实现管理过程的同步性，以及由此形成数据流的高度集成共享、实时统一。具体来说，就是如何实现医院的临床信息系统与医院的管理信息系统及时对接，医院管理信息系统中各个模块形成流程衔接，如药库管理、物资管理、设备管理、财务管理能够在事务驱动下协同，既为临床管理系统、医疗管理系统等业务活动提供支撑，又实现对这些活动的及时管控和反馈。

（一）财务业务一体化的流程融合

医院财务业务一体化过程需要实现医院所有的系统互联互通，涉及医院的各个部门和各个环节，是一项复杂的系统工程。流程的融合是整个一体化过程的核心。药品管理是医院日常业务中非常重要的一环，本部分以医院药品管理为例阐述财务业务一体化管理实务的应用过程。

1. 医院药品管理的传统管理流程 本章第一节提到医院在横向分工结构中采用职

能型组织结构，按职能进行专业化分工。在此职能型组织结构下，医院传统的药品管理流程如图15-2所示。

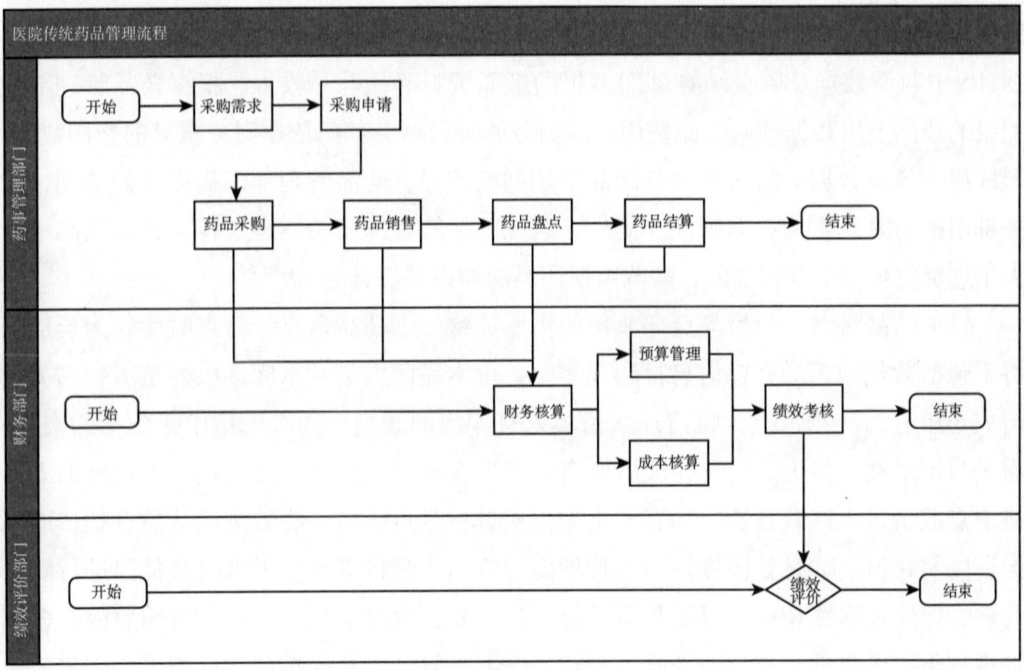

图15-2　医院传统药品管理流程

药品管理流程主要包括药品采购、药品销售、药品盘点和药品结算过程。

（1）药品采购环节管理流程。药品采购环节传统主要流程：①采购需求，药库库管人员根据药品库存情况向药库采购人员发出采购需求。②采购申请，药库采购人员接到采购需求并按规定审批后，在国家统一的药品采购平台向药品供应商发出采购申请单。③药品采购，供应商根据采购申请单组织货源，向医院发出药品并开具发票。药库验收人员在收到药品后与采购申请单名称、品规、数量等核对无误，药品质量、效期等符合要求的，确认验收并移交药库库管人员。药库库管人员二次清点后及时在库管系统按实物名称、品规、数量、单价、效期等办理入库手续，保证库管系统账面库存与药品实物库存的账实相符。④财务核算，药库库管人员将纸质资料传递至财务部门，会计人员在财务系统通过系统接口获取入库数据（如有系统）并与纸质资料核对无误后入账，以保证财务系统与库存系统的账面库存账账相符。⑤财务管理，财务部门依据财务核算数据扣减药品采购预算。

（2）药品销售环节管理流程。药品销售环节传统主要流程：①药品销售，门诊、急诊药房根据HIS中门急诊医生开具并已完成收费的处方，将对应的药品经过相关人员“四查十对”后交付患者。住院药房根据HIS中住院医生开出的医嘱，将对应的药品经过相关人员“四查十对”后交付病房护士，药房确认发出后对住院患者进行药品收费记账。药品发出实物、数量与收费项目、数量核对相符，是药品管理重点，也是医保部门对药品使用情况进行跟踪监督的切入点。②财务核算，财务部门会计人员根据HIS中收费数据及收费结算部门上报的纸质资料确认药品收入。根据药品管理部门上报的药品发出数据确认药品费用。③财务管理，财务部门依据财务核算的费用数据，形成成本核算数据。药品收入与药品费用间的差异，药品管理部门提供差异说明，财务部门核对其真实性、准确性。此外，医院医保管理部门关注是否存在某些药品销量大于进货数量等不合理现象，防范串换药品的欺诈骗保行为。

（3）药品盘点。药品盘点环节传统主要流程：①药品盘点，盘点时库管人员应当将不包括数量的药品库存信息打印成表格，由本库区人员及本库区以外至少一名人员组成小组进行实物清点，将清点数量填入打印出的表格。如有表格中未包括的实物，需手写记录在表格上。清点完成后所有清点人在表格上签字，交清点小组以外的人员将清点数量录入库管系统。如有异常需再次进行盘点。对实物数量确认后存档，应当保证账实相符。②财务核算，药品管理部门应当及时将盘点结果报财务部门进行账务处理，以保证账账相符。对于盘盈、盘亏、变质、毁损等情况，及时查明原因，根据管理权限报经批准后进行财务核算处理。③财务管理，药品按照“计划采购、定额定量供应”的办法进行管理。合理确定储备定额，药品管理部门自行定期进行盘点。年终进行财务、审计、纪委等部门人员全程参与的全面盘点清查。

（4）药品结算。药品结算环节传统主要流程：①药品结算，药事管理部门根据国家及医院付款账期规定与实际结算金额提出结算付款申请。按规定流程与权限审批后，提交财务部门付款。财务部门根据付款审批结果，按供应商支付货款。②财务核算，根据审批后的药事管理部门付款申请与银行付款凭证进行财务核算。③财务管理，财务部门对实际结算金额与应付金额进行核对，如有差异，药事管理部门提供差异说明，财务部门核对其真实性、准确性。

从传统的药品管理流程中可以看出，传统的流程是一种典型的串行式流程，财务管理在药品的采购、销售和库存管理等流程中管理和控制作用很弱，更多是事后的核算和盘点，无法做到及时的管控，也无法获取到药品管理相关的业务数据，从而导致也无法做到有效的分析和决策支持。在财务业务一体化的应用思想下，药品管理应该打破串行式流程和传统式组织模式，从药品采购的起始开始融入财务管控流程，实现业务流程和财务流程的并行和数据的统一，从而实现真正的财务管控目的。

2. 财务业务一体化下药品管理流程 在财务业务一体化的模式下，通过对传统业务流程、财务流程和管理流程进行重新整合与规划，构建形成事前对业务活动统筹规划、事中对业务活动管控分析、事后对业务活动评价与反馈的闭环管理过程。财务业务一体化模式下药品管理流程如图15-3。

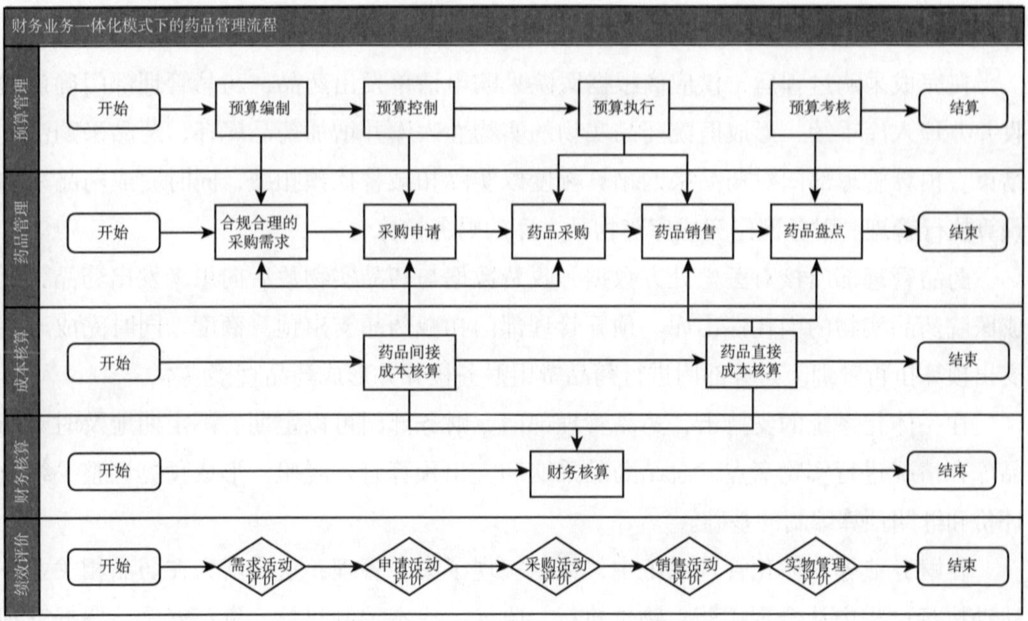

图15-3　财务业务一体化模式下的药品管理流程

预算管理是对医院业务活动实现事前规划的重要管理工具，其中预算编制是财务管理活动的起点。

在财务业务一体化管理流程下，药品采购活动不是随意无序开展的，必须先编制采购预算，经医院决策机构全局统筹、规划、批准后才能在预算规定范围内开展。在该模式下，药品管理部门需根据以往年度采购与销售情况数据，识别和剔除不充分或者非正常的采购活动。预算管理部门将综合考虑医院的战略规划与公共卫生环境、药品采购等政策因素，医保付费方式等经济因素，药品新技术发展等技术因素，对药品采购需求进行定性与定量分析。药品管理部门与预算管理部门通过零基预算、增量预算等方法，运用自下而上、上下结合、自上而下方式，共同编制合规合理、切实可行的药品采购预算，这是药品管控的第一步。

在药品采购伊始，首先将对采购需求进行评价，对于采购需求的评价将从预算管理、政府采购管理、供应商管理等多维度进行。当药品库存不足时，药品管理部门发出采购申请。预算管理部门将对采购申请进行预算控制。在预算额度内的经审批后药品管理部门可以向药品供应商发出采购申请单并对药品采购预算进行预扣减。对于超采购预算或无预算的采购申请，预算管理部门将予以拒绝并及时与药品管理部门沟通，了解实际情况。对于医疗活动确需使用的，预算管理部门会同药品管理部门申请预算调整。医院决策机构对预算调整申请进行成本效益、风险评估等全面分析后，按预算调整审批流程批准，药品管理部门可再次发起采购申请。这一过程实现了药品采购完全在财务预算管控下执行，形成了有效的管控机制。

在完成采购过程后，供应商根据医院采购申请单发出药品，药品管理部门确认验收并办理入库手续，形成医院药品实物的实物性入库并增加药品库存，药品采购活动结束。预算管理部门对药品采购预算额度以实际扣减替代预扣减，同时完成药品采购预算执行管理。财务部门完成库存物品入库的财务核算。

药品管理部门核对医生处方数据、收费数据与药品实物数后向患者发出药品，形成医院药品实物的消耗性出库。预算管理部门扣减药品支出预算额度，同时完成药品支出预算执行管理。财务部门进行药品费用财务核算并形成药品直接成本。

在一体化系统的支持下，药品管理部门、财务部门可以定期、不定期地及时对药品库存情况进行实物盘点，总结药品采购和支出预算管理经验，形成预算调整、绩效评价和继期预算编制的基础。

在财务业务一体化管理系统中，数据实现了集中管理，这样就为在药品相关业务活动执行过程中从合理用药、物价执行、收入、成本控制目标、资产安全、票据管理等多个维度设定考核目标创造了条件。基于此，就可以有效应对不经授权或采取其他不法方式侵占、挪用医院资产，谋取不当利益的行为，防止部分部门管理人员滥用职权，相关部门或人员串通舞弊等风险，同时促进业务活动和财务管理活动的规范化、标准化，提高医院资源配置效果。

（二）财务业务一体化的数据统一

各项业务活动、管理活动留下的运行轨迹，形成医院的数据流。数据是一切管理和决策的基础，完整、准确、一致、及时的数据是医院高质量管理的基础保证。

1. 传统流程下的数据管理 在传统的组织架构和管理流程下，数据流是在各个部门及各个系统内部运转的，系统之间的数据流动和对接更多是通过人工进行的，这一状况导致数据无法及时在整个医院系统流动。以药品管理为例，在传统的管理流程下，采购的相关明细数据更多是在采购系统（或模块）中，药品库管的相关数据更多是在库管系统（或模块）中，其他数据类似，而财务系统只获取到各个系统（或模块）传递的凭证等相关的财务数据。在此状况下，在医院管理和决策需要跨部门数据时，只能通过人工辅助的方式进行数据传递。而各个系统之间的数据来源、口径可能存在差异，就导致管理人员在数据交换时更多精力消耗在数据的核对与沟通中，既造成了人力的浪费，也会产生时滞和失真，导致管理的及时性和准确性下降。不仅如此，各个系统的数据需求是由各个主管职能部门提出的，更多针对各个部门的业务处理需求而设定，对于相关的管理和控制（如财务管控）所需要的数据，在设计时可能并未涉及，从而导致管理决策所需数据不完整。同时，数据的分散化管理也导致了数据的安全隐患增大。总而言之，在传统的管理模式下，数据的准确性、完整性、一致性、及时性和安全性都难以得到保证。

2. 财务业务一体化下的数据管理 数据的融合是流程融合的伴随品，在系统中，数据只跟随流程走，统一集成的系统会产生统一、集成的数据。在财务业务一体化模式下，业务流程、财务流程和管理流程是融合的，系统是统一集成的，因此数据也将是统一和标准的，不论在流程内、部门内，还是不同流程间、部门间数据都将是及时流转的，打破了部门和岗位界限。具体体现在以下方面。

（1）流程或部门内数据的统一：以药品管理部门为例，作为实物管理部门对资产管理展开的管理活动中，最重要的一个方面，就是监控实物与账面数据的一致性，即“账实相符”。在财务业务一体化中，药品进销存管理流程是融合的，进销存流程产生的数据会及时相互反馈以及反馈到药品管理流程的其他环节，账面存货的数据可以及时与药品实物存货数据进行对接，药品管理流程中各环节药品的名称、数量、品规、单价等数据都实现了统一和标准化，这样就有助于甄别药品库管系统账面存货是否真实存在，属于医院的药品是否均已计入药品库管系统，药品实物存货是否均隶属于医院等问题，从而达到管控的目的。

（2）流程间或部门间的数据统一：在财务业务一体化中，医生开具的药品处方会形成财务管理中物价、收入、资产（如货币资金、应收账款、库存物品）、发票等活动的数据源。处方和缴费记录形成药品实物管理出库的数据源。不同流程间数据的统一，为处方、收入、资产的数据结果统一，业务活动、财务管理活动数据结果的统一创造了基础。处方数据关联着医院收入，收入数据关联着医院年度收入预算的执行情况，同时会形成未来年度收入预算编制的测算依据。药品出库数据关联着医院成本、费用数据，同时形成医院年度费用预算的执行情况，也可以作为未来年度费用预算的测算依据。

由于数据的统一，分散在各领域、各环节的点状数据间建立了关联，转变为网状结构。医院管理者可以对医疗活动过程进行监督评价，及时发现问题、规避风险，促进决策更加科学、合理。

第三节 医院财务业务一体化的建设

医院财务业务一体化不仅是一项信息技术的应用，更是一项重大的管理变革，涉及医院的所有部门和环节，无论是从思想上、组织上，还是从流程上、系统上都会对医院的传统方式产生根本性的改变。这也预示着医院财务业务一体化的建设是一个长期的过程。

一、医院财务业务一体化总体思路

总体来说，医院财务业务一体化建设应从以下几方面展开。

（一）整体的规划

医院财务业务一体化应用是一项复杂、长期、系统性的工程，涉及管理思维、组织架构、建设方法、系统工具等多方面要素的综合运用。医院应当制定清晰的长期、中期和短期一体化应用发展规划。医院财务业务一体化需要融合业务系统、财务系统和管理系统，因此必须在医院信息化发展整体战略和规划的指导下进行，遵循规划先行的原则。

（二）有效的组织

有效的组织与机制是医院财务业务一体化实施的基础保障，包括管理组织、管理规范、监督评估。财务业务一体化建设涉及医院多个部门的跨部门协作，需要形成横向分工模式中项目式组织结构。因此必须通过组织、制度、流程的建设，明确工作机制和工作内容、组织中各级角色和职责，制定相应的规范、细则与协作流程，构建监督评估机制等来有效激发组织的积极性，才能确保财务业务一体化工作各环节落实到人并有章可依，稳步推进。

（三）融合的流程

局部最优不等于全局最优。在单项目或多项目信息系统建设阶段，流程的梳理和优化主要是从局部考虑的，但是在财务业务一体化建设时，必须站在全局的角度考虑流程优化和重构，实现跨部门的端到端流程梳理和优化，将各个业务流程和财务流程以及管控流程无缝衔接起来，实现多个连续过程的统一组合。只有运用“事件驱动”和流程再造的思想重新构建流程，才能为一体化打下坚实的基础。在流程重构的过程中，必须制定适合医院业务特点的统一规范的业务、财务和管理流程，以保障系统整体性和高效性。

（四）集中的数据

良好的信息沟通效率与联动效能是财务业务一体化管理目标。在医院财务业务一体化过程中，只有实现数据的规范统一、高度集中，才能最大限度发挥信息沟通的效率和效能。财务业务一体化过程中，数据集中是根本目的之一，也是核心工作内容之一。医院HIS、EMR等信息系统的建设通常是分步实施的，数据分布在各个系统中，且数据定义、分类等缺乏统一的标准与规范。财务业务一体化就是要解决数据不标准、不规范、不统一的问题，实现数据的集中管理和利用。数据集中并非物理的集中，而是逻辑的集中，即无论数据在物理上如何存储，在逻辑上，整个医院的数据应该是统一的、规范的、完整的、集中的。

（五）灵活的系统

信息系统是财务业务一体化应用的具体体现。财务业务一体化系统的复杂性决定着信息系统必须具有灵活性，才能满足复杂的需求。财务业务一体化系统设计的目标要求系统应当实现在适当的时间以适当的形式向适当的用户提供正确的管理信息，需要与临床信息系统共享数据，需要协助医院管理者有效计划决策。用户管理需求是一个不断变化、提升的过程，管理效率的提高，会引起管理范围的扩大、业务流程的重组，这些变化都要求信息系统需具有更强的灵活性与对环境的适应能力，从而为医院的财务业务一体化进程提供更大的支撑。

二、医院财务业务一体化系统架构

医院财务业务一体化系统涉及全院的业务系统、财务系统和管理系统以及决策支持系统，是一个大集成的信息系统，同时又是一个统一的数据中心。系统具有多层次、多模块、大集中的特点，流程复杂，结构复杂。其简易的系统架构如图15-4所示。

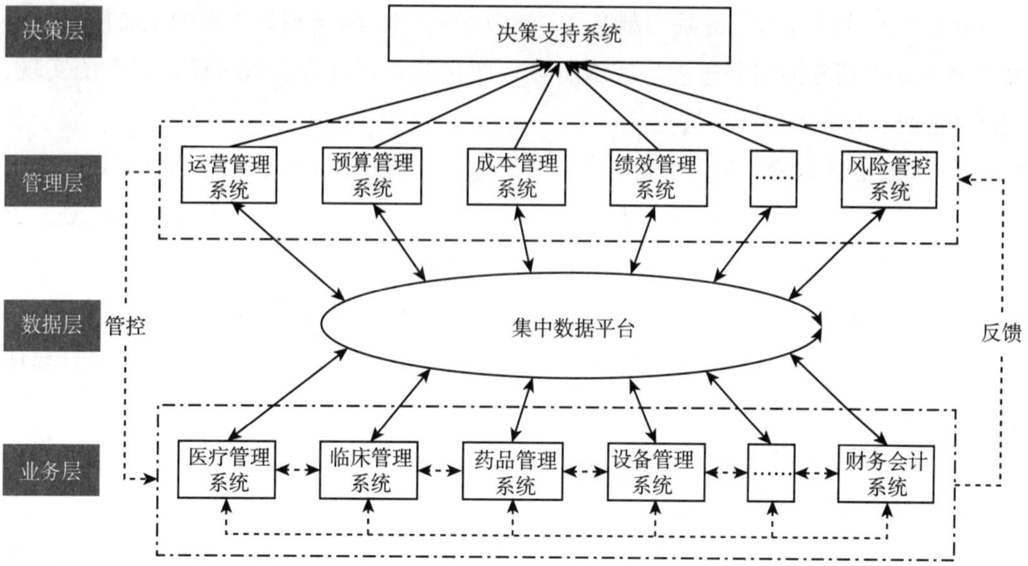

图15-4　财务业务一体化系统架构示意

依据图15-4，医院财务业务一体化系统分为业务层、数据层、管理层、决策层。医院资源管理系统、临床管理系统、医疗管理系统等构成了财务业务一体化系统的基础系统，这些系统之间流程是互通的，系统边界是模糊的，一切以事务流程为驱动，实现跨部门、跨岗位的业务处理过程。同时其数据向集中数据平台汇集（数据的逻辑管理是统一的，物理上可能是分离的）。一切数据在数据平台中得以统一化管理，数据实现标准化和及时共享，各个系统在有效权限下，可以及时获取到所需数据，同时数据之间形成了相互关联和验证，实现有效的数据管控目的。在该系统架构下，数据平台是财务业务一体化的中心，其不仅集中了各系统的数据，同时为管理和决策系统提供数据基础，预算管理系统、成本管理系统、绩效管理系统等可以及时从数据平台获取到所需的财务和非财务信息，形成有效的决策支持报告，提供决策参考。同时管理层系统可以在流程上对业务层系统关键环节进行及时管控和指导，而业务层系统也会对管理层系统提供关键业务环节的反馈，从而形成一个自上而下、自下而上的闭环系统。

三、医院财务业务一体化系统的建设过程

医院财务业务一体化系统的建设过程实质就是管理信息系统的建设过程，一般包括系统规划、系统实施和系统维护等环节。

在系统的规划环节，医院应遵循整体规划、分步实施的原则，根据医院的战略目标和财务业务一体化的应用目标，形成各阶段清晰的应用需求，因地制宜逐步推进。

在系统的实施环节，医院应制定详尽的实施计划，清晰划分实施的主要阶段、有关活动和详细任务的时间进度。实施阶段一般包括项目准备、系统设计、系统实现、测试和上线、运维及支持等过程。

1. 项目准备阶段 医院主要应完成系统建设前的基础工作，一般包括确定实施目标、实施组织范围和业务范围，调研系统需求，进行可行性分析，制定项目计划、资源安排和项目管理标准，开展项目动员及初始培训等。

2. 系统设计阶段 医院主要应对组织现有的系统应用情况、业务处理和管理工作现状以及一体化需求进行调查，梳理系统改造和应用模块及应用流程，据此设计具体的财务业务一体化系统实施方案。

3. 系统实现阶段 医院主要应完成信息系统的数据标准化建设、系统配置、功能和接口开发及单元测试等工作。

4. 测试和上线阶段 医院主要应实现系统的整体测试、权限设置、系统部署、数据导入、最终用户培训和上线切换过程。必要时，医院还应根据实际情况进行预上线

演练。

5. 运维和支持阶段　医院应做好上线后的持续培训、系统维护和优化迭代工作，保证财务业务一体化的逐步推进。

本章小结

财务业务一体化是指在集成的计算机系统（包括硬件、软件、数据库和网络）环境下，融合组织经营中的三大流程，即业务流程、财务流程和管理流程，以“事件驱动”为流程设计思想，建立基于业务事件驱动的财务和业务一体的信息处理过程，实现流程的融合和数据的统一。医院财务业务一体化是财务业务一体化思想在医院系统中的具体应用，是医院精细化管理的重要手段，是医院高质量发展的切入点。本章讲述了医院财务业务一体化的基本内涵和主要特征，并以药品管理为例，重点讲解了医院财务业务一体化如何实现流程融合和数据统一，以及实现融合和统一的现实意义。最后，本章对医院财务业务一体化的建设思路、系统架构以及建设过程做了简要的介绍和阐述。

（张玉琳　陈　隽）

References
参考文献

[1] 中国会计准则委员会.国际财务报告准则：财务报告概念框架（汉英对照）[M].北京：中国财政经济出版社，2019.

[2] 张学高，胡建平.医院数据治理框架、技术与实现[M].北京：人民卫生出版社，2019.

[3] 舍曼·富兰德，艾伦·C·古德曼，迈伦·斯坦诺.卫生经济学[M].海闻，王健，译.北京：中国人民大学出版社，2010.

[4] 徐元元，田立启，侯常敏，等.医院经济运行精细化管理[M].北京：企业管理出版社，2017.

[5] 金春林，王海银.基于比价策略的医疗服务价格调整：基础与应用[M].北京：科学出版社，2019.

[6] 王桦宇.税务实操管理与风险防控大全[M].北京：企业管理出版社，2019.

[7] 张萍.中国传统文化下内部控制模式的探索：以先秦诸子古籍为背景[D].南京：南京大学，2017.

[8] 聂兴凯.初级管理会计[M].北京：中国财政经济出版社，2018.

附：公立医院成本报表体系

序号	编号	报表名称	报表类型
1		科室成本报表	
1-1	科室01表	医院科室直接成本表（医疗成本）	对外报表
1-2	科室02表	医院科室直接成本表（医疗全成本和医院全成本）	对内报表
1-3	科室03表	医院临床服务类科室全成本表（医疗成本）	对外报表
1-4	科室04表	医院临床服务类科室全成本表（医疗全成本和医院全成本）	对内报表
1-5	科室05表	医院临床服务类科室全成本构成分析表	对外报表
1-6	科室06表	医院科室成本分摊汇总表	对内报表
2		诊次成本报表	
2-1	诊次01表	医院诊次成本构成表	对内报表
2-2	诊次02表	医院科室诊次成本表	对内报表
3		床日成本报表	
3-1	床日01表	医院床日成本构成表	对内报表
3-2	床日02表	医院科室床日成本表	对内报表
4		医疗服务项目成本报表	
4-1	项目01表	医院医疗服务项目成本汇总表	对内报表
4-2	项目02表	医院医疗服务项目成本明细表	对内报表
5		病种成本报表	
5-1	病种01表	医院病种成本明细表	对内报表
5-2	病种02表	医院病种成本构成明细表	对内报表
5-3	病种03表	医院服务单元病种成本构成明细表	对内报表
6		DRG成本报表	
6-1	DRG 01表	医院DRG成本明细表	对内报表
6-2	DRG 02表	医院DRG成本构成明细表	对内报表
6-3	DRG 03表	医院服务单元DRG成本构成明细表	对内报表

附表 1-1

医院科室直接成本表
（医疗成本）

科室01表

编制单位：__________　　　　______年____月　　　　单位：元

科室名称	人员经费（1）	卫生材料费（2）	药品费（3）	固定资产折旧费（4）	无形资产摊销费（5）	提取医疗风险基金（6）	其他运行费用（7）	合计（8）=（1）+（2）+（3）+（4）+（5）+（6）+（7）
临床服务类科室1								
临床服务类科室2								
……								
小计								
医疗技术类科室1								
医疗技术类科室2								
……								
小计								
医疗辅助类科室1								
医疗辅助类科室2								
……								
小计								
医疗业务成本合计								
管理费用						—		
总计								

附表 1-2

医院科室直接成本表
（医疗全成本和医院全成本）

科室02表

编制单位：__________　　　　______年____月　　　　单位：元

科室名称	医疗成本合计（1）	财政项目拨款经费形成的各项费用（2）	非同级财政拨款项目经费形成的各项费用（3）	医疗全成本合计（4）=（1）+（2）+（3）	科教经费形成的各项费用（5）	资产处置费用、上缴上级费用、对附属单位补助费用、其他费用等（6）	医院全成本合计（7）=（4）+（5）+（6）
临床服务类科室1 临床服务类科室2 …… 小计							
医疗技术类科室1 医疗技术类科室2 …… 小计							
医疗辅助类科室1 医疗辅助类科室2 …… 小计							
医疗业务成本合计							
管理费用							
总计							

附表 1-3

医院临床服务类科室全成本表

（医疗成本）

科室 03 表

编制单位：__________ ______年____月 单位：元

科室名称	人员经费（1）			卫生材料费（2）			药品费（3）			固定资产折旧费（4）			无形资产摊销费（5）			提取医疗风险基金（6）			其他运行费用（7）			合计 (8)=(1)+(2)+(3)+(4)+(5)+(6)+(7)		
	直接成本	间接成本	全成本*	直接成本	间接成本	全成本	直接成本	间接成本	全成本	直接成本	间接成本	全成本	直接成本	间接成本	全成本	直接成本	间接成本	全成本	直接成本	间接成本	全成本	直接成本	间接成本	全成本
临床服务类科室 1 临床服务类科室 2 ……																								
科室全成本合计																								

注：*全成本=直接成本+间接成本。

附表 1-4

医院临床服务类科室全成本表
（医疗全成本和医院全成本）

科室04表

编制单位：__________　　　　______年____月　　　　单位：元

科室名称	医疗成本合计（1）			财政项目拨款经费形成的各项费用（2）			非同级财政拨款项目经费形成的各项费用（3）			医疗全成本合计(4)=(1)+(2)+（3）			科教经费形成的各项费用（5）			资产处置费用、上缴上级费用、对附属单位补助费用、其他费用等（6）			医院全成本合计(7)=(4)+(5)+（6）		
	直接成本	间接成本	全成本*	直接成本	间接成本	全成本	直接成本	间接成本	全成本	直接成本	间接成本	全成本	直接成本	间接成本	全成本	直接成本	间接成本	全成本	直接成本	间接成本	全成本
临床服务类科室1 临床服务类科室2 ……																					
科室全成本合计																					

注：*全成本=直接成本+间接成本。

附表 1-5

医院临床服务类科室全成本构成分析表

科室 05 表

编制单位：__________　　______年____月　　单位：元

成本项目	内科		……		各临床服务类科室合计	
	金额	占比 /%	……	……	金额	占比 /%
人员经费 卫生材料费 药品费 固定资产折旧费 无形资产摊销费 提取医疗风险基金 其他运行费用						
科室全成本合计		（100%）				（100%）
科室收入						
收入——成本						
床日成本						
诊次成本						

附表 1-6

医院科室成本分摊汇总表

科室06表

编制单位：________ ______年____月 单位：元

科室名称成本类别	医疗成本 （1）=（2）+（3）	直接成本 （2）	间接成本			
			小计（3）=（4）+（5）+（6）	分摊行政后勤类科室成本（4）	分摊医疗辅助类科室成本（5）	分摊医疗技术类科室成本（6）
临床服务类科室1 …… 小计						
医疗技术类科室1 …… 小计						—
医疗辅助类科室1 …… 小计					—	—
行政后勤类科室1 …… 小计			—	—	—	—
总计						

附表 2-1

医院诊次成本构成表

诊次 01 表

编制单位：__________　　______年____月　　单位：元

成本项目	每诊次成本		
	医疗成本	医疗全成本	医院全成本
总计			
人员经费			
卫生材料费			
药品费			
西药费			
中药饮片			
中成药			
固定资产折旧费			
无形资产摊销费			
提取医疗风险基金			
其他运行费用			

附表 2-2

医院科室诊次成本表

诊次 02 表

编制单位：__________　　______年____月　　单位：元

科室编码	科室名称	服务量	每诊次成本		
			医疗成本	医疗全成本	医院全成本

附表3-1

医院床日成本构成表

床日01表

编制单位：________　　　　______年____月　　　　单位：元

成本项目	每床日成本		
	医疗成本	医疗全成本	医院全成本
总计			
人员经费			
卫生材料费			
药品费			
西药费			
中药饮片			
中成药			
固定资产折旧费			
无形资产摊销费			
提取医疗风险基金			
其他运行费用			

附表3-2

医院科室床日成本表

床日02表

编制单位：________　　　　______年____月　　　　单位：元

科室编码	科室名称	服务量	每床日成本		
			医疗成本	医疗全成本	医院全成本

附表 4-1

医院医疗服务项目成本汇总表

项目01表

编制单位：__________　　______年____月　　单位：元

项目类别	医疗成本	医疗全成本	医院全成本
一、综合医疗服务			
其中：床位类			
……			
二、病理学诊断			
三、实验室诊断			
（一）临床血液学检验			
……			
四、影像学诊断			
（一）X线检查			
……			
五、临床诊断			
（一）神经系统			
……			
六、临床手术治疗			
（一）麻醉			
……			
七、临床非手术治疗			
（一）神经系统			
……			
八、临床物理治疗			
（一）放射治疗			
……			
总计			

附表 4-2

医院医疗服务项目成本明细表

项目 02 表

编制单位：__________ ______年____月 单位：元

项目编码	项目名称	服务量	每项目成本		
			医疗成本	医疗全成本	医院全成本

附表 5-1

医院病种成本明细表

病种 01 表

编制单位：__________ ______年____月 单位：元

病种编码	病种名称	服务量	每病种成本		
			医疗成本	医疗全成本	医院全成本

附表 5-2

医院病种成本构成明细表

编制单位：__________ ______年____月 病种 02 表

病种编码	病种名称	病种成本	人员经费		卫生材料费		固定资产折旧费		无形资产摊销费		提取医疗风险基金		其他运行费用	
			金额/元	占比/%	金额/元	占比/%	金额/元	占比/%	金额/元	占比/%	金额/元	占比/%	金额/元	占比/%

附表 5-3

医院服务单元病种成本构成明细表

编制单位：__________ ______年____月 病种 03 表

病种编码	病种名称	病种成本	服务单元 1		服务单元 2		服务单元 3		服务单元 4		服务单元 5		服务单元……	
			金额/元	占比/%	金额/元	占比/%	金额/元	占比/%	金额/元	占比/%	金额/元	占比/%	金额/元	占比/%

附表6-1

医院DRG成本明细表

DRG 01表

编制单位：__________　　　　______年____月　　　　单位：元

DRG编码	DRG名称	服务量	每DRG成本		
			医疗成本	医疗全成本	医院全成本

附表6-2

医院DRG成本构成明细表

编制单位：__________　　　　______年____月　　　　DRG 02表

DRG编码	DRG名称	DRG成本	人员经费		卫生材料费		固定资产折旧费		无形资产摊销费		提取医疗风险基金		其他运行费用	
			金额/元	占比/%	金额/元	占比/%	金额/元	占比/%	金额/元	占比/%	金额/元	占比/%	金额/元	占比/%

附表6-3

医院服务单元DRG成本构成明细表

编制单位：__________　　　　______年____月　　　　DRG 03表

DRG编码	DRG名称	DRG成本	服务单元1		服务单元2		服务单元3		服务单元4		服务单元5		服务单元……	
			金额/元	占比/%	金额/元	占比/%	金额/元	占比/%	金额/元	占比/%	金额/元	占比/%	金额/元	占比/%